KB266495
KB266495

AI 휴먼 코드

AI 휴먼 코드

: 배제의 시대, 테크의 온도를 묻다

초판 1쇄 인쇄 2026년 3월 15일
초판 1쇄 발행 2026년 3월 25일

지은이 조창원 외
펴낸이 김정동
편집 김승현
디자인 최진영
홍보 김혜자
마케팅 최관호

펴낸 곳 서교출판사
주소 서울시 중구 충무로 49-1 죽전빌딩 2F 201호
전화 02 3142 1471(대)
팩스 02 6499 1471
이메일 seokyobook@gmail.com
블로그 http://blog.naver.com/seokyobooks
홈페이지 http://seokyobook.com
ISBN 979-11-94212-10-2(03100)

서교출판사는 독자 여러분의 투고를 기다리고 있습니다. AI 관련 원고나 아이디어가 있으신 분은
seokyobook@gmail.com으로 간략한 개요와 취지 등을 보내주세요. 출판의 길이 열립니다.

※ 잘못된 책은 바꾸어 드립니다.
※ 책값은 뒷표지에 있습니다.

AI 휴먼 코드

: 배제의 시대, 테크의 온도를 묻다

AI 시대 인류에게
축복인가 재앙인가

조창원 외 지음

서교출판사

"AI의 도래로 인류문명사가 획기적으로 바뀌는 시점에 이 소용돌이의 현장을 가장 잘 체험하고 있는 언론인들이 모여 인류의 미래를 진단했다. 단순히 기술과 경제의 변화만이 아니라 AI로 인해 인간의 삶이 어떻게 바뀔지는 상상하기 어렵다. AI로 인해 인간이 이웃과 사회로부터 더욱 배제되는 삶을 살게 될지, 아니면 AI로 인해 인간이 보다 넓은 사회로 포용될 것인지, 인류 미래에 대해 치열하게 고민한 흔적이 이 책에 담겨 있다. 대량생산체제로 인간이 노동과 물질의 수단적 가치로 전락한 20세기는 오랜 인류 문명사로 볼 때 매우 예외적인 시대였다. 이제 인간이 AI에게 노동과 기능적인 삶은 맡기고 인간 본연의 모습을 찾아야 할 때가 되었다. 이 책은 인간의 미래를 고민하는 독자에게 더없이 중요한 화두를 제공하고 있다."

염재호(태재대 총장, 국가AI위원회 초대 부위원장)

"지금 인류는 전례 없는 혼돈 속에 있다. AI라는 거대한 전환이 몰아치는 동시에 기술이 만들어내는 새로운 불평등과 배제가 조용히 쌓여간다. 변화의 속도는 빠른데 방향을 묻는 목소리는 드물다. 이 책이 의미 있는 이유가 바로 여기 있다. 《AI 휴먼 코드》는 기술의 이면을 현장에서 추적하고 소외된 이들의 목소리를 기록하려 했다. 완벽한 답은 아닐지라도 이런 질문을 멈추지 않는 시도가 계속되어야 한다. 기술이 인간을 위한 것인지 되묻는 일, 그것이 지금 우리 시대가 가장 필요로 하는 용기다."

이경전 (경희대 교수, 한국AI서비스학회장)

"이 책은 첨단기술이 소수의 전유물이 되어서는 안된다는 점에 주목했다. 정부도 전 국민이 인공지능·디지털 기술 발전의 혜택을 고르게 누릴 수 있는 '모두의 AI'를 발전 목표로 세우고 'AI기본사회'를 만드는 데 역량을 집중하고 있다. 《AI 휴먼 코드》는 그 방향을 잘 제시하고 있다. 이 책을 통해 기술 혁신과 사회통합의 균형을 이루는 디지털 포용 사회 구현에 한 발자국 다가설 수 있을 것이다."

황종성(한국지능정보사회진흥원장)

"AI가 도시의 일상이 된 지금은 기술의 속도뿐만 아니라 기술과 함께 하는 '인간의 자리'를 고민해야 할 때이다. 이 책은 기술의 화려함 뒤에 가려진 배제의 이슈를 포착하고 소외를 넘어서는 포용탄력성에 대해 이야기한다. 현장을 발로 뛴 기자들의 기록은 서울과 같은 도시가 AI를 통해 어떤 가치를 지켜야 하는지 돌아보게 한다. 기술이 아니라 사람을 중심에 두어야 한다는 점을 다시 생각하게 만든다. 도시의 경쟁력은 시민 한 사람 한 사람이 일상에서 체감하는 기술의 변화에서 비롯된다. 따라서 중요한 것은 기술이 실제로 누구의 삶을 돕고 있는지 세심하게 살피는 일이다. 사람의 온기를 담은 도시와 AI의 미래를 고민하는 모든 분들께 이 책을 권한다.”

김만기(서울AI재단 이사장)

“요즘 우리는 모두 AI를 이야기한다. 아니, 어쩌면 AI만 이야기하는지도 모르겠다. AI 혁신을 향한 글로벌 행보는 숨이 찰 만큼 빠르고 강력하다. 그래서인지 마음 한켠에는, 이 속도에 휩쓸려 우리가 정작 중요한 무언가를 놓치고 있는 것은 아닐까 하는 우려가 자리한다. 이 책은 그 막연한 우려의 실체를 또렷하게 보여준다. 그리고 어려운 구호가 아니라, 일상의 언어로 실질적인 해법을 제안한다. ‘AID 디바이드’라는 시각은 특히 인상적이다. 디지털 격차를 다 해소하기도 전에 AI 격차가 겹쳐진 오늘의 현실을 설득력 있게 설명한다. 잊을 만하면 반복되는 AI 시대의 노동 문제, 윤리 논쟁, 그리고 리터러시에 대한 답답함도 이 책은 차분하면서도 명확하게 짚어낸다. 앞선 문제의식을 가지고 현장을 바라본 기자들의 시선은 우리에게 깊은 통찰을 건넨다. 무엇보다 이들의 탄탄한 필력이 더해져, 생각할 거리를 안겨주면서도 읽는 즐거움까지 선사하는 책이다. AI 시대를 살아가는 우리 모두가 한 번쯤 함께 읽어야 할 이유가 여기에 있다."

김명주(인공지능안전연구소장)

AI 시대 인류에게 축복인가 재앙인가

2019년부터 대학생 글쓰기 특강에서 해마다 제시해온 질문이다. 학생들은 같은 질문에 각자의 답을 써냈고, 나는 그 답안들을 평가해야 했다. 가장 힘든 순간은 피드백을 제시할 때였다. 나 역시 그 질문 앞에서 확신이 없었기 때문이다.

우리는 디지털과 인공지능(AI)이 그어놓은 길 위에 서 있다. 어떤 이는 이 길을 기회라 부른다. 기업은 새로운 비즈니스를, 국가는 경쟁력을, 전문가는 핵심 역량을 선점하려 앞서 나간다. 하지만 선도자의 뒤에는 언제나 뒤처지는 이들이 있다. 비용 부담으로 기술에 접근조차 못하는 취약계층, 낯선 기기 앞에서 주저하는 장애인과 노년층, 선진국의 질주를 멀리서 지켜볼 수밖에 없는 개발도상국이 그들이다.

신기술의 등장은 인류 간 격차를 벌리는 데 그치지 않는다. 더 근본적인 문제는 AI가 인간을 대체할 것인가, 나아가 인간 정체성 자체를 위협할 것인가 하는 점이다. 현재 우리가 도달한 타협점은 '인류와 AI의 공존'이다. 하지만 이마저도 일시적 휴전에 불과할지 모른다.

제동을 걸고 방향을 되묻다

누군가는 디지털과 AI가 향하는 방향을 냉정하게 점검해야 한다. 하지만 대다수는 AI라는 거인의 어깨 위에 먼저 올라타는 데 급급하다. 공적 담론을 이끌어야 할 언론도 다르지 않다. 레거시 미디어의 생존 위기 속에서 디지털과 AI 전환에 매달리고 있다. 거대한 변화의 물결 앞에서 성찰을 잃어버린 우리 시대의 초상이다. 언론은 이 흐름에 제동을 걸고 방향을 되물어야 한다.

이런 문제의식을 공유한 기자들이 직접 답을 찾아 나서기로 했다. 2025년 초 '디지털 포용 언론인 포럼'을 만들었다. 13명의 기자가 1년여간 토론하고 현장을 취재하며 전문가들의 통찰을 모았다. 이 책은 그 과정의 결과물이다.

세 가지 원칙, 하나의 목표

AI 관련 서적이 범람하고 있다. 기술 낙관론을 설파하거나, 활용 팁을 나열하거나, 추상적 위험을 경고하는 책들이다. 정작 기술이 만드는 구체적 배제와 불평등, 그 안에서 소외되는 사람들의 목소리는 묻혀 있다. 우리는 그 빈자리에서 출발했다. 기술의 그늘에 가려진 현장을 들여다보고 배제의 메커니즘을 밝히고 포용의 가능성을 모색하고자 했다. 이를 위해 세 가지 원칙을 세웠다.

첫째, 배제와 포용이라는 대립하는 현실을 중심에 놓았다.

AI 시대를 맞아 산업 진흥과 규제 논리가 충돌한다. 새로운 기술의 태동기에는 언제나 진흥의 목소리가 앞서 나간다. 하지만 진흥만을 외치다 보면 그 과정에서 배제되는 이들이 생긴다. 윤리적 파국의 대가는 결국 미래세대가 떠안게 된다.

이 지점에서 제동을 걸어야 한다. 기술이 누구를 소외시키는지, 어떤 불평등을 만들어내는지 직시해야 한다. 이 책의 메시지는 명료하다. 속도가 아닌 방향을, 효율이 아닌 존엄을, 배제가 아닌 포용을 선택하는 것이다.

둘째, 기술이 사회 전 영역에 미치는 영향을 입체적으로 다루었다.

디지털과 AI를 다룬 기존 연구들은 대개 특정 분야에 집중한다. 문해력,

노동, 윤리 등 하나의 주제를 깊이 파고든다. 그러나 기술이 만드는 불평등은 한 영역에 머물지 않는다. 노년층의 디지털 소외는 금융 배제로 이어지고, 알고리즘 편향은 노동 현장의 불공정으로 확산된다. 이 책은 그 연결고리를 따라가며 배제의 전체 지형을 그려내고자 했다.

셋째, 저널리즘과 학술의 경계를 넘나들며 새로운 개념을 제시했다.

언론 기사는 흔히 일회성 텍스트로 여겨진다. 우리는 좀 더 긴 호흡을 택했다. 1년여간 자료를 탐구하고 현장을 취재하며 기존의 틀을 재구성했다. 'AID 디바이드'는 디지털과 AI 격차가 결합된 복합 불평등을, '포용 탄력성'은 배제에 저항하는 사회의 회복력을 개념화한 것이다. '메타 리터러시'로 정보 과잉 시대의 본질적 독해력을 다루고, '지능의 공유지'로 글로벌 AI 격차 극복의 가능성을 탐색했다. 현장의 생생함과 이론의 엄밀함, 둘 다 놓치지 않으려 했다.

책은 4부로 구성했다. 제1부는 기술의 정치성과 'AID 디바이드(AI+Digital Divide)'를 진단한다. 디지털과 AI가 결합하며 만들어낸 복합 불평등의 메커니즘을 해부하고, '포용 탄력성(Resilient Inclusion)'이라는 대안 철학을 제시한다. 이는 배제에 저항하는 사회의 회복력을 뜻한다.

제2부는 노년·장애·금융 배제의 현장으로 들어간다. 가장 느린 사람의 속도에 맞춘 기술이야말로 진정한 혁신임을 사례와 이론으로 보여준다. 제3부는 알고리즘에 통제당하는 노동 현장, 공급자 중심의 설계를 넘어서는 포용적 설계, AI 윤리의 가능성을 탐색한다. 제4부는 스마트시티에서 글로벌 AI 커먼즈까지 시야를 확장한다. 개인에서 국가까지, 일상에서 정책까지 아우른다.

끝없는 길 위의 사유

인류는 지금 AI라는 기술 패러다임의 전환기에 서 있다. 기술이 초래할 결과를 온전히 예측하기 어렵다. 변화가 눈앞까지 왔지만 그 무게를 가늠하지 못한다. 위기의 규모가 인간의 상상력을 넘어섰기 때문일지 모른다.

진짜 위기는 기술 그 자체가 아니라 사유의 마비다. AI가 내놓는 매끈한 답변에 기대어 스스로 생각하기를 멈추는 순간, 인간은 기술에 종속되고 만다. 변화를 외면하거나 무감각해지는 것이야말로 우리 시대가 마주한 가장 고요하고도 치명적인 위기다.

이 책은 마비된 사유를 깨우기 위한 기록이다. '포용 탄력성'은 배제된 이들을 끌어안는 데서 멈추지 않는다. 기술 앞에서 멈춰 서서 방향을 되묻고, 인간의 존엄을 지키기 위해 끊임없이 사유하며 행동하는 역동적 과정이다. 이 책은 그 긴 여정의 한 지점을 기록한 것이다.

지난 1년, 동료 기자들과의 치열한 논쟁과 집필의 시간이었다. 아이디어를 발표하고 초고를 쓰고 수차례 퇴고하는 과정에서 일부 원고는 전체 완성도를 위해 폐기되기도 했다. 동료 기자들에게 한없이 미안하고 고마운 마음뿐이다.

독자 여러분이 이 사유의 과정을 함께 걸어주기를 바란다. 기술이 인간을 포용하는 순간, 존엄이 회복되는 순간을 위하여.

2026년 2월 디지털 포용 언론인 포럼을 대표하여

조창원

── 일러두기 ─

*〈AI 휴먼 코드〉 필진들 : 조창원 남미경 홍희경 김대희 박지은 이충재 김혜영 김아름 주진 윤창수 노희숙
*이 책은 저자의 창의적 연구 및 엄격한 책임 아래 집필했으며 일부 장은 AI를 보조로 활용했음을 밝힌다.

제1부

프레임워크
: 기술의 중력과 포용의 복원력

제1장

기울어진 운동장 :
기술의 정치성과 배제의 탄성

조창원

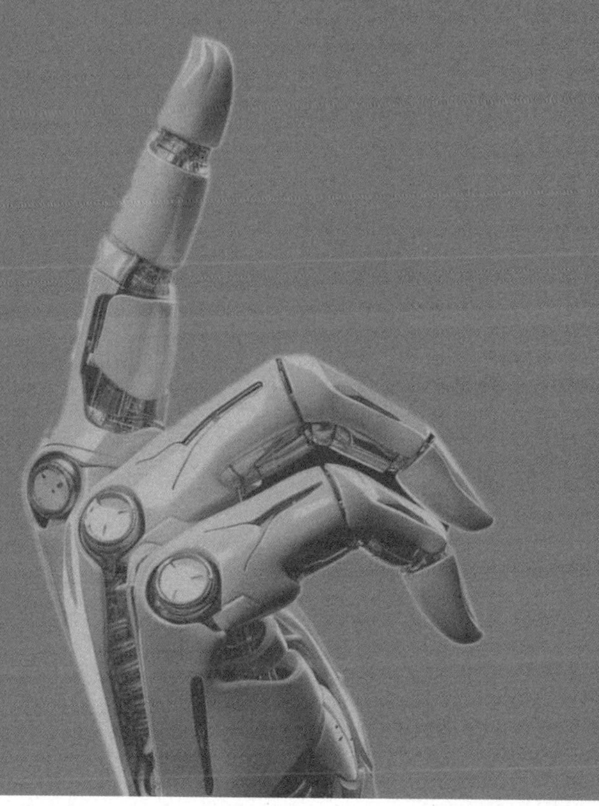

1절. 기술 속에 숨은 권력

1. 뉴욕 공원 앞 다리가 낮아진 진짜 이유

1930년대, 뉴욕 롱아일랜드의 공원도로(Parkway)를 따라 지어진 여러 다리들. 한 흑인 가족이 일요일 오후를 즐기기 위해 대중교통 버스에 오른다. 하지만 버스는 공원 진입로의 다리를 통과할 수 없다. 버스 높이보다 다리가 낮게 지어져서다. 공원 진입이 어려워 당황하는 순간, 옆 차도에서는 자동차들이 수월하게 진입한다. 이것이 우연이었을까?

이 사례는 정치이론가 랭던 위너(Langdon Winner)가 쓴 「기술은 정치성을 갖는가?(Do Artifacts Have Politics?)」라는 논문에 실린 내용이다. 그는 논문에서 건축가 로버트 모세스(Robert Moses)가 공원도로의 다리 높이를 의도적으로 낮게 설계했다고 기술한다. 가난한 흑인과 푸에르토리코인이 탄 버스가 공원에 들어오려 할 때, 낮게 지어진 다리 천장은 버스 진입을 막는 거대한 장벽이 되었다. 건축가의 설계도 속에는 '특정 계급의 진입 금지'라는 보이지 않는 표지판이 새겨져 있었던 셈이다.

이 사례를 중심으로 기술과 정치의 관계를 근본적으로 묻는다. 위너는 우리 주변에 '기술'이 반영된 인공물들은 특정한 형태의 권력과 권위를 지니고 있다고 주장한다. 누가 접근할 수 있는지, 누가 배제되는지 결정짓는 힘이 기술 공학적 결정에 숨어 있다는 통찰은 매우 혁명적 발상이었다.[1,2]

---

1. Winner, L. (1980). Do artifacts have politics. The social shaping of technology, 28–40.
2. 물론 이 논문은 많은 논쟁을 낳았다.

위너의 통찰은 오늘날에도 설득력이 높다. 다만 기술의 얼굴은 양면적이다. 2017년, 중국 베이징 골목에 위치한 소매점. 베이징 특파원으로 처음 부임한 시절, 서툰 중국어로 생필품을 고른 뒤 계산대 앞에서 쩔쩔맸던 기억이 선명하다. 현지 문화에 낯선 외국인과 중국 현지의 노인간 의사 소통은 쉽지 않다. 하지만 계산대 옆에 비치된 QR코드를 휴대폰으로 인식하면, 간편하게 물건 결제가 끝난다. 당시 한국을 포함한 해외 언론은 중국의 QR코드를 활용한 거래 문화를 신기하게 보도했다. 중국에서는 노점상도, 택시기사도, 소상공인도, 심지어 거리의 노숙자도 QR코드만으로 돈을 주고 받을 수 있다는 기사들이다.

금융 인프라가 발달되지 않은 시기에 종이로 인쇄된 QR코드만으로 금융거래가 가능하다는 건 엄청난 혁신이다. 간단한 사칙연산 능력이 낮고 문맹률이 높은 지역에서도 휴대폰 카메라로 QR코드를 스캔하는 행위만으로 복잡한 거래가 해결된다. 바로 리프프로깅(Leapfrogging)의 힘이다. 선진국이 거쳐가야 할 중간 단계들을 건너뛰고 최신 기술로 직접 도약하는 발전 전략을 뜻한다. 마치 개구리가 여러 칸을 한 번에 뛰어넘듯, 중국은 신용카드라는 금융 인프라 단계를 거치지 않고 모바일 결제로 곧바로 진입했다.

미국 공원의 다리와 중국의 QR코드. 두 사례는 "기술은 누구를 위해 설계되는가"라는 같은 질문에 정반대의 답을 제시한다. 기술이 가진 힘은 인간을 더 자유롭게 할 수도, 더 깊이 억압할 수도 있다는 것이다. 기술 자체에 의도가 있는 것은 아니지만, 기술을 설계하고 배포하는 인간의 선택

속에는 항상 권력이 숨어 있다. 더구나 디지털과 AI 시대로 접어들수록 기술의 영향력을 간파하기란 여간 어려운 일이 아니다. 그렇기에 우리는 묻지 않을 수 없다. 우리는 어떤 기술을 만들 것인가? 그 선택이 누구를 포함하고, 누구를 배제할 것인가? 그리고 우리는 그 배제된 사람들의 목소리를 들을 준비가 되어 있는가?

2. 반복되는 패턴 : 문턱을 넘는 자와 서 있는 자

인류 사회의 발전 과정은 언제나 새로운 기술과 제도의 도입을 통해 삶의 방식을 바꾸어 왔다. 그러나 누군가는 새롭게 열린 길을 통해 더 나은 삶으로 진입했지만, 또 다른 누군가는 그 문턱에서 배제되었다. 이처럼 사회적 변화의 궤적에는 늘 '배제'(Exclusion)와 '포용'(Inclusion)'이라는 두 가지 상반된 힘이 공존한다. 배제는 극복해야 할 현실 (Problem)이며, 포용은 도달해야 할 이상적 상태 (Goal/Vision)이다.

기술은 인간을 풍요롭게 한다는 포용과 계층간 불평등을 심화시키는 배제 등 두 가지 얼굴을 함께 갖고 있다. 배제의 힘이 커질수록 자본과 기회는 특정 집단에 쏠려 사회적 불평등은 심화된다. 디지털 이전의 역사에서도, 그리고 디지털 기술이 확산되는 현재와 인공지능(AI)이 심화되는 미래에도, 이 두 힘은 보편적인 원리로 작동한다. 이 책의 서두에서 배제와 포용의 속성을 먼저 다루는 이유다.

배제는 특정 집단이나 개인이 사회의 중심부가 아니라 주변부로 밀려나, 사회적 자원과 기회에 대한 접근이 제한되는 상태를 의미한다. 배제를 주목하는 이유는 '사회의 불평등'을 강화하기 때문이다. 사회학자 힐러리 실버(Hilary Silver)는 사회적 배제(Social exclusion)를 "경제적·정치적·문화적 시스템에서의 참여 부족 혹은 차단"으로 정의하며, 이는 단순한 빈곤을 넘어 권리, 정체성, 소속감의 상실까지 포함한다고 분석한다.[3] 다시 말해 배제는 물질적 결핍뿐 아니라 관계적·제도적 차원의 소외를 동반한다.

노벨경제학상 수상자인 사회학자 아마르티아 센(Amartya Sen)은 배제를 '역량의 박탈'(Capability deprivation)로 이해한다. 사람들이 가치 있게 여기는 삶을 살아갈 수 있는 실질적 자유와 기회가 제약되는 것이다. 현대 시대에 디지털 기기를 소유하거나 활용할 기회를 얻지 못한 상황에 빗댄 표현으로 확대 해석할 수 있다.

센이 강조한 두 가지 사회적 배제 방식도 눈여겨볼 필요가 있다. 그는 의도적 배제(Active exclusion)와 비의도적 배제(Passive exclusion)를 구분한다. 전자는 의도적으로 특정 집단을 배제하는 경우이며, 후자는 사회적 과정의 결과로 발생하는 배제를 의미한다. 센의 구분을 빌리자면, 디지털·AI 시대의 '의도적 배제'는 경제적 이익을 위해 일부러 특정 집단을 소외시키는 경우다. 예를 들어 수익성이 낮다는 이유로 농어촌 지역에 초고속 인터넷 인프라를 구축하지 않거나, 노인층을 디지털 서비스 설계에서 의도적으로 등한시하는 행위다. 반면 비의도적 배제는 차별의 의도 없이도 시스템의 작동원리에서 자동으로 발생한다. AI 알고리즘에 따라 AI 채용이나 금융 대출 과정에 특정 집단을 배제하는 결과를 낳는 경우이다. 그런데 기업이

---

3. Silver, H. (1994). Social Exclusion and Social Solidarity: Three Paradigms.International Labour Review.

이런 문제를 알면서도 수정하지 않는다면 그것은 의도적 배제로 전환된다.

배제는 '자기 강화적'(Self-reinforcing) 속성이 강하다. 교육 기회를 누리지 못하는 사람은 좋은 일자리를 얻기 불리하고, 경제적 자원이 부족한 사람은 자녀에게 양질의 교육을 제공하기 어렵다. 이렇게 배제는 세대를 거쳐 재생산되며, 사회적 이동성을 막는 견고한 장벽이 된다. 사회학자 피에르 부르디외(Pierre Bourdieu)가 설명한 문화자본, 사회자본, 경제자본의 불평등한 분배는 바로 이러한 배제의 메커니즘을 통해 유지되고 강화된다. 이런 자기 강화적 성격이 세대를 거쳐 누적되면서 사회적 불평등 문제가 구조적으로 고착화된다는 논쟁이 벌어진다.

마르코 라네다(Marco Ragnedda)의 연구는 사회적으로 배제된 자가 디지털 세상에서도 소외되는 자기강화적 순환 관계를 밝혔다는 점에서 매우 흥미롭다. 그는 사회적으로 배제된 개인이나 집단은 디지털 기술에 접근하고 이를 효과적으로 활용할 기회마저 제한당한다고 봤다. 이러한 디지털 배제는 다시 사회적, 경제적 기회를 박탈당하는 악순환에 빠진다. 특히 노인, 장애인, 저소득층, 농촌 지역 거주자 등 전통적으로 소외된 집단은 이러한 "이중 배제의 부담"(Double burden of exclusion)을 짊어질 확률이 높다.

반대로 포용(inclusion)은 사회가 다양한 구성원에게 제도적 참여와 기회를 열어 주는 과정이다. 국제노동기구(ILO)는 포용적 성장(inclusive growth)을 "모든 사람이 경제적 기여와 혜택의 분배에 참여할 수 있는 구조"로 정의한다. 유럽위원회(European Commission, 2004)에 따르면, 사회적 포용은 "빈곤과 사회적 배제의 위험에 있는 사람들이 경제적, 사회적, 문화적 삶에 완전히 참여하고 그들이 살고 있는 사회에서 정상적이라고 여겨지는 생활수준과 복지를 누릴 수 있는 기회와 자원을 확보할 수 있도록 보장하는 과정"으로 정의된다.

포용은 단순히 배제의 반대 개념이 아니다. 배제를 줄이는 동시에 새로운 참여의 장을 창출하는 적극적 힘이다. 이러한 포용의 노력은 사회 발전의 중요한 동력이다.

3. 포용이 다시 배제를 낳는 역설

언뜻 보면 포용은 선한 영향력인 듯 하다. 그러나 배제와 포용은 뫼비우스 띠처럼 엮여 있다. 뫼비우스 띠는 종이 띠를 한 번 비틀어 양 끝을 붙인 것으로, 안쪽과 바깥쪽의 구분이 사라진다. 손가락으로 표면을 따라가다 보면 어느새 반대 편에 와 있다. 배제와 포용의 관계가 정확히 그렇다. 포용을 향해 나아가다 보면 어느새 새로운 배제와 마주하고, 배제를 극복하려는 노력이 또 다른 포용의 가능성을 연다. 배제는 '나쁜 것'이고 포용은 '좋은 것'이라고 딱 잘라 구분할 수 없는 이유다.

역사는 이러한 순환을 반복적으로 보여준다. 인간을 이롭게 하려는 포용 제도가 도입되면 이전의 배제가 해소되지만, 동시에 새로운 기준과 규범이 생겨나 또 다른 배제를 낳는다. 19세기 말 유럽에서 확산된 공교육 제도를 보자. 이는 계급과 신분에 관계없이 모든 아이들에게 교육 기회를 제공하겠다는 포용의 정신으로 도입되었다. 실제로 문맹률을 급격히 낮추고 사회적 이동성을 높이는 데 기여했다. 그러나 공교육이 보편화되자, 이번에는 '학력'이라는 새로운 배제의 기준이 등장했다. 대학 졸업장 유무, 명문대 출신 여부가 사회적 지위를 결정하는 학력주의를 강화했다. 결국, 교육 기회의 평등이라는 포용의 이상은 학벌 서열화라는 새로운 배제 구조를 만들어냈다.

반대 방향의 순환도 존재한다. 배제를 극복하려는 노력이 새로운 포용의 가능성을 여는 경우다. 20세기 중반, 전화가 보급될 당시 농촌과 도시 간의 격차는 극심했다. 도시는 비교적 빠르게 통신망을 활용하여 경제적 부를 쌓았지만, 농촌 지역은 네트워크에서 배제되면서 경제적 기회에서 뒤처졌다. 그러나 수익성이 낮은 지역까지 전화망을 확대함으로써 농촌 지역도 통신의 혜택을 누리게 되었다. 배제의 심화가 사회적 압력을 만들고, 그 압력이 포용 정책을 추동한 사례다.

이처럼 배제와 포용은 선형적 진보가 아니라 순환적 긴장 관계 속에 있다. 포용은 배제를 해소하는 동시에 새로운 배제의 씨앗을 품고 있으며, 배제의 심화는 다시 포용을 향한 사회적 요구를 불러일으킨다. 오늘날 디지털과 AI 사회에서도 이 뫼비우스 법칙은 반복되고 있다. 다음 절에서는 이 순환이 디지털 시대에 어떻게 작동하는지 살펴본다.

2절. 인터넷이 약속한 평등은 어디로 갔나

1. 장밋빛 전망과 씁쓸한 현실 사이

디지털 기술은 우리에게 좋은 친구인가 나쁜 친구인가. 20세기 후반 컴퓨터와 인터넷의 등장은 정보 사회로의 전환을 예고했다. 디지털 기술에 대한 인류의 기대감은 높았다. 디지털 기술이 정보의 민주화를 꽃피우고, 지리적·경제적 장벽을 허물며, 누구나 지식과 기회에 접근할 수 있는 평등한 사회를 만들 것이란 장밋빛 전망이 우세했다. 그러나 이런 낙관론과 달리 속살은 쓰리고 아팠다. 디지털 기기를 소유하고 활용에 능숙한 자가 부와 지식 면에서 압도하는 현상이 벌어졌다. 일명 '디지털 불평등' 시대다.

이런 기술의 양면성을 직시한 새로운 용어가 등장한다. 1990년대 인터넷이 확산하던 시절, 미국 정부 보고서에서 '디지털 격차(Digital divide)'라는 개념이 처음 사용된다. 이 용어는 새로운 기술에 접근할 수 있는 사람들과 그렇지 못한 사람들 사이의 격차를 가리켰다.

맥도날드 햄버거 가게의 키오스크 앞. 일흔 살 노인이 햄버거를 사려고 매장 내 설치된 터치스크린 앞에 선다. 메뉴화면에서 손가락으로 누르는 게 낯설어 헤매기 일쑤다. 메뉴화면이 자꾸만 바뀌고, 글씨는 작고, 음성 안내는 없다. 뒷줄에서 젊은이들의 한숨 소리가 들린다. 노인은 결국 포기하고 허기진 배를 안은 채 가게를 나온다. 디지털 시대가 일상 곳곳에 본격 파고드는 지금, 이런 배제의 현실은 더욱 가시화되고 있다.

우리는 앞에서 배제가 심각할수록 포용의 힘이 작동한다는 점을 살펴봤다. 마찬가지로 디지털 격차에 대한 인식이 고개를 들면서 그에 대한 반발력으로 부상한 개념이 바로 '디지털 포용(Digital inclusion)'이다. 2024년 12월 국회 본회의를 통과한 디지털 포용법은 디지털 포용을 "사회의 모든 구성원이 차별이나 배제 없이 지능정보기술의 혜택을 고르게 누릴 수 있는 환경"이라고 정의한다.

우리가 궁극적으로 관심 갖는 건 기술이 결국 인류의 행복에 기여하느냐 마느냐에 있다. 여러 연구에서 세 가지 갈래로 단순 가정한다.

1. 기술(디지털·AI)은 불평등을 해소할 것이다.
2. 기술(디지털·AI)은 불평등을 키울 것이다.
3. 기술(디지털·AI)은 인간의 개입 여부에 따라 불평등 여부도 달라질 것이다.

세 갈래의 공통 관심사는 디지털 기술이 사회적 불평등을 더욱 키우느냐 줄이느냐이다. 그리고 이들간 차이점은 인간의 의지가 반영되느냐 마느냐이다.

실제로 디지털 격차를 나누는 정통적인 방법도 불평등 문제를 중심으로 다룬다. 여러 연구에서 디지털 격차는 접근(1차 격차), 활용(2차 격차), 결과(3차 격차)로 구분한다.[4]

1차 격차인 접근(Access)은 인터넷과 모바일 장치를 보유하거나 사용할 수 있는 기회 여부를 따진다. 낙후된 농촌지역이나 저소득 계층은 아무래도 인터넷이나 컴퓨터 접근 기회가 낮을 것이다.

2차 격차인 활용(Skills & Use)은 단순한 접근을 넘어 어떻게 사용하는지 질적 차이를 주목한다. 디지털 콘텐츠에 대한 접근성이 같더라도 오락 중

---

4. Dijk, Jan van A.G.M.. "디지털 디바이드: 디지털 격차는 어떻게 불평등을 만드는가." 서울: 유재, 2022.

심으로 사용하는 자와 전문 생산용으로 활용하는 자의 차이를 가리킨다.[5]

3차 격차인 결과(Outcomes)는 디지털 기술 사용을 통해 얻을 수 있는 실질적인 혜택과 성과의 격차를 말한다. 같은 수준의 디지털 역량을 갖췄더라도 개인의 사회경제적 환경, 문화자본, 네트워크 등에 따라 경제적 이득, 사회적 지위 향상, 교육 기회 증대 면에서 차이를 보일 것임을 강조한다.

접근, 활용, 결과 면에서 격차가 벌어지면 디지털 불평등이 발생했다고 볼 수 있다. 주목할 점은 사회적으로 불평등한 위치에 있던 자는 디지털 불평등에 노출될 위험이 크고, 이러한 디지털 불평등이 사회적 불평등을 더욱 증폭시킨다는 점이다.[6]

이러한 디지털 격차를 줄이려는 의식적인 노력이 디지털 포용이다. 디지털 기기에 대한 '접근 가능성(Accessibility)', 디지털 기술을 활용할 줄 아는 '역량(Ability & Skills)', 취업과 복지 및 건강 등 개인의 삶의 질을 실제로 높이는 '가치 있는 활용(Meaningful Use)' 개인 정보를 보호하고 사이버 사기에서 안전하며 디지털 윤리 인식을 갖는 '신뢰와 안전(Trust & Safety)'이 격차를 줄이려는 디지털 포용의 수단들이다.

2. 격차를 넘어 초격차로 : 10배가 아닌 무한대 차이

흥미로운 사실은 디지털 불평등에 대한 관심이 생각보다 빨리 식고 있다

---

5. Eszter Hargittai(2002) "Second-Level Digital Divide"
6. Helsper, E. (2021). The digital disconnect: The social causes and consequences of digital inequalities.

는 점이다. 인공지능(AI)이 출현하면서다. 기존의 디지털 기기와 콘텐츠가 우리 사회에 미치는 영향에 대한 관심이 AI에 대한 기대와 불안으로 쏠렸다.

이런 현상을 빗대 기존의 인터넷과 스마트폰 기기 위주의 디지털 시대의 불평등 문제를 디지털 디바이드(격차)라고 부르는 반면, 최근 생성형 AI 확산을 기점으로 벌어지는 불평등 현상을 AI 디바이드라고 구분하는 경향이 짙다[7]. 그러나 이런 단계적 구분은 디지털과 AI가 우리 사회에 미치는 임팩트를 제대로 전달하지 못한다. 디지털 시대에 벌어지는 불평등과 AI 시대의 격차가 마치 같다는 착각을 불러일으킨다.

이에 우리는 AI 이전의 시대를 원래 표현대로 '디지털 격차' 시대로 표현하고, AI 이후의 시대는 '디지털 초격차(Digital hyper-divide)'로 부르고자 한다. 다만 초격차라는 용어를 사용할 때 일부 혼선이 우려된다. 요즘에 초격차란 단어는 경쟁사를 압도적 절대 기술력을 지칭하는 용어로 쓰이기 때문이다. 삼성이 글로벌 절대 우위를 지향한다면서 유행한 용어가 초격차다. 그러나 이 책에서 디지털 초격차란 통상적인 기술 우위가 아닌 사회 불평등 차이를 뜻한다. '디지털 격차 → 디지털 초격차' 구분은 단순한 연속적 진화가 아니라, AI 등장으로 인간·조직·국가 간 격차가 폭발적으로 확장되는 현상을 강조한다.

---

7. 디지털 격차는 시기별로 배제와 포용의 방식으로 진화 과정을 거쳐왔다. 디지털 격차에 대한 1세대(1990~2000년대 초) 논의는 인터넷에 대한 접근성 중심으로 이뤄졌는데, 우리나라의 경우 인터넷보급률이 빠른 속도로 높아져 상당한 포용 성과를 거뒀다. 2세대 (2000~2010년대) 논의는 모바일 휴대폰과 SNS 환경 속에서 기기와 콘텐츠 프로그램을 사용하는 역량 차이에 관심이 쏠렸다. 3세대 (2020년대~현재) 논의는 AI 충격으로 기존의 디지털 격차와 완전히 새로운 차원의 격차를 목도하고 있다.

디지털 격차 : 2000년대 초반, '디지털 격차'는 정보사회의 가장 시급한 이슈였다. OECD와 국제전기통신연합(ITU)은 이를 정보통신기술(ICT)에 대한 접근과 활용 능력의 불평등으로 정의했다. 인터넷이 필수 인프라가 되면서, 누군가는 정보의 바다에 접근했고 누군가는 그 밖에 머물렀다. 도시와 농촌, 선진국과 개발도상국, 나이 많은 세대와 젊은 세대 간의 '정보 접근의 격차'가 곧 사회적 기회의 차이로 이어졌다.

그 시절의 격차 문제는 비교적 '명확'했다. 컴퓨터가 있는가 없는가. 인터넷에 연결되어 있는가 아닌가. 기본적인 디지털 리터러시를 갖추었는가. 이런 물음들이 사회적 불평등의 본질을 설명했다. 따라서 해결책도 직관적이었다. 정보통신 인프라를 깔고, 디지털 교육을 확산하고, 접근성을 높이면 해결된다고 생각했다.

실제로 많은 국가들이 정부 예산을 정보화 사업에 투입하거나, 농어촌 지역에 초고속 인터넷을 깔고, 노인층을 위한 스마트폰 교실을 전국 곳곳에 세워 접근 격차를 상당히 줄였다.

하지만 역설적이게도, 격차는 사라지지 않았다. 오히려 또 다른 격차를 낳았다. 디지털 기기와 콘텐츠의 접근성은 높아졌지만 모든 사람이 이를 의미 있게 활용할 역량을 갖춘 것은 아니다. 마치 빛 좋은 개살구처럼 보편화된 디지털 기술 속은 여전히 차별과 배제로 가득하다.

디지털 초격차 : 2020년대 들어 우리 사회는 AI가 몰고 온 새로운 격차 시대에 진입하고 있다. '디지털 초격차' 시대는 단순히 기술에 접근하는 것을 넘어 기술이 어떻게 작동하는지 이해하고 그것을 인간이 자율적으로 활용

할 수 있는가의 문제로 이행했다. 빅데이터를 가진 자와 못 가진 자간 기회와 자원 차이는 갈수록 벌어진다. 마찬가지로 특정 국가와 기업이 인공지능의 표준을 정의할 때, 그 밖의 사람들은 이미 결정된 규칙을 따라야 한다. 누가 알고리즘을 설계하고 누가 그 결과를 받아들이는가에 따라 사회의 계층이 고착된다.

이 시점에서 중요한 질문이 제기된다. 누가 기술을 만드는가, 누가 통제하는가, 누구의 이익을 위해 작동하는가-이 질문들이 디지털 초격차 시대의 불평등을 가늠하는 기준이 된다.

3절. AI는 어떻게 불평등을 증폭시키는가

1. AI의 이중성 : 포용과 배제 사이

AI는 포용을 확대할 수 있는 긍정의 힘을 지녔다. AI를 활용한 개인 맞춤형 교육 시스템은 각 학생의 학습 속도와 스타일에 맞춰 교육 내용을 조정할 수 있다. 이로써 교육 환경이 열악한 학생들에게 새로운 기회를 준다. AI를 장착한 실시간 번역 기술은 언어 장벽을 허물어 국제적 협력과 소통을 넓힌다. 의료 진단 AI는 의사가 부족한 지역에 고품질의 의료 서비스를 제공한다.

장애인을 위한 보조 기술에서 AI는 특히 혁신적이다. 음성 인식과 합성 기술은 시각장애인과 청각장애인의 소통을 지원하고, 이동 보조 로봇은 신체 장애인의 독립적 생활을 돕는다. 이러한 기술은 장애를 가진 사람들이 교육, 고용, 사회 참여에서 겪는 장벽을 낮출 수 있다. 세계은행(World

Bank)은 2023년 보고서에서 "AI는 적절히 설계될 경우 사회적 불평등을 줄이는 포용적 도구가 될 수 있다"고 평가했다[8].

그러나 AI의 확산은 또 다른 형태의 배제를 낳고 있다. 과거의 디지털 격차보다 더 무서울 정도다. 인터넷을 못 쓰면 정보 접근이 조금 어려운 정도였지만, AI를 활용하지 못하면 생산성에서 10배, 100배 이상 차이가 난다. 지난 2025년 국내 언론에서 보도한 '현실로 닥친 AI 디바이드'라는 기획연재물은 AI를 사용하는 비용 부담이 대기업과 중소기업간 생산성 격차를 얼마나 크게 벌리는지 고발한다. 대기업은 직원들에게 월 300달러짜리 고성능 AI라는 무기를 쥐여줄 때, 중소기업 직원들은 제 주머니를 털어 각자도생해야 한다. 생산성 격차가 기하급수적으로 벌어질 수밖에 없다[9]. 기업간 생산성 격차만 커지는 게 아니다. AI를 활용하는 직원과 그렇지 못한 자의 1인당 생산성의 격차가 벌어질수록 임금격차도 벌어져 개인간 부의 양극화로 이어진다.

학습곡선의 가파름도 이전과는 비교할 수 없다. 인터넷 활용은 시간을 들여 점진적으로 학습하면 일상 생활에 큰 지장이 없다. 하지만 AI는 활용법 자체가 계속 변화하기 때문에 따라잡기가 훨씬 어렵다. 기술이 진화하는 속도가 개인의 학습 속도를 압도하는 상황이 펼쳐지고 있다.

무엇보다 AI가 경제적 이익에 미치는 영향은 지대하다. 비싼 유료 AI를

8. World Bank (2023). AI for Development: Opportunities and Challenges.

9. 대기업 AI비용 月100달러씩 척척… 中企는 자비로 헉헉 "생산성 격차" 동아일보 /업데이트 2025-07-16 13:322025년 7월 16일 13시 32분

활용하는 사람과 그렇지 못한 사람의 업무 효율성은 하늘과 땅 차이다. AI 활용 여부는 단순히 편리함의 문제를 넘어, 일자리 경쟁력과 경제적 생존의 문제로 직결된다.

이에 기존의 디지털 포용의 뜻은 AI 시대를 맞아 새롭게 재정의되어야 한다. 과거에는 모든 사람에게 컴퓨터와 인터넷 접근성을 보장하는 것이 목표였다면, AI시대에는 단순한 접근성을 넘어 생존과 자율 역량을 갖추는 게 절체절명의 과제다. AI를 이해하고, 활용하고, 자신의 업무와 삶에 적용할 수 있는 능력이 AI 시대에 갖춰야 할 문해력이 되고 있다.

2. 접근부터 결과까지 : 세 겹으로 벌어지는 간극

챗GPT 등장을 계기로 '디지털 디바이드 → 스마트 디바이드 → AI 디바이드'로 흐름이 전개되고 있다. 이런 변화를 반영해, 디지털 격차를 구분하던 '접근성-활용-결과'의 속성도 AI 초격차 시대에 더욱 심화되고 있다.[10]

접근 격차('물리적 연결'에서 '인지적 접근'으로) : 인터넷 시대의 접근성은 말 그대로 '물리적 접속'의 문제였다. 컴퓨터 한 대와 유선 회선만 확보하면, 누구나 동일한 정보의 바다에 빠져들 수 있었다. 2000년대 초 한국 정부가 추진한 '정보화 마을', '공공 PC방', '정보화 교육 프로그램'은 이런 물

---

10. Carter, L., Liu, D., & Cantrell, C. (2020). Exploring the intersection of the digital divide and artificial intelligence: A hermeneutic literature review. AIS Transactions on Human-Computer Interaction, 12(4), 253-275.

리적 장벽을 빠르게 낮췄다. 더구나 2000년대 중반 무선인터넷망(Wi-Fi, WiBro, LTE)이 전국적으로 깔리면서, 접근성의 범위가 가정이나 학교에서 '길거리와 이동 중'으로 확장됐다. 공간의 제약을 무너뜨린 혁명이 일어난 것이다. 이러한 인프라 확충은 디지털 포용의 토대였다. 하지만 통신기기 가격과 통신요금 부담은 여전하다. 그래서 정부의 공공 와이파이 확대 정책, 알뜰폰 도입, 단말기 가격 인하 논의는 지금도 현재진행형이다.

2010년도 전후 스마트폰이 보급되던 시대가 기억나는가. 스마트폰 시대의 접근성은 '기기를 소유하느냐'와 '조작할 수 있느냐'로 바뀌었다. 초기엔 터치 인터페이스와 앱 설치가 낯설었지만, 조작 방식이 단순화되고 디자인이 표준화되면서 대중화 속도는 빨랐다. 노년층조차 모바일 뱅킹이나 카카오톡을 능숙히 쓰는 시대다.

그러나 AI 시대의 접근성은 차원이 다르다. 인터넷의 경우 특정 브라우저에 접속하고 검색하는 데 비용의 장벽 없이 무료로 가능했다. 스마트폰을 작동시키는 핵심 프로그램인 일반적인 앱 역시 대부분 무료로 다운로드받아 무제한 사용한다. 그러나 챗GPT나 클로드, 코파일럿, 제미나이 등 주요 생성형 AI 서비스는 제대로 사용하려면 유료 구독이 필수다. 무료 버전과 유료 버전의 성능 격차가 경제적·사회적 접근 불평등을 가른다.

'AI를 쓸 수 있는 언어적 접근성'도 새로운 격차를 만든다. 영어 기반의 모델에서 한국어 사용자나 비표준 언어 사용자들은 상대적으로 낮은 정확도와 품질을 경험한다.

**활용 격차('기능 숙련'에서 '사고 재구성'으로) : 1990대 인터넷 시대가 열렸을 때 지상파에서는 인터넷 검색 브라우저로 정답을 빨리 찾는 퀴즈프로 그램이 한창 유행했다. 그 시절엔 검색 잘하는 사람이 시대를 앞서가는 전문가였다. 인터넷 시대에 활용의 차이는 '검색 기술' 수준이었다. 검색어를 잘 입력하는 자와 그렇지 못한 자의 차이였다. 하지만 그 실력차는 종이 한 장에 불과했다.

2010년대에는 스마트폰 열풍이 불면서 비슷한 교육 열풍이 불었다. 스마트폰의 핵심 경쟁력인 앱 설치와 활용이 그 당시엔 낯설고 접근하기 어려운 고난도 기술로 여겨졌다. 앱에 익숙한 일반인들이 스마트폰 전도사를 자처하며 교육 시장을 휘젓고 다녔다. 지금은 초등학생도 웬만한 노년층도 인터넷 검색뿐만 아니라 앱 활용에 익숙하다. 스마트폰 시대에는 앱을 고르고 사용하는 능력이 중요하다. 요즘엔 카카오톡, 네이버지도 같은 필수 앱만 알면 생활에 큰 불편이 없다.

2020년대 들어 AI 교육 열풍이 불어닥쳤다. 프롬프트 엔지니어링을 배우지 못하면 평생 시대의 낙오자가 될 것이란 두려움이 엄습하고 있다. 그러나 AI를 배우려는 초기 모습은 혼란 그 자체다. 단순한 프롬프트 작성 요령이 주류를 이룬다. 정작 이런 AI 활용법을 배운 사람들에게 "만약 무료로 AI 활용 기회를 준다면 어디에 쓸 것인가"라고 물으면 대뜸 이런 답이 나온다. "처음엔 흥미로 신변잡기적인 것을 물어보다가 사주팔자나 MBTI 같은 것도 물어보는데, 사실 하루에 한 시간도 집중적으로 쓸 일이 없어요."

우리는 중요한 점을 간과하고 있다. 프롬프트 작성 요령이 아니라 AI를 통해 사고·작업·창작의 과정을 재구성하는 능력이 중요하다. 같은 챗

GPT를 쓰더라도, 누군가는 그것을 '지식노동의 가속 장치'로 삼고, 다른 이는 단순한 '대화 도구'로만 인식한다. 즉, 활용 격차는 '프롬프트 숙련의 차이'를 넘어, '문제를 구조화하고 AI에게 역할을 부여하는 사고의 능력 차이'에서 벌어진다. AI를 잘 쓰는 사람은 자신의 생산성을 10배로 끌어올리는 반면, AI에 의존하는 사람은 기술에 종속되고 만다.

결과 격차('정보 불평등'을 넘어 '지능 자본 불평등'으로) : 인터넷과 스마트폰 시대의 결과 격차는 개인의 경제적·사회적·문화적 자본(Bourdieu, 1986)에 깊이 의존했다. 단순히 기술을 "쓸 줄 아느냐"보다 중요한 건 "그 기술을 어떤 사회적 맥락과 문화적 자원 속에서 쓰느냐"였다.

인터넷 초기에는 컴퓨터와 네트워크 인프라를 갖춘 중산층 가정의 자녀가 더 많은 정보를 접했고, 스마트폰 시대에는 앱을 통해 소비와 경험을 확장할 수 있는 시간적·경제적 여유가 있는 계층이 더 높은 생활 편익을 누렸다.

AI 시대에 결과 격차는 상상할 수 없을 정도다. AI는 단순한 도구가 아니라 '지능의 대리자'이자 '인지적 자본'을 증식시키는 기제로 작동하기 때문이다. 과거에는 인터넷을 통해 누구나 같은 정보를 찾아볼 수 있었지만, 이제는 같은 AI를 사용하더라도 어떤 질문을 던지느냐, 어떤 데이터를 학습시키느냐, 어떤 목적을 설정하느냐에 따라 결과가 천차만별이다. AI를 사용하는 사람의 사회문화적 배경이 격차를 더욱 키울 것이다.

이 가운데 경제적 자본의 영향력은 한층 커졌다. 고성능 AI 모델이나 개인화된 맞춤형 AI 서비스를 쓰려면 유료 구독료나 컴퓨팅 자원을 감당해야 한다. 또한 기업과 기관은 방대한 사내 데이터를 학습시켜 '조직 단위의 AI 역량'을 축적하지만, 개인은 그 규모를 따라잡을 수 없다. 결국 AI 접근·활용의 비용 격차가 결과 격차로 직결되고, 이는 사회 전체의 생산성 격차를 구조적으로 고착시킨다.

문화적 자본의 차이도 마찬가지다. AI는 텍스트·언어·상징을 통해 작동하는 지능 시스템이기에, 언어 능력·비판적 사고·맥락 해석력 등 문화적 자본이 AI 성과에 직접 영향을 미친다. 영어권 중심의 학습 데이터 구조 속에서 비영어권 이용자는 근본적으로 불리한 위치에 놓인다. 또한 예술·인문·기획·교육 등 '추상적 사고'를 기반으로 하는 직업군은 AI를 통해 창의성과 효율을 동시에 확장시키지만, 단순 노동 종사자는 AI 자동화에 길들여져 저성과의 늪에 빠질 우려가 크다.

사회적 자본의 불균등도 빠르게 확대된다. AI를 잘 다루는 전문가 집단, 교육 네트워크, 기술 커뮤니티에 속한 사람들은 AI 학습 환경이 유리하다. 반면, 사회적 연결망이 약한 개인은 AI 관련 정보나 학습 기회를 얻기 어렵다. 이렇게 AI 시대의 결과 격차는 개인 능력의 문제에 그치지 않는다. 사회적 구조가 지능의 차이를 좌우하는 '지능 자본(Intelligence Capital)' 시대가 코 앞에 닥쳤다.

3. 무료라는 함정 : 당신은 이미 빨려들고 있다

인터넷 시대는 무료 서비스 위주였다. 이용자를 많이 끌어들여 트래픽을 확보해야 광고 수익을 올릴 수 있기 때문이다. AI 초기 시장에서도 주도권을 쥐기 위해 무료 서비스 경쟁을 펼친다. 주요 빅테크 기업들은 1년 약정 무료 체험을 내세우며 이용자 유치를 위해 총력전을 벌인다.

그러나 AI 무료 서비스는 한시적일 뿐이다. '프리미엄(Freemium) 마케팅 전략'은 무료(Free)와 유료(Premium)의 결합으로 구성된다. 기본 기능을 무료로 풀어 진입장벽을 낮춰 사용자를 어느 정도 확보하면 고급 기능을 새로 선보여 유료 서비스로 유인한다.

AI 기업 입장에서 무료 서비스는 손해가 아니라 투자다. 사용자 데이터가 많이 쌓일수록 AI 모델의 품질이 개선된다. 아울러 사용자가 익숙해진 사용 패턴 때문에 쉽게 다른 서비스로 옮기기 어려운 '락인(Lock-in)' 효과가 강해진다. 무료는 곧 의존의 교묘한 설계다.

AI 무료 서비스를 뒤집어보면 공짜가 아니다.

첫째, 무료 이용자는 '데이터 제공자'일 뿐이다. AI에 저장되는 질문, 문제, 음성, 코드 등 각종 데이터를 AI 기업에 갖다 바치는 셈이다. 무료로 AI 서비스를 사용한다는 건 착각일 뿐이다. 오히려 데이터 제공 대가를 받아야 할 판이다.

실제로 AI 기업들은 뉴욕타임스 기사나 수억 장의 온라인 이미지 등을 학습데이터로 무단 활용했다가 소송에 휘말렸다. 이들의 논리는 한결같다. "공개된 데이터는 공공재"라는 것이다. 하지만 창작자의 권리를 무시하고, 데이터를 일방적으로 수탈한다는 논쟁이 한창이다.

둘째, AI 시장 초기의 무료 서비스가 어느 시점에 유료로 전환되는 순간, 개인간 활용 격차가 확 벌어진다. 무료 경쟁이 끝나는 순간, 서비스 비용을 낼 수 있는 집단만 고급 AI 서비스에 접근 가능하다.

4절. 격차 위에 격차 : AID 디바이드 시대

1. 디지털 숙제도 못 끝냈는데 AI가 왔다

"디지털 시대가 왔다"고 말한 지 얼마나 됐다고, 우리는 벌써 "AI 시대가 열렸다"고 말한다. 디지털은 인간 세상을 정보의 언어로 번역한 시대였다. 사진도 음악도 감정의 기록도 0과 1의 코드로 쪼개어 저장하고 전송했다.

그러나 어디까지나 인간의 손 끝에 의존했다. 사람이 입력하고 명령하는 계산만 수행했다. 기계는 빠른 계산자였을 뿐, 생각하는 존재는 아니었다. AI는 이 디지털 세계의 토양 위에서 태어났다. AI는 인간이 남긴 무수한 데이터에서 스스로 패턴을 찾아내고, 그 패턴을 바탕으로 언어를 이해하고, 심지어 인간의 사유방식까지 모방한다.

디지털이 정보를 복제했다면, AI는 그 정보로부터 지능을 창조한다. 그래서 AI는 단순히 새로운 기술이 아니라 디지털의 축적 위에서 피어난 진화물이다.

디지털과 AI가 동떨어진 관계가 아니라 인류의 진화과정과 유사하게 연속적으로 발전해온 기술임을 체계적으로 정리한 연구가 있다. 김문조(2020)는 디지털 사회의 진전 단계를 네 개의 층위로 구분했다. 컴퓨터 중심의 '자동화' 사회, 인터넷 중심의 '연결망' 사회, 모바일 앱 중심의 '스마트' 사회, 그리고 AI 중심의 '지능' 사회가 그것이다. 이런 단계적 구분에서 유념할 점은 전 단계와 다음 단계가 단절 관계가 아니라는 사실이다. 오히려 앞 단계의 인프라가 다음 단계의 기반이 된다는 점에서 차곡차곡

쌓이는 누진적 관계다. 예를 들어, 연결망 사회는 전 단계인 자동화 사회를 포함하며, AI 중심의 지능사회는 앞 단계의 지능화, 연결성, 스마트 등 세 가지 속성을 모두 내포하면서 한 단계 더 나아간 유형이라는 얘기다.[11] 이는 마치 생물의 진화가 이전 단계의 기관과 기능을 보존하면서 새로운 능력을 추가해가는 과정과 닮았다.

지난 2024년 한국 사회는 계엄과 탄핵이라는 초유의 정국 혼란에 빠졌다. 이런 어수선한 시국 속에 열린 12월 국회 본회의에서 통과된 두 가지 법이 있다. 디지털포용법과 AI기본법이다. AI기본법은 유럽연합의 AI법에 이어 세계에서 두 번째로 제정된 포괄적 AI 규제 법안이다.

디지털 포용법은 인터넷·모바일·플랫폼 환경에서 뒤처지는 이들이 사회적으로 소외되지 않도록, 국가가 '디지털 접근권'을 사회적 권리로 제도화한 내용을 담았다. "누구도 디지털 기술에서 배제되지 않을 권리"를 법적으로 못 박았다.

반면 AI기본법은 산업 육성과 함께 AI가 인간의 판단과 권리를 대체하거나 왜곡하지 않도록 하는 공적 통제의 틀을 마련했다. "기술이 인간의 가치를 침범하지 않을 권리"를 제도적 안전장치를 마련한 것이다.

동시대에 두 법이 통과되었다는 사실은 우연의 일치가 아니다. '디지털'과 'AI'는 선행과 후행의 관계가 아니라 서로 맞물린 동시대적 현실임을 보여준다. 다시 말해, 디지털 시대의 과제가 완결되지 않은 채 AI 시대의 과제가

11. 김문조. (2020). AI 시대의 디지털 격차. 지역사회학, 21(1), 59-88.

겹친 '과도기(transition period)' 시대에 우리는 살고 있다.

2. AID 디바이드 : 복합 불평등을 읽는 새로운 렌즈

이 복잡한 현실을 설명하려면 새로운 개념이 필요하다. '디지털 격차'나 '디지털 초격차' 어느 하나만으로 현재의 복합적 현실을 대변할 수 없기 때문이다. 따라서 우리는 디지털 격차와 디지털 초격차가 융합되고 혼재한 상태를 'AID 디바이드(AID Divide)'로 규정하고자 한다.

에이드(AID) 디바이드란, '디지털(Digital) 격차'라는 낡은 숙제를 풀기도 전에 '인공지능(AI) 격차'라는 거대한 해일이 덮치며 생겨난 복합 불평등 현상을 뜻한다. 'AI'와 'Digital'를 조합한 단어다. 이는 기존의 디지털 격차가 완전히 해소되지 못한 상태에서 AI 기술이 빠르게 도입되며, 디지털 시대의 정보 접근 불평등이 데이터 편향·알고리즘 의존·자동화된 의사결정 등 AI 기반의 구조적 격차로 전이되는 과정 전체를 포괄한다.

여기서 'AID'라는 약어의 의미는 중의적이다. 표면적으로는 AI와 Digital의 결합을 뜻한다. 의미 측면에선 이중성을 함께 담았다. 우선, 영어 단어 'aid(돕다, 지원하다)'와 겹쳐진다. AI는 인간의 삶을 돕기 위해 만들어졌다. 의료 진단을 돕고, 학습을 돕고, 업무 효율을 돕기 위한 기술이다. 이런 긍정적 효과를 AID에 담았다. 반면, AID라는 이름은 '돕는다(Aid)'는 뜻과 '가른다(Divide)'는 뜻이 섞인 지독한 역설을 품고 있다. 누구에게는 삶을 일으켜 세우는 강력한 '보조기(Aid)'가 되지만, 준비되지 않은 이들에겐 기회의 문을 닫아버리는 '장벽(Divide)'이 되기 때문이다. 이런 현실을 'AID 디바이드'라고 부르고자 한다.

AID 디바이드 : 격차 위에 격차

디지털 격차 스마트폰·인터넷	+	AI 격차 챗GPT·AI 서비스

과도기적 복합 불평등

디지털 격차가 해소되기 전 AI 격차가 시작된
이중 배제의 시대

AID 디바이드를 이해하려면 디지털과 AI가 어떻게 '중첩'되는지 명확히 살펴봐야 한다.

첫째, 시간의 중첩이다. 디지털 격차는 전통적으로 세 단계로 구분되어 왔다. 1차 격차는 디지털 기술에 대한 '접근(Access)' 격차다. 컴퓨터나 스마트폰을 가지고 있는가, 인터넷에 연결되어 있는가의 문제다. 2차 격차는 '활용(Usage)' 격차로, 기술을 가지고 있더라도 그것을 얼마나 효과적으로 사용할 수 있는가의 문제다. 3차 격차는 '결과(Outcome)' 격차로, 기술 활용이 실제 삶의 질 향상이나 사회경제적 성과로 이어지는가의 문제다.

문제는 한국 사회에서 이 세 단계의 디지털 격차가 완전히 해소되지 않았다는 점이다. 물론 1차 접근 격차는 상당 부분 좁혀졌다. 2023년 기준 한국의 인터넷 보급률은 95%를 넘어선다. 그러나 2차 활용 격차와 3차 성과 격차는 여전히 심각하다. 고령층의 키오스크 사용 곤란, 저소득층의 디지털 금융 서비스 접근 어려움, 농촌 지역의 원격 의료·교육 활용 제약

등이 그 예다. 이런 디지털 격차의 1, 2, 3차 단계가 아직 진행 중이라는 점에서 디지털 격차는 여전히 풀어야 할 숙제다.

문제는 디지털 격차가 진행중인 가운데 AI 격차가 시작되었다는 점이다. AI 역시 접근-활용-성과의 단계를 거칠 것이다. 챗GPT에 접근할 수 있는가, AI 도구를 업무나 학습에 활용할 수 있는가, AI 활용이 생산성 향상으로 이어지는가의 문제가 이미 현실화되고 있다.

이처럼 디지털 격차의 1, 2, 3차 단계가 완결되지 않은 상태에서 AI 격차의 1, 2, 3차 단계가 동시에 진행되는 시간적 중첩이 우리 사회의 모습이다. 과거에는 한 기술의 격차가 어느 정도 해소된 후에 다음 기술이 도입되었지만, 지금은 두 기술의 격차가 시차 없이 겹쳐 있다.

AID 디바이드의 두 번째 특징은 구조적 중첩이다. 디지털 격차와 AI 격차는 단순히 시간적으로 겹쳐 있을 뿐 아니라, 서로를 강화하고 악화시키는 구조적 관계에 놓여 있다. 이는 두 가지 방향으로 작동한다.

한 방향은 순차적 박탈(Sequential deprivation)이다. 디지털 인프라가 부족하면 AI를 활용할 수 없다. AI 서비스는 스마트폰, 고속 인터넷, 클라우드 컴퓨팅 위에서 작동하기 때문이다. 디지털 기기가 없거나 디지털 리터러시가 낮은 사람은 AI라는 고난도 경기에 아예 출전조차 할 수 없다. 디지털 격차가 AI 격차를 더욱 악화시키는 것이다. 예를 들어, 농촌 지역의 노인이 스마트폰 사용에 익숙하지 않다면, 그는 AI 챗봇 기반의 공공서비스나 AI 기반 건강관리 앱에도 접근하기 힘들다.

다른 방향은 역순환적 배제(Reverse exclusion)다. AI 알고리즘은 데이터를 기반으로 학습하는데, 디지털 활용이 낮은 집단은 온라인에 남기는 데이터가 적다. AI는 이들의 필요, 행동 패턴, 선호를 학습하지 못한다. 결과적으로 AI의 추천 알고리즘, 신용평가 알고리즘, 채용 알고리즘과 같은 AI 서비스는 디지털 활용이 높은 집단에 최적화되고, 디지털 취약계층은 갈수록 소외된다. AI 격차가 디지털 격차를 더 깊게 만드는 것이다.

구조적 중첩이란 이렇게 디지털 격차가 AI 격차를 낳고(순차적 박탈), AI 격차가 다시 디지털 격차를 심화시키는(역순환적 배제) 양방향 악순환을 뜻한다.

AID 디바이드는 본질적으로 과도기적 개념이다. 정보 사회(Information society)에서 지능 사회(Intelligent society)로 이행하는 현재, 우리는 두 문명 사이의 교차로에 서 있다. 디지털 기술이 사회 전반에 안착되기도 전에 AI가 급속히 도입되면서, 두 기술 격차가 분리되지 않고 뒤엉킨 채 나타난다. 디지털 포용이 완전히 달성되려면(모든 세대와 계층이 디지털 기술을 자유롭게 활용하고, 그것이 실질적 삶의 질 향상으로 이어지려면) 아직 상당한 시간이 필요하다. 동시에 AI 기술은 이미 사회 곳곳에 침투하기 시작했고, 그 확산 속도는 디지털보다 훨씬 빠르다.

결국 우리는 당분간 디지털 격차 해소와 AI 격차 대응이라는 두 과제를 동시에 수행해야 한다. 지금 이 과도기를 어떻게 관리하느냐가 미래 지능 사회의 평등 수준을 결정한다.

5절. 기울어진 세상 바로 잡는 '포용 탄력성'

1. 오픈AI 법적 논쟁 : 돈과 사회적 미션 사이

기업은 본질적으로 수익을 추구한다. 경제적 가치 창출은 기업 존재의 이유이자 생존의 조건이다. 그런데 이러한 전통적 자본주의 패러다임은 심각한 도전에 직면했다. 기업의 사회적 책임이 시대적 부름을 받아, 공익을 위한 활동도 기업의 책무로 인식되기 시작했다.

이러한 흐름 속에서 경제적 가치와 사회적 가치를 동시에 추구하려는 조직 형태가 등장했다. 비영리법인, 사회적 기업, 공익법인 등이 대표적이다. 이들은 수익을 창출하되 그것을 사회에 환원하고 공익을 실현하겠다는 이상을 내걸었다. 상업적 이익을 추구하던 영리 기업들도 기업의 사회적 책임(CSR), 공유가치 창출(CSV), 환경·사회·지배구조(ESG)의 형태로 경제적 가치와 사회적 가치의 공존을 추구한다.

하지만 현실은 녹록지 않다. 법인이 지속가능하려면 자체적으로 수익을 내야 한다. 동시에 수익의 기회를 일부 포기하더라도 사회적 가치를 지켜야 한다. 두 마리 토끼를 쫓는 여정에서 균형점을 찾기란 결코 쉽지 않다.

실제로 사업을 하다 보면 기업의 생존이 위협받는 순간이 온다. 그럴 때 사회적 가치 대신 경제적 가치로 쏠리는 현상이 나타난다. 이런 현상을 '목적 표류(Mission Drift)'라고 부른다. 상업적 이익을 추구하려는 힘이 강하게 작용해 공익이라는 목표가 흔들리는 현상을 가리킨다. 공익을 포

기하고 수익성 높은 사업과 마케팅으로 쏠리다보면 어느 새 조직의 정체성 자체가 변질된다.[12]

디지털과 AI를 추구하는 첨단 기업들도 이 딜레마에서 자유롭지 못하다. 아니, 오히려 더 취약할 수 있다. 막대한 연구개발 비용과 최고 수준의 인재 확보가 필수인 AI 산업의 특성상 자금 압박이 더 심하기 때문이다.

AI 시대를 본격적으로 알린 오픈AI에서 실제로 이런 일이 벌어졌다. 2015년 비영리법인으로 출발한 오픈AI는 "인류를 위한 AI 개발"이라는 사회적 목적을 선언했다. 창립자들이 내세운 명분은 분명했다. AI 기술이 소수 거대기업의 이윤 도구로 전락하는 것을 막고, 인류 전체의 이익을 위해 개발하겠다는 것이었다.

그러나 현실은 달랐다. 챗GPT의 폭발적 성공 이후 오픈AI는 치열한 AI 시장에서 주도권을 유지하기 위해 막대한 자금이 필요했다. 비영리법인 구조로는 핵심 인재 영입도, 대규모 투자 유치도 어려웠다. 결국 오픈AI는 영리법인으로의 전환을 시도했다. 막대한 연구비용 부담과 우수 인재들의 이탈을 막기 위한 고육지책이었다. 이 와중에 일론 머스크 테슬라 CEO가 오픈AI의 영리법인 전환을 막기 위해 법원에 가처분신청을 내면서 전면적인 소송전에 들어갔다.

머스크가 오픈AI의 발목을 잡은 건 AI 산업을 둘러싼 미래 경쟁에서 밀리지 않겠다는 조급함 때문으로 보인다. 시장을 선도하던 오픈AI가 영리

12. Young, D. R., and Kim, C. (2015), "Can social enterprises remain sustainable and mis-sion-focused? Applying resiliency theory," Social Enterprise Journal, 11(3), 233-259.

법인으로 전환할 경우 막대한 자금을 확보해 절대 강자의 자리를 굳힐 것이란 걱정이 앞섰던 것이다.

그럼에도 머스크의 명분은 상당한 설득력을 얻었다. 오픈AI가 비영리 목적으로 출발해 세제 혜택과 기부금을 받아놓고, 이제 와서 영리 추구로 돌아서는 것은 기만이라고 일갈했다.

오픈AI와 머스크 간 소송전은 그저 기업들 간 이익 다툼으로 넘길 사안이 아니다. 오픈AI의 영리법인 전환 시도는 애초 공익을 우선시한다던 사회적 미션 대신 상업적 이익으로 방향을 튼 전형적인 '목적 표류' 사례로 해석될 수 있다. 디지털과 AI라는 기술이 인류의 공익을 위해 온전히 활용될 것인가에 대한 물음표를 던진 역사적인 사건이다. 아무리 숭고한 목적을 내걸어도, 생존의 압박 앞에서는 상업적 논리가 우선할 수밖에 없다는 냉혹한 현실을 보여줬다. 경제적 이익을 향한 중력은 자연 법칙처럼 강력하고 끈질기게 작동한다.

그럼에도 기술의 발전이 사회 전체 이익에 기여하게 만드는 건 시대적 과제다. 상업적 이익을 추구하려는 자본의 회귀본능과 인간 중심의 가치를 견지하려는 가치 추구간 팽팽한 줄다리기가 반복되고 있다.

2. 세상은 왜 자꾸 한쪽으로 기우는가

경제적 가치와 사회적 가치 간 팽팽한 긴장감은 기술이 인간사회에 미치는 과정에도 유사하게 나타난다. 디지털과 AI 역시 인간에게 이로움과 해로움 양면으로 영향을 미친다. 배제의 힘이 강할수록 인간 주체성의 뿌리가 흔들리는 반면, 포용의 힘이 반발력을 발휘할 때 인간의 존엄성을 세울 수 있다.

문제는 배제와 포용간 힘 차이가 크다는 점이다. 기술의 효율성과 자동화의 논리는 본성적으로 '배제' 성향이 강하다. AI 콘텐츠를 구성하는 알고리즘은 인간의 차이를 은연중에 반영하고, 데이터는 편향을 증폭시키며, 시스템은 무심한 속도로 인간성의 변수를 제거하려 든다. 이런 힘은 마치 중력처럼 자연스럽다. 물리학에서 중력은 질량을 가진 모든 물체가 다른 물체를 끌어당기는 힘이다. 마찬가지로 기술 그 자체의 내재적 속성과 힘은 인간의 의도와는 무관하게 세상을 한쪽으로 끌어당긴다.

반대로 '포용'은 인간의 자각과 의식의 힘이다. 그것은 자동적으로 생겨나는 것이 아니라, 사회가 의식적으로 만들어내야 하는 인공적인 구심력이다. 기술의 중력이 배제의 방향으로 기울 때마다, 우리는 그 경사를 되돌리기 위해 포용의 복원력을 발휘해야 한다. 마치 탄성체가 변형되었을 때 원래 형태로 돌아가려는 힘과 같다. 이것이 바로 우리가 갖춰야 할 포용 탄력성의 실체다.

이처럼 밀고 당기는 긴장 구조를 '배제와 포용의 표류(Exclusion-Inclusion Drift)' 현상으로 규정해보자. 디지털·AI 사회에서 기술·데이터·알고리즘의 배제 성향이 강화될수록 포용의 가치가 약화되는 현상을 가리킨다. 일반적인 '목적 표류(Mission Drift)'는 경제적 가치가 사회적 가치를 압도하는 과정이라면, AI 시대의 '배제-포용의 표류'는 기술 효율성이 인간 중심 가치를 압도하려는 현상이다.

이 힘은 다음과 같이 작동한다. AI 채용 시스템은 과거 채용 데이터를 학습한다. 과거 데이터에 명문대 출신이 많으면, AI는 명문대 출신에게 높은 점수를 주고, 비명문대 출신은 알게 모르게 소외당한다. AI 대출 심사 시스템은 디지털 금융 거래가 적은 노인이나 저소득층을 저신용등급 계층으로 학습했다면, 이들은 금융 서비스에서 불이익을 당한다.

이러한 배제의 힘에 압도당하지 않으려면, 포용 상태로 복원되려는 역동적 힘이 작동해야 한다. 이 힘을 '포용 탄력성(Inclusive Resilience)'으로 제안한다.

코로나19를 계기로 주목받았던 회복 탄력성은 재난이나 경제 위기 등 외부 충격으로부터 사회나 시스템이 불안정한 상태를 흡수하고 기능을 유지하며, 다시 안정된 균형점으로 복귀하려는 능력을 뜻한다. 이에 비해 포용 탄력성은 기술의 배제 속성에 맞서 사회가 능동적이고 지속적으로 소외층을 껴안으려는 복원력을 의미한다.

포용 탄력성은 단순한 가치의 외침이 아니라, 사회적 시스템이 평형을 유지하기 위해 반드시 필요한 역학적 에너지다. 자꾸만 기울어지려는 운동장을 평평한 상태로 되돌리려는 필사의 노력을 가리킨다. 배제의 힘이 거세질수록, 포용은 그만큼 강한 당김으로 맞서야 한다. 이런 팽팽한 긴장 속에서 사회는 균형을 유지하고, 기술과 인간의 공존이 비로소 가능해진다.

포용 탄력성은 사회가 살아 있다는 증거다. 포용은 완성된 상태가 아니라 늘 배제의 힘에 맞서 싸우며 재조정하는 과정이다. 따라서 진정한 포용은 정적(靜的) 가치가 아니라 동적(動的) 에너지이다. 이 힘이 약화될수록 사회는 서서히 배제의 중력에 빨려 들어가고 만다. 포용 탄력성은 사회를 지탱하는 근본적 에너지이자, 디지털 AI 시대의 새로운 윤리적 드라이버인 이유다.

포용 탄력성은 생물처럼 진화하는 속성을 지닌다. 포용은 의식적 선택과 사회적 합의를 통해 만들어진다.

특히 포용의 얼굴은 카멜레온과 같다. 오늘 우리가 포용이라 여기던 것이 내일은 또 다른 배제의 씨앗이 될 수 있기 때문이다. 예컨대 스마트폰 보급은 디지털 격차를 해소하는 포용의 도구였지만 최신 스마트폰을 사용하지 못하는 이들을 새롭게 배제한다. 이처럼 포용은 특정 형태로 고정될 수 없으며 기술과 사회의 변화에 따라 끊임없이 재정의된다. 이에 포용 탄력성은 완결된 목표가 아니라 배제와 포용이 중첩되는 복잡성 속에서 균형점을 찾아가는 의식적이고 지속적인 여정이다.

배제와 포용의 역학관계

배제의 중력	포용 탄력성
■ 기술 효율성	□ 인간 중심 가치
■ 경제적 이윤	□ 의식적 노력·사회 합의
■ 알고리즘 자동화	□ 끊임 없는 재조정

13. 조창원. (2023). 토렴 사회를 꿈꾸며: 공감 공정 공유의 창조적 하모니. 서울: 불난서가.

3. 사람의 온도에 답 있다

포용 탄력성의 중심축은 사람과 가치에 있다. 디지털과 AI 논의는 기술 중심이 아닌 인간 중심(Human-Centered)의 핵심 가치에 기반해 포용의 긴장력을 끌어올리는 데 초점을 둬야 한다.

포용은 단순히 함께 있는 상태가 아니다. 구성원 모두가 소속감을 느끼고, 존엄하게 대우받으며, 사회의 발전에 기여하고 혜택을 누리는 상태를 지향한다. 이러한 포용의 본질을 실현하려면 세 가지 기둥이 필요하다. 바로 공감(Empathy), 공정(Fairness), 공유(Sharing)이다.[13]

공감은 포용의 '심장'이다. 포용은 차이를 인정하고 이해하는 교감에서 시작한다. 나와 다른 배경, 생각, 처지를 가진 사람을 배제하지 않고 포용하기 위해서는 먼저 그를 이해하려는 노력, 즉 공감이 우선이다. 공감 없는 포용은 위선이다. 상대의 아픔과 필요를 외면한 채 형식적으로 포용한다는 것은 어불성설이다.

디지털 AI 시대, 공감의 중요성은 더욱 커진다. AI의 알고리즘은 '평균'을 학습하므로, 평균에서 벗어난 존재는 오류로 처리된다. 예를 들어, 음성인식 AI는 표준어 화자의 데이터로 학습되어 사투리 사용자나 외국인의 음성을 제대로 인식하지 못한다. 얼굴인식 AI는 백인 남성 데이터에 편향되어 유색인종 여성을 잘못 인식한다.

이에 AI 시스템 설계에 다양성의 관점을 포함시키려는 노력이 요구된다. 개발 단계부터 다양한 배경을 가진 사람들의 참여를 보장해 소수 집단의 특성을 이해하려는 노력(공감)을 AI 학습 과정에 반영해야 한다. 이는 단순히 데이터를 더 모으는 것이 아니라, 누구의 데이터를, 왜 포함시켜야 하는지에 대한 윤리적 성찰을 요구한다. 공감은 AI 개발의 출발점이어야 한다.

공정은 포용의 '뼈대'이다. 포용은 기회의 평등을 전제로 한다. 특정 집단에게 유리하거나 불리한 규칙과 제도 아래에서는 진정한 포용이 실현될 수 없다. 그렇기에 공정 없는 포용은 불안정하다. 불공정한 시스템은 배제와 불신을 낳고, 포용된 사람들마저 다시 소외시키는 결과를 초래할 뿐이다. 포용을 공고히 하려면 반드시 공정으로 뒷받침해야 한다.

디지털 AI 시대에 공정의 핵심은 알고리즘 공정성(Algorithmic fairness)이다. 채용, 대출, 사법 등 중대한 결정에 사용되는 AI기 특정 집단에게 불리한 결과를 내는 '알고리즘 차별'을 일삼을 수 있다. 예를 들어, 미국에서 사용된 범죄 재범 예측 알고리즘 COMPAS는 흑인에게 체계적으로 높은 재범 위험 점수를 부여해 논란이 되었다. AI 채용 시스템은 여성 지원자를 불리하게 평가한 사례가 보고되었다.

결국 AI의 투명성(Explainability)과 공정성(Fairness)을 검증하는 제도 마련이 필요하다. '블랙박스' 같은 AI의 결정 과정을 설명 가능하게 만들고, 정기적으로 공정성 감사를 실시하는 방안이 거론된다. 유럽연합의 AI법은 고위험 AI에 대해 투명성과 설명 가능성을 의무화했다. 한국의 AI

기본법도 유사한 취지를 담고 있다.

아울러 디지털과 AI 기기와 서비스에 접근할 기회를 모든 이에게 공정하게 보장해야 한다. 디지털포용법은 이런 취지를 지향한다. 출발선이 공정하지 않으면, 결과는 더욱 불공정해진다.

공유는 포용의 '혈류'와 같다. 포용의 궁극적 목적은 함께 잘 사는 사회를 이루는 것이다. 지식, 정보, 권력, 성과와 같은 자원이 소수에 집중되고 공유되지 않는다면, 포용은 단순한 '동거'에 그칠 뿐이다.

공유 없는 포용은 공허하다. 자원이 공정하게 순환되고, 자신도 그 흐름에 참여하고 있다는 경험에서 포용감을 느낀다. 공유라는 실천적 행위를 통해 우리 사회는 실질적인 협력과 상생의 관계로 발전할 수 있다.

디지털 AI 시대에 공유의 핵심은 데이터와 AI 혜택의 민주화이다. 방대한 데이터와 첨단 기술이 소수 거대 기업에 집중되면서 '데이터 독점'과 '기술 격차'가 발생하고, 이는 경제적·사회적 양극화를 심화시킬 우려가 크다. 구글, 아마존, 메타, 오픈AI 등 소수 기업이 AI 기술과 데이터를 독점하면, 중소기업과 개인은 AI 혁신에서 배제된다.

데이터와 AI 혜택의 민주화를 이루려면, 공공 데이터를 활짝 개방해 혁신의 기회를 나눠 가져야 한다. 한국의 공공 데이터 포털, 유럽의 오픈 데이터 정책 등이 그 예다. AI로 인한 생산성 향상의 과실을 노동자와 사회가 널리 누리는 정책도 고려해봄직 하다. AI가 일자리를 대체할 때, 그 이익이 자본에만 집중되면 불평등은 심화된다. 일각에서는 AI 세금, 보편적 기본소득 등이 논의되고 있다. 진정한 공유는 단순히 자원을 나누는 게 아니라, 사회 구성원 모두가 기술 혁신의 주체이자 수혜자가 될 때 달성된다.

포용의 가치는 '모두의 존엄과 행복을 위한 것'이라는 점에서 전통 산업 시대나 디지털 AI 사회를 관통한다. 특히 디지털 AI 시대일수록 공감·공정·공유를 기반으로 한 포용 탄력성은 어느 때보다 더 절실하다. 기술의 급격한 진화에 따라 '새로운 형태의 배제' 장벽이 우리 사회 안으로 성큼 들어서고 있기 때문이다.

AID 디바이드가 사회 불평등에 대한 진단이었다면, 포용 탄력성은 처방이다. 그런 면에서 삼공(공감·공정·공유)의 실행원리를 바탕으로 한 포용 탄력성은 유용한 핵심 실천 전략이자 드라이버(Core Strategy & Driver)라 할 수 있다.

제2장

디지털 리터러시
: 알고리즘의 설계를 의심하는 힘

남미경

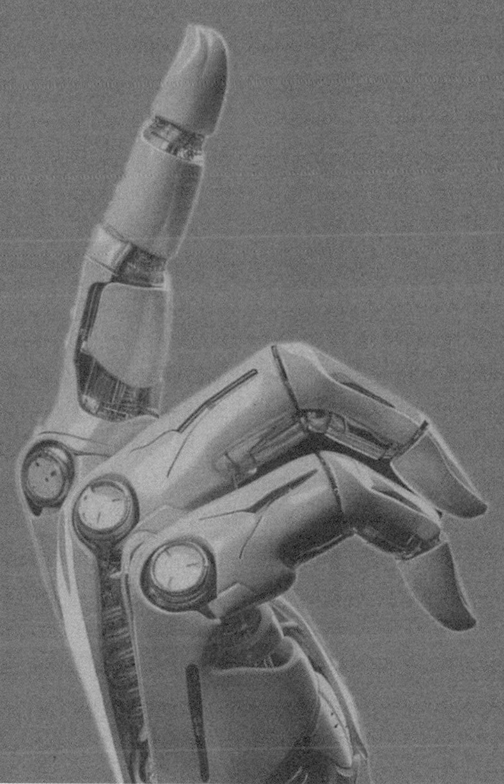

1절. 왜 지금 디지털 리터러시인가

미디어 철학자 닐 포스트먼은 오래전에 이미 경고했다. 인간의 판단을 무너뜨리는 것은 정보의 부족이 아니라, 의미 없이 쏟아지는 정보라고. 정보가 많아질수록 인간은 더 현명해지는 것이 아니라, 오히려 무엇을 중요하게 봐야 하는지 판단할 능력을 잃을 수 있다고 그는 보았다. 이 경고는 오늘의 디지털 환경에서 더욱 선명해진다.

인터넷 검색창에 단어 하나를 입력하는 순간, 화면의 첫 줄은 이미 정해져 있다. '스폰서' 표시가 희미하게 붙은 광고가 기사처럼 놓이고, 제휴 콘텐츠는 공신력 있는 정보처럼 위로 올라온다. 사용자는 자신이 직접 검색했다고 느끼지만, 실제로는 플랫폼이 설계한 순서를 따라 읽기 시작한다. 이 배열은 고정돼 있지 않다. 몇 초 단위로 갱신되고, 그때마다 우리의 시선도 함께 이동한다.

문제는 무엇이 중요한지 판단하기가 점점 어려워졌다는 데 있다. AI와 플랫폼은 정보를 더 빠르게 정리하고 요약하지만, 그 과정에서 중요도의 차이는 드러나지 않는다. 원본과 요약, 사실과 해석, 기사와 광고가 비슷한 문장 톤으로 섞이면서 정보는 근거보다 '정리된 형태'로 먼저 소비된다. 사람들은 더 많은 정보를 접하지만 그만큼 확신 있는 판단에 이르지는 못한다.

이런 환경에서는 판단이 자연스럽게 뒤로 밀린다. 무엇이 핵심인지 따져보려는 순간, 이미 다음 정보가 등장한다. 비교는 끝내 이루어지지 않고, 선택은 더 쉬운 기준으로 대체된다. 눈에 먼저 들어온 것, 반복해서 노출된 것, 감정을 자극하는 표현이 중요도를 대신한다. 판단은 점점 숙고가 아니라 반응에 가까워진다.

결국 갈림길은 하나다. 화면이 제시한 순서를 그대로 따라갈 것인가, 아니면 잠시 멈춰 정보의 근거와 맥락을 복원할 것인가. 디지털 리터러시(Digital Literacy)는 바로 이 멈춤을 가능하게 하는 능력이다. 무엇을 더 빨리 아느냐의 문제가 아니라, 무엇을 믿고 무엇을 의심할지 스스로 결정하게 만드는 힘이다.

1장에서 살펴본 속도·시차의 불평등은 결국 판단의 격차로 이어진다. 변화의 속도가 빨라질수록 기준이 없는 사람은 플랫폼이 만든 정보 흐름에 더 깊이 의존하게 된다. 그래서 지금 필요한 것은 더 빠른 정보 접근이 아니다. 판단의 주도권을 다시 개인에게 돌려놓는 일이다. 이것이 AI 시대에 디지털 리터러시가 다시 호출되는 이유다.

2절. 디지털 리터러시 4대 축

디지털 리터러시는 오랫동안 '디지털 환경에서 읽고 쓰는 기본기'로 설명되어 왔다. 핵심은 기기를 다루고 필요한 정보를 찾아내는 것이었다. 실제로 미국 저널리스트 폴 길스터는 그의 저서에서 디지털 리터러시 개념을 인터넷과 컴퓨터를 통해 접하는 다양한 정보 출처를 이해하고 사용하는 능력이라고 정의 내렸다.[1]

1. Paul Gilster, Digital Literacy, John Wiley & Sons, 1997.

하지만 지금의 정보 생태계는 이 정의만으로는 부족하다. 검색 결과는 광고와 제휴 콘텐츠가 먼저 정렬되고, 뉴스 피드는 클릭 패턴에 따라 매번 다시 배열된다. 여기에 생성형 AI가 원본을 요약하고 재구성하면서 사실·해석·광고·요약이 같은 문장 톤으로 섞여 들어온다. 우리는 정보를 이미 선별되고 가공된 정보를 '검토'하는 방식으로 하루를 시작한다.

그래서 오늘날 디지털 리터러시는 이렇게 다시 정의되어야 한다. 디지털 리터러시(Digital Literacy)란, 내가 접하는 정보가 어떤 기준으로 만들어지고(생성), 어떤 순서로 배치되며(정렬), 어떤 형태로 변형되는지(요약·재가공)를 읽어낸 뒤, 그 위에서 근거와 맥락을 복원해 스스로 판단하는 능력이다.

즉, 정보의 구조를 읽어내고 이를 비판적으로 해석하는 능력에 가깝다. 이 관점은 유럽연합의 디지털 역량 프레임워크(DigComp)가 디지털 역량을 정보·데이터를 다루고 문제를 해결하는 복합 역량으로 체계화해 온 흐름과도 맞닿아 있다.[2] 문제는 이 변화가 하나의 능력으로 설명되지 않는다는 점이다. 정보의 형식도, 배포 방식도, 정렬 기준도, 생성 기술도 서로 다르기 때문이다. 그래서 이 장에서는 디지털 리터러시를 정보·데이터·알고리즘·AI 생성물 네 축으로 나누어 살펴본다. 네 축은 서로 다른 방식으로 판단을 흔들지만, 결국 오늘 우리가 세상을 이해하고 해석하는 감각을 함께 구성한다.

---

2. European Commission, Joint Research Centre, The Digital Competence Framework for Citizens (DigComp) 2.1 (서문/연혁에서 DigComp의 2013 최초 발표 언급), 2017.

〈디지털 리터러시 4대 축 요약〉

리터러시 유형	핵심 질문	다루는 위험
정보 리터러시	누가 말하고 무엇을 근거로 말하는가	출처·근거 왜곡
데이터 리터러시	이 숫자는 무엇을 보여주고 무엇을 숨기는가	기준 조작, 시각적 과장
알고리즘 리터러시	무엇을 먼저 보게 만드는가	개인화 편향, 감정 콘텐츠 과대표집
AI 생성물·딥페이크 리터러시	이 콘텐츠는 실제인가	가짜 발언·가짜 인물, 합성 맥락 왜곡

1. 정보 리터러시 – 출처와 증거를 의심하는 힘

정보 리터러시는 오랫동안 '필요한 정보를 찾고, 평가하고, 활용하는 능력'으로 정의되어 왔다. 미국도서관협회(ALA)는 1989년 이를 시민의 기본 역량으로 규정했고,[3] UNESCO 역시 2000년대 이후 정보 리터러시를 민주적 참여를 떠받치는 핵심 능력으로 봤다.[4] OECD 또한 정보 리터러시를 사회 구성원이 합리적 판단을 내리기 위해 갖춰야 할 핵심 역량의 일부로 다뤄왔다.[5]

이 정의들이 공통으로 가리키는 것은 분명하다. 정보 리터러시는 정보를 믿어도 되는지 판단하고 그 판단에 책임지는 사고 과정이라는 점이다.

---

3. ALA (1989) _ American Library Association, Presidential Committee on Information Literacy: Final Report, 1989.

4. UNESCO (2008) _ UNESCO, Towards Information Literacy Indicators, 2008.

5. OECD (2018) _ OECD, The Future of Education and Skills: Education 2030 Framework, 2018.

그러나 오늘의 정보 환경은 이 고전적 정의가 전제했던 조건과 크게 달라졌다. 정보는 시간순으로 제시되지 않는다. 플랫폼은 사용자의 체류 시간을 늘리는 방향으로 정보를 배열하고, 검색 결과의 상단은 광고와 제휴 콘텐츠가 차지한다. 여기에 AI가 개입하면서 상황은 한 단계 더 복잡해졌다. 원본 기사는 요약되고 여러 출처는 하나의 문장 톤으로 재구성되며, 맥락이 생략된 정보가 '정리된 사실'처럼 소비된다. 사용자가 접하는 정보의 상당 부분은 더 이상 원본이 아니다. 이미 누군가의 기준을 통과한 2차 결과물이다.

이 환경에서 정보 리터러시는 단순히 "이게 사실인가?"를 묻는 능력으로는 충분하지 않다. 이제 필요한 질문은 그 이전 단계에 있다. 이 정보는 누가, 어떤 과정을 거쳐, 어떤 기준으로 내 화면에 도달했는가. 오늘의 정보 리터러시는 사실 판별을 넘어 정보의 이동 경로를 추적하는 능력을 포함한다.

이 확장된 관점에서 보면 정보 리터러시는 네 가지 질문으로 정리된다.

첫째, 누가 말하는가. 정보 제공자의 정체성과 이해관계는 판단의 출발점이다.

둘째, 무엇을 근거로 말하는가. 통계, 연구, 사례로 제시된 증거가 실제로 검증 가능한지 따져야 한다.

셋째, 어떤 형식으로 전달되는가. 기사인지 광고인지, 보도인지 협찬 콘텐츠인지에 따라 신뢰의 기준은 달라진다.

넷째, 어떤 경로를 거쳐 도달했는가. 추천 알고리즘이 개입했는지, 검색 플랫폼이 특정 결과를 우선 배치했는지, 그 과정에서 무엇이 생략됐는지를 살펴보는 것이다.

이 네 가지 질문을 끝까지 따라가는 습관이 정보 리터러시의 핵심이다.

최근 확산한 'AI 가짜 의사' 광고 사례는 이 질문들이 왜 필요한지를 단적으로 보여준다. 유튜브 영상 속 중년 남성은 흰 가운을 입고 "성장 주사 대신 이걸 먹여보라"며 어린이 영양제를 권한다. 자막에는 "S대 출신 소아과 전문의"라는 설명이 붙어 있다. 화면만 보면 신뢰해도 될 것처럼 보인다. 그러나 이 인물은 실존하지 않는다. AI가 생성한 가짜 전문가였다.

문제는 이 영상이 자연스럽게 소비됐다는 점이다. "유명 대학 출신 의사가 말한다"는 설정은 충분히 설득력 있어 보였고 많은 부모가 링크를 공유했다. 하지만 정보 리터러시가 작동했다면 질문은 여기서 멈췄을 것이다. 이 이름은 실존 인물의 이름인가? 소속 병원은 존재하는가? 이 채널은 의료 정보 채널인가, 상업 계정인가? 이 질문 하나만으로도 판단은 전혀 다른 방향으로 갔을 것이다.

정부가 AI 생성물 표시 의무화나 징벌적 손해배상 제도를 도입하는 이유는 분명하다. 그러나 제도는 언제나 사후적이다. 매일 쏟아지는 영상과 뉴스의 속도를 따라잡기에는 한계가 있다. 개인이 스스로 신뢰 여부를 가려내지 못한다면 규제는 늘 한발 늦을 수밖에 없다. 그래서 정보 리터러시는 법과 제도 이전에 작동하는 시민의 첫 번째 방어막이다.

정보 리터러시는 거창한 기술이 아니다. 오히려 너무나 기본적이라 무심코 건너뛰곤 하는 질문을 다시 던지는 습관이다. "이건 기사인가, 광고인가?", "이 사람은 정말 그 직업을 가진 사람인가?", "제시된 근거는 실제로 존재하는가?", "반대되는 자료는 없는가?"- 이 질문 몇 가지만으로도 정보의 신뢰도는 크게 걸러진다.

문제는 디지털 환경이 이 질문을 던질 시간을 허락하지 않는다는 데 있다. 알고리즘은 즉시 다음 영상을 재생시키고 플랫폼은 사용자가 멈추지 않도록 설계된다. 정보 리터러시는 이 흐름 속에서 잠시 멈춰 서는 능력, 속도를 늦추는 사고의 기술이기도 하다.

이 책에서 말하는 정보 리터러시는 단순히 가짜뉴스를 피하는 요령이 아니다. 그것은 내가 접하는 모든 정보에 대해 "누가, 왜, 무엇을 근거로 말하고 있는가"를 묻는 태도이며, 그 질문을 통해 판단의 기준을 스스로 세우는 능력이다. 같은 화면을 보더라도 이 질문을 거친 사람과 그렇지 않은 사람의 세계는 전혀 다르게 펼쳐진다. 정보 리터러시는 그 차이를 만들어내는 가장 기초적인 사고 도구다.

2. 데이터 리터러시 – 숫자의 구조를 읽는 힘

숫자는 흔히 가장 객관적인 언어처럼 받아들여진다. 감정이 개입하지 않고 사실을 그대로 보여준다는 믿음 때문이다. 그러나 데이터는 현실을 있는 그대로 옮겨 적은 결과물이 아니다. 무엇을 측정할지, 어떤 기준으로 묶을지, 어디까지를 제외할지는 언제나 선택의 문제였다. 데이터는 광산에서 캐내는 광석이 아니다. 데이터는 발견되는 것이 아니라 만들어진다.[678]

같은 현상이라도 측정 방식이 달라지면 전혀 다른 이야기가 된다. 표본을 어디까지 포함하느냐에 따라 결과는 바뀌고, 어떤 기준점을 선택하느냐에 따라 해석은 정반대로 갈린다. 통계는 사실을 보여주는 도구이지만, 동시에 판단의 방향을 설계하는 장치이기도 하다. 숫자가 중립적으로 보일수록 그 뒤에 숨은 선택은 더 잘 보이지 않는다.

그래서 중요한 것은 숫자가 생성되고 처리되고 배치되는 과정을 함께 이해하는 것이다.[9,10] 데이터 리터러시의 핵심은 이 숫자가 어떤 과정을 거쳐 이렇게 보이게 되었는가를 묻는 데 있다.

이 관점에서 보면 데이터는 우리 인식을 여러 방식으로 비틀 수 있다. 대표적인 방식이 세 가지다.

첫째, 시각적 왜곡이다.

온라인 경제 기사에서 자주 등장하는 '회복세' 그래프는 실제 흐름과 전혀 다른 인상을 남기곤 한다. Y축을 좁게 잡아 미세한 변화를 큰 반등처럼 보이게 만드는 경우다. 독자는 숫자보다 기울기를 먼저 인식한다. 그래프의 구조를 읽지 못하면 데이터는 사실이 아니라 이야기로 받아들여진다.

6. Bowker & Star (1999)_ Sorting Things Out: Classification and Its Consequences
7. 프랑스 통계학자 Desrosières (1998)_ The Politics of Large Numbers
8. Gelman & Hill (2007)_ Data Analysis Using Regression and Multilevel/Hierarchical Models
9. OECD (2019)_ OECD Future of Education and Skills 2030
10. JISC (2015)_ Developing students' data literacy

둘째, 기준점 왜곡이다.

부동산·금융 뉴스에서 "3개월 연속 상승"은 사실처럼 보이도록 잘 고른 말이다. 틀린 표현은 아닐 수 있다. 하지만 독자가 이 문장을 읽는 순간 떠올리는 건 하나다. "지금 들어가야 하나." 문제는 이 표현이 시장의 전체 흐름이 아니라 상승으로 보이게 만들 수 있는 구간만 떼어내 사용된다는 데 있다.

전년 동월 대비로 보면 거의 변동이 없거나 상승이 완만해도, 전월 대비 3개월만 따로 놓으면 '상승'이라는 말이 성립한다. 숫자는 그대로인데 비교 기준을 짧게 자르는 순간 시장의 분위기는 달라진다. 불안이 생기고, 기대가 붙고, 판단이 흔들린다.

그래서 데이터 리터러시는 숫자를 보기 전에 먼저 무엇과 비교했는가를 확인하는 감각이다. 왜 이 기간인가, 왜 이 비교인가, 이 표현이 누구의 판단을 자극하는가. 이 질문이 빠지면 우리는 통계로 만들어진 분위기에 반응하게 된다.

셋째, 위험 소통의 왜곡이다.

아침에 스마트폰을 켠 그는 습관처럼 뉴스를 넘긴다. 손가락이 멈춘 건 한 줄짜리 제목 때문이다. "○○ 백신 부작용 2배 증가", "복용 시 위험 두 배". 까칠한 눈을 비비며 보던 화면 속 '두 배'라는 빨간 글씨가 가시처럼 눈에 박힌다. 홀린 듯 기사를 누른다. 내용은 복잡하지 않다. 특정 부작용 발생률이 0.1%에서 0.2%로 늘었다는 설명이다. 숫자만 놓고 보면 여전히 매우 낮은 수준이다. 하지만 제목은 그 차이를 '두 배'라는 표현으로 묶어 앞세운다. 화면에 먼저 들어오는 것은 비율이고, 실제 크기는 그 뒤로 밀린다.

기사를 닫은 뒤 그는 캘린더를 열어본다. 며칠 뒤로 잡아둔 예방접종 일정이 보인다. 한 번 더 기사를 떠올린다. '두 배'. 잠시 멈칫한 뒤, 그는 예약 화면으로 돌아가 취소 버튼을 누른다. 큰 계산을 한 것은 아니다. 다만 불안이 앞섰다.

이 순간 그의 판단을 움직인 것은 통계 자체가 아니다. 숫자가 전달된 방식이다. 같은 수치라도 무엇을 강조하느냐에 따라 정보는 설명이 되기도 하고 경고처럼 읽히기도 한다.

이 세 가지 사례를 관통하는 질문은 단순하다.

"이 숫자는 무엇을 보여주고, 무엇을 숨기고 있는가."

데이터는 사실을 드러내는 도구이지만 동시에 선택과 구성의 산물이다. 그래서 데이터 리터러시는 통계를 잘 다루는 기술이 아니다. 숫자가 만들어지는 방식과 해석되는 구조를 읽어내는 능력이다. 같은 숫자를 보더라도 이 질문을 던지는 사람과 그렇지 않은 사람의 판단은 전혀 다른 방향으로 향한다. 데이터 리터러시는 바로 그 갈림길에서 작동하는 사고의 기준이다.

3. 알고리즘 리터러시 – 보이지 않는 기준을 이해하는 능력

우리가 매일 마주하는 화면은 우연히 만들어지지 않는다. 검색 결과의 첫 줄, 뉴스 앱의 헤드라인, 영상 플랫폼의 추천 목록은 모두 알고리즘의 선택을 거쳐 배열된다. 하지만 우리는 이 정보들이 어떤 순서로 도착했는지는 좀처럼 인식하지 못한다.

이 과정에서 문제는 이 기준이 눈에 보이지 않는다는 점이다. 알고리즘은 중립적인 도구처럼 작동하지만, 실제로는 기업의 목표와 설계 철학, 사용자의 과거 행동이 복합적으로 반영된 결과물이다. 어떤 정보는 반복적으로 노출되고 어떤 정보는 처음부터 배제된다. 하지만 사용자는 그 이유를 알지 못한 채 화면에 제시된 흐름을 '자연스러운 현실'로 받아들이기 쉽다.

이 환경에서 선택은 개인의 의지처럼 보이지만, 실제로는 이미 설계된 경로 위에서 이뤄진다. 유튜브에서 하나의 영상을 클릭하면 비슷한 영상이 연속 재생되고, 뉴스 앱은 사용자가 읽은 기사 성향을 바탕으로 다음 날의 메인 화면을 다시 구성한다. 짧게 머문 영상 하나, 멈춰 본 제목 하나가 곧 관심사의 증거가 되고, 그 결과 피드는 빠르게 한쪽으로 기운다. 사용자는 스스로 선택했다고 느끼지만, 선택의 범위는 점점 좁아진다.

알고리즘 리터러시는 바로 이 착시를 인식하는 능력이다. 화면에 보이는 정보가 '모두에게 공통된 세계'가 아니라, 나의 클릭과 체류 시간, 반응을 바탕으로 재구성된 세계라는 사실을 자각하는 순간부터 판단은 달라진다.

중요한 것은 알고리즘의 내부 구조를 기술적으로 이해하는 일이 아니다. 그 기준이 완전히 공개되지 않더라도 알고리즘이 특정 감정과 주제, 자극적인 콘텐츠를 과대표집하는 경향이 있다는 사실을 충분히 인식하고 있는 것이다. 알고리즘 리터러시는 '모든 것을 아는 능력'이 아니라, 보이지 않는 기준이 판단을 설계하고 있음을 의심하는 감각에 가깝다. 다시 말해, 알고리즘 리터러시는 보이지 않는 배열이 우리의 시선과 판단을 어떻게 이끌고 있는지를 읽어내는 시민적 감각이라 할 수 있다.

4. AI 생성물·딥페이크 리터러시 – 현실을 다시 점검하는 능력

이제 화면 속 콘텐츠는 더 이상 인간이 만들었는지, 기계가 만들었는지 쉽게 구분되지 않는다. 텍스트는 자연스럽고, 이미지는 그럴듯하며, 목소리와 표정은 실제 인물과 거의 차이가 없다. 생성형 AI는 배우의 말투와 억양을 몇 초 만에 모방하고, 존재하지 않는 장면을 뉴스 속보처럼 구성한다. 딥페이크 기술은 특정 인물의 얼굴과 음성을 정밀하게 합성해 실제로 하지 않은 말을 한 것처럼 퍼뜨린다. 기술은 빠르게 정교해졌고, 그만큼 사실을 가려내는 부담은 플랫폼이 아니라 개인에게 넘어왔다.

이 환경에서 더 근본적인 문제는 '그럴듯함'이 진실을 대신하기 시작했다는 점이다. 생성형 AI는 여러 데이터 패턴을 조합해 있을 법한 이야기, 믿고 싶어질 만한 장면을 만들어낸다. 문장은 매끄럽고, 이미지는 설득력이 있으며, 맥락은 자연스럽게 이어진다. 바로 그 자연스러움 때문에 사용자는 의심할 계기를 잃는다. 이제 진실은 사실 여부보다 완성도에 의해 판단되기 쉽다.

이 위험은 이미 우리 일상에 들어와 있다. 온라인 커뮤니티와 SNS에 한 연예인의 마약 투약 의혹 사건이 터졌다. 유명 연예인은 고개를 숙인 채 카메라 앞에 섰고, 자막에는 "마약 투약 의혹 관련 입장"이라는 문장이 뜬다.

목소리는 익숙하고 말투와 표정도 평소 인터뷰와 다르지 않다. 영상은 뉴스 클립처럼 편집돼 있고, 일부 계정은 "방송에서 나온 내용"이라며 퍼 나른다. 몇 시간 만에 검색어가 오르고 댓글에는 실망과 비난이 쌓인다.

하지만 이 영상은 실제 보도되지 않았다. 연예인은 그런 발언을 한 적이 없었고, 마약 관련 혐의도 존재하지 않았다. 얼굴과 음성, 과거 인터뷰 자료를 학습한 AI가 만들어낸 딥페이크 영상이었다. 수사기관과 소속사가 허위 사실이라고 밝혔지만, 그때는 이미 늦었다. 의혹은 사실처럼 소비됐고, 당사자는 해명해야 하는 입장에 놓였다.

이 사건의 핵심은 기술의 정교함이 아니다. 더 큰 문제는 사실 여부를 확인하기 전에 화면의 형식이 먼저 신뢰를 만들어낸다는 점이다. 뉴스처럼 보이는 영상은 질문을 허용하지 않고, 의혹이라는 단어는 검증보다 앞서 결론을 찍어버린다. 그 순간 개인은 판단을 받아들이는 대상으로 밀려난다.

그래서 AI 생성물·딥페이크 리터러시는 "이 말이 사실인가?"보다 한 단계 앞에서 작동해야 한다. 이 발언은 어디서 왔는가, 이 장면은 어떤 맥락에서 잘려 나왔는가, 이 콘텐츠에 실제 책임질 사람이 있는가를 묻는 감각이다. 화면의 완성도가 판단을 대신하는 순간, 현실을 다시 점검하는 능력이 없으면 우리는 너무 쉽게 설득된다.

AI 생성물·딥페이크 리터러시는 결국 판단을 유예하는 힘이다. 화면의 완성도에 즉시 반응하지 않고 출처와 맥락, 책임의 자리를 다시 확인하는 감각. 화면이 보여주는 완성도에 판단을 맡기지 않고, 현실의 기준을 다시 붙잡는 힘. 그것이 이 리터러시의 핵심이다.

3절. 리터러시가 무너질 때

1. 리터러시 붕괴의 연쇄

디지털 환경에서 우리는 쉬지 않고 판단을 요구받는다. 무엇을 읽을지, 무엇을 믿을지, 어디에 반응할지. 이 판단들은 하나하나 사소해 보이지만, 하루 동안 쌓이는 양은 인간이 감당할 수 있는 범위를 훌쩍 넘는다. 사고는 선택의 연속이 되고, 선택은 곧 피로가 된다.

행동경제학자 대니얼 카너먼이 말했듯, 인간의 사고 자원은 무한하지 않다. 생각에는 에너지가 필요하고 그 에너지가 고갈되면 사람은 더 이상 깊이 따지지 않는다. 이때 나타나는 변화는 명확하다. 더 빠른 판단, 더 단순한 해석, 더 익숙한 결론으로 이동한다. 오류는 무지에서 생기지 않는다. 과부하 상태에서 생긴다.

디지털 환경은 이 과부하를 예외가 아니라 일상으로 만든다. 정보는 줄지 않고 판단의 기준은 사라진다. 그 결과 우리는 점점 이해하지 못해서가 아니라, 이해하려는 시도 자체를 줄이면서 세상을 받아들이게 된다. 생각은 생략되고 반응만 남는다.

중요한 점은 이것이 개인의 문제로 환원될 수 없다는 사실이다. 더 성실해서 더 똑똑해서 해결될 일이 아니다. 리터러시가 작동하려면 멈추고, 비교하고, 의심할 수 있는 여지가 필요하다. 하지만 지금의 환경은 그런 여유를 허락하지 않는다.

리터러시의 붕괴는 한순간에 일어나지 않는다.

먼저 정보가 넘치고, 그다음 피로가 쌓이며, 그 위에 판단이 단순화된다. 그리고 어느 순간, 우리는 현실을 '이해하는 존재'가 아니라 흘러가는 정보에 반응하는 존재가 된다. 이 장에서는 그 붕괴의 출발점을, 오늘날 우리가 많이 보는 〈숏폼 콘텐츠〉의 흐름에서부터 따라간다.

2. 1단계 – 정보 과부하 : 무엇이 중요한지 보이지 않을 때

퇴근 후 소파에 앉아 잠깐 휴대폰을 집어 든다. 특별히 찾는 정보는 없다. 그 순간 짧은 영상 하나가 자동으로 재생된다. 귀여운 강아지가 두 발로 서서 애교를 부리고, 곧바로 반전 있는 짧은 드라마 장면이 이어진다. 다음 영상에서는 자극적인 제목과 함께 누군가의 일상이 빠르게 편집돼 흘러간다. 손가락은 무의식적으로 화면을 슥슥 넘긴다. 그러다 자극적인 뉴스 한 토막이 툭 끼어들고, 정신을 차려보면 이미 광고 속으로 빨려 들어가 있다.

사용자는 많은 숏폼을 봤지만, 머릿속에 또렷하게 남는 건 하나도 없다. 하나의 내용을 곱씹기도 전에 다음 영상이 시작되고, 비교하려는 순간 이미 새로운 자극이 끼어들었기 때문이다. 하지만 문제는 단순히 정보의 양이 많다는 데 그치지 않는다. 이런 상황에서는 판단이 작동하지 않는다는 게 더 문제다. 화면은 쉬지 않고 다음 정보를 밀어 넣기 때문에 사용자는 선택하기도 전에 이미 반응하고 있다.

이 상태가 정보 과부하다. 무엇이 중요한지 가려보기 전에 정보가 먼저 흘러들어오고, 판단보다 반응이 앞서게 되는 첫 번째 균열이다. 그리고 이 균열 위에서, 다음 단계의 인지 피로가 시작된다.

3. 2단계 – 인지 과부하와 디지털 피로 : 뇌가 도망치기 시작할 때

숏폼을 계속 넘기다 보면 어느 순간부터 읽는 방식 자체가 달라진다. 처음에는 '재미있나?'를 가늠해보지만, 곧 그런 판단이 번거로워진다. 뇌는 흐름을 따라가느라 바쁘고 의미를 붙일 여유는 사라진다.

인간의 뇌는 한 번에 처리할 수 있는 정보의 양이 정해져 있다. 교육심리학자 존 스웰러의 인지 부하 이론(cognitive load theory)이 말하듯, 작업 기억의 용량은 제한적이다. 이 한계를 넘는 정보가 밀려들면 사고는 방향을 바꾼다. 더 깊이 이해하려는 쪽이 아니라, 부담이 덜 드는 쪽으로 물러선다. 이것이 인지 과부하다.

이때 변화는 분명하게 드러난다. 글은 끝까지 읽히지 않고 문장은 유난히 길게 느껴진다. 숫자는 보이지만 맥락은 남지 않는다. 정보는 생각의 재료가 아니라 빨리 지나쳐야 할 대상으로 바뀐다. 이해보다는 통과가 우선이 된다.

피로가 쌓일수록 판단에 쓰이는 에너지는 줄어든다. 뇌는 복잡한 선택을 피하고 설명이 필요한 정보보다 즉각적인 신호에 반응한다. 자극적인 제목, 단순한 결론, 감정을 건드리는 표현이 더 쉽게 받아들여진다. 이는 에너지를 아끼기 위한 뇌의 방어 반응이다.

이 과정에서 약해지는 것은 집중력만이 아니다. 정보를 맥락 속에서 비교하고, 수치를 해석하며, 의미를 연결하는 능력까지 함께 흔들린다. 데이터는 남아 있지만 그것을 판단으로 바꾸는 힘은 약해진다. 데이터 리터러시가 여기서 무너진다.

알림을 끄고, 앱을 지우고, 화면에서 한발 물러나는 사람들이 늘고 있다. 기술이 싫어서가 아니다. 계속 반응해야 하는 상태에 지쳤기 때문이다.

숏폼은 잠깐의 재미를 준다. 대신 판단 에너지를 빠르게 소모시킨다. 영상은 멈추지 않고 이어지고, 생각할 틈은 주어지지 않는다. 쉬고 있다고 느끼는 동안에도, 뇌는 계속 처리 중이다. 피로한 상태에서는 의심이 줄어든다. 2023년 사이언티픽 리포트(Scientific Reports)에 발표된 국제 비교 연구에 따르면, 소셜 미디어 피로가 높을수록 사람들은 허위 정보를 더 쉽게 믿고, 더 빨리 확신한다.

이 흐름은 개인의 문제가 아니다. 글로벌 IT 리서치 회사 가트너(Gartner)는 생성형 AI의 일상화가 디지털 몰입과 인지 피로를 구조적으로 키울 것이라고 경고했다. 그래서 이제 '디지털 디톡스'는 취향이 아니라 사회적 대응의 문제가 된다. 사람들은 이미 알고 있다. 정보는 넘치는데, 판단할 여유는 고갈되고 있다는 것을. 화면에서 물러나는 선택은 휴식이 아니라, 무너지는 리터러시를 되살리려는 최소한의 방어다.

중요한 점은 이해하려는 시도 자체를 접는다는 데 있다. 환경이 정보를 밀어 넣는 단계가 1단계였다면, 2단계에서는 인간의 뇌가 스스로 판단을 내려놓는다. 이것이 두 번째 균열이다.

4. 3단계 – 확증 편향 : 듣고 싶은 말만 골라 듣는 마음

어느 날부터 숏폼 화면에 부동산 영상이 자주 뜨기 시작한다. "지금 안 사면 끝이다", "이 동네는 아직 덜 올랐다", "이미 늦었다고 느낄 때가 가장 빠를 때다." 처음에는 호기심으로 봤지만, 지금은 몇 개의 화면을 넘기기만 해도 비슷한 영상이 연달아 이어진다. 가격 상승 그래프, 성공 사례, 짧고 단정적인 결론. 불안은 줄고, 점점 확신은 커진다.

이 지점에서 중요한 변화가 일어난다. 더 많은 정보를 보지만, 더 넓게 보지는 않는다. 이미 본 이야기와 비슷한 말만 눈에 들어오고, 반대되는 분석은 불편해진다. 거품을 말하는 영상은 길고 복잡해 보이고, 기회를 말하는 영상은 짧고 명확하다. 피로한 뇌는 설명보다 결론을, 분석보다 확신을 택한다.

이것이 확증 편향이 작동하는 과정이다. 사람은 모든 정보를 비교하는 대신에 자신이 믿고 싶은 방향을 강화해 주는 정보만 더 자주 선택한다. 새로운 사실이 아니라, 익숙한 세계관을 유지해 주는 이야기로. 판단은 넓어지지 않고, 점점 한쪽으로 기운다.

플랫폼의 구조는 이 과정을 더 빠르게 만든다. 숏폼 알고리즘은 사용자가 오래 머문 주제를 기억하고, 비슷한 콘텐츠를 반복해서 보여준다. 클릭과 시청 시간은 곧 추천의 기준이 된다. 그 결과 사용자는 '많은 정보'를 보고 있다고 느끼지만, 실제로는 같은 관점이 다른 포장으로 재생산되는 흐름 안에 머문다.

이 단계에서 무너지는 것은 한 가지가 아니다. 정보 리터러시는 다른 관점을 비교하지 못하면서 약해지고, 데이터 리터러시는 맥락을 따지지 않은 수치에 쉽게 설득되며, 알고리즘 리터러시는 추천된 세계가 보편적 현실처럼 느껴지면서 흐려진다. 세 가지 리터러시가 동시에 흔들릴 때, 사용자가 서 있는 세계는 오히려 더 좁아진다.

5. 4단계 – 필터버블 : 알고리즘이 각자의 세계를 만든다

어느 순간부터 같은 이슈를 두고도 사람들이 전혀 다른 이야기를 하기 시작한다. 누구는 "다들 이렇게 생각한다"고 말하고, 다른 누구는 "그건 극소수 의견"이라고 반박한다. 의견의 차이라기보다, 서로 다른 세계를 바라보는 것이다.

추천 알고리즘은 사용자가 오래 머물도록 만들어져 있다. 한 번 선택한 관점은 반복되고 강화된다. 부동산 숏폼을 몇 번 넘기면, 화면은 비슷한 전망과 결론으로 채워진다. 조심스러운 분석보다 확신에 찬 단언이 더 자주 떠오른다. 사용자는 다른 정보를 접하지 못하고 같은 방향의 이야기만 받아들이는 셈이다.

이렇게 만들어진 것이 필터버블(Filter bubble)이다. 중요한 점은, 그 안에 있는 사람일수록 자신이 갇혀 있다는 사실을 알아차리기 어렵다는 데 있다. 화면에 보이는 정보가 전부이기 때문이다. 다른 관점은 아예 보이지 않는다.

이 틈을 타 조작된 정보가 스며든다. 존재하지 않는 인물이 말하는 가짜 인터뷰, 실제처럼 편집된 영상, 감정을 자극하는 허위 메시지는 알고리즘의 흐름을 타고 자연스럽게 섞인다. 이미 한쪽 방향으로 기울어진 세계에서는, 그것이 사실인지 아닌지를 따져볼 동기도 약해진다. 익숙한 이야기이기 때문이다. 이 단계에서 무너지는 것은 알고리즘 리터러시다. 우리는 같은 사회에 살고 있지만, 각자 자신에게 보이는 세계만을 현실이라 믿는다.

6. 5단계 – 민주주의의 축소 : 공유된 현실이 무너질 때

민주주의는 의견의 일치를 전제로 하지 않는다. 대신 하나의 조건을 요구한다. 서로 다른 판단과 해석이 가능하더라도, 최소한 무엇이 사실인지에 대해서는 같은 현실을 공유해야 한다는 점이다. 정치학에서는 이를 '공유된 사실(shared facts)'이라 부른다.

문제는 이 공유된 현실이 더 이상 자연스럽게 유지되지 않는다는 데 있다. 알고리즘은 이미 각자의 관심과 믿음에 맞춰 정보를 분리해 왔고, 여기에 AI 생성물과 딥페이크 기술이 결합되면서 '사실처럼 보이는 허구'가 대규모로 유통되기 시작했다. 특정 정치인의 목소리와 얼굴을 정교하게 재현한 합성 발언, 맥락을 지운 채 편집된 영상, 출처를 알 수 없는 이미지들은 실제 뉴스와 거의 구별되지 않은 채 퍼진다.

이 환경에서 사람들은 같은 사건을 보면서도 전혀 다른 현실을 인식한다. 어떤 메시지는 명백한 조작으로 보이고, 다른 누군가에게는 이미 여러 번 본 '익숙한 이야기'처럼 느껴진다. 필터버블 안에서 반복 노출된 정보는 사실 여부와 상관없이 신뢰를 얻고, 검증은 점점 불필요한 과정이 된다. 무엇이 사실인가를 따지기보다, 내가 믿고 싶은 이야기인가가 판단의 기준이 된다.

이 단계에서 붕괴되는 것은 단순한 정보 판단 능력이 아니다. 현실을 함께 확인하고 토론할 수 있는 공통의 토대 자체다. 사실에 대한 합의가 사라지면, 공적 논의는 성립할 수 없다. 각자는 자신의 화면 속 세계를 현실이라 믿고 타인의 판단은 왜곡이나 조작으로 간주한다.

민주주의의 위기는 여기서 시작된다. 현실을 검증하는 힘이 사회 전반에서 약해진 결과다. 공유된 사실이 무너질 때, 사회는 토론의 출발선 자체를 잃는다.

이 다섯 단계는 서로 다른 문제의 나열이 아니다. 정보·데이터·알고리즘·AI 생성물 리터러시는 오늘의 세계를 해석하기 위해 동시에 작동하는 하나의 시스템이다. 이 시스템이 단계적으로 무너질 때 문제는 개인의 판단 오류를 넘어 사회 전체의 안정성을 위협하는 구조적 위험으로 전환된다.

4절. AI 시대의 새로운 리터러시: 메타리터러시

1. 이제 문해력은 '읽기'가 아니라 '해석'의 영역

오랫동안 문해력은 읽고 이해하는 능력을 의미했다. 글자를 해독하고 문장의 뜻을 파악하며 정보를 머릿속에 저장하는 힘이었다. 무엇을 읽을 것인가가 중요했고, 얼마나 많이 알고 있는지가 능력의 기준이 되었다. 이 정의는 종이와 화면, 인간이 직접 쓴 텍스트를 전제로 할 때까지는 유효했다.

그러나 AI가 우리의 일상에 스며들면서 이 전제는 더 이상 유지되기 어렵다. 검색 결과는 요약으로 도착하고 보고서는 자동으로 정리되며 질문을 던지면 곧바로 그럴듯한 답이 생성된다. 사용자는 가공된 결과를 마주한 채, 그것을 받아들일지 말지를 결정하게 된다.

이 변화는 문해력의 기준을 바꾼다. 이제 중요한 것은 얼마나 빨리 읽느냐가 아니다. 화면에 나타난 결과를 그대로 받아들이지 않고 그 내용이 어떤 질문에서 나왔는지, 어떤 기준으로 정리된 것인지, 무엇이 빠져 있는지를 확인하는 능력이다. 같은 AI 답을 보고도 누군가는 그대로 믿고 누군가는 한 번 더 따져본다. 문해력의 차이는 이 지점에서 생긴다. AI는 답을 내놓지만, 그 답이 어디까지 유효한지는 사람이 다시 판단해야 한다.

그래서 디지털 리터러시는 더 이상 속도나 숙련도의 문제가 아니다. 핵심은 화면에 나타난 결과를 사실로 받아들일지, 전제와 맥락을 붙여 다시 읽을지의 선택이다. 이제 문해력은 글자를 읽는 능력이 아니라, AI가 만든 결과를 해석하는 능력이다. 이 전환을 받아들이는가 여부가, AI 시대 리터러시의 출발선을 가른다.

2. AI는 답을 만들고, 인간은 판단을 맡는다

AI는 이미 많은 일을 대신하고 있다. 정보를 모으고 정리하고 요약하며 문장과 이미지를 생성한다. 과거에는 사람이 하던 작업이었고, 전문성이 필요했던 영역이다. 이제 그 과정은 빠르고 안정적으로 자동화되고 있다. 정보의 생산과 가공은 점점 AI의 영역이 되고 있다.

이 변화가 의미하는 것은 단순한 효율의 향상이 아니다. 인간의 역할이 이동하고 있다는 신호다. AI가 답을 만드는 자리에 올라선 대신, 인간에게 남은 역할은 하나로 좁혀진다. AI가 만들어낸 결과에 맥락을 붙이고 그 결과를 판단하는 일이다.

여기서 말하는 판단은 감각이나 직관이 아니다. 그것은 세 가지 질문을 구분하는 능력에 가깝다.

무엇이 사실인가.

어디까지 확실한가.

무엇이 빠졌는가.

AI의 답은 이 질문에 대한 단서를 모두 제공하지 않는다. 대신 그럴듯한 결과만을 제시한다. 판단은 그 결과를 다시 쪼개고, 범위를 확인하고, 누락을 찾아내는 과정에서 이루어진다.

3. AI 결과를 다시 읽는 메타리터러시의 실제

1. 결론이 아니라 '초안'으로 생각하라

AI의 답은 대개 완성된 문장으로 도착한다. 문장이 매끄럽고 구조가 단정하며 결론이 먼저 제시된다. 그래서 사용자는 쉽게 착각한다. 이미 누군가가 충분히 검토해 정리한 '정답'처럼 보이기 때문이다. 하지만 AI의 답은 판단의 결과물이라기보다, 주어진 정보와 확률에 따라 그럴듯한 형태로 정리된 '초안'에 가깝다. AI는 스스로 근거를 검증하거나 옳고 그름을 판단하지 않기 때문이다. 따라서 판단은 AI가 아니라, 이 답을 읽는 사람의 몫이 된다.

바로 이 지점에서 메타리터러시는 출발한다. AI가 내놓은 답을 미완의 초안으로 두고 검토의 대상으로 삼는 것이다. 그래서 AI의 답을 그대로 받아들이기 전에 주장과 근거, 가정이 무엇인지를 살펴보는 것이 중요하다.

먼저 할 일은 이 답의 주장이 무엇인지를 생각하는 것. 문장 속에서 가장 단정적으로 말하는 결론이 무엇인지 한 줄로 뽑아낸다. "A가 더 효과적이다", "원인은 B다", "가장 중요한 것은 C다" 같은 형태다.

다음은 근거다. 이 주장을 뒷받침하는 근거가 실제로 제시됐는지 확인한다. 통계가 있는지, 사례가 있는지, 출처가 있는지. AI 답변은 근거가 있는 것처럼 보이도록 서술하는 데 능숙하다. "많은 연구가 보여준다", "일반적으로 알려져 있다" 같은 표현은 근거가 아니라 분위기다. 이런 표현은 근거가 제시되지 않았다는 신호다. 통계·사례·출처 중 무엇이 있는지부터 체크한다.

다음 단계는 가정이다. AI의 답은 종종 중요한 전제를 말하지 않은 채 결론을 낸다. '어떤 상황'의 이야기인지, '누구'에게 적용되는지, '무엇'을 제외한 결과인지가 빠져 있는 경우가 많다.

≫ 이 절에서 해볼 것
AI의 답에서 가장 단정적인 결론이 무엇인지 한 줄로 따로 적어본다.

2. 숫자를 선택의 결과로 해석하라

AI의 답에는 숫자가 자주 등장한다. 비율, 평균, 증가율 같은 수치들이다. 숫자는 문장보다 먼저 신뢰를 얻는다. 객관적으로 보이기 때문이다. 그러나 데이터 역시 어떤 기준과 선택 위에서 만들어진 결과다.

가장 먼저 확인할 것은 기준이다. 이 수치는 평균인가, 중앙값인가, 특정 구간을 잘라낸 값인가. 기준이 달라지면 같은 현상도 다른 의미를 갖는다.

다음은 비교다. 이전 시점과 비교한 것인지, 다른 집단과 나란히 놓은 것인지, 아니면 비교 없이 단일 수치만 제시됐는지에 따라 해석의 방향은 달라진다.

그다음은 누락이다. 이 숫자에서 빠진 대상은 무엇인가. 특정 조건, 집단, 범위가 제외되지는 않았는가. 누락은 오류가 아니라 선택이며, 그 선택은 결과를 단정적으로 보이게 만든다.

마지막으로 규모를 본다. 표본은 충분한가, 전체를 말하는가, 일부를 확대해 보여주는가. 규모를 모르면 숫자의 무게도 가늠할 수 없다. 이 질문들이 더해지는 순간, 숫자는 더 이상 결론을 대신하지 않는다. 해석이 필요한 재료가 된다. 이 수치는 무엇을 말하는가와 함께 무엇을 말하지 않는가를 동시에 보게 되기 때문이다.

데이터 리터러시는 복잡한 통계를 읽는 기술이 아니다. AI가 제시한 숫자를 인용하기 전에 기준·비교·누락·규모를 차례로 점검하는 태도다. 이 네 가지 질문만으로도 숫자는 정답의 자리에서 내려와 다시 검토 가능한 초안이 된다.

≫ 이 절에서 해볼 것

숫자를 사실로 받아들이기 전에 무엇을 기준으로 선택된 숫자인지부터 묻는다.

3. AI 답의 '중립성' 착각에서 벗어나라

AI의 답은 중립적으로 보인다. 감정이 없고 특정 집단의 이해관계를 드러내지 않으며, 균형 잡힌 문장으로 정리돼 있기 때문이다. 그래서 많은 사용자는 AI의 답을 의견이 아니라 정리된 사실처럼 받아들인다. 하지만 이 중립성은 실제로는 착각에 가깝다.

AI의 답은 언제나 '어떤 관점이 먼저 선택된 결과'다. 질문이 입력되는 순간부터 어떤 자료를 우선 참조할지, 어떤 표현을 표준으로 삼을지, 어떤 설명 방식을 일반적이라고 판단할지가 이미 결정된다. 사용자는 이 선택

과정을 보지 못한 채 결과만 마주한다.

예를 들어 같은 경제 현상을 설명하더라도 성장 중심의 관점인지, 분배 중심의 관점인지에 따라 강조점은 완전히 달라진다. AI는 둘 중 하나를 먼저 고른다. 그 선택은 질문의 맥락, 학습 데이터의 비중, 요약 방식에 따라 달라진다.

다음으로 봐야 할 것은 '빠진 관점'이다. AI의 답은 늘 매끄럽지만, 그만큼 잘려 나간 정보도 많다. 요약 과정에서 소수 의견, 불확실성은 가장 먼저 사라진다. 결과적으로 답은 더 단정해지고, 사용자는 "다 정리된 이야기"라는 인상을 받는다. 하지만 그 단정함은 삭제의 결과일 수 있다.

알고리즘 리터러시는 이 지점을 의심하는 힘이다.

왜 이 관점이 먼저 나왔는지,

왜 다른 설명은 등장하지 않았는지,

요약 과정에서 무엇이 빠졌는지를 묻는 것이다.

이 질문이 빠지면, AI의 답은 설명이 아니라 설계된 시야가 된다.

≫ 이 절에서 해볼 것

AI의 답을 읽을 때, 이 설명이 기본값으로 삼고 있는 관점이 무엇인지,

그리고 어떤 관점이 빠졌는지를 한 번만 생각해본다.

4. 메타리터러시 : 판단을 붙잡는 일

메타리터러시는 결론처럼 보이는 문장을 다시 펼쳐 보고, 그 안에서 사라진 맥락과 눌린 질문을 찾아내는 일이다. AI의 답을 정답이 아니라 검토가 필요한 초안으로 되돌려놓는 것이다.

그래서 메타리터러시는 하나의 동작으로 요약된다. 문장은 초안으로, 숫자는 선택의 결과로, 중립은 관점의 문제로 다시 읽는 일이다. AI 이후의 환경에서 위험한 것은 판단이 너무 빨리 끝나는 것이다. 메타리터러시는 그 속도를 늦춘다. 생각하는 자리에 남기 위한, 최소한의 리터러시다.

아래 질문 중 세 개 이상에서 멈칫했다면,
지금 이 판단은 내가 생각해서 내린 것이 아닐 가능성이 크다.

□ 정보는 내가 찾아본 거야? 그냥 뜬 거야?

□ 얘기의 핵심을 내 말로 한 문장으로 말할 수 있어?

□ 말이 맞다고 느끼는 이유가 '근거'야, '그럴듯함'이야?

□ 이 얘기, 누구한테는 안 맞을 수도 있다는 생각은 해봤어?

□ 숫자가 나와서 그냥 믿어버린 건 아니야?

□ 왜 항상 비슷한 얘기만 보이는지 생각해봤어?

□ 지금 멈추면 귀찮아서 그냥 넘기고 있는 건 아니야?
　(피곤함·조급함이 판단을 대신하고 있진 않은가)

제3장

디지털 AI와 인간 소외
: 새로운 소외의 탄생

홍희경

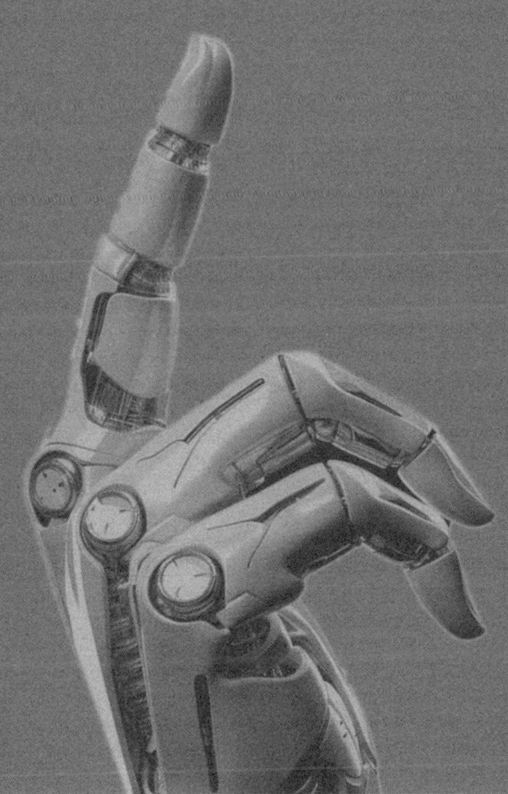

1절. 에리히 프롬이 분석한 현대적 소외

1. 자본주의 사회의 4가지 소외

19세기 중반 카를 마르크스는 「경제철학 수고」(1844)에서 자본주의 사회 인간의 소외 문제를 네 가지 차원으로 분석했다. 20세기 중반, 독일 출신의 사회심리학자 에리히 프롬은 이 소외 이론을 현대 자본주의 사회에 재해석하며 발전시켰다. 그의 저서 「마르크스의 인간관」(1961)과 「건전한 사회」(1955)에서 마르크스의 소외 개념을 20세기 산업사회와 소비문화의 맥락을 입혀 심리학적·사회학적으로 재구성했다. 프롬은 마르크스가 제시한 네 가지 소외가 현대 사회에서 더욱 심화되고 있다고 분석했다. 이러한 분석은 오늘날 디지털 AI 시대에 더욱 생생한 현실이 되고 있다.

칼 마르크스·에리히 프롬의 4가지 소외 유형과 특징

소외 유형	정의	산업사회 사례	현대적 양상
노동 생산물로부터의 소외	만든 것에 대한 소유감 상실	공장노동자의 완제품 소외	AI 생성 콘텐츠의 저작권 애매함
생산과정으로부터의 소외	작업 과정에 대한 통제력 상실	컨베이어벨트 시스템	알고리즘의사결정 과정의 불투명성
자신으로부터의 소외	창조성·자아실현 기회 박탈	단순반복작업의 압박	AI 의존으로 인한 사고력 퇴행
타인으로부터의 소외	진정한 인간관계의 단절	계급갈등과 경쟁 문화	SNS상 가상관계 선호

고전적인 자본주의 사회 인간의 소외 유형은 다음과 같다.

첫째, 노동 생산물로부터의 소외다. 노동자는 자신이 만든 제품에 대한 소유권과 통제권을 잃는다. 공장에서 자동차 부품을 조립하는 노동자는 완성차가 어떻게 생겼는지, 누가 사용할지 알 수 없다. 자신 노동의 결과물이지만 자신과 무관한 상품이 된다.

둘째, 생산과정으로부터의 소외다. 노동자는 자신의 작업 과정을 스스로 결정할 수 없다. 언제, 어떻게, 얼마나 빨리 일할지는 모두 시스템과 관리자가 정한다. 컨베이어벨트 위에서 정해진 동작을 반복할 뿐, 창의성이나 자율성을 발휘할 여지가 없다.

셋째, 자신으로부터의 소외다. 인간 고유의 창조성과 사고능력을 발휘할 기회가 박탈된다. 단순반복작업에 매몰되면서 학습과 성장, 자아실현의 가능성이 차단된다.

넷째, 타인으로부터의 소외다. 경쟁과 계층구조가 지배하는 사회에서 인간은 서로를 경쟁상대나 이용도구로 대하게 된다. 진정한 인간관계와 공동체적 유대감이 파괴된다. 프롬은 "자본주의 사회야말로 인간을 소외로 몰고 가는 근본적인 틀"이라고 진단했다.

2. 산업혁명과 소외의 역사

인간의 소외는 근대 산업혁명과 함께 가시화되기 시작했다. 18세기 후반 증기기관의 발명으로 시작된 기계화는 전통적인 수공업 체제를 해체하고 대량생산 시스템을 만들어냈다. 숙련된 장인들은 단순한 기계 조작자로 전락했고, 노동의 가치가 급속히 변화했다.

칼 마르크스는 1844년 「경제철학 수고」에서 자본주의 생산 방식이 인간을 근본적으로 소외시킨다고 진단했다. 그가 관찰한 19세기 중반 공장 노동자들은 생산 수단을 소유하지 못한 채 자본가에게 노동력을 팔아 생계를 유지해야 했다. 노동자들은 자신이 만든 노동 생산물로부터, 생산 과정으로부터, 그리고 자신으로부터, 또 타인으로부터 분리되었다. 마르크스는 이를 자본주의 체제의 구조적 문제로 파악했다.

19세기 말과 20세기 초, 헨리 포드의 컨베이어벨트와 프레드릭 테일러의 과학적 관리법은 소외를 더욱 심화시켰다. 테일러주의는 노동을 극단적으로 분업화해 각 노동자가 단순한 동작만 반복하도록 했다. 효율성은 극대화되었지만, 노동자들은 자신이 궁극적으로 무엇을 만드는지 알 수 없게 되었다.

20세기 중반에 이르러 에리히 프롬은 소외가 단순히 공장 노동 공장 노동자만의 문제가 아니라는 점을 포착했다. 그의 저서 「건전한 사회」에서 프롬은 대기업(corporation)의 등장과 함께 소외가 사무직 노동자, 관리자, 전문직에까지 확산되었다고 분석했다. 공장 노동자가 육체 노동에서 소외되었듯이, 화이트칼라 노동자들은 정신노동에서 소외되고 있었다. 그들은 거대 조직의 톱니바퀴가 되어 자신의 개성과 창의성을 상실했다.

더 나아가 프롬은 「소유냐 존재냐」에서 전후 소비자본주의 사회의 새로운 소외 양상을 지적했다. 20세기 후반의 소외는 생산 영역을 넘어 소비 영역으로까지 확장되었다. 사람들은 자신을 '상품'처럼 포장하고 인간 관계마저 시장의 교환 원리로 접근했다. 프롬은 이를'"마케팅적 성격 지

향'이라고 명명하며, 현대인이 자기 자신으로부터 소외되는 새로운 차원
의 문제를 제기했다.

산업혁명 vs AI혁명 시대의 소외 비교

구분	산업혁명 시대	AI혁명 시대
주요 기술	증기기관, 기계화	AI, 빅데이터, 알고리즘
소외 대상	주로 육체노동자	모든 직업군
소외 양상	물리적 분업과 반복작업	인지 의존과 사고 외주화
저항 방식	노동조합, 집단행동	개인적 디지털 디톡스
해결 주체	계급투쟁, 사회제도 개선	개인의 선택+기술윤리

　찰리 채플린의 영화 「모던 타임스」(1936)는 이러한 시대상을 극명하게
보여준다. 주인공은 공장에서 나사를 조이는 단순작업을 반복하다가 결
국 정신적 이상을 보인다. 오늘날 우리는 비슷한 패턴을 목격하고 있다.
이번에는 물리적 기계가 아닌 디지털 알고리즘이 인간의 사고과정을 대
체하고 있다. AI가 우리의 판단을 대신하고, 창작을 대체하며, 관계 맺기
까지 침범하고 있는 것이다.

2절. 디지털 AI 혁명과 새로운 소외

1. 창작물로부터의 소외 : "내가 만든 것이 맞나?"

　역사학자 유발 하라리는 "AI는 인공 아닌 외계지능이다"라고 경고했

다[1]. 그의 표현처럼, 우리가 마주한 AI는 인간을 모방했으나 인간과는 완전히 다른 방식으로 사고하는 존재다. 이로 인해 창작 영역에서 전에 없던 새로운 소외가 발생하고 있다.

AI 도구를 활용해 단편소설을 완성하는 작가를 생각해보자. 그가 Chat-GPT에게 기본 아이디어를 제시하자 AI는 줄거리를 짜주었고, Claude는 캐릭터를 구체화해주었으며, 다른 AI는 문체까지 다듬어주었다. 결과물의 완성도는 높았지만 작가는 공허함을 느꼈다.

"이게 정말 내 작품인가? 내가 쓴 게 맞나?"

이런 현상은 프롬이 말한 '노동 생산물로부터의 소외'의 디지털 버전이라 할 수 있다. 전통적인 소외에서 노동자는 자신이 만든 제품의 소유권을 잃었다면, AI 시대에는 창작자가 자신이 만든 작품의 '저작성'을 의심하게 된다.

그래픽 디자이너들은 Midjourney나 DALL-E로 이미지를 생성할 때 비슷한 경험을 한다.

"클라이언트가 원하는 건 결과물이니까 AI를 쓰죠. 하지만 가끔 제가 디자이너인지 AI 프롬프트 입력자인지 헷갈려요."

개발자들도 마찬가지다. GitHub Copilot이나 ChatGPT의 도움으로 복잡한 코드를 순식간에 완성하지만 "이 코드가 왜 작동하는지 정확히 모르겠다"는 고백 또한 자주 나온다. AI 이후 일자리가 줄면서 신규 개발자들은 숙련의 과정을 놓치는 상황도 벌어진다.

---

1. 유발 하라리. (2022). 사피엔스. 출간 10주년 특별판 서문.

이러한 창작물이 법적으로나 윤리적으로 누구의 것인지는 불분명하다. AI가 학습한 데이터는 수많은 인간 창작자들의 작품이지만, 그들의 동의를 구하지 않았다. 결국 AI 창작물은 '집단 무의식의 결정체'이면서 동시에 '누구의 것도 아닌 것'이 되어버린다.

2. 사고과정으로부터의 소외 : "어떻게 나온 답인지 모르겠다"

하라리는 또한 "인간이 통제할 수 없는 권력을 불러내선 안 된다"고 경고했다. 그가 우려하는 것은 바로 블랙박스와 같은 AI의 특성이다. AI는 결과를 내놓지만 그 과정을 설명하지 않는다. 이로 인해 우리는 점점 자신의 사고과정을 AI에게 외주화하게 된다.

의사들이 경험하는 진단 과정의 소외가 대표적이다. AI 진단 시스템은 놀라운 정확도를 보여준다. 특히 의료영상 분석에서는 경험 많은 전문의를 능가하는 성과를 내기도 한다. 하지만 AI는 "이 환자는 폐암일 확률 87%"라고만 알려줄 뿐, 왜 그런 판단을 내렸는지는 설명하지 않는다.

금융계도 마찬가지다. AI는 시장 데이터를 분석해 투자 추천을 내놓지만, 그 근거를 인간이 이해할 수 있는 방식으로 설명하지 않는다. 투자자들은 알고리즘을 신뢰하지만 시장에 대한 자신만의 관점을 잃어간다.

법조계에서는 더욱 심각한 문제가 제기된다. AI가 판례를 분석해 승소 확률을 예측하거나 법률 문서를 작성해주지만, 법적 논리의 핵심인 '왜 이런 판단이 정당한가'에 대한 설명이 부족하다. 변호사들은 효율성을 얻는 대신 법적 사고력을 잃어가고 있다.

일련의 과정은 프롬이 말한 '생산과정으로부터의 소외'의 현대적 버전이다. 과거 노동자가 자신의 작업과정을 통제하지 못했다면, 앞으로의 지식노동자들이 자신의 사고과정을 통제하지 못하게 된다. 이들은 문제에 대한 답을 AI를 통해 얻지만, 그 답에 이른 과정 전부를 설명하지 못한 채 마치 문제집의 답안지를 베끼듯 자신의 전문 업무를 수행하게 된다.

3. 인지적 역량으로부터의 소외 : "생각하지 않게 되었다"

메타의 CEO 마크 저커버그는 "2025년까지 AI가 중간 수준의 엔지니어와 동등한 수준의 코딩 능력을 가질 것"이라고 예측한 바 있다. AI의 발전속도는 인간의 사고능력 퇴화 속도와 비례할 가능성이 높다. 마치 계산기가 나온 뒤 사람들이 자신의 암산 능력을 믿기보다 자판을 두드려보는 일을 선호하고, 휴대전화에 전화번호를 입력할 수 있게 되면서 친한 지인의 전화번호도 더 이상 외우지 않게 된 현상이 재현될 여지가 크다. AI가 대체하는 건 인간 특유의 복잡한 사고와 추론이란 점에서 대체의 파급력은 더 크다.

대학생들의 과제 수행 방식이 변화하는 것을 보면 이를 확인할 수 있다. 예전에는 여러 자료를 읽고 비교하며 자신만의 결론을 도출했다면, 이제는 AI에게 질문을 던지고 그 답을 정리하는 수준에 머물고 있다. 비판적 사고나 창의적 문제해결 과정은 생략된다. 더 나아가 'AI 의존적 과신 효과'에 빠진다. 실제로는 AI 없이 그 지식을 재생산할 수 없음에도, 자신이 해당 분야를 충분히 이해하고 있다고 믿게 되는 것이다.

기억력 또한 마찬가지다. 구글 검색이 보편화되면서 우리는 '정보 자체'보다 '정보를 찾는 방법'을 기억하게 되었다. 이제 AI 시대에는 검색 방법마저 AI가 탐색해준다.

언어 능력의 퇴화도 심각하다. AI가 문장을 다듬어주고 번역을 해주면, 사람들은 정확하고 풍부한 언어 표현에 대한 고민을 전보다 덜 하게 된다. 특히 특히 젊은 세대는 AI 번역기에 의존하면서 외국어를 직접 학습할 필요성을 느끼지 못하게 되었고, 그 결과 통번역 학과의 지원율이 급감하며 학제 존립이 위협받고 있다.

이는 산업화 시대 '자기로부터의 소외'가 디지털 시대에 구현된 모습이다. 산업혁명 이후 기계가 인간의 근육을 대신했다면, 이제 AI가 인간의 뇌를 대신하고 있다.

4. 진정한 소통으로부터의 소외 : "AI가 더 나은 대화상대"

MIT의 셰리 터클 교수는 사람들이 기술에 대해서 더 많은 것을 기대하면서, 사람들 서로에게는 소홀해지는 '함께 있지만 홀로'(Alone Together) 상태에 놓인다고 지적했다. AI 챗봇과의 대화가 늘어나면서 인간 간의 대화가 줄어드는 현상이 대표적이다. 많은 사람들이 AI 챗봇을 더 나은 대화상대로 여기진 않지만, 1인가구나 독거노인을 대상으로 하는 사회적 교류 프로그램을 챗봇이나 비대면 서비스가 대체할 수 있다는 인식이 퍼지는 것 또한 분명히 나타나는 현상이다. 또 AI 등장 이후 태어난 세대부터는 예측불가능하고 돌발적인 인간과의 대화보다 필요할 때 대화할 수 있는 챗봇과의 대화를 더 편하게 생각할 수 있다.

그러나 AI와의 대화가 진정한 소통을 대체할 수는 없다. AI는 공감하는 것처럼 보이지만 진짜 감정은 없다. 이해할 수 있지만 진짜 경험은 없다.

결국 AI와의 대화는 '안전한 가상 관계'일 뿐, 인간 고유의 복잡하고 깊이 있는 관계는 아니다. 오히려 AI와의 대화에 익숙해질수록 인간과의 소통 능력이 퇴화한다. 인간관계는 오해와 갈등, 화해와 성장을 통해 깊어지는데, AI와의 관계에서는 이런 과정이 생략된다. 결국 사람들은 복잡한 인간관계를 다루는 능력을 잃어간다.

마르크스·프롬의 4가지 소외를 AI시대에 적용

전통적 소외	AI시대의 소외	사례	영향 직업군
노동 생산물 로부터의 소외	AI 결과물 로부터의 소외	"내가 쓴 글이 맞나?"의문	작가, 디자이너, 개발자
생산과정 으로부터의 소외	사고과정 으로부터의 소외	알고리즘 추천 맹신	의사, 판사, 연구자
자신 으로부터의 소외	자신 으로부터의 소외	기억력 의존, 창의성 위축	교사, 연구원, 예술가
타인 으로부터의 소외	타인과의 소통 으로부터의 소외	AI 챗봇 대화를 선호·신뢰함	상담사, 서비스업 종사자

AI 의존도가 높아질수록 소외는 깊어진다. 19세기 산업혁명 당시 24시간 쉬지 않고 돌아가는 기계에 맞춰 노동자의 근로시간이 늘어날수록 소외 현상이 심화되었듯이, 21세기에는 24시간 작동하는 AI에 맞춰 사고 시간이 늘어날수록 인지적 소외가 깊어지게 된다.

과거 기계가 인간의 노동 과정을 속박했다면, 이제 AI는 인간의 사고 과정을 속박한다. 증기기관의 효율이 노동자의 작업 속도를 결정했듯이, 생성형 AI는 지식노동자의 사고 리듬을 결정한다. 차이가 있다면, 과거의 기계는 '육체'를 지배했지만 오늘날의 AI는 '정신'을 지배한다는 점이다.

만약 하루 1~2시간 정도 검색이나 번역 용도로만 AI를 활용한다면, 특별한 소외 증상을 걱정하지 않아도 될 수 있다. 이 단계에서 AI는 여전히 인간이 통제하는 보조 도구에 머문다. 그러나 하루 3~5시간 이상 업무 보조나 콘텐츠 생성에 AI를 사용하기 시작하면, 상황이 달라진다. AI에 대한 의존감과 불안감이 감지되기 시작하며, 스스로 생각하는 시간보다 AI에게 묻는 시간이 더 많아진다.

하루 6~8시간 대부분의 업무를 AI에 의존하는 단계에 이르면, 자신감이 저하되고 스스로의 판단을 의심하게 된다. '내 생각이 맞을까' 'AI라면 어떻게 할까'라는 질문이 습관화되면서, 자율적 사고 능력이 퇴화한다.

사용시간이 하루 8시간 이상이라면 AI 없이는 업무 자체가 불가능한 단계다. 이 지점에서 사람들은 심각한 무력감과 정체성 혼란을 경험할 수 있다. AI와 자신을 분리할 수 없게 되며, 'AI가 없다면 나는 무엇을 할 수 있는가'라는 실존적 질문 앞에 놓여 서버이상 등으로 AI가 잠시 멈추기라도 하면 업무 또한 중단하는 단계에 이른다.

AI 의존도에 따른 소외 수준 측정표

의존도 수준	AI 사용 빈도	소외 증상	위험도
낮음(1-2시간/일)	검색, 번역 정도	특별한 증상 없음	★☆☆
보통(3-5시간/일)	업무 보조, 콘텐츠 생성	가끔 의존감, 불안감	★★☆
높음(6-8시간/일)	대부분 업무	자신감 저하, 판단 의심	★★★
매우높음(8시간+)	AI 없이 업무 불가능	심각한 무력감, 정체성 혼란	★★★

3절. '로봇의 순간'에 도달한 현대인들 : 계층별 소외

1. "인간 중심 기술"을 외치는 CEO들의 딜레마

OpenAI의 CEO 샘 알트만은 "AI 발전이 단순한 기술적 진보를 넘어, 인간 중심의 기술로 자리 잡아야 한다"고 강조한다. 그의 발언은 AI 개발을 주도하는 기업가들조차 기술의 인간소외 가능성을 인식하고 있음을 보여준다. 하지만 아이러니하게도 이런 '인간 중심 기술'을 외치는 CEO들 스스로가 AI에 의한 소외를 경험하고 있다.

현대 기업가들의 소외는 크게 세 가지 유형으로 나타난다. 첫째, 데이터 의존형 의사결정 소외다. 기업 경영의 모든 판단이 데이터 분석과 AI 추천에 의존하면서, 경영자 고유의 직감과 비전이 설 자리를 잃고 있다. 매출, 고객 행동, 시장 트렌드 등 모든 것이 수치화되고 알고리즘으로 분석되면서 경영자들은 데이터 해석자 역할에 머물게 된다.

둘째, 전략적 사고의 기계화다. AI가 시장 예측, 경쟁 분석, 투자 의사결정까지 보조하면서 기업가들의 창의적 전략 수립 능력이 퇴화하고 있다. 특히 스타트업 생태계에서는 데이터 기반의 '검증된' 아이디어만이 투자받을 수 있다는 압박으로 인해 혁신적이고 직관적인 사업 아이디어가 설 자리를 잃고 있다.

셋째, 인간관계의 알고리즘화다. 인사관리, 성과평가, 고객관리 등이 모두 AI 시스템에 의해 자동화되면서 경영자들이 직원이나 고객과 직접적인 관계를 맺을 기회가 줄어들고 있다. 이로 인해 조직의 분위기나 고객의 진짜 니즈를 파악하는 감각이 둔해지고 있다.

이런 현상은 AI 이후 탄생한 기업 뿐 아니라 전통 제조업이나 서비스업 CEO들에게서도 점점 만연한 문제가 되고 있다. AI 기반의 수요예측, 공급망 최적화, 품질관리 시스템이 도입되면서 이들의 역할은 '최고 의사결정자'에서 '데이터 승인자'로 변화한다. 현장을 직접 보고 직원들과 소통하며 감을 잡던 전통적 경영 방식은 비효율적이라는 이유로 점점 도외시되는데, 데이터에 파묻힌 CEO들이 정보과부하 상태에서 결정 내리기를 어려워하는 '선택의 역설'에 빠질 수도 있다. 물론 이 상태가 된 CEO라면 AI에게 판단을 의존하는 악순환이 벌어질 공산이 크다. 이들은 단독으로 이 악순환에서 탈출하기 어렵다. 경쟁업체들이 모두 AI를 활용하는 상황에서 '인간적 직감'만으로는 시장에서 살아남기 어렵다는 공포가 퍼질 것이다.

2. 전문직의 정체성 위기

셰리 터클은 우리가 "로봇의 순간에 도달했다. 중요한 인간관계를 기계에 위임하며 점점 더 감정을 나누기 어려워지고 있다"고 경고했다. 그가 지적한 '로봇의 순간' 현상은 인간의 전문성과 판단력을 핵심 요소로 삼는 전문직에서 더욱 뚜렷하게 나타나고 있다. AI는 전문직의 업무 방식을 우선적으로 바꾸며 이 과정에서 새로운 차원의 딜레마가 발생하고 있다.

우선 의료 분야에선 효율성과 임상 감각의 충돌이 불가피하다. AI 진단 보조 시스템은 각종 영상 판독에서 숙련된 전문의를 능가하는 정확도를 보여주고, 증상 데이터를 입력하면 가능성 높은 질병을 순식간에 제시한다.

이 기술은 의사의 진단을 보조하기 위해 시작했지만 의사들은 AI의 진단과 다른 의견을 내는 것을 점점 꺼리게 된다. 나아가 환자의 얼굴 표정, 말투, 걸음걸이에서 질병 정보를 얻는 임상적 직감은 퇴화하고, 응급상황이나 예외적 케이스에서 대응 능력이 떨어질 수 있다.

AI가 제시하는 수많은 진단 가능성과 치료옵션으로 인한 선택 과부하 문제가 생길 수도 있다. 과거에는 경험과 직감으로 빠르게 판단했던 상황에서, 이제 AI가 제공하는 복잡한 정보들 사이 결정을 내리지 못하는 분석마비 상태에 빠지기 쉽게 되는 것이다.

법무 분야에선 AI 법률 서비스의 확산으로 변호사들의 판단력 위축이 생길 수 있다. AI는 방대한 판례 검색, 계약서 검토, 법률 문서 작성 등에서 뛰어난 성능을 보이지만 개별 사건의 복잡한 구조에 대응할 정교한 논리를 창의적으로 구성하는 데엔 한계가 있다.

교육계에서도 '대학의 위기'에 대한 논쟁이 제기될 정도로 AI의 파급력이 높게 관측되고 있다. AI가 강의자료 생성, 학습평가, 논문작성까지 보조하면서 교육자 역할이 모호해지고 있어서다. 연구 분야에서도 AI가 논문 초안 작성과 데이터 분석을 대신하면서 연구자들의 창의적 사고과정이 생략되고 있다. 새로운 문제를 발견하고 혁신적 관점을 제시하는 연구 대신 기존 지식의 재조합 위주 연구가 늘어날 것이란 전망이 나온다.

금융업계에선 AI 기반 투자가 금융전문가의 투자를 빠르게 대체할 것이라는 믿음이 퍼지고 있다. 과거 데이터를 바탕으로 정교한 예측 모델을 제시, 단기 예측을 하는 능력에서 AI가 인간을 압도할 것이라고 생각하기 때문이다. AI 금융예측이 확산될수록 오히려 기업가의 열정, 시장의 미묘한 변화, 조직 문화 같은 정성적 요소들을 판단하는 인간의 직관과 경험이 더욱 중요한 차별화 요인으로 부각될 것으로 전망된다.

직업별 AI 소외 현상 분석

직업군	AI 도구	소외양상	대응방안
의사	진단 AI, 의료영상 AI	임상 직감 상실	의료 판단 교육 강화
변호사	법률 AI, 계약서 AI	법적 사고력 둔화	비판적 법해석 훈련
교사	교육 AI, 평가 AI	교육철학 부재	인간적 소통 교육법
기자	기사작성 AI	탐사정신 퇴화	심층취재 역량 개발
투자자	투자분석 AI	시장 직관 상실	펀더멘털 분석 병행
개발자	GitHub Copilot	코딩 사고력 퇴화, 구조 이해 부족	기본기 강화 교육, 코드 리뷰 정착 문화

전문직 직군을 관통하는 또다른 이슈는 전문직 특유의 도제식 교육-숙련 과정의 형해화다. 전통적으로 전문직은 선배 전문가로부터 직접 배우고 오랜 경험을 쌓아가는 도제식 시스템을 통해 역량을 키워왔다. 이 과정에서 명시적 지식뿐만 아니라 암묵적 지식(tacit knowledge)과 직관적 판단력을 체득했다.

그런데 AI가 업무의 상당 부분을 대체하면서 이런 학습 과정이 단절되고 있다. 젊은 전문가들은 AI 시스템에 의존하면서 직접 경험하고 판단하는 기회가 줄어들고 있다. 숙련된 전문가가 가진 미묘한 판단력, 상황에 따른 유연한 대처 능력, 인간적 소통 기술 등은 언어로 설명하기 어려운 암묵적 지식인데, AI 중심의 업무 환경에서는 이런 전수 과정이 사라지고 있다. 이는 특정 직업군을 넘어 사회 전체의 지적 자산과 문화적 전통의 단절을 야기할 수 있다. 축적되었던 전문직의 지혜와 경험이 AI 알고리즘으로 압축되면서, 전문직군 고유의 사고방식과 판단력이 사라질 위험에 처한단 얘기다.

결국 이런 변화는 전문직 정체성의 근본적 혼란으로 이어진다. '내가 전문가인가, 아니면 AI 조작자인가'라는 질문이 많은 전문직들의 공통된 고민이 되고 있다. 자신의 전문성이 AI로 대체될 수 있다는 불안감과 동시에, AI 없이는 업무를 제대로 수행할 수 없다는 의존감이 공존한다.

더 나아가 전문직의 사회적 권위와 신뢰성도 흔들리고 있다. 고객이나 환자들이 '전문가보다 AI가 더 정확하다'고 생각하기 시작하면 전문직의 존재 가치 자체에 의문이 제기되게 된다.

3. 자본가·투자자들의 소외

AI 시대의 소외는 자본을 소유한 계층에서도 예외가 아니다. 오히려 막대한 데이터와 AI 시스템을 보유한 자본가들이 역설적으로 더 깊은 소외를 경험하기도 한다.

메타, 구글, 아마존과 같은 기술기업의 경영진들은 AI 활용분야에서 가장 앞서 있지만 동시에 가장 깊은 소외를 경험한다. 이들은 제품개발과 전략수립 모든 영역에서 AI를 활용한다. 사용자 행동 분석, 시장 예측, 경쟁사 분석까지 모든 의사결정이 데이터 기반으로 이뤄진다.

그러나 의사결정 변화의 핵심은 데이터 기반 결정으로의 전환이다. 과거 기업가들이 시장을 직감적으로 읽고 혁신적 제품을 내놓던 방식에서,

이제는 AI가 분석한 사용자 패턴과 시장 데이터에 의존하는 방식으로 바뀌었다.

이로 인한 리더십 문제는 직감과 비전 상실이다. 불과 십수년 전 혁신의 아이콘인 스티브 잡스 같은 기업가들이 보여줬던 직관적 판단력과 미래에 대한 비전이 설 자리를 잃고 있다. 모든 것이 데이터로 검증되어야 한다는 압박 속에서 창의적이고 도전적인 결정을 내리기 어려워진다.

경영진/CEO들의 AI 의존과 소외 현상

기업유형	AI 활용분야	의사결정 변화	리더십 문제
기술기업	제품개발, 전략수립	데이터 기반 결정	직감과 비전 상실
전통기업	운영최적화, 고객분석	알고리즘 추천 의존	인간적 리더십 약화
스타트업	마케팅, 투자유치	AI 도구 과다 활용	기업가정신 퇴색

제조업, 유통업 등 전통산업의 경영진들은 AI를 운영최적화와 고객분석에 주로 활용한다. 공급망 관리, 수요 예측, 품질 관리, 고객 서비스까지 AI 시스템이 전 영역을 관리한다. 효율성과 비용 절감 효과는 분명하다. 현장을 직접 보고 직원들과 소통하며 감을 잡던 전통적 경영 방식은 '비효율적'이라는 이유로 사라지고 있다.

이는 '인간적 리더십'의 약화로 이어진다. 조직의 분위기, 직원들의 사기, 고객의 진짜 니즈 같은 것들은 데이터로 포착되지 않는다. AI 시스템에 의존할수록 이런 인간적 요소들을 파악하고 관리하는 능력이 퇴화한다.

스타트업 생태계에서는 AI 도구 사용이 필수가 되었다. 마케팅 자동화, 고객 분석, 투자유치 자료 작성까지 AI가 도와준다. 적은 인력으로 많은 일을 해야 하는 스타트업에게 AI는 필수적인 도구다. 이처럼 의사결정이 AI 도구 과다활용 방향으로 치우치면서 모든 것을 AI로 검증하고 데이터로 입증해야 한다는 압박이 커진다. 투자자들도 '데이터 기반의 검증된 아이디어'를 선호하면서, 직관적이고 혁신적인 아이디어는 설 자리를 잃는다. 그 다음 단계는 기업가정신의 퇴색이다.

결국 모든 유형의 자본가와 경영진들이 겪는 소외는 '소유와 통제의 분리'라는 새로운 형태로 이어질 공산이 크다. 물리적으로는 자본과 데이터를 소유하고 있지만, 실질적인 의사결정권은 AI 알고리즘에게 넘어가면서 진정한 통제력을 잃는 것이다.

4절. '양극화와 인간소외' 야기하는 디지털 자본주의

1. 데이터 권력의 집중과 새로운 계급사회

유발 하라리는 "급격한 기술발전 속에 양극화와 인간소외를 야기하고 있는 자본주의 경제는 바뀔 수 없는가?"라는 근본적 질문을 던졌다. 실제로 AI 시대는 전통적인 계급구조를 해체하는 동시에 더욱 견고한 새로운 계급사회를 만들어내고 있다.

계급을 가르는 '자본'은 데이터 소유권이다. 과거 산업사회에서는 토지나 자본을 소유한 자와 노동력만을 제공하는 자로 구분되었다면, 이제 데이터를 수집·분석·활용할 수 있는 계급과 단순히 데이터를 제공하는 계급으로 나뉜다. 이를 보다 더 세분하면 다음과 같다.

디지털 플랫폼 경제에서의 새로운 계급구조

계급	구성원	소유 자산	소외방식
데이터 지배층	빅테크 CEO, 개발자	알고리즘, 플랫폼	인간성 상실
데이터 중간층	디지털 전문직	기술	기술 의존성
데이터 노동층	플랫폼 노동자	개인정보	노동과정 통제
데이터 소외층	고령자, 저소득층	없음	완전한 배제

데이터 지배계급의 출현

구글, 메타, 아마존, 애플 같은 빅테크 기업들은 수십억 명의 개인정보를 보유하고 있다. 이들은 많은 데이터를 가졌으며, 그 데이터를 AI로 분석해 인간 행동을 예측하고 조작할 수 있는 능력을 갖고 있다. 이미 권력은 소수에게 집중되어 있다. 전 세계 AI 시장의 70% 이상을 구글(알파벳), 오픈AI, 마이크로소프트, 아마존, 엔비디아 같은 미국 기업들과 바이두, 알리바바, 텐센트와 같은 중국의 기업 10여곳이 장악하고 있다. 이들이 제공하는 플랫폼 위에서 수십억 명이 생활하고 있지만, 정작 그 플랫폼이 어떻게 작동하는지, 어떤 기준으로 정보를 필터링하는지는 알 수 없는 정보격차가 생긴다.

데이터 중간계급의 불안정성

데이터를 활용해 생계를 유지하는 새로운 중간층도 등장했다. AI 개발자,

데이터 사이언티스트, 디지털 마케터 등이 대표적이다. 이들은 AI 숙련기술을 활용해 높은 소득을 올릴 수 있지만 동시에 강한 불안감을 겪고 있다.

이들의 지위는 기술 변화에 따라 급격히 변할 수 있다. ChatGPT 출현 이후 많은 데이터 분석가들이 "내가 몇 년간 배운 기술이 하루아침에 무용지물이 되었다"고 토로했던 게 선례다. 결국 이들도 기술 발전의 속도를 따라가야 한다는 압박에 시달리며 지속적인 소외감을 경험한다.

데이터 노동계급의 확산

데이터 경제에서 대다수를 차지할 집단은 자신의 데이터는 제공하지만 그 가치를 인정받지 못하는 '데이터 노동층'이다. 우버 기사, 배달 라이더, 플랫폼 노동자들이 여기에 해당한다. 겉보기에는 '자영업자'나 '프리랜서'처럼 보이지만, 실제로는 알고리즘에 의해 통제받는 새로운 형태의 노동자다. 배달 라이더는 자신이 언제 어디로 가야 할지 스스로 정하지 못한다. 모든 것이 플랫폼의 알고리즘에 의해 결정된다.

이들이 제공하는 데이터(위치 정보, 이동 패턴, 업무 효율성 등)가 플랫폼 기업의 AI 개선에 활용되지만, 정작 그들은 그 가치에 대한 정당한 보상을 받지 못한다. 그들의 노동은 '데이터 생성'이라는 측면에서 이중적 착취를 당하고 있는 셈이다.

디지털 소외계급의 고착화

가장 밑바닥에는 디지털 기술에서 완전히 배제된 계층이 있다. 고령자, 저소득층, 농촌 거주자 등이 대표적이다. 이들은 AI가 만들어내는 혜택에서 완전히 배제될 뿐만 아니라, 기존의 서비스가 디지털화되는 속도에 맞춰 고립된다.

은행 창구가 사라지고 ATM과 모바일 뱅킹으로 대체되면서 고령자들의 금융 접근성이 떨어졌다. 정부 서비스도 온라인 중심으로 바뀌면서 디지털 문해력이 부족한 사람들은 기본적인 행정 서비스도 받기 어려워졌다.

2. AI 시대 노동자들의 이중 소외

AI의 인간 일자리 대체는 다양한 분야, 다양한 직종에서 이뤄지고 있다. 각 분야 AI 시대 노동자들은 전통적인 소외에 더해 새로운 차원의 소외를 경험하게 된다.

제조업 현장에서 AI와 로봇이 상당 부분 인간 노동을 대체하고 있다. 자동차, 전자, 화학 등 주요 제조업 분야에서 자동화 비율이 급속히 증가하면서 숙련 노동자들의 역할이 축소되고 있다. 기존 노동자들은 '로봇 관리자'나 '시스템 모니터링' 역할로 재배치되지만, 이는 본질적으로 다른 종류의 업무다.

화이트칼라 직종의 위기도 그 폭을 가늠하기 어려울 정도다. 회계사, 번역가, 기자, 법무 담당자, 중간 관리자 등 기존에는 '안전한 전문직'으로 여겨졌던 일자리들이 AI 위협에 노출되고 있다. 이들 직종의 주요 역량은 패턴 인식과 정보 처리인데, 이 영역에서 AI의 성능이 인간을 빠르게 따라잡고 있다.

이런 상황에서 노동자들은 존재론적 불안을 겪게 된다. 평생 익힌 기술과 경험이 하루아침에 무가치해질 수 있다는 공포감이 만성적 스트레스로 이어진다. 특히 중년 이상 노동자들은 새로운 기술 적응에 대한 부담과 함께 '쓸모 없어지는 존재'라는 정서에 빠질 수 있다.

이런 와중에도 AI 시대 노동자들은 매일 기계와 경쟁해야 하는 새로운 형태의 스트레스에 노출되어 있다. 기계가 할 수 없는 영역에서만 존재 가치를 인정받는 구조적 압박이 가해지는 것이다.

콜센터, 고객서비스 분야에서는 AI 챗봇이 일차적 응답을 담당하고, 인간 상담원은 AI가 처리하지 못한 복잡하거나 예외적인 케이스를 담당한다. 이른바 AI와 인간이 협업하는 하이브리드 일자리가 탄생하는 것인데, 이는 개별 노동자들이 가장 스트레스가 많은 업무에 집중 노출된다는 의미로도 읽힌다. AI 시대 인간이 전담하는 업무의 노동 강도가 세질 수 있다는 뜻이다.

노동 가치 자체도 재정의되고 있다. 전통적으로 노동의 가치는 숙련도, 경험, 전문성에서 나왔다. 오랜 시간 축적한 기술과 노하우가 개인의 경쟁력이자 사회적 지위의 근거였다. 그러나 AI 시대에는 'AI와의 협업 능력'이 새로운 평가 기준이 되고 있다. 개인의 고유한 기술보다는 AI 도구를 얼마나 효과적으로 활용하느냐가 성과를 좌우한다. 이는 노동자들로 하여금 자신의 전문성에 대한 회의를 갖게 만든다.

건설, 설계, 제조업 등에서 수십 년간 쌓아온 현장 경험과 직감이 AI 알고리즘 앞에서 무력해지는 경험은 숙련의 무력감으로 이어진다. 장인정신이나 수공예적 가치가 효율성과 정확성이라는 기계적 기준에 밀리면서, 노동의 본질적 의미가 변질된다.

이런 가운데 젊은 노동자들은 다른 종류의 소외를 경험한다. "AI 시대에 맞는 역량을 길러야 한다"는 사회적 압박 속에서 끊임없는 학습과 적응을 요구받지만, 정작 어떤 역량이 필요한지, 그 역량이 언제까지 유효할지는 명확하지 않다.

기술 변화의 속도가 너무 빨라서 오늘 배운 기술이 내일 쓸모없어질 수 있다는 학습의 불확실성이 만성적 불안감을 조성한다. 평생학습이라는 명목 하에 개인에게 지속적인 자기계발 책임이 전가되면서, 실패에 대한 두려움이 커진다.

더욱 문제가 되는 것은 이런 불확실성 속에서 노동의 연대감이 해체되는 점이다. 모든 노동자가 AI와의 경쟁에서 살아남기 위해 개별적으로 투쟁해야 하는 상황에서, 집단적 노동 의식이나 연대 의식이 약화된다.

AI 시대 노동 변화와 소외 심화

변화 양상	기존 노농	AI시대 노동	소외증가 요인
업무 성격	인간 고유 영역	AI와 협업/경쟁	존재가치 의문
학습 방식	축적된 경험	지속적 재교육	불안정성 증가
평가 기준	숙련도, 경력	AI 활용능력	기존 가치 무력화
직업 안정성	상대적 안전	고도의 불안정	미래 불확실성

결국 AI 시대의 노동자들은 이중 소외 구조에 놓여 있다. 첫째는 전통적인 자본주의 소외다. 노동자는 여전히 자신의 노동력을 팔아야 하고, 생산 과정과 결과물을 통제할 수 없다. 두 번째는 AI로 인한 새로운 소외다. 이제는 기계와 경쟁해야 하고, 자신의 존재 가치를 끊임없이 증명해야 한다.

3. 디지털 격차가 만드는 새로운 소외계급

AI 시대의 소외는 기존의 계급 구조를 넘어서 새로운 형태의 사회적 분화를 만들어낸다. 디지털 기술에 대한 접근성과 활용 능력에 따라 형성되는 이 새로운 계층 구조는 전통적인 경제적 불평등과는 다른 차원의 배제를 생산한다.

새로운 문해력 의제로 부상한 'AI 리터러시'는 계급을 나누는 또 다른 도구가 되었다. AI를 이해하고 활용할 수 있는 능력이 개인의 사회경제적 지위를 좌우하는 핵심 요인으로 부상했단 얘기다.

고학력자와 기술 관련 종사자들은 AI 도구를 업무와 생활에 적극 활용하면서 생산성과 경쟁력을 크게 높일 수 있다. 반면 AI에 대한 이해가 부족한 계층은 점차 정보와 기회에서 소외되고 있다. 이들은 AI가 생성한 정보와 인간이 생산한 정보를 구별하지 못하고, AI의 편향과 한계를 인식하지 못한 채 잘못된 정보를 수용하기 쉽다.

AI 리터러시 부족은 의사결정 과정에서의 주체성 상실로 이어진다. AI 추천 알고리즘에 의존한 소비, 투자, 심지어 인간관계까지 AI의 판단을 수동적으로 따르면서 자율적 사고 능력이 퇴화한다.

디지털 원주민(Digital Native) 대 디지털 이민자(Digital Immigrant)로 대별되는 세대 간 디지털 격차 역시 계속해서 디지털 소외계급을 만드는 요인이 될 수 있다. 디지털 원주민과 디지털 이민자는 교육학자 마크 프렌스키가 2001년에 처음 제시한 개념으로 디지털 기술에 대한 접근과 활용방식의 세대적 차이를 설명한다.

디지털 원주민은 1980년대 이후 태어나, 인터넷, 컴퓨터, 휴대폰 등 디지털 기술이 일상화된 환경에서 자라난 세대를 가리킨다. 이들에게 디지털 기술은 학습해야 할 대상이 아니라 태어날 때부터 존재했던 자연스러운 환경이다. 스마트폰을 손에서 놓지 않고, 소셜미디어를 통해 소통하며, 멀티태스킹에 익숙하고, 시각적·상호작용적 정보 처리를 선호한다.

디지털 이민자는 디지털 기술이 없던 시절에 태어나고 성장한 후, 성인이 되어서 디지털 기술을 접하게 된 세대다. 이들은 아날로그적 사고방식과 행동 패턴이 기본적으로 형성된 상태에서 디지털 기술을 '외국어'처럼 학습해야 했다. 따라서 디지털 기술을 사용할 때도 아날로그적 방식을 디지털로 옮기는 접근법을 취하는 경우가 많다.

AI 시대에 들어서면서 이 두 집단 간의 격차가 단순한 기술 사용법의 차이를 넘어 인지 구조의 근본적 차이로 발전하고 있다. 디지털 원주민은 AI를 하나의 도구나 파트너로 자연스럽게 받아들이는 반면, 디지털 이민자는 AI를 이해하고 활용하는 데 더 많은 인지적 부담을 경험한다. 이는 일상생활에서 AI 기반 서비스 사용을 어렵게 하는 요인으로 연결될 수 있다.

한편으로 소외는 디지털 원주민 역시 피해갈 수 없는 문제다. 이들은 표면적으로 AI 기술에 능숙한 집단이지만, 그 능숙함이 오히려 새로운 형태의 소외를 만들어낼 수 있다. 이들은 AI와의 상호작용이 자연스럽지만 정작 AI가 어떻게 작동하는지, 어떤 편향을 가지고 있는지, 사회에 어떤 영향을 미치는지에 대해서는 무비판적으로 수용하는 경향이 강하다. 그러나 AI 알고리즘의 편향성이나 조작 가능성에 대한 경계심 부족은 새로운 문제를 야기할 수 있다.

5절. 소외를 넘어선 새로운 인간해방의 가능성

1. "혼자가 아닌" 진정한 연결을 향하여

셰리 터클이 지적한 '다함께 홀로'(Alone Together) 현상은 현대 사회의 역설을 압축적으로 보여준다. 우리는 그 어느 때보다 많은 사람과 연결되어 있지만, 동시에 어느 때보다 고립감을 느낀다. AI 시대에 이런 역설이 심화되고 있지만, 이를 극복할 새로운 연결의 가능성은 열려 있다.

디지털 소외를 극복하기 위한 첫 번째 조건은 인간적 연결의 회복이다. 기술을 매개로 한 새로운 형태의 인간적 교감을 만들어가야 한다. 온라인 교육에서 AI 튜터는 개별 학습자 수준에 맞춘 맞춤형 교육을 제공하면서도, 학습자 간 협력과 토론을 촉진할 수 있다. 의료 분야에서 AI 진단 시스템은 의사의 판단을 보조하고, 의사는 환자와의 인간적 교감과 전인적 치료에 더 집중할 수 있어야 한다.

개인 차원의 노력 만으로 구조적 소외를 극복하기는 어렵다. 공동체적 연대를 통한 집단적 대응이 필요하다. 이를테면 협동조합 형태 지배구조로 알고리즘의 투명성과 플랫폼 수익 배분의 공정성을 확보할 수 있다.

디지털 원주민과 디지털 이민자 간 격차를 줄이기 위해서는 상호 학습의 관계를 구축해야 한다. 실제 젊은 세대가 기술 사용법을 가르쳐주고, 기성세대는 삶의 지혜와 경험을 나누는 세대 간 멘토링 프로그램이 확산되고 있다.

기술을 사용하는 방식에 따른 소외를 줄일 노력도 필요하다. 이를 위해 가장 중요한 조건이 알고리즘의 투명성이다. AI가 어떻게 결정을 내리는지, 어떤 데이터를 학습했는지, 어떤 편향을 가지고 있는지를 공개해야 한다. '블랙박스' 같은 AI 시스템으로는 진정한 신뢰 관계를 구축할 수 없다.

나아가 참여적 AI 설계가 필요하다. AI 시스템을 개발할 때 기술자만이 아니라 사용자, 시민사회, 다양한 이해관계자들이 참여해야 한다. 특히 AI의 영향을 받을 소외계층의 목소리가 설계 과정에 반영되어야 한다.

데이터 독점으로 인한 소외를 극복하려면 데이터 주권을 확립해야 한다. 개인이 자신의 데이터를 통제할 수 있는 권리를 가져야 하고, 기업이 개인 데이터를 활용해 창출한 가치의 일부를 개인에게 돌려주는 시스템이 필요하다. 이같은 맥락에서 기업이 개인 데이터를 활용해 수익을 창출할 때 그 일부를 데이터 제공자에게 배당으로 지급하는 데이터 배당 개념도 논의되고 있다.

2. 디지털 휴머니즘의 실천

궁극적으로 디지털 소외를 극복하고 기술을 통한 인간 해방을 실현하려면 디지털 휴머니즘의 가치관이 확산되어야 한다. 이는 기술 발전의 목적을 인간의 존엄성과 행복에 두는 철학이자 실천 운동이다.

디지털 휴머니즘의 첫 번째 원칙은 인간 중심 기술 설계(Human-Centered Design)다. 기술의 효율성이나 기업의 수익보다 사용자의 필요와 가치를 우선하는 것이다. AI가 인간을 대체하는 것이 아니라 인간의 능력을 확장하고 인간다운 삶을 지원하는 도구가 되어야 한다.

웹, 모바일, 인터렉티브 기술을 통해 사용자의 태도나 행동을 변화시키는 설계인 설득적 기술(Persuasive Technology)의 남용을 규제하는 것도 중요하다. 스마트폰이나 SNS이 중독을 유발하도록 설계되지 않도록 막고, 사용자의 자율성을 존중하는 설계 기준을 확립해야 한다.

디지털 휴머니즘은 개인 차원에서 디지털 시민성을 기르는 것에서 시작된다. 이는 단순히 디지털 도구를 사용할 줄 아는 것이 아니라, 디지털 사회에서 책임감 있는 시민으로 참여할 수 있는 능력으로 '비판적 디지털 리터러시'가 그 핵심이다. AI가 생성한 정보를 맹신하지 않고, 알고리즘의 편향을 인식하며, 기술의 사회적 영향을 성찰할 수 있는 능력이다. 아울러 딥페이크와 AI 생성 콘텐츠를 구별하고 허위정보 확산을 막을 '미디어 리터러시 교육'의 확산도 어느 때보다 중요하다.

디지털 휴머니즘은 결국 연대와 협력에서 피어나는 가치다. 기술을 통한 사회적 가치 창출에 주목해야 한다. 환경 보호, 사회적 약자 지원, 교육 기회 확대, 문화 다양성 증진 등에 기술이 어떻게 기여할 수 있는지 고민하는 것이다. 사회적 기업이나 기업의 ESG 활동들이 보여주는 것처럼, 이윤 추구와 사회적 가치 실현을 동시에 추구하는 새로운 경제 모델이 필요하다.

에리히 프롬이 꿈꾼 인간 해방의 비전은 디지털 AI 시대에도 여전히 유효하다. 기술이 인간을 소외시키는 도구가 아니라 인간의 잠재력을 실현하는 수단이 될 수 있다. 다만 그것은 자연스럽게 일어나는 것이 아니라, 우리의 의식적인 선택과 지속적인 노력을 통해서만 가능하다.

AI 결과물로부터의 소외, 사고과정으로부터의 소외, 자신으로부터의 소외, 타인과의 소통으로부터의 소외. 이 모든 새로운 형태의 소외는 기술을 인간의 존엄성에 기반해 설계하고, 시민들이 기술 발전에 주체적으로 참여하며, 기술의 혜택을 공정하게 나누어 갈 때 극복할 수 있다. 이에 AI 기술의 발전 속도에 맞춰 다음 표의 예시처럼 조직 차원, 사회 제도적 차원의 디지털·AI 제도 설계가 필요하다.

조직 차원의 인간중심 AI 도입 가이드라인 예시

적용 영역	기본원칙	실행방안	인간의 역할
의사결정	AI는 보조, 인간이 결정	설명가능 AI 도입	윤리적 판단
업무설계	인간-AI 상호보완	역할 분담 명확화	창의적 사고
조직문화	인간 존중 우선	디지털 웰빙 정책	공감과 소통
교육훈련	평생학습 지원	AI 리터러시+인문학	지속성장

사회 제도적 차원의 디지털 휴머니즘 정책 방향 예시

정책 영역	현안	정책방향	기대효과
교육정책	AI 기술교육 편중	인문학적 사고력 강화	균형잡힌 인재
노동정책	AI 대체 불안	새로운 일자리 창출	고용안정성
사회보장	디지털 격차 방지	디지털 기본권 보장	포용적사회
기술규제	기업 자율 방임	알고리즘 투명성 의무화	민주적 통제

제2부

장벽의 현장
: 일상에 세워진 AID 디바이드

제4장

노년층과 디지털 포용
: 세대를 잇는 기술의 다리

홍희경

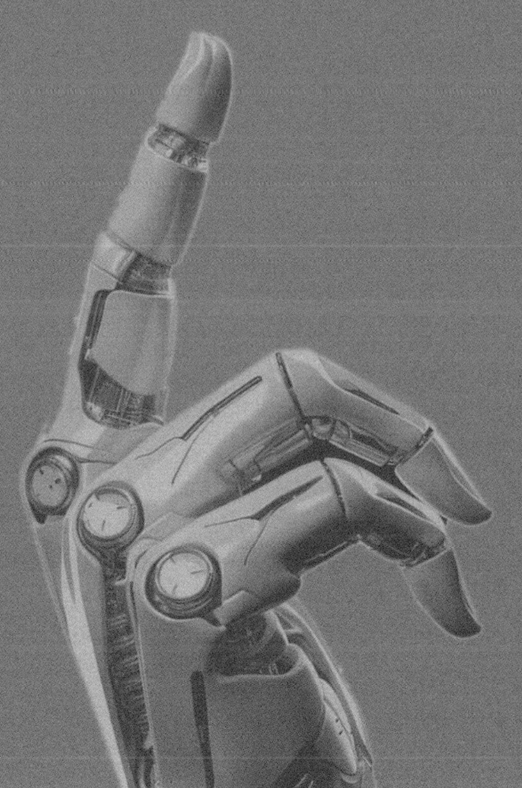

1절. 키오스크 앞에 멈춘 사람들

1. 햄버거 가게에서 벌어지는 일

서울 대치역 근처 한 맥도날드 매장. 오후 8시, 저녁시간을 조금 지난 시각이다. 78세 태재열 씨가 매장 안으로 들어선다. 평소 손자와 함께 자주 오던 곳이지만, 오늘은 혼자다. 손자가 학원 끝나면 함께 가려는데 시간이 조금 남아 혼자서 커피라도 한 잔 사 먹어보자는 마음이었다.

그런데 카운터가 보이지 않는다. 대신 커다란 터치스크린 여러 대가 줄지어 서 있다. '키오스크'라고 불리는 것들이다. 태재열 씨는 잠시 멈춰 선다. 지난달 동네 주민센터에서 열린 '디지털 교육'에서 바로 이런 기계를 배웠다. 강사가 친절하게 설명해주고, 실습도 해봤다. 그때는 잘 됐는데...

키오스크 앞에 서자 화면이 번쩍 켜진다. 태재열 씨가 조심스럽게 '주문 시작' 버튼을 누르자 메뉴들이 쏟아져 나온다. 빅맥, 맥치킨, 새우버거... 교육 때는 분명 천천히 했는데, 지금은 어디서부터 시작해야 할지 막막하다.

뒤에서 20대로 보이는 젊은 남성이 기다리고 있다. 태재열 씨는 서둘러 빅맥 세트를 누른다. 그런데 갑자기 음료 선택 화면이 나타난다. 콜라, 사이다, 커피... 아니다, 아이스 아메리카노를 원했는데 어디 있지? 화면을 이리저리 누르다 보니 갑자기 메뉴가 장바구니에 담겼다 사라졌다 한다.

"아, 빨리 좀 해주세요."

뒤에서 한숨 소리가 들리는 것 같다. 태재열 씨의 등에서 식은땀이 난다. 교육 때는 강사 선생님이 "천천히 하셔도 됩니다. 틀려도 괜찮아요"라고 했는데, 지금은 그런 여유가 없다. 뒤에 줄은 점점 길어지고, 사람들의 시선이 따갑다.

"저기… 직접 주문받는 곳은 없나요?"

태재열 씨가 매장을 둘러보지만, 직원들은 교대 시간인지 바쁘다. 한 직원이 잠깐 나와 "키오스크로 주문해 주세요"라고 말할 뿐이다. 결국 태재열 씨는 포기하고 매장을 나온다. 배는 고프지만, 그보다 마음이 더 아프다.

길 건너편에는 디지털 교육을 받았던 주민센터가 보인다. 그곳에서는 분명 잘했는데, 현실은 왜 이렇게 다를까.

2. 편의를 위한 기술이 불편을 낳을 때

태재열 씨가 경험한 일은 전국 어디서나 벌어지는 일상적 풍경이다. 정부는 2020년부터 '디지털 배움터' 사업을 통해 전국 1,000개소에서 전국민 대상 디지털 교육을 실시하고 있다. 디지털 교육을 원하는 모든 국민이 참여할 수 있으나 교육 내용은 노년층, 장애인, 소상공인 등 디지털 취약계층의 수요에 맞춰 구성되어 있다. 교육 교재에는 맥도날드를 비롯해 다양한 식당 키오스크 사용법, KTX 예매법, 택시앱 사용법, 병원 예약법 등 실전 디지털 도구 활용법이 포함되어 있다. 차근차근 따라 하면 누구나 할 수 있도록 만들어진 매뉴얼이다.

계층별 디지털 정보화 역량 수준: 일반국민(100%) 대비

단위(%)

	2019년	2020년	2021년	2022년	2023년
노년층	51.6	53.7	53.9	54.5	55.3
장애인	67.8	74.2	74.9	75.2	75.6
저소득층	86.5	92.5	92.9	92.9	93.0
농어민	63.6	69.0	69.6	70.6	71.0

안타깝게도 교육장에서의 성공과 현장에서의 실패 사이에는 보이지 않는 벽이 있다. 교육장에서는 시간 제약이 없고, 실수해도 다시 할 수 있으며, 따뜻한 격려가 있다. 반면 실제 매장에서는 시간 압박, 대기 줄의 압력, 불친절한 시선이 더해진다. 특히 디지털 기기 앞에서 시간을 끌수록 주변에서 무시당한다는 심적 압박이 크다.

이런 사정에 아랑곳없이 키오스크는 일상 모든 공간으로 확산되고 있다. 코로나19 이후 비대면 서비스 수요가 급증했고, 최저임금 인상으로 인건비 부담도 커진 여파다. 키오스크로 대체되는 서비스 영역은 식당과 카페를 넘어 은행, 병원, 관공서, 교통시설까지 확대되고 있다. 더욱이 2022년 11월 챗GPT 출시 이후 생성형 AI가 본격 확산되고 있다. AI는 고객 상담, 전화 응답, 예약 접수 등 대면 서비스 전 단계를 대체하며 '완전 무인화'를 가속화한다. 노년층을 도울 인간과의 접촉점 자체가 사라지고 있다.

키오스크의 종류

서비스 분야	운영 현황
무인민원발급기	– 무인민원발급기(행정, 법원, 교육 등) – 기타 국가기관 등에서 운영하는 무인민원발급기
무인증명발매기	– 무인학사증명발급기(대학교)
금융자동화기기	– CD/ATM기 – 공과금 수납 무인자동화기기 – 환전 무인자동화기기 – 카드 발매 무인자동화기기 – 기타 금융권에서 운영하는 무인정보단말기
무인발권기	– 고속철도(KTX, SRT) 및 광역철도 무인발권기 – 도시철도 무인발권기 – 고속·시외버스 무인발매기 – 국내·국제선 여객선 무인발매기 – 기타 대중교통을 이용할 때 사용자 조작에 따라 승차권 등을 발권하는 무인정보단말기
무인주유기	– 셀프주유소 무인주유기 – 전기충전소 무인충전기
셀프체크인	– 국내·국제선 항공/여객선 셀프체크인 – 무인숙박업소 셀프체크인 – 기타 사용자 조작 셀프체크인 무인정보단말기
무인발매기	– 공연장(영화관, 박물관, 미술관 등) 무인발매기 – 기타 사용자 조작에 따라 발급하는 무인정보단말기
무인처방전 발매기	– 무인처방전발매기, 무인진료비수납기 – 기타 병원·약국 등 의료기관의 무인정보단말기
무인주문기	– 음식(요식업, 구내식당 등) 무인주문기 – 터치스크린 기반 스마트자판기 – 기타 사용자 조작에 따라 요식업 등에서 주문·결제 하는 무인정보단말기
무인사용자 인증기	– 무인매장(편의점, 스터디카페 등) 출입 사용자 인증 무인정보단말기 – 공공시설 사용자 인증 무인정보단말기 – 기타 본인확인 및 사용자 인증을 위해 사용자가 조작하는 무인정보단말기

무인결제기	– 무인판매점(편의점, 아이스크림할인점 등) 무인결제기 – 대형할인점 등에서 구매물품에 대한 무인결제기
무인주차정산기	– 무인주차정산기, 무인주차계산기
도서대여반납기	– 무인도서대여반납기(도서관 등)
종합정보시스템	– 종합안내키오스크(정부, 공공청사, 박물관, 미술관 등) – 관광안내키오스크(중앙정부, 지자체, 공공기관 등) – 기타 사용자 조작에 따른 정보 제공 무인정보단말기
위치정보시스템	– 길안내시스템(버스, 지하철, 공공시설 등)
기타	– 터치스크린 기반의 무인정보단말기(사물함, 충전기 등)

한국소비자원 자료

서울디지털재단이 2023년 실시한 '서울시민 디지털역량 실태조사'에 따르면, 55세 이상 고령층의 키오스크 이용 경험은 57.1%로 2021년보다 증가했으나, 이용 중 불편을 겪은 비율은 59.6%에 달했다. 특히 키오스크 이용 시 어려움을 느끼는 이유로 '뒷사람 눈치가 보여서'(53.6%)가 가장 높았고, '선택사항 적용이 어려워서'(46.3%), '용어가 어려워서'(34.0%) 순으로 나타났다.

서울시가 2021년 10월 8개 노선 171대를 시작으로 도입한 무현금 버스 정책 추진 과정에서도 비슷한 문제가 드러났다. 교통카드나 모바일 페이로만 요금을 받겠다는 정책이었다. 물론 현금 없는 사회로의 전환이라는 취지는 좋았지만, 디지털 기기에 익숙하지 않은 노년층에게는 또 다른 진입장벽이 되었다.

실제로 정책 도입 초기, 서울 시내 버스 정류장에서는 현금만 가지고 나온 노인들이 버스를 타지 못하는 사례가 빈발했다. 결국 시민단체와 노인단체의 반발로 일부 노선에서는 현금 결제를 다시 허용하게 되었다. 편의를 위해 도입된 기술이 오히려 불편을 낳는 역설이 여기에 있다.

3. 나이듦이 곧 배제인가 : 에이지즘의 디지털화

태재열 씨가 키오스크 앞에서 겪은 당황과 좌절감은 단순한 기술 적응의 문제가 아니다. 그 안에는 나이 듦 자체를 무능력과 동일시하는 '에이지즘(Ageism)'이 숨어 있다. 세계보건기구(WHO)는 에이지즘을 "나이에 따른 고정관념, 편견, 차별"로 정의한다. 전통적인 에이지즘이 "노인은 기술을 못한다", "새로운 것을 배우기 어렵다"는 선입견에 기반했다면 디지털 시대의 에이지즘은 더욱 교묘하다.

"모든 사람을 위한 편리한 기술"이라는 명목으로 도입되지만, 실제로는 특정 연령층의 인지적 특성과 행동 패턴만을 반영한다. 키오스크의 빠른 반응 속도, 작은 터치 버튼, 직관적이지 않은 메뉴 구조는 모두 젊은 세대의 기준으로 설계된 것이다.

더 심각한 것은 이런 기술적 배제가 개인의 적응 문제로 포장된다는 점이다. "요즘 세상에 그 정도 기술도 못 쓰면 어떻게 사나"는 식의 반응은 구조적 문제를 개인의 결함으로 전가하는 전형적인 에이지즘이다.

한국지능정보사회진흥원의 2023년 디지털 정보격차 실태조사에 따르면, 60세 이상 노년층의 디지털 기기 이용률은 46.3%로 전체 평균(85.7%)에 크게 못 미친다. 이 수치 안에는 노년층의 의지 부족이 아닌, 그들을 배려하지 않은 기술 설계의 한계가 담겨 있다.

에이지즘의 디지털화는 일상의 모든 영역으로 확산되고 있다. 은행 업무는 ATM과 모바일 뱅킹으로, 병원 진료는 온라인 예약 시스템으로, 심지어 관공서 업무까지 키오스크와 온라인 신청으로 대체되고 있다.

각각은 효율성과 편의성이라는 선한 의도로 도입되었지만, 결과적으로는 디지털에 익숙하지 않은 노년층을 사회의 주변부로 밀어내는 구조적 배제 장치로 작동하고 있다.

태재열 씨가 빈 배를 안고 햄버거 가게를 나서는 순간은 한 끼의 식사를 못한 것 이상의 의미를 지닌다. 자신이 속한 사회로부터 "더 이상 당신의 자리는 없다"는 무언의 메시지를 받은 것이다. 나이듦이 배제가 되는 사회, 디지털 포용의 가치가 실현되지 못한 사회다.

2절. 노년층 디지털 격차의 다층적 구조

1. 단순한 기술 문제가 아니다

77세 김순자 할머니가 동네 은행에 갔다. 창구에 줄을 서려 했는데, 안내데스크 직원이 먼저 키오스크를 사용해보라고 권했다. "간단한 업무는 기계로 하시면 빨라요"라는 설명과 함께. 할머니는 터치스크린 앞에 섰지만, 어디서부터 시작해야 할지 막막했다. 글씨는 작아 보였고, 화면은 자꾸 바뀌었다. 손가락으로 누르는 것도 익숙하지 않았다. 몇 번 시도하다 포기하고 창구로 돌아왔지만, 이미 30분이 지나 있었다.

이런 상황을 단순히 노인이 기계 사용에 서툴러서라고 치부해버리기 쉽지만 그렇게 볼 일만은 아니다. 노년층의 디지털 접근 어려움은 개인의 능력 부족이라는 단순한 문제가 아니다. 여기에는 신체적 변화, 인지적 특성, 그리고 사회경제적 환경이 복합적으로 얽혀 있다.

신체적 변화의 영향부터 살펴보자. 나이가 들면서 자연스럽게 일어나는 시력 저하는 작은 글씨로 가득한 스마트폰 화면을 읽기 어렵게 만든다. 한국 노년층의 약 30%가 시력 장애를 겪고 있으며, 특히 75세 이상에서는 그 비율이 50%를 넘는다. 청력 저하 역시 음성 안내나 알림음을 놓치게 하여 디지털 기기 사용을 어렵게 한다.

손목과 손가락의 민첩성 저하도 중요한 요인이다. 터치스크린을 정확히 누르거나 작은 버튼을 선택하는 일이 점점 어려워진다. 관절염이나 파킨슨병 같은 질환이 있는 경우 이런 어려움은 더욱 심화된다. 스마트폰의 '민감한' 터치스크린은 노년층에게는 오히려 '둔감한' 인터페이스가 되는 셈이다.

인지적 변화는 더욱 복합적인 문제를 야기한다. 노년기에는 새로운 정보를 처리하는 속도가 느려지고, 여러 단계의 복잡한 절차를 기억하기 어려워진다. 스마트폰 앱 하나를 사용하더라도 여러 메뉴를 거쳐야 하고, 각 단계마다 다른 선택지가 나타난다. 젊은 세대에게는 직관적인 인터페이스도 노년층에게는 혼란스러운 미로가 될 수 있다.

특히 작업 기억(working memory) 능력의 변화는 디지털 기기 사용에 직접적인 영향을 미친다. 예를 들어 온라인 쇼핑을 하다가 중간에 다른 창으로 이동했을 때, 원래 하고 있던 작업을 기억하기 어려워한다. 또한 오류가 발생했을 때 문제를 해결하는 능력도 젊은 세대에 비해 떨어진다.

사회경제적 요인도 무시할 수 없다. 많은 노년층이 고정된 연금 소득에 의존하고 있어, 최신 스마트폰이나 고속 인터넷 요금을 부담하기 어렵다. 2023년 통계청 자료에 따르면, 65세 이상 노인가구의 월평균 소득은 전체 가구 소득의 65% 수준이다. 디지털 기기 구매와 통신비 지출에 제약이 있을 수밖에 없다.

교육 수준의 차이도 중요한 변수다. 현재 70대 이상 노년층 중 상당수는 중등교육을 제대로 받지 못한 세대다. 기본적인 문해력이나 수리력의 차이가 디지털 기기 사용 능력에도 영향을 미친다. 복잡한 메뉴나 설정을 이해하고 활용하는 데 근본적인 어려움이 있는 것이다.

사회적 지원망의 유무도 큰 차이를 만든다. 자녀나 손자녀가 가까이 있어 디지털 기기 사용을 도와줄 수 있는 노년층과 그렇지 못한 경우의 격차는 현저하다. 홀로 사는 노인의 경우 디지털 기기 문제가 생겼을 때 해결할 방법이 제한적이다.

2. 디지털 네이티브 vs 디지털 이민자

노년층의 디지털 격차를 이해하기 위해서는 먼저 '디지털 네이티브'와 '디지털 이민자'라는 개념적 구분이 필요하다. 디지털 네이티브는 태어날 때부터 디지털 기술에 둘러싸여 성장한 세대로, 대략 1980년대 이후 출생자들을 가리킨다. 반면 디지털 이민자는 성인이 된 후에 디지털 기술을 접한 세대로, 현재의 노년층 대부분이 여기에 해당한다.

2023년 과학기술정보통신부의 디지털정보격차 실태조사 결과가 이런 격차를 명확히 보여준다. 60세 이상 노년층의 디지털 기기 사용률은 46.3%로, 일반 국민 평균 94.3%에 비해 현저히 낮다. 더 구체적으로 살펴보면, 60대는 71.2%, 70대는 32.1%, 80대 이상은 13.4%로 연령이 높아질수록 급격히 감소한다.

국제 비교를 통해 보면 한국의 상황이 더욱 뚜렷해진다. OECD 디지털 정부 리뷰 2024에 따르면, 65세 이상 인터넷 사용률에서 한국은 58.2%로 OECD 평균 69.1%보다 낮다. 특히 북유럽 국가들인 덴마크(89.3%), 노르웨이(85.7%), 스웨덴(84.1%)과 비교하면 상당한 격차가 있다. 이는 노년층 디지털 포용에 대한 국가별 정책 차이를 반영한다.

세대별 기술 습득 패턴에서도 큰 차이가 나타난다. 디지털 네이티브는 시행착오를 통한 탐색적 학습을 선호한다. 새로운 앱이나 기능을 만나면 설명서를 읽지 않고도 직접 만져보면서 익힌다. 실패를 두려워하지 않고 오히려 탐험하는 재미를 느낀다.

반면 디지털 이민자인 노년층은 체계적이고 단계적인 학습을 선호한다. 충남대학교 평생교육원의 노년층 디지털 교육 프로그램 분석 결과, 노년층 학습자의 87%가 "차근차근 순서대로 배우고 싶다"고 응답했다. 또한 74%가 "실수할까봐 걱정된다"고 답해, 실패에 대한 두려움이 학습에 큰 장벽이 됨을 보여줬다.

학습 곡선에서도 현저한 차이가 관찰된다. 2022년 서울시 디지털배움터 수강생 추적 조사에 따르면, 20-30대는 평균 3-4회 교육으로 기본 스마트폰 사용법을 익혔지만, 60대 이상은 15-20회가 필요했다. 더 중요한 것은 반복 학습의 필요성이다. 젊은 세대는 한 번 배운 것을 응용해 다른 기능까지 익히지만, 노년층은 배운 기능도 일정 기간 사용하지 않으면 잊어버리는 경우가 많다.

기술에 대한 태도와 신뢰도에서도 세대간 격차가 뚜렷하다. 한국지능정보사회진흥원의 2023년 디지털 신뢰도 조사에 따르면, 65세 이상 노년층의 디지털 기술에 대한 신뢰도는 5점 만점에 2.8점으로, 20-30대의 4.1점과 큰 차이를 보였다.

특히 개인정보 보호와 금융 보안에 대한 우려가 크다. 노년층의 68%가 "온라인에서 개인정보가 유출될까봐 걱정된다"고 응답했으며, 71%가 "온라인 금융거래가 안전하지 않다고 생각한다"고 답했다. 이는 젊은 세대의 32%, 29%와 비교해 두 배 이상 높은 수치다.

이런 불신은 실제 경험에서 비롯된다. 노년층은 디지털 사기나 악성 앱에 노출될 위험이 높고, 문제가 생겼을 때 스스로 해결하기 어렵다. 2023년 한 해 동안 60세 이상이 겪은 디지털 사기 피해액은 전체의 42%를 차지했다. 이런 경험은 기술에 대한 불신을 더욱 깊게 하고, 디지털 활용을 주저하게 만든다.

3. 1차, 2차, 3차 격차가 노년층에게 미치는 복합적 영향

노년층 디지털 격차는 단순히 기기를 가지고 있느냐 없느냐의 문제가 아니다. 접근(1차 격차), 활용(2차 격차), 결과(3차 격차)라는 세 층위에서 복합적으로 나타나며, 각 단계의 격차가 다음 단계로 이어져 누적되는 특성을 보인다.

1차 격차 : 접근 격차의 현황

기기 보유율부터 살펴보자. 2023년 통계청 조사에 따르면, 60대의 스마트폰 보유율은 89.2%로 비교적 높지만, 70대는 67.4%, 80세 이상은 35.1%로 급격히 떨어진다. 더 중요한 것은 단순한 보유를 넘어선 '실제 활용 가능한 기기'의 비율이다. 많은 노년층이 자녀가 사준 스마트폰을 가지고 있지만, 전화 받기 정도만 사용하는 경우가 많다.

인터넷 연결 현황도 지역별로 큰 차이를 보인다. 도시 지역 노년층의 인터넷 연결률은 78.3%이지만, 농촌 지역은 52.6%에 그친다. 특히 혼자 사는 농촌 노인의 경우 인터넷 연결률이 34.2%로 더욱 낮다. 이는 경제적 부담과 더불어 인터넷의 필요성을 느끼지 못하는 인식적 요인이 복합적으로 작용한 결과다.

흥미로운 점은 코로나19 팬데믹이 노년층의 디지털 접근성에 미친 영향이다. 2020년 이후 65세 이상 스마트폰 보유율이 15.3%포인트 증가했다. 비대면 진료, 온라인 쇼핑의 필요성이 높아지면서 '선택'이 아닌 '필수'가 된 것이다. 이런 증가에도 불구하고 여전히 젊은 세대와의 격차는 상당하다.

2차 격차 : 활용 격차의 복잡성

단순히 기기를 가지고 있는 것과 그것을 효과적으로 활용하는 것은 전혀 다른 문제다. 반다이크와 반되르센(van Dijk & van Deursen, 2014)이 제시한 디지털 기술 프레임워크는 디지털 활용 능력을 여섯 가지 영역으로 구분한다.[1] 기기를 조작하는 운영 기술, 메뉴와 하이퍼링크를 다루

1. van Dijk, J. A. G. M. & van Deursen, A. J. A. M. (2014). Digital Skills: Unlocking the Information Society. New York: Palgrave Macmillan.

는 형식 기술, 정보를 검색하고 평가하는 정보 기술, 소통과 네트워킹을 위한 커뮤니케이션 기술, 콘텐츠를 생성하는 창작 기술, 그리고 특정 목적 달성을 위해 디지털을 활용하는 전략적 기술이 그것이다.

2023년 노년층 434명을 대상으로 한 연구 결과, 운영 기술(평균 3.2점/5점)에 비해 창작 기술(1.8점)과 전략적 기술(2.1점)에서 현저히 낮은 점수를 보였다. 즉, 기본적인 조작은 어느 정도 할 수 있지만, 자신의 목적에 맞게 기술을 활용하거나 새로운 콘텐츠를 만드는 능력은 부족하다는 의미다.

특히 주목할 점은 같은 70대라도 디지털 활용 수준에 큰 편차가 있다는 것이다. 일부 노년층은 온라인 쇼핑, 영상통화, 앱 사용에 능숙하지만 전화 받기도 어려워하는 이들도 상당히 많다. 이런 차이는 개인의 학습 의지, 사회적 지원, 경제적 여건 등이 복합적으로 작용한 결과다.

디지털 활용의 질적 차이도 중요하다. 젊은 세대는 여러 앱을 동시에 사용하거나, 하나의 목적을 위해 다양한 기능을 조합해서 활용한다. 반면 노년층은 주로 단일 기능, 단순한 용도로만 사용하는 경향이 있다. 예를 들어, 카카오톡으로 문자만 주고받을 뿐, 사진 전송이나 음성메시지, 단체 채팅 등의 기능은 활용하지 못한다.

3차 격차 : 결과 격차의 심화

디지털 기술 활용이 실제 삶의 질 향상으로 이어지는지가 3차 격차의 핵심이다. 같은 수준의 디지털 기술을 사용하더라도, 그것이 건강 관리, 사회적 관계, 경제적 편익 등에 미치는 효과는 개인의 사회경제적 배경에 따라 크게 달라진다.

건강 관리 영역에서 이런 차이가 뚜렷하게 나타난다. 고학력, 고소득 노년층은 건강 관련 앱을 적극 활용해 운동량 체크, 복약 관리, 의료진과의 소통 등을 통해 실질적인 건강 개선 효과를 얻는다. 반면 저학력, 저소득 노년층은 같은 앱을 사용하더라도 단순한 정보 확인 수준에 그치는 경우가 많다.

경제적 편익에서도 차이가 크다. 온라인 쇼핑이나 금융 서비스를 활용할 수 있는 노년층은 더 저렴한 가격에 상품을 구매하거나, 높은 금리의 예금 상품에 가입할 수 있다. 하지만 디지털 금융을 이용하지 못하는 노년층은 상대적으로 불리한 조건을 감수해야 한다. 실제로 60세 이상 중 인터넷뱅킹을 사용하는 그룹과 그렇지 않은 그룹 간에 연간 평균 37만원의 금융비용 차이가 발생한다는 연구 결과도 있다.

지금까지 살펴본 3단계의 격차는 독립적으로 벌어지는 일이 아니라 상호 영향을 미치며 격차를 누적하는 방식으로 심화된다. 1차 접근 격차가 큰 노년층은 당연히 2차 활용 격차도 클 수밖에 없고, 이는 결국 3차 결과 격차로 이어진다. 더 심각한 것은 3차 격차가 다시 1차, 2차 격차를 심화시키는 악순환 구조다.

예를 들어, 디지털 기술을 잘 활용하지 못해 경제적 손실을 입은 노년층은 더욱 디지털 기술에 대한 불신을 갖게 되고, 새로운 기술 학습을 포기하게 된다. 반대로 디지털 기술을 통해 편익을 경험한 노년층은 더 적극적으로 새로운 기능을 배우려 한다. 이처럼 '디지털 부익부 빈익빈' 현상이 노년층 내에서도 심화되고 있다. 특히 AI 시대로 접어들면서 이런 복합 격차가 더욱 심화될 우려가 크다.

3절. AI 시대, 노년층은 더 멀어지나

1. 음성인식부터 걸림돌

"딸, 이거 말이 안 통해. 아무리 얘기해도 못 알아들어."

경남 창원에 사는 75세 박영희 할머니가 최신 스마트 스피커를 선물받고 한 달 만에 한 말이다. 딸이 "엄마, 이제 그냥 말로 하면 돼. '날씨 알려줘'라고 해봐"라고 알려줬지만, 할머니의 영남 사투리 억양과 또박또박하지 않은 발음은 AI 음성인식이 제대로 알아듣지 못했다. "오늘 비 온다나"라고 물으면 엉뚱한 대답을 하는 식이어서 AI 음성인식용 말투를 익혀야 할 상황이다.

과학기술정보통신부와 한국지능정보사회진흥원이 운영하는 국가 AI 개발 지원 플랫폼인 AI허브에서 실시한 '중노년층 방언 음성인식 데이터 구축' 연구에 따르면, 중노년층의 음성 특징과 지역별 방언 특징 때문에 기존 음성인식 시스템의 정확도가 떨어지는 것으로 나타났다. 표준어 위주로 우선 학습되기 때문에 음성인식 AI가 노년층의 느린 말투, 사투리, 연령에 따른 음성 변화를 제대로 처리하지 못하는 것이다.

이러한 음성인식 입력에서의 편향은 노년층을 AI 서비스에서 체계적으로 배제하는 결과로 이어진다. 음성인식 AI가 스마트홈 제어, 응급상황 신고, 의료 상담 등 주로 안전 관련 서비스에 우선적으로 탑재되는 점을 감안하면, 이는 시급하게 해결해야 할 문제이다. 한국어 음성인식의 구조적 특성상 노년층과 사투리 사용자가 겪는 어려움은 필연적이다. 음성인식 기술은 마이크를 통해 입력된 음향 신호를 단어나 문장으로 변환하는 기술이지만, 한국어의 경우 모음과 받침 자음의 복합적 구성으로 인해 외국어 대비 인식의 어려움이 크다.[2]

해외에서도 같은 문제가 발생하고 있다. OpenAI의 Whisper 모델도 스코틀랜드 억양이나 비표준 방언에 대해 현저히 낮은 인식 성능을 보여준다. 메타에서 개발한 도메인/방언 적응(DAS) 기술이 문제를 일부 해결하고 있지만, 특정 방언에 맞춰 튜닝하면 다른 환경에서 성능이 떨어지는 트레이드오프(Trade off) 문제가 존재한다. 이는 새로운 데이터로 모델을 튜닝할 때 기존 지식을 잊어버리는 파국적 망각(Catastrophic forgetting) 현상과 관련있다. 결국 사투리, 어눌한 발음, 과거 어법처럼 비표준적 언어를 AI가 포용하게 만드는 일은 시장 논리에만 맡겨둘 수 없다. 수익성이 낮은 소수 사용자를 위한 기술 개선은 정책적 의지와 별도의 투자가 뒷받침되어야 비로소 기능해진다.

2. 개인화 추천의 역설

AI의 가장 큰 장점 중 하나가 개인 맞춤형 서비스 제공이다. 사용자의 과거 행동, 선호도, 검색 기록을 분석해 최적화된 콘텐츠나 상품을 추천한다. 하지만 이러한 개인화 추천 시스템이 오히려 노년층을 소외시키는 역설적 상황이 벌어진다.

2. 김철민, 박종선. (2019). 한글 단어 음성 인식 처리 기법에 관한 연구. 정보처리학회논문지, 26(12), 885-890.

Diaz 등(2019)이 분석한 연구에 따르면 '젊음'을 나타내는 형용사가 포함된 문장이 '늙음'을 나타내는 형용사가 포함된 동일한 문장보다 66% 더 높은 확률로 긍정적인 평가를 받는 것으로 나타났다.[3] 역으로 '나이 든', '고령', '노화', '노인', '노년기' 등 고령과 관련된 용어들이 청년 중심 용어들에 비해 부정적인 용어들과 더 강하게 연관되는 것으로 확인되었다(Rozado, 2020).[4]

언어적 편향은 AI의 개인화 추천 알고리즘에 직접적인 영향을 미친다. AI 시스템들은 사용자가 생성하는 데이터가 부족한 노년층의 필요와 행동 패턴을 제대로 학습하지 못한다(Stypinskz, 2022).[5] 결과적으로 AI 서비스는 디지털 활용도가 높은 젊은 집단에 최적화되고, 노년층은 '부차적인 존재'가 되는 자기강화적 순환구조가 형성된다.

온라인 쇼핑 플랫폼의 AI 추천 시스템은 70대 사용자에게도 젊은 세대 선호 상품을 우선 추천하는 경향이 있다고 알려져 있다. 노년층의 온라인 활동 데이터가 상대적으로 적어 AI가 이들의 실제 선호도를 파악하지 못하기

3. Díaz, M., Johnson, I., Lazar, A., Piper, A. M., & Gergle, D. (2019). Addressing age-related bias in sentiment analysis. In Proceedings of the Twenty-Eighth International Joint Conference on Artificial Intelligence.

4. Rozado, D. (2020). Wide range screening of algorithmic bias in word embedding models using large sentiment analysis corpora reveals underreported bias types. PLOS ONE, 15(4), e0231189

5. Stypińska, J. (2022). AI ageism: a critical roadmap for studying age discrimination and exclusion in digitalized societies. AI & Society, 38(4), 1663-1683.

6. Chu, C. H., Nyrup, R., Leslie, K., Shi, J., Bianchi, A., Lyn, A., ... & Grenier, A. (2022). Digital ageism: challenges and opportunities in artificial intelligence for older adults. Gerontologist, 62(7), 947-955.

때문에 나타나는 현상이다.[6] 나아가 이런 편향은 채용, 금융, 의료 등 중요한 의사결정 영역에서도 나타나며 법적 분쟁으로도 이어진다.

지난 2023년 미국 평등고용기회위원회(EEOC)는 i튜터그룹이라는 중국 과외회사를 상대로 소송을 제기, 200여명의 구직 지원자에게 총 36만 5000달러를 지불하는 합의안을 도출했다. i튜터그룹은 2020년 강사 채용 과정에서 55세 이상의 여성과 60세 이상의 남성 지원자를 걸러내기 위해 온라인 채용 소프트웨어를 프로그래밍한데 대한 배상책임을 지게 되었다. 이 소송은 기업들이 프로그래밍을 통한 연령차별을 하는 유혹을 받고 있다는 점을 상징하며, 만일 연령차별로 불이익을 받은 노년층이 불복할 경우 사실상 '코드'를 상대로 소송을 해야 한다는 점을 시사한다.

조기에 발견, 시정되지 않은 편향은 자기강화적 순환구조를 만들어낸다. 노년층의 디지털 활용이 낮을수록 온라인에서 생성되는 데이터가 적고, 이는 AI가 노년층의 필요와 선호를 학습할 기회를 더욱 줄인다. AI 서비스는 점점 더 젊은 세대에 최적화되고, 노년층은 '보이지 않는 존재'가 되어간다.

3. ChatGPT 세대와 아날로그 세대의 충돌

생성형 AI의 등장은 디지털 격차에 새로운 차원의 문제를 더했다. Chat-GPT, Claude, Copilot 같은 생성형 AI는 개인의 사고 과정 자체를 도와주는 지적 파트너 역할을 한다. 이런 AI를 효과적으로 활용하려면 기술 조작 단계를 넘어 새로운 형태의 '프롬프트 엔지니어링' 역량이 요구된다.

자연어 처리 방식으로 AI 사용이 수월해졌다고 해도, 젊은 세대와 노년층이 체감하는 진입 장벽은 다르다. 노년층은 이러한 대화형 AI 활용에 여러 차원의 어려움을 겪는다.

첫째, 명확하고 구체적인 질문 구성을 힘들어한다. 아날로그 시대에 익숙한 노년층은 "이것 좀 알려줘"나 검색포털에 입력하듯 단답식 구절을 입력하기 쉽지만, AI는 이런 애매한 요청에 대해서는 제한적인 답변만 제공한다.

둘째, AI의 답변을 비판적으로 검토하고 수정 요청하는 '반복적 대화' 과정에 익숙하지 않다. 젊은 세대는 AI의 첫 답변이 만족스럽지 않으면 "좀 더 구체적으로 설명해줘" "전문가 수준으로 깊이 있게 분석해줘" 같은 추가 질문을 통해 원하는 결과를 얻지만, 노년층은 첫 답변에 만족하지 못해도 더 이상 질문하지 않는 경향이 있다.

셋째, 생성형 AI 활용에 대한 심리적 장벽이 높다. 기계와 대화한다는 자체에 대한 거부감, AI 제공 정보에 대한 불신, 그리고 실수에 대한 두려움이 복합적으로 작용한다. 노년층은 또 AI에게 개인정보나 민감한 내용을 공유하는 것에 대해 강한 경계심을 보인다.

젊은층과 노년층의 생성형 AI 활용 격차는 단순한 기술 격차를 넘어 '인지 생산성 격차'로 확산되고 있다. 같은 시간을 들여도 AI를 잘 활용하는 사람과 그렇지 못한 사람의 성과 차이가 10배 이상 난다면, 노년층이 지식경제 사회에서 주변화될 위험이 커진다.

4절. 해외 우수사례 : 노년층 포용을 위한 혁신적 접근

고령화 사회로의 급격한 전환은 전 세계적으로 사회 및 공공 시스템에 구조적 변화를 요구하고 있다. 이 절에서는 노년층 포용, 특히 디지털 포용을 달성하기 이한 국제기구 및 주요 국가들의 혁신적 접근 방식을 분석한다. 각 모델은 범국가적 규범 설정, 국가 주도의 시스템 개혁, 첨단 기술의 전략적 통합, 그리고 지역사회 기반의 실용적 지원이라는 상이한 경로를 통해 노년층의 건강 수명 연장과 사회 참여 증진이라는 공통의 목표를 추구하고 있다.

1. 국제기구 주도 : 범국가적 규범과 원칙

1. ITU와 EU : 글로벌 ICT 접근권 보장

세계 인구는 전례 없는 규모로 상호 연결되고 있으며, 60세 이상 노년층 인구는 향후 30년 내 두 배인 20억 명에 달할 것으로 예상되는 거대한 인구 통계학적 변화를 겪고 있다. 이러한 메가트렌드에 대응하여, UN은 2021년부터 2030년까지를 '건강한 나이듦 10년(Decade of Healthy Ageing)'으로 선포하고, 모든 이해관계자가 노년층의 삶을 개선하기 위한 협력할 수 있는 범국가적 프레임워크를 마련했다.

국제전기통신연합(ITU)은 정보통신기술에 대한 UN전문기관으로서 나이, 성별, 능력, 지역에 관계없이 모든 사람들의 디지털 격차를 해소하고 역량을 강화하는 역할을 수행한다. ITU 전기통신개발국(ITU-D)의 디지털 포용 활동은 회원국들이 기술의 범용 설계와 ICT 접근성 정책 및 전략을 촉진함으로써 모든 사람이 ICT 제품과 서비스를 평등하고 공정하게 사용할 수 있도록 지원한다.

유럽연합(EU)은 디지털 포용을 사회통합과 경쟁력 강화를 위한 구조적 목표로 설정하고 법적 강제력을 동원하여 이를 실현하고 있다. EU의 규정은 자발적인 약속에서 법적 의무화로 진화하는 명확한 단계적 발전을 보여준다.

EU 회원국들은 2006년 리가 회의에서 e-포용(e-Inclusion)에 대한 약속을 선언한 바 있으며 이는 ICT를 활용하여 장애 또는 지리적 위치로 인해 발생하는 어려움을 극복하는 데 도움을 줄 의제를 설정한 것이다. 이 선언을 이행하기 위해 2007년에 제안된 'European e-Inclusion Initiative'는 접근성, 광대역, 역량 격차 해소를 통해 위험에 처한 그룹의 참여를 가속화하는 것을 목표로 하는 전략적 프레임워크였다.

나아가, 유럽 인구의 급격한 고령화에 대응하기 위해 2011년에는 '활동적이고 건강한 노화를 위한 유럽 혁신 파트너십(EIP on AHA)'이 설립되었다. 이 이니셔티브는 노년층의 건강 및 삶의 질 개선, 보건 및 사회 복지 시스템의 지속 가능성 지원, 그리고 EU 산업의 경쟁력 강화라는 세 가지 목표, 즉 '트리플 윈'을 추구하며 혁신적인 해결책을 산업 정책의 영역으로 확장했다. 노년층 포용을 사회 복지 측면뿐만 아니라, EU가 글로벌 경쟁 우위를 확보해야 하는 전략적 산업 분야로 간주하고 있음을 반영한다.

가장 중요한 최신의 규범적 조치는 2025년 6월부터 EU 전역에서 적용될 예정인 '유럽 접근성 법(EAA, European Accessibility Act)'이다. EAA는 휴대폰, 컴퓨터, 전자책, 은행 서비스, 전자 통신 등 핵심 제품 및 서비스가 장애인(및 노년층)에게 접근 가능하도록 법적으로 의무화한다. 이러한 법적 의무화는 노년층 포용이 더 이상 선택적 조치가 아니라, 유럽

단일 시장 내에서 거래되는 제품과 서비스의 필수적인 법적 요건으로 승격되었음을 의미한다. 혁신의 방향을 근본적으로 바꾸는 구조적 강제력이 작동하는 것이다. EAA는 웹사이트나 앱의 디자인 변경을 넘어 시각, 청각, 조작 등 다양한 관점에서의 접근성 요구 사항을 상세히 정의했다.

이러한 규범적 변화를 뒷받침하기 위해 EU는 '디지털 유럽 프로그램(Digital Europe Programme, DEP)'을 통해 75억 유로 규모의 전략적 자금을 투입한다. DEP는 인공지능, 사이버 보안, 고급 디지털 기술 등 핵심 역량 영역에 투자하여 유럽 사회와 경제의 디지털 전환을 가속화하며, 이는 EIP on AHA와 같은 포용적 혁신 이니셔티브의 성과를 시장으로 확산하는 데 필수적인 재정적 지원 역할을 수행한다.

2. 국가주도형 체계적 접근 : 북유럽의 종합 모델

북유럽 국가들은 디지털 포용 정책의 모범사례국으로 손꼽힌다. 이미 오래 전에 연금제도가 안정적으로 운용되고 있었기 때문에 노년층의 요구를 수용한 정책설계에 유리했다.

1. 덴마크 : 디지털-우선 푸시 모델

덴마크는 공공서비스의 디지털 전환에 있어 '디지털 우선 푸시'(Digital-First Push) 전략을 채택한 선구적인 국가다. 2010년대 중반, 덴마크 정부는 공공 부문과의 모든 통신을 법적으로 디지털로 의무화하며 국민들이 디지털 서비스를 이용하도록 강력하게 밀어붙였다. 이는 많은 국가가 디지털 서비스를 기존 서비스의 보조적 대안으로 활용하며 풀(pull) 전략을 사용한 것과 대조적이다.

이러한 강제적 전환은 공공 효율성을 극대화하는 동시에, 디지털 사용이 불가능하다고 문서로 증명할 수 있는 사람들에게만 비디지털 서비스를 예외로 제공하는 엄격한 예외 관리 시스템을 통해 형평성을 유지하고자 한다. 이러한 시스템 덕분에 65세부터 89세 노년층 인구의 84%가 매일 온라인을 사용할 정도로 높은 디지털 채택률을 달성했다. 그러나 2021년 보고서는 이러한 높은 채택률에도 불구하고 성인 인구의 17~22%가 여전히 디지털 취약 계층으로 남아있다고 지적하며, 잔여 격차(residual gap) 해소가 지속적인 정책 과제임을 시사한다.

덴마크 모델의 또 다른 핵심 요소는 노년층의 정책 참여 보장이다. 모든 지방자치단체는 법에 의해 노인 시민 협의회(Senior Citizens Council)를 의무적으로 설립해야 하며, 이 협의회는 직접 선거를 통해 선출되어 노년층이 정책 결정 과정에 적극적으로 참여하고 그들의 목소리가 반영될 수 있는 구조적인 통로를 제공한다.

2. 핀란드 : 역사적 기반의 리터러시 교육

핀란드의 디지털 포용 정책은 반세기가 넘는 교육적 투자가 맺은 결실이다. 핀란드의 미디어 교육 역사는 1960년대 대중매체의 영향력에 대한 사회적 논의에서 출발하여, 1980년대부터 현재까지 정보 사회 기술 개발 단계로 이어져 왔다. 이러한 노력은 19세기부터 이어진 대중 교양 교육의 연장선상에 있으며, 특정 기술이 아닌 시민으로서의 역량 강화에 초점을 맞춤으로써 디지털 전환의 충격을 흡수하는 문화적 기반이 되었다.

핀란드가 추구한 것은 기술 중심이 아닌 인간 중심의 접근법이었다. 2013년부터는 미디어와 정보 리터러시를 중심으로 정보에 대한 접근과 이해를 강조하는 방향으로 발전했는데, 이는 단순히 디지털 기기 사용법을 가르치는 것을 넘어 정보를 비판적으로 이해하고 활용하는 능력을 기르는 데 중점을 두었다.

핀란드의 2030 디지털 나침반 계획은 이러한 역사적 기반 위에서 더욱 체계화된 모습을 보인다. 이 계획의 핵심 가치 중 하나인 '인간 중심의 접근방식'과 '포용'은 단순한 구호가 아니라, 수십 년간 축적된 교육 철학의 구현이다. 특히 공공서비스 부문에서 추구하는 "인간 중심의 접근방식으로 공공서비스의 디지털화 및 자동화"라는 목표는 기술이 사람을 위해 존재한다는 핀란드의 일관된 철학을 보여준다.

이러한 접근법의 구체적 실현은 Suomi.fi 포털과 오로라AI 프로그램에서 확인할 수 있다. Suomi.fi는 "어디에서 시작해야 할지 모르겠다면, Suomi.fi를 방문하세요"라는 친숙한 안내로 시민들을 맞이하며, 개인의 생애주기별 다양한 상황에 맞춘 정보와 서비스를 제공한다. 특히 최근 도입된 '가족 사망 시 유용한 안내' 기능은 변호사협회, 연금센터, 교회연합, 법무부, 경찰, 상조협회 등 관련 정부 부처 및 민간기관과의 협력을 통해 제작되어, 장례, 금융, 인터넷계정, 유산, 미성년 자녀의 권리 보호 등 가족 사망 이후 당면하는 각종 문제에 관해 단계별 안내를 제공한다.

오로라AI 프로그램은 더욱 혁신적인 접근을 보여준다. 개인정보와 인구학적 정보를 토대로 개인의 생애주기별 필요에 맞춰 선제적이고 빈틈없는 서비스를 제공하되, 시민들이 스마트폰 앱을 통해 자신의 개인정보 중 어떤 부분을 서비스 제공기관과 공유할지 선택할 수 있도록 한다. 이는 어느 기관에서 어떤 서비스를 제공하는지 미리 알 필요 없이 생애주기별 각종 변화 사항에 맞는 서비스를 추천받아 이용할 수 있게 해준다.

핀란드 모델에서 주목할 점은 디지털화를 추진하면서도 디지털 취약계층에 대한 배려를 잊지 않는다는 것이다. 통합민원센터는 모든 국민이 차로 1시간 이내에 방문할 수 있도록 배치되며, 디지털 취약계층에게 대면 서비스 이용 기회를 계속 보장해야 할 필요성을 명확히 인식하고 있다. 또한 시민들의 디지털 활용을 위한 지원도 함께 제공할 계획이다.

핀란드 사례는 디지털 전환의 속도를 높이는 덴마크의 '푸시' 전략과는 달리, 장기간의 문화적 투자를 통해 전 국민의 디지털 문화적 수용성을 안정적으로 높이는 접근법이 가능함을 보여준다. 이는 기술 중심이 아닌 인간 중심, 일방적 디지털화가 아닌 선택권 보장, 완전 디지털화가 아닌 하이브리드 접근이라는 핵심 원칙을 통해 노년층을 포함한 모든 시민의 디지털 적응을 위한 견고한 기반을 제공하고 있다.

3. 네덜란드 : 기초 디지털 역량의 재정의와 체계적 접근

네덜란드의 디지털 포용 접근법에서 주목할 점은 '기초 디지털 역량'에 대한 재정의이다. 네덜란드 연구진들은 기존에 '기초'라고 여겨지던 디지털 역량 수준과 실제 노년층의 출발점 사이에 상당한 격차가 있음을 발견했다. 이에 따라 네덜란드는 ICT 용어, 하드웨어, 소프트웨어라는 3대 장벽을 명확히 인식하고, 이를 체계적으로 해소하는 접근법을 개발했다.

이러한 노력의 결실은 네덜란드 노년층의 높은 디지털 적응력에서 확인할 수 있다. 2013년 기준 65-75세 노인 중 55%가 매일 인터넷을 사용하고 있으며, 노년층의 약 3/4가 일상적으로 인터넷을 활용하고 있다. 이는 EU 평균 노년층 인터넷 사용률의 거의 2배에 달하는 수준으로, 네덜란드 노년층이 디지털 기술에 상당히 익숙한 세대임을 보여준다.

네덜란드의 관용정신은 미디어 영역에서도 뚜렷하게 나타난다. 네덜란드는 개인의 행복을 우선시하는 사회답게 공영방송에서도 여러 계층이 자신에게 맞는 방송을 선택할 기회를 제공하고 있다. 언론 자유도에서 세계 최상위권에 속하는 네덜란드에서는 노인들을 위한 전문 방송인 MAX가 2005년부터 운영되고 있다.

MAX는 연금생활을 시작한 노년층의 니즈에 특화된 콘텐츠를 제공한다. 주택 정보, 여행 정보, 건강 정보 등 실생활에 필요한 다양한 정보를 노년층의 관점에서 제작하여 방송한다. 특히 MAX의 성장세는 주목할 만하다. 연회비를 내는 회원이 30만 명을 넘어섰으며, 이는 노인 인구가 젊은 세대를 추월하는 시점이 곧 도래할 것이라는 인구학적 변화와도 맞물려 있다. MAX는 시청자가 무엇을 원하는지를 정확하게 이해하고, 차별화된 프로그램으로 방송시장에서 혁신을 주도하고 있다. 이는 단순히 노인을 위한 방송이 아니라, 노인의 목소리와 관점이 주류 미디어에 반영되는 포용적 미디어 환경을 조성하는 데 기여하고 있다.

네덜란드의 높은 노년층 디지털 적응력은 혁신적인 실버테크 산업의 토대가 되었다. 네덜란드 IT 기업 Secure Internet Machines(SIM)이 개발한 SimPC는 노인들이 컴퓨터 사용 시 겪는 주요 불편사항들을 체계적으로 해결한 사례다. 바이러스, 업데이트, 스팸메일 등으로 인한 방해 요소들을 중앙에서 관리하고, 온라인 뱅킹, 인터넷, 이메일, 인터넷 전화 등 노인들의 취향에 맞는 프로그램을 기본 설치하여 제공한다. 월 10유로의 합리적 가격으로 70세 노인들에게 구매선호 1순위로 선정되기도 했다.

헬스케어 로봇 분야에서도 네덜란드는 선도적 위치를 점하고 있다. 환자 모니터링, 일손 돕기, 재활 등에 특화된 로봇을 개발하는 Demcon, Focal Meditech, Assistive Innovations 등의 기업들이 활발하게 활동하고 있다. 특히 Vugt시 요양원에서 최초로 도입된 인공지능 로봇 Zora는 노인들과 함께 말하고, 노래하고, 운동할 수 있도록 설계되어 현재 네덜란드의 많은 요양원에서 사용되고 있다.

네덜란드 디지털 포용 정책의 가장 큰 특징은 관용정신에 기반한 인간 중심적 접근이다. 치매마을 '호그벡'에서는 치매환자들의 자유와 일상성을 보장하면서도 안전한 환경을 제공하고 있다. 152명의 노인이 6-7명씩 한 집에서 공동체 생활을 영위하되, 각자의 침실을 따로 주어 독립성을 보장한다. 이는 치매 노인도 인생을 즐길 수 있는 독립적이고 자율적인 인간으로 보는 네덜란드의 관용정신이 구현된 사례다.

프라이버시 보호에 대한 세심한 배려도 네덜란드 접근법의 특징이다. 네덜란드 기업들은 프라이버시 침해를 우려하여 카메라를 최소한으로 사용하거나 아예 사용하지 않는 센서를 개발하고 있다. Dutch domotics에서 개발한 센서는 적외선과 레이더를 통해 소비자의 움직임을 감지하며, Open XS에서 개발한 SO(Smart Optical Sensor)는 광학 센서를 사용하여 사용자의 움직임을 감지한다.

네덜란드 모델이 한국에 주는 시사점은 기술 중심이 아닌 인간 중심, 일방적 디지털화가 아닌 선택권 보장, 완전 디지털화가 아닌 하이브리드 접근이라는 핵심 원칙에 있다. 특히 반세기에 걸친 체계적인 디지털 역량 구축과 관용정신에 기반한 포용적 접근은 단기적 기술 도입보다는 장기적 사회문화적 역량 구축의 중요성을 보여준다.

3. 기술혁신 모델 : 일본의 AI 기반 포용 정책

1. 일본 AI 거버넌스와 인간 중심 원칙

일본은 세계에서 가장 급격하게 고령화되는 사회이며, 인구의 29% 이상이 65세 이상인 '초고령 사회'에 직면해 있다. 이에 따라 일본은 AI 및 로봇 기술을 국가 장기요양보험 시스템에 전략적으로 통합하는 독특한 접근 방식을 채택했다.

이러한 인구학적 위기에 대응하여, 일본 정부는 2019년 '인간 중심 AI 사회 원칙'을 발표하며, AI 구현의 기본 철학으로 인간의 존엄성, 다양성과 포용성, 그리고 지속 가능성을 설정했다. 이러한 원칙은 AI 개발이 노년층을 포함한 취약 계층의 권리를 침해하지 않도록 윤리적 가이드라인을 제시하는 기능을 한다.

일본의 AI 거버넌스는 유연한 '소프트 법(Soft Law)' 접근 방식을 중심으로 채택한다. 이는 법적 구속력이 없는 가이드라인을 통해 규제의 유연성을 확보하고 업계와의 자율적인 협력을 장려한다. 이에 국한되지 않고, 일본은 필요할 경우 기존의 부문별 법률을 개정하여 법적 구속력이 있는 조치(Hard Law)를 적용한다. '하이브리드 규제 전략'인 셈이다.

2. 개호 보험과 돌봄 로봇의 전략적 연계

일본의 돌봄 시스템은 인력 부족이라는 심각한 문제에 직면해 있으며, 전통적인 다세대 가구 기반의 간병 구조가 소멸하고 있다. 이에 대한 구조적 해결책으로, 일본 정부는 40세 이상 국민이 기여하는 장기요양보험 시스템(Kaigo Hoken Seido)을 통해 65세 이상에게 보조금 지원 간병 서비스를 제공한다.

간병 인력 부족을 해소하기 위해 정보통신기술(ICT) 기반의 돌봄 로봇(Kaigo Robotto) 활용이 전략적으로 추진되고 있다. 정부는 2015년부터 요양 시설에 돌봄 로봇 도입을 위한 보조금을 지원하기 시작했으며, 2016년까지 이미 전체 요양 시설의 약 15%가 로봇을 채택했다.

그러나 이러한 기술 혁신 모델에서 중요한 논점은 기술 혁신과 노년층 개개인의 디지털 포용 간의 '비대칭 격차'이다. 일본은 세계를 선도하는 로봇 기술을 요양 시스템(B2B)에 통합하는 데 집중하고 있지만, 정작 노년층 인구의 절반 가량은 인터넷, 스마트폰 등 기본적인 디지털 기술을 활용하지 못하고 있다. 이는 기술 투자가 주로 기관의 효율성 및 간병인력 문제 해결에 맞춰져 있으며, 노년층 개개인의 일상적 디지털 접근 권리 및 역량 강화 문제는 상대적으로 덜 해결되었음을 시사하는 구조적 모순이다.

한편, 지역사회 차원에서는 후쿠오카시가 디지털 건강 모델을 구축한 사례가 있다. 후쿠오카시는 통합 건강 허브(Integrated Health Hub)를 구축하여 시민들에게 건강, 의료, 생활 데이터를 위한 단일 접근점을 제공함으로써, 시민들이 건강 관리에 선제적으로 참여하도록 유도하고 있다.

4. 민관협력 지역사회 기반 모델 : 영국·미국의 실용적 접근

1. 영국 : 중앙 정부 전략과 지역 기반 실험

영국에서 디지털 격차는 매우 심각하며, 인터넷을 사용해 본 적 없는 450만 명 중 94%가 55세 이상이다. NHS가 디지털 전환을 가속화함에 따라, 디지털 배제는 중요한 공중 보건 및 형평성 문제로 부상하고 있다. 정부는 2025년 '디지털 포용 실행 계획'을 발표하여, 산업계, 자선 단체, 지방 당국과의 파트너십을 통해 장기적인 디지털 격차 해소를 추진하고 있다.

민관협력 사례로, BT는 AbilityNet과의 협력을 통해 2025년 수천 명의 노년층에게 디지털 훈련을 제공하고, 장애 성인에게 디지털 기기, 데이터 및 지원을 제공하겠다고 약속했다.

영국 런던에서는 실용적인 인프라 모델인 'Mi Wifi 파일럿 프로젝트'가 성공적으로 운영되었다. 이 시범 사업은 도서관을 통해 모바일 인터넷(Mi Wifi) 장비를 대여하는 모델을 테스트했다. 평가는 이 파일럿이 기술 대여 및 지원이 디지털 리터러시를 향상시키고, 고립을 감소시키며, 특히 자가 건강 관리(self-manage their health) 능력을 개선하여 노년층의 독립성과 웰빙 증진에 크게 기여함을 입증했다.

2. 미국 : NGO 주도의 커뮤니티 기반 모델

미국에서는 노년층 기술 서비스(OATS, Older Adults Technology Services)가 운영하는 'Senior Planet'과 'Cyber-Seniors'와 같은 비영리 단체들이 디지털 포용을 주도하고 있다. 20년 역사를 가진 OATS는 기술 교육뿐만 아니라 옹호 활동, 연결 프로그램, 온라인 커뮤니티 등을 제공하며 노년층 기술 분야의 선도적인 역할을 수행한다.

특히 'Cyber-Seniors'는 2015년부터 노년층에게 기술 훈련을 제공하며 멘토링 모델을 운영하고 있다. 제3자 연구 결과, 이 프로그램은 노년층의 일상적인 기술 사용을 유의미하게 개선했을 뿐만 아니라 사회적 연결감을 증가시키는 데 효과적인 것으로 나타났다. 이는 디지털 기술 습득이 단순히 기능적 능력을 높이는 것을 넘어, 사회적 고립 해소와 같은 비물질적 웰빙 지표를 직접적으로 개선한다는 정책적 함의를 제공한다.

또한, 'The Smarter Service'와 같이 개인 맞춤형 기술 컨시어지 서비스 모델이 등장한 것은 노년층의 디지털 니즈가 매우 다양하고 복잡하여 일대일 지원이 필수적이라는 현실을 반영한다.

5. 한국에 대한 정책적 시사점

앞서 살펴본 해외 사례들은 네 가지 접근모델로 분류할 수 있다. 첫째, ITU와 EU처럼 글로벌 표준과 법적 의무화를 통해 시장 혁신을 유도하는 규범주도형으로 유럽접근성법(EAA) 같은 단계적 법제화가 이 접근의 특징이다. 둘째, 덴마크·핀란드·스웨덴 등 북유럽 국가들처럼 높은 사회 신뢰도를 바탕으로 체계적인 국가 개입을 추진하는 국가주도형이 있다. 덴마크의 디지털 우선 정책이나 핀란드의 장기적 미디어 교육이 그것이다. 셋째, 일본은 AI와 로봇 기술을 공적 시스템에 적극 통합하여 초고령화에 대응하는 기술혁신형으로 분류된다. 넷째, 영국과 미국은 지역 사회의 신뢰받는 기관을 거점으로 삼는 민간협력형을 발전시켜 왔다.

한국은 일본과 유사한 기술혁신형 모델에 가깝지만, 일본의 비대칭 격차 문제를 방지하기 위해 미국식의 사회적 연결감 증진, 북유럽식의 체계적 접근을 결합한 통합 모델을 모색해야 한다.

이를 위해선 첫째, 법적 강제력과 사회적 합의의 균형이 필요하다. 덴마크의 '디지털-우선 푸시' 모델은 효과적이지만, 한국의 사회적 맥락에서는 급진적일 수 있다. 대신 EU의 EAA처럼 단계적이고 예측 가능한 법적 의무화를 통해 포용성을 시장 표준으로 만드는 접근이 유효할 것이다.

둘째, 교육 콘텐츠의 눈높이 정교화가 절대적으로 중요하다. 네덜란드 연구가 보여주듯, 정책 당국이 생각하는 '기초' 수준과 실제 노년층의 출발점 사이에는 큰 격차가 있다. 한국의 디지털 포용 교육은 ICT 용어, 하드웨어, 소프트웨어의 근본적 장벽을 인식하고 이를 세분화된 단계로 해결하는 커리큘럼이 필요하다.

셋째, 신뢰 기반 중간자의 역할을 강화해야 한다. 영국의 도서관, 미국의 NGO, 북유럽의 공공 도서관이 공통적으로 보여주듯, 노년층은 정부나 상업 기관보다 신뢰할 수 있는 지역 기반의 중간자를 선호한다. 한국의 주민센터, 복지관, 도서관 등을 디지털 포용의 핵심 거점으로 활용하는 전략이 필요하다.

넷째, 기관 효율성과 개인 포용의 균형을 고려해야 한다. 일본 사례가 보여주는 '비대칭 격차' 문제를 한국도 주의해야 한다. 스마트 의료, AI 행정 서비스 등 기관 차원의 디지털 혁신이 진행되더라도, 노년층 개인의 디지털 접근 권리와 역량 강화를 병행하는 정책이 필수적이다.

다섯째, 사회적 연결감을 핵심 성과 지표로 설정해야 한다. 미국의 Cyber-Seniors 프로그램이 증명한 바와 같이, 디지털 포용의 궁극적 목표는 기술 활용 능력 자체가 아니라 사회적 고립 해소와 웰빙 증진이다. 한국의 디지털 포용 정책도 기술적 지표를 넘어 사회적 건강 결과를 중시하는 방향으로 설계되어야 한다.

한국은 디지털 격차 해소와 AI 격차 대응이라는 이중 과제에 직면해 있다. 해외 사례들은 규범적 기반(국제기구), 체계적 접근(북유럽), 기술 혁신(일본), 지역사회 실행(영미)이라는 서로 다른 경로를 보여준다. 어느 하나만으로는 충분하지 않다.

5절. 실증연구로 본 효과적인 교육 방법론

1. 메타분석이 밝힌 성공 요인

디지털 교육이 노년층에게 정말 효과가 있는 것일까? 많은 정책이 '디지털 교육 확대'를 외치지만, 그 효과에 대한 실증적 검증은 충분하지 않았다. 그러나 최근 발표된 메타분석 연구는 이 물음에 과학적 근거를 제시한다.

1. 대면 교육이 더 효과적이다

2023년 Journal of Medical Internet Research에 게재된 연구[7]는 노

7. Dong, Q., Liu, T., Liu, R., Yang, H., & Liu, C. (2023). Effectiveness of digital health literacy interventions in older adults: Single-arm meta-analysis. Journal of Medical Internet Research, 25, e48166.

년층 대상 디지털 건강 리터러시 중재 프로그램의 효과를 메타분석으로 검증했다. 7개 연구에서 총 710명의 노년층을 대상으로 한 분석 결과, 디지털 리터러시 교육은 통계적으로 유의한 긍정적 효과를 보였다.

다만 모든 교육이 같은 효과를 낸 것은 아니다. 메타분석 결과는 교육 방식에 따른 극명한 차이를 드러냈다. 대면 교육을 실시한 프로그램의 효과 크기는 온라인 교육보다 약 4배 높았다. 온라인 교육도 통계적으로 유의한 효과를 보였지만, 대면 상호작용이 가져다주는 효과와는 비교할 수 없었다.

왜 대면 교육이 더 효과적일까? 1절에서 살펴본 태재열 씨의 사례를 떠올려보자. 그는 주민센터 디지털 교육에서는 키오스크를 잘 작동시켰지만, 실제 매장에서는 실패했다. 교육장에서는 강사가 옆에서 격려하고, 실수해도 다시 해볼 수 있는 심리적 안전망이 있었다. 대면 교육의 핵심은 단순히 '얼굴을 보며 가르치는 것'이 아니라, 즉각적인 피드백과 정서적 지지를 제공하는 환경 그 자체다.

교육 기간도 중요한 변수였다. 4주 이상 지속된 프로그램이 4주 미만 단기 프로그램보다 두 배 이상 높은 효과를 보였다. 노년층의 디지털 학습은 젊은 세대와 달리 반복적인 연습과 점진적인 숙달이 필수적이라는 점을 실증적으로 확인한 결과다. 하루 이틀 특강으로는 근본적인 변화를 이끌어내기 어렵다는 뜻이다.

또한 이론적 프레임워크에 기반한 교육 프로그램이 그렇지 않은 프로그램보다 세 배 가까이 효과적이었다. 여기서 이론적 프레임워크란 단순히 '버튼 누르는 법'을 가르치는 것이 아니라, 왜 이 기술이 필요한지, 어떤 맥락에서 활용할 수 있는지, 기술 사용이 자신의 삶에 어떤 의미를 갖는지를 함께 다루는 체계적인 접근을 의미한다.

2. 연결감이 중요하다

디지털 기술을 배우면 실제로 삶이 나아질까? 이에 대해선 한국의 지역사회 거주 노년층 434명을 대상으로 한 실증연구[8]가 흥미로운 답을 제시한다.

2024년 발표된 이 연구는 노년층의 디지털 기술을 다섯 가지 범주로 나누어 분석했다. 운영적 인터넷 기술(웹 검색, 이메일 등), 정보 탐색 기술, 사회적 기술(카카오톡 등 SNS 활용), 창의적 기술(콘텐츠 제작 등), 모바일 기술이 그것이다.

연구 결과, 다섯 가지 기술 중 '사회적 기술'이 자가 평가 건강상태에 가장 큰 영향을 미쳤다. 카카오톡으로 가족과 소통하고, 밴드나 카페에서 동호회 활동을 하며, 영상통화로 손자녀 얼굴을 보는 것. 이런 사회적 연결을 위한 디지털 활용이 노년층의 건강 인식에 가장 큰 영향을 미친 것이다.

이 결과는 노년층 디지털 교육의 방향에 중요한 시사점을 던진다. 그동안 많은 디지털 교육 프로그램이 '키오스크 사용법', '인터넷 뱅킹', '정부 24 이용법'처럼 도구적 기능에 초점을 맞춰왔다. 물론 이러한 기술도 일

---

8. Aung, M. N., Koyanagi, Y., Kyaw, M. Y., Moolphate, S., Aung, T. N. N., Ma, H. K. C., 이호철, 남해권, 남은우, & Yuasa, M. (2024). Digital inclusion among community older adults in the Republic of Korea: Measuring digital skills and health consequences. European Journal of Investigation in Health, Psychology and Education, 14(8), 2314-2336.

상에서 중요하다. 정작 노년층이 디지털 세계에서 진정으로 원하는 것, 그리고 그들의 삶의 질을 실제로 향상시키는 것은 '연결'이라는 점을 이 연구는 보여준다.

정보 탐색 기술도 유의미한 결과를 보였다. 건강 정보를 검색하고, 약품 정보를 확인하며, 운동법을 찾아보는 능력이 높은 노년층일수록 더 건강한 생활양식을 채택하는 경향이 나타났다. 디지털 리터러시가 단순히 '기계 작동법'이 아니라 '정보를 통한 자기 결정권'과 연결되어 있음을 시사하는 대목이다.

3. 가족과 지역사회의 호의가 필요하다

"엄마, 그거 이렇게 하는 거야." 명절에 모인 자녀가 어머니의 스마트폰을 빼앗아 빠르게 조작한다. 어머니는 멍하니 바라볼 뿐이다. 자녀는 도와준다고 생각하지만, 정작 어머니는 '내가 못 배우면 어쩌지'라는 불안감만 커진다.

2025년 Humanities and Social Sciences Communications에 발표된 중국 549명 대상 연구[9]는 세대간 디지털 피드백이 노년층의 디지털 사회 통합에 미치는 영향을 정밀하게 분석했다. 연구 결과는 가족의 지원 방식이 노년층의 디지털 적응에 결정적인 영향을 미친다는 점을 보여주었다.

'지지적(supportive)' 가족 환경에서 생활하는 노년층은 디지털 자기효

---

9. Intergenerational digital feedback and digital social integration of older adults: An empirical study from personal initiative perspective. (2025). Humanities and Social Sciences Communications, 12, Article 1144.

능감이 높았고, 이는 곧 더 적극적인 디지털 사회 참여로 이어졌다. 여기서 '지지적' 환경이란 단순히 기술을 가르쳐주는 것이 아니다. 천천히 기다려주고, 실수를 허용하며, 스스로 해볼 기회를 주고, 작은 성공에도 격려하는 태도를 의미한다.

반면, 사회적 지원이 부족한 환경의 노년층은 디지털 기술에 대한 불안감이 높았고, 이는 학습 장애로 이어졌다. 앞서 예로 든 것처럼 자녀가 '대신 해주는' 방식은 단기적으로 문제를 해결해주지만, 장기적으로는 부모의 디지털 자립심을 약화시킬 수 있다.

이 연구는 지역사회의 역할도 강조한다. 가족만으로는 부족하다. 이웃, 동년배 그룹, 지역 커뮤니티의 지지가 함께할 때 노년층의 디지털 통합은 더욱 강화된다. 특히 동년배 간의 학습은 심리적 압박감을 줄이고, '나만 못하는 게 아니다'라는 안도감을 제공한다.

4. 교육 중재의 핵심 성공 요소

선행 연구들을 종합하면, 노년층 디지털 교육의 성공을 위한 핵심 요소가 도출된다.

첫째, 대면 상호작용이다. 온라인 교육의 편리함에도 불구하고, 노년층에게는 강사와 직접 얼굴을 마주하는 교육이 훨씬 효과적이다. 이는 즉각적인 피드백, 정서적 지지, 그리고 사회적 연결감을 제공하기 때문이다. 코로나19 팬데믹 이후 비대면 교육이 확산되었지만, 노년층 대상 디지털 교육만큼은 대면 방식을 유지해야 할 명확한 근거가 여기 있다.

둘째, 지속적인 학습 기간이다. 일회성 특강이나 단기 집중 교육은 한계가 분명하다. 최소 4주 이상, 가능하다면 더 긴 기간에 걸친 점진적 학습이 효과적이다. 이는 노년층의 학습 패턴이 젊은 세대와 다르기 때문이다. 반복 학습과 숙달에 충분한 시간이 주어질 때, 배운 것이 진정으로 '내 것'이 된다.

셋째, 이론적 프레임워크에 기반한 체계적 접근이다. '이 버튼을 누르세요' 식의 기능 중심 교육은 곧 잊힌다. 왜 이 기술이 필요한지, 내 삶에서 어떤 의미를 갖는지 이해할 때 학습 동기가 생기고 지식이 정착된다. 기술 자체가 아니라 기술을 통해 무엇을 할 수 있는지를 가르쳐야 한다.

넷째, 사회적 연결을 위한 기술 우선이다. 카카오톡 사용법, 영상통화 방법, SNS 활용법처럼 '사람과 연결되는' 기술을 먼저 가르칠 때 노년층의 동기부여와 만족도가 높아진다. 이후에 금융, 행정, 정보 검색 등 도구적 기술로 확장하는 것이 효과적인 순서다.

다섯째, 가족과 지역사회의 지지적 환경이다. 교육장에서 배운 것이 일상에서 정착하려면, 가정과 지역사회의 지원이 필수다. '대신 해주기'가 아닌 '함께 하기', '기다려주기', '격려하기'의 태도가 노년층의 디지털 자립을 돕는다.

6절. 포용 탄력성 관점에서 본 노년층 정책

1. 공감 : 노년층의 관점에서 이해하기

서울의 한 경로당. 스마트폰 교육을 마친 75세 박순자 씨가 강사에게 조심스럽게 말한다. "선생님, 손자한테 카톡 보내는 건 배웠는데요. 그 아이가 보낸 그 움직이는 그림은 어떻게 보내는 거예요?" 이모티콘 하나 보내는 법을 물으면서도 그녀의 눈에는 걱정이 서려 있다. 손자와 같은 방식으로 소통하고 싶지만, 매번 새로운 기능이 나올 때마다 따라잡기 버거운 현실이 두렵기 때문이다.

노년층의 디지털 거부감은 단순히 기술 무지에서 비롯되는 게 아니다. 그 안에는 실패에 대한 두려움, 타인에게 폐가 될지 모른다는 불안, 그리고 빠르게 변하는 세상에서 뒤처지고 있다는 상실감이 복합적으로 얽혀 있다. 심리학자 에릭 에릭슨(Erik Erikson)이 말한 노년기의 발달 과제인 '자아 통합(ego integrity)'의 관점에서 보면, 디지털 기기 앞에서 반복되는 좌절 경험은 삶 전체에 대한 회의로 이어질 수 있다.

기존의 교육이 '기능 습득'에 초점을 맞췄다면, 이제는 '왜 이 기술이 당신의 삶에 필요한가'라는 질문에서 출발해야 한다. 손자와 영상통화를 하고 싶다면 영상통화 기능만 집중적으로 배우면 된다. 건강 정보를 찾고 싶다면 검색 기능을 익히면 된다. 노년층의 삶의 맥락과 필요에서 출발하는 교육이야말로 공감에 기반한 접근이다.

생애사적 접근(life-history approach) 또한 중요하다. 현재의 노년층은 1950년대에서 1960년대 사이에 태어나 산업화와 민주화의 격동기를 살아온 세대다. 그들에게 기술이란 생존을 위해 끊임없이 적응해야 했던 대상이었다. 농업 사회에서 산업 사회로, 아날로그에서 디지털로. 이미 여러 번의 기술 전환을 경험한 세대이기에, 그들의 디지털 학습 능력을 과소평가해서는 안 된다. 다만 그 학습의 속도와 방식이 다를 뿐이다.

연령 친화적 기술 설계는 이러한 공감의 구체적 실천이다. 핀란드의 '디지털 나침반' 정책은 새로운 디지털 솔루션을 개발할 때 반드시 노년층과 장애인 등 특별 그룹을 고려하도록 명시하고 있다. 이는 기술 개발 단계에서부터 다양한 사용자의 특성을 반영하겠다는 선언이다. 공감은 완성된 기술을 노년층에게 친절하게 설명하는 것이 아니라, 처음부터 그들의 눈으로 기술을 설계하는 것에서 시작한다.

2. 공정 : 연령 차별 없는 기술 접근권 보장

"키오스크로 주문해 주세요."

이 한마디가 노년층에게는 "당신은 여기서 서비스받을 자격이 없습니다"로 들릴 수 있다. 2024년 12월 한국 국회를 통과한 디지털포용법은 "사회의 모든 구성원이 차별이나 배제 없이 지능정보기술의 혜택을 고르게 누릴 수 있도록 경제적·사회적·문화적 환경을 조성하는 것"이라는 디지털 포용의 정의를 법적으로 규정했다. 이는 디지털 접근권이 더 이상 개인의 역량 문제가 아니라 사회가 보장해야 할 권리임을 천명한 것이다.

공정의 첫 번째 원칙은 대안적 접근 경로의 보장이다. 모든 디지털 서비스에는 비디지털 대안이 병존해야 한다. 키오스크가 있다면 인간 직원도 있어야 하고, 모바일 앱 예약이 가능하다면 전화 예약도 가능해야 한다. 중국은 2020년부터 '노인 친화적 디지털 적응 개조' 정책을 통해 온라인 및 모바일 플랫폼이 노년층 사용자의 요구에 맞게 설계·기능을 최적화하도록 의무화했다. 알리페이, 위챗페이 등 주요 결제 앱은 글씨 크기를 키우고 메뉴를 단순화한 '노년층 버전'을 별도로 제공한다.

유니버설 디자인(Universal Design)은 공정의 핵심 도구다. 로널드 메이스(Ronald Mace)가 제창한 이 개념은 "모든 사람이 가능한 한 최대한 사용할 수 있도록 제품과 환경을 설계하는 것"을 의미한다. 키오스크 화면의 터치 버튼 크기를 60픽셀 이상으로 늘리고, 색상 대비를 4.5:1 이상으로 높이며, 음성 안내를 기본으로 제공하는 것. 이런 설계 변화는 노년층뿐 아니라 시각장애인, 손 떨림이 있는 사람, 심지어 장갑을 낀 사용자에게도 도움이 된다.

덴마크의 '디지털 포용 6원칙'은 이러한 공정의 가치를 제도화한 좋은 사례다. 디지털화에 유의할 것, 모든 시민을 위해 솔루션을 설계할 것, 모두가 이해할 수 있도록 소통할 것, 시민의 디지털 업무를 도울 것, 조력자를 도울 것, 사용 가능한 대안을 제공할 것 등 6가지 원칙은 노년층의 디지털 입문 장벽을 낮추고 디지털포용이 작동하지 않을 때 대안을 마련해준다. 특히 모든 공공 디지털 서비스는 이 원칙에 부합하는지 정기적으로 평가받아야 한다.

노년층의 디지털 권리 보장과 구제 방안 마련도 시급하다. 디지털 서비스 이용 과정에서 차별을 경험했을 때 이를 신고하고 구제받을 수 있는 체계가 필요하다. 현재 한국의 국가인권위원회는 연령 차별을 다루고 있지만, '디지털 연령 차별'이라는 새로운 유형에 대한 인식과 대응은 아직 미흡하다. 키오스크만 있는 매장에서 주문을 거부당한 노인, 온라인 전용 할인에서 배제된 고령자, AI 챗봇과 소통하지 못해 민원 해결이 지연된 시민. 이들의 경험이 단순한 불편이 아닌 권리 침해로 인식되어야 한다.

3. 공유 : 세대간 디지털 지식과 경험 나눔

공유의 첫 번째 의미는 노년층도 디지털 콘텐츠를 생산할 수 있다는 것이다. '실버 크리에이터'라는 용어가 등장한 것은 이런 변화를 반영한다. 한국콘텐츠진흥원에 따르면 60세 이상 1인 미디어 창작자 수는 2019년 대비 2023년 4배 이상 증가했다. 요리, 건강, 여행, 취미 등 다양한 분야에서 노년층의 경험과 지혜가 디지털 콘텐츠로 재탄생하고 있다.

그러나 공유는 일방적인 것이 아니다. 세대간 역멘토링(reverse mentoring)의 가능성도 열려 있다. 청년층이 노년층에게 디지털 기술을 가르치고, 노년층은 청년층에게 삶의 지혜와 전문 지식을 나누는 쌍방향 학습이다. 중국 549명을 대상으로 한 연구에 따르면, 가족 내 세대간 디지털 피드백이 활발할수록 노년층의 디지털 자기효능감과 사회통합 수준이 높아지는 것으로 나타났다. 손자가 할머니에게 스마트폰 사용법을 알려주고, 할머니가 손자에게 옛이야기를 들려주는 것. 이 교환의 과정에서 세대간 이해와 유대가 깊어진다.

온라인 커뮤니티의 활성화도 공유의 중요한 축이다. 네이비 밴드, 카카오톡 오픈채팅 등에서 노년층 중심의 커뮤니티는 노년층 사회적 연결을 위한 필수 장치 중 하나다. 이런 커뮤니티는 단순한 정보 교환을 넘어 사회적 고립을 예방하고 정신 건강을 증진하는 효과가 있다. 앞서 언급한 연구에서 '사회적 기술'이 건강에 가장 큰 영향을 미친다는 결과와 일맥상통한다.

7절. 미래를 함께 걸어갈 디지털 동반자

1. 노년층이 디지털 사회의 주체가 되려면

2017년 77세의 박막례 할머니는 손녀의 권유로 유튜브를 시작했다. 처음에는 카메라 앞에서 뭘 해야 할지 몰라 어색하기만 했다. 그러나 이후 '박막례 할머니 Korea_Grandma' 는 구독자 113만명의 채널로 성장했다.

박막례 할머니는 예외적인 사례일까? 물론 모든 노년층이 유튜버가 될 필요는 없다. 하지만 그녀의 사례는 노년층이 디지털 세계에서 '수혜자'가 아닌 '주체'가 될 수 있음을 보여주는 증거다. 디지털 기술은 배워야 할 '숙제'가 아니라 자신을 표현하고 세상과 연결하는 '도구'가 될 수 있다. 지금까지 노년층은 디지털 정책에서 주로 '돌봄의 대상'이거나 '교육의 수혜자'로 위치 지어졌다. 물론 디지털 역량 강화를 위한 교육과 지원은 중요한 일이나, 여기서 멈추면 안된다. 노년층이 디지털 사회에서 자신의 목소리를 내고, 기술 발전의 방향에 영향을 미치며, 나아가 다른 사람들을 이끄는 리더가 되어야 한다.

수동적 수혜자에서 능동적 참여자로의 전환은 개인의 노력만으로 되지 않는다. 사회적 인식의 변화가 선행되어야 한다. '노인은 기술을 못 배운다'는 고정관념, '가르쳐줘도 금방 잊어버린다'는 편견이 노년층 스스로의 자기효능감을 낮추고 학습 동기를 꺾는다. 이런 고정관념이 사실이 아님을 보여주는 실증연구가 쌓이고 있다. 오히려 적절한 교육과 지원이 주어지면 노년층도 충분히 디지털 역량을 갖출 수 있다는 것이다.

동시에 노년층 스스로도 새로운 마음가짐이 필요하다. 이를 '3당(當)'으로 정리할 수 있다. 첫째는 당당함이다. '처음 쓰는 기술'이라고 인정하고 '좀 더 사용자 친화적으로 만들었어야 한다'고 요구할 수 있는 자신감이다. 둘째는 당돌함으로 언제든 물을 수 있는 유연함과 개방성을 갖춰야 한다. 젊은 세대에게, 강사에게, 심지어 AI에게도 거리낌 없이 질문하는 태도가 필요하다. 셋째는 당김이다. 배운 것을 혼자 간직하지 않고 동료와 공유하는 상호성이다. 내가 배운 카카오톡 사용법을 이웃에게 알려주고 함께 성장하는 것. 이 '3당'의 태도야말로 노년층이 디지털 사회의 주체로 서는 출발점이다.

노년층의 디지털 리더십은 다양한 형태로 발현될 수 있다. 첫째, 동료 교육자(peer educator)로서의 역할이다. 같은 세대 안에서 디지털 기술을 먼저 습득한 사람이 아직 배우지 못한 사람을 가르치는 것. 연구에 따르면 동료 교육은 전문 강사 교육보다 심리적 장벽을 낮추고 지속적인 학습 동기를 부여하는 데 효과적이다.

둘째, 기술 개발 참여자로서의 역할이다. 노년층이 직접 사용자 테스트에 참여하고, 불편한 점을 피드백하며, 개선 방향을 제안하는 것. 핀란드의 몇몇 지자체에서는 공공 디지털 서비스 개발 시 노년층 자문단을 운영하고 있다.

셋째, 온라인 영향력자로서의 역할이다. 실버 크리에이터들처럼 자신의 경험과 지혜를 콘텐츠로 만들어 공유함으로써 스스로 인플루언서가 될 수 있다.

'생산적 노화(productive aging)'라는 개념은 이러한 변화와 맞닿아 있다. 노년기를 단순히 은퇴 후의 여생이 아니라, 새로운 방식으로 사회에 기여하는 시기로 재정의하는 것이다. 디지털 기술은 이 생산적 노화를 가능하게 하는 핵심 도구가 될 수 있다. 온라인에서 자원봉사 활동을 조직하고, 경험과 전문성을 디지털 형태로 아카이빙하며, 세대를 넘어 지식을 전달하는 것. 노년층이 디지털 사회의 주체가 된다는 것은 곧 그들의 삶이 더 풍요로워진다는 것을 의미한다.

2. AI가 노년층의 진정한 동반자가 되는 길

"좋은 아침이에요. 오늘 날씨는 맑고, 최고 기온은 22도입니다. 오전 10시에 병원 예약이 있으시네요. 9시 30분에 출발하시면 됩니다. 오늘 복용하실 약은 아침 식후에 고혈압약 한 알입니다."

AI 스피커를 비롯한 스마트 디바이스로 이런 서비스를 누리는 현실이 실현되었다. AI가 먼저 말을 건네는 생활이 가능해진 것이다. 하지만 문제가 있다." 현재의 AI가 노년층의 특성을 충분히 반영하지 못한다는 점이다. 음성인식 AI는 표준어 화자의 데이터로 학습되어 사투리나 느린 말투를 잘 인식하지 못한다. 추천 알고리즘은 젊은 층의 행동 패턴에 최적화되어 노년층의 필요와 취향을 제대로 반영하지 못한다.

노년층 맞춤형 AI의 개발은 단순한 기술적 과제가 아니라 윤리적 과제다. 사실 AI는 본성적으로 '배제'의 방향으로 작동할 여지가 큰 기술이다. 알고리즘은 '평균'을 학습하므로, 평균에서 벗어난 존재는 오류로 처리된다. 노년층은 그 '평균'에서 벗어나는 대표적인 집단이다. 따라서 노년층을 위한 AI를 개발한다는 것은 기술의 배제적 경향에 의식적으로 맞서는 '포용의 탄력'을 발휘하는 것이다.

여러 번 강조했지만 건강 관리 분야에서 AI의 잠재력은 크다. 웨어러블 기기를 통한 실시간 건강 모니터링, 이상 징후 조기 감지, 맞춤형 건강 조언 제공 등이 이미 기술적으로 가능하다. 일본에서는 AI 기반 낙상 감지 시스템이 독거노인 가정에 보급되고 있다. 센서가 비정상적 움직임을 감지하면 자동으로 응급 서비스에 연락하는 방식이다. 이런 기술은 노년층의 독립적 생활을 연장하고, 가족의 돌봄 부담을 줄이는 데 기여할 수 있다.

그러나 AI 활용에는 윤리적 고려가 필수다. 노년층의 데이터가 어떻게 수집되고, 저장되고, 활용되는지 투명하게 공개되어야 한다. '동의'의 문제도 복잡하다. 인지 기능이 저하된 노년층이 AI 서비스의 데이터 수집에 유효한 동의를 할 수 있는가? 가족이 대리 동의할 경우 노년층 본인의 의사는 어떻게 보장되는가? 이런 질문들에 대한 사회적 합의가 필요하다.

AI가 노년층의 진정한 동반자가 되려면, 기술 개발 단계에서부터 노년층의 참여가 보장되어야 한다. 그들의 일상을 관찰하고, 불편함을 경청하며, 해결책을 함께 모색하는 과정. 이것이 바로 '공감'에 기반한 AI 개발이다. 그리고 개발된 AI의 혜택이 디지털 역량이 높은 노년층에게만 집중되지 않도록, 모든 노년층이 접근할 수 있는 '공정'한 보급 체계가 마련되어야 한다.

3. 세대를 잇는 디지털 사회로: 지속가능한 포용 생태계

기술은 세대를 가르는 칼이 될 수도 있고, 세대를 잇는 다리가 될 수도 있다. 현재 한국 사회에서 디지털 기술은 종종 세대 갈등의 원인으로 지목된다. "요즘 젊은 것들은 스마트폰만 들여다본다", "노인들은 키오스크도 못 쓴다"는 식의 상호 비난이 오간다. 그러나 기술 자체가 갈등을 일으키는 것은 아니다. 기술이 어떻게 설계되고, 배치되고, 활용되느냐에 따라

갈등도 소통도 될 수 있다.

　세대를 잇는 디지털 사회를 만들기 위해서는 먼저 '세대간 디지털 대화'의 장이 필요하다. 노년층과 청년층이 함께 디지털 기술에 대해 이야기하고, 서로의 경험을 나누며, 공통의 관심사를 발견하는 공간. 네덜란드의 MAX 방송국은 노년층 전용 미디어로서 30만 명의 회원을 확보했는데, 흥미롭게도 170명의 직원 중에는 다양한 연령대가 함께 일하고 있다. "시청자가 좋아하는 것을 만든다"는 철학 아래, 세대를 초월한 협업이 이루어지고 있다.

　노년층의 경험과 지혜를 담은 디지털 아카이브 구축도 세대를 잇는 중요한 방법이다. 일제강점기, 6·25 전쟁, 산업화, 민주화를 살아온 세대의 증언과 기록은 그 자체로 귀중한 역사적 자산이다. 이를 디지털 형태로 보존하고 공유함으로써, 젊은 세대가 역사를 배우고, 노년층은 자신의 삶이 의미 있게 기록되었다는 만족감을 얻을 수 있다. 미국의 스토리코프스(StoryCorps) 프로젝트나 한국의 '구술생애사 아카이브' 등이 좋은 선례다.

　2024년 한국은 65세 이상 인구가 전체의 20%를 넘는 초고령사회에 진입했다. 2030년에는 그 비율이 25%에 육박할 전망이다. 이런 인구구조 변화 속에서 노년층의 디지털 포용은 선택이 아닌 필수다. 노년층이 디지털 사회에서 배제된다면, 그것은 전체 인구의 4분의 1을 사회 밖으로 밀어내는 것과 같다.

　지속가능한 포용 생태계를 구축하기 위해서는 공공, 민간, 시민사회의 협력이 필수적이다. 정부는 법제도와 인프라를 정비하고, 기업은 노년층 친화적 제품과 서비스를 개발하며, 시민사회는 현장에서 교육과 지원을 담당한다. 이 세 주체가 유기적으로 연결될 때 포용의 사각지대를 최소화할 수 있다. 디지털포용법과 AI기본법의 동시 제정은 이러한 협력적 거버넌스의 제도적 토대가 될 것이다.

4. AID 디바이드 시대의 노년층 정책 방향

노년층은 AID 디바이드, 디지털 격차가 해소되지 않은 상태에서 AI 격차가 중첩된 상태의 가장 취약한 집단 중 하나다. 스마트폰 사용법을 겨우 익혔는데 이제는 AI 챗봇에게 명령을 내려야 하고, 키오스크 주문을 배웠는데 이제는 음성인식 AI에게 말을 걸어야 한다. 디지털 적응의 숙제를 끝내기도 전에 AI라는 새로운 숙제가 닥쳐온 것이다.

이런 상황에서 노년층 정책은 두 가지 방향을 동시에 추구해야 한다. 첫째는 디지털 격차 해소의 완결이다. 아직도 스마트폰을 사용하지 않거나 인터넷에 접속하지 못하는 노년층이 존재한다. 한국의 노년층 디지털 기기 이용률 46.3%는 전체 평균 85.7%에 크게 못 미친다. 이들에게는 기본적인 디지털 접근성과 역량 교육이 여전히 필요하다. 둘째는 AI 시대 대비다. 이미 디지털 역량을 갖춘 노년층에게는 AI 활용 교육을 제공하고, AI 서비스 설계에 노년층의 관점을 반영하도록 유도해야 한다.

포용 탄력성(Inclusive Resilience)의 관점에서 보면, 노년층 정책은 끊임없는 재조정의 과정이다. 기술은 계속 진화하고, 그에 따라 새로운 형태의 배제가 등장한다. 오늘 해소된 격차가 내일 다시 벌어질 수 있다. 따라서 정책은 일회성 사업이 아니라 지속적인 모니터링과 대응의 체계여야 한다.

정책 통합과 거버넌스 개선도 시급하다. 현재 노년층 디지털 포용 정책은 과학기술정보통신부(디지털배움터), 보건복지부(노인복지시설 ICT 교육), 행정안전부(전자정부 접근성), 지방자치단체(자체 프로그램) 등에 분산되어 있다. 부처간 칸막이로 인해 정책의 중복과 사각지대가 발생한다. 노년층 디지털 포용을 총괄하는 컨트롤타워가 필요하다.

글로벌 고령화 사회에서 노년층 디지털 포용은 한국만의 과제가 아니다. 일본, 독일, 이탈리아 등 선진국들도 유사한 도전에 직면해 있다. 국제적 협력을 통해 우수 사례를 공유하고, 공통의 표준과 원칙을 수립하는 것이 필요하다. UN의 지속가능발전목표(SDGs)는 '단 한 사람도 소외되지 않는 것(Leave no one behind)'을 슬로건으로 내걸고 있다. 노년층의 디지털 포용은 바로 이 슬로건의 구체적 실천이다.

결국 노년층 디지털 포용의 핵심은 '사람'에 있다. 포용 탄력성의 중심축은 공감, 공정, 공유라는 인간 중심의 가치다. 노년층의 눈으로 세상을 바라보고(공감), 모든 세대가 동등하게 기술에 접근할 수 있도록 하며(공정), 세대간 지식과 경험을 나누는(공유) 사회. 그것이 우리가 지향해야 할 디지털 포용 사회의 모습이다.

그 여정에서 노년층 스스로도 '3당(當)'의 자세가 필요하다. 처음 쓰는 기술 앞에서도 움츠러들지 않는 당당함, 모르면 언제든 물을 수 있는 당돌함, 그리고 배운 것을 이웃과 나누는 당김. 사회가 공감·공정·공유로 포용의 손을 내밀 때, 노년층이 당당함·당돌함·당김으로 그 손을 맞잡을 때, 비로소 세대를 잇는 디지털 동행이 완성된다.

제5장

가장 느린 속도에 맞춘 기술,
장애와 디지털 접근성

김대희, 박지은

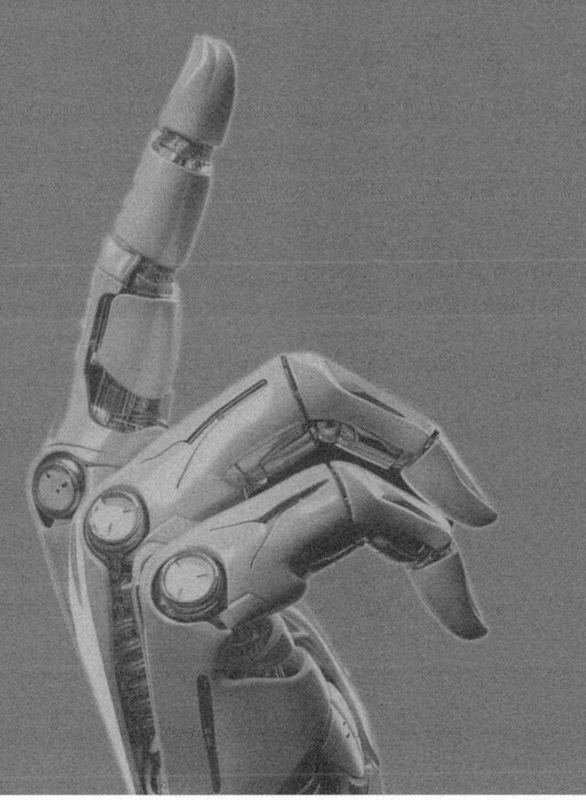

1절. 냉장고 앞의 혁명 : 기술이 되찾아준 존엄

1. 보이지 않던 게 보이기 시작했다

오전 6시. 서울 마포구에 사는 시각장애인 이준호(42세) 씨가 냉장고 문을 연다. 10년 전이었다면 여기서 멈춰야 했다. 우유가 있는지, 달걀은 몇 개 남았는지 알 수 없었다. 가족이 깨어나길 기다리거나 손으로 더듬어야 했다.

지금은 다르다. 이 씨는 스마트폰을 냉장고 안으로 향한다. 'Be My Eyes' 앱의 'Be My AI' 기능을 실행한다. GPT-4 기반 AI가 이렇게 알려준다 "2단에 우유 한 팩, 유통기한 1월 28일. 3단에 달걀 5개. 왼쪽 문에 김치통…" 이 씨는 AI의 안내로 오믈렛을 만들기 시작한다.

이 씨에게 이 순간은 '자율성(Autonomy)의 회복'과 같다. 누가 대신 봐주는 일이 내가 스스로 확인하는 일로 바뀐 것이다. 타인의 도움 없이 아침 메뉴를 내 뜻대로 결정한다는 사실. 이것이 기술이 회복시킨 존엄이다.

2. 목소리를 되찾은 사람들

루게릭병(ALS) 환자인 스티브 글리슨. NFL 전직 선수인 그는 2011년 ALS 진단 후 몸이 점점 움직이지 않게되었고, 2013년에는 말을 할 수 없게 되었다. 하지만 지금 그는 다시 자신의 목소리로 소통한다. 구글의 '프로젝트 유포니아(Project Euphonia)'가 그것을 가능하게 했다. 글리슨이 ALS 진단 초기에 녹음해 둔 자신의 목소리를 AI가 학습했다. 이제 그가 시선추적 장치로 텍스트를 입력하면, AI가 그의 목소리로 변환해 들려준다.

2021년 메이저리그 '루 게릭 데이'에 그는 AI로 재생성된 자신의 목소리로 게릭의 유명한 연설을 낭독했다. 그는 이제 아들과 대화하고 강연을 하고 재단 업무를 지휘한다.

글리슨의 경우는 '특별한 경우'였다. 발병 초기에 목소리를 녹음할 수 있었기 때문이다. 문제는 이미 발음이 불분명해진 수많은 ALS 환자들이다. 표준 발음으로 학습된 음성인식 AI는 그들의 목소리를 '잡음'으로 처리한다. 구글은 이 문제를 해결하기 위해 2019년부터 비정형 발음 데이터를 수집하기 시작해 2020년까지 1,000시간 이상을 확보했다. 뇌병변 장애인과 ALS 환자들이 직접 녹음하고, AI가 개인별 패턴을 학습한다. 데이터가 쌓일수록 정확도가 올라간다.

이 프로젝트는 '포용적 AI'의 출발점이다. 소수자의 데이터를 수집하고 다양한 음성을 학습시켜 개인화된 모델을 제공하는 작업이다. 장애인을 기술의 '예외'가 아니라 '기본 사용자'로 상정하는 순간이다.

3. 전신마비 화가가 누리는 창작의 자유

전신마비 화가 김민수(가명, 35세) 씨는 눈동자만으로 그림을 그린다. 시선추적(Eye-tracking) 기술이 눈동자 움직임을 추적하고, 눈을 깜빡이면 클릭이 된다.

하지만 세밀한 작업은 여전히 어렵다. 그래서 김 씨는 생성형 AI를 활용한다. "석양을 배경으로 한 외로운 나무, 반 고흐 스타일, 유화 질감." 김 씨는 AI가 생성한 이미지를 그의 시선으로 세부 수정한다. "나뭇가지를 더 굵게", "하늘 색을 더 따뜻하게". 이렇게 완성된 작품을 유명 갤러리에서 전시하였다.

전신마비로 신체는 구속됐지만, 상상력은 그 누구보다 자유롭다. 기술은 그의 머릿속 이미지를 세상으로 연결시켜주는 매개체가 돼 주었다. 기술의 패러다임 전환을 보여주는 대표적 사례다. 과거 기술은 장애를 치료하거나 보완하는 것이 목표였다(의료 모델).[1] 하지만 현대 기술은 장애인이 자신의 방식대로 세상과 소통하고 창작하고 참여할 수 있도록 확장하는 도구로 진화하고 있다. 사회 모델과 기술의 결합이다.[2]

4. '다름'을 이방인 취급하는 현실

한국도 디지털 접근성 기술에서 적지 않은 진전을 이뤘다. 2022년 웹 접근성 지침이 개정되며 '접근 가능한 인증' 항목이 신설됐다. 이는 장애인이 시간 제약 때문에 인증 절차에서 탈락하는 구조적 문제를 제도 차원에서 인식했다는 의미다. 2023년에는 키오스크 접근성 국가표준(KS)이 개정되며 촉각 키패드, 음성 안내, 높이 조절기능 등의 세부 요건이 강화되었다.

민간 영역에서도 변화가 있다. 통신 3사는 자막, 수어, 음성 안내를 경

---

1. 의료 모델(Medical Model)은 장애를 개인의 신체적·정신적 '손상(Impairment)'이나 결함으로 규정하고, 의료적 처치와 재활을 통해 비장애인과 유사한 상태로 '정상화'하는 것을 목표로 하는 관점이다. 파슨스(Talcott Parsons)의 환자 역할 이론이나 1980년 세계보건기구(WHO)의 초기 장애 분류(ICIDH)가 이 관점에 기반한다.

2. 사회 모델(Social Model)은 장애의 원인이 개인의 손상이 아닌, 이를 수용하지 못하는 사회적 억압과 물리적 '장벽(Barrier)'에 있다고 보는 관점이다. 1983년 영국의 장애학자 마이크 올리버(Mike Oliver)가 정립한 개념으로, 개인의 치료(Cure)보다는 사회 구조와 환경의 변화(Care &Change)를 해결책으로 제시한다.

쟁적으로 도입했다. 가전 제조사들은 접근성 기능을 제품 사양에 포함시키기 시작했다. AI 기반 시각보조 서비스도 등장했다.

하지만 제도와 현실간 간극은 여전하다. 2023년 과학기술정보통신부와 한국지능정보사회진흥원(NIA)의 조사에 따르면, 장애인의 디지털 정보화 수준은 일반 국민 평균의 82.8%에 머문다. 흥미로운 것은 '접근성'은 98%에 가깝지만, '역량'과 '활용' 단계에서 격차가 크게 벌어진다는 점이다. 기기는 있지만 제대로 쓰지 못하는 상태가 반복되고 있다는 얘기다.

AI 시대로 접어들수록 이런 딜레마는 더욱 심화될 조짐이다. 장애인의 AI 활용 경험은 10% 미만으로 추정된다. 데이터 부족, 교육 프로그램 부재, 비용 부담이 복합적으로 작용한다. 글로벌 빅테크가 모든 기기에 접근성을 기본값으로 설계하는 동안 한국은 개별 앱과 서비스 단위의 접근성 강화에 머물고 있다. 개별 제품과 서비스의 접근성을 넘어 디지털 생태계 전체를 포용 설계 관점으로 나아가야 한다. 장애인을 '예외처리 대상'이 아니라 '기본 사용자'로 상정하는 게 포용 설계의 정신이다.

2절. 테크노 에이블리즘의 함정 : '치료'라는 폭력

1. 장애를 '결함'으로 보면 기술은 폭력이다

'장애인 생활을 돕는 기술'이라는 말을 들을 때 가장 먼저 떠오르는 표현들이 있다. '도와준다', '고쳐준다', '불편을 없애준다'. 선의로 들리는 이 말들 안에는 묘한 불편함이 숨어 있다. 장애인의 삶을 넓히는 기술이 아니라, 마치 '정상'에 맞추려는 시도로 들리기 때문이다.

미국 기술철학자 애슐리 슈(Ashley Shew)는 이를 '테크노 에이블리즘 (Techno-ableism)'이라고 명명했다.[3] 장애를 '사회적 환경의 문제'가 아니라 '개인의 결함'으로 보고, 기술을 통해 비장애인처럼 '고쳐야(Fix)' 한다고 믿는 편견을 가리키는 개념이다. 슈는 자신의 저서에서 '영감 포르노 (Inspiration Porn)'라는 개념을 통해 장애인을 감동의 대상으로 소비하는 문화를 강력하게 비판한다.[4]

영감 포르노란 장애인이 일상적인 일을 하는 모습을 감동적이고 '영감'을 주는 것으로 소비하는 현상을 가리킨다. 우리는 흔히 영화, 광고 등 미디어를 통해 휠체어를 탄 학생이 졸업장을 받는 장면이나 의족을 한 선수가 달리는 모습 혹은 엑소슈트를 입고 일어서는 장애인의 사진을 종종 접한다. 이런 이미지들은 "장애를 극복했다"는 서사로 포장되지만, 실제로는 "장애가 있는 상태는 극복해야 할 것"이라는 메시지를 강화한다.

문제는 이런 시선이 기술 설계에도 그대로 투영된다는 점이다. 수많은 디지털 서비스가 '장애가 없다'는 전제로 만들어진 뒤 나중에 보조 기능을 덧붙이는 방식으로 운영된다. 예컨대 웹사이트를 먼저 만든 뒤 시각장애인을 위한 음성 읽기 기능을 나중에 추가하거나, 앱을 출시한 후 음성 안

3. 테크노 에이블리즘(Techno-ableism)은 미국 기술철학자 애슐리 슈(Ashley Shew)가 저서 《테크노 에이블리즘에 반대한다(Against Technoableism)》(2023)에서 비판한 개념. 장애인을 기술로 '고쳐야' 하는 결함 있는 존재로 취급하거나 비장애인의 감동을 위한 도구로 소비하는 세태를 꼬집으며, 저항적 메시지로 "We do not want to be your inspiration porn(우리는 당신들의 영감 포르노가 되고 싶지 않다)"를 제시했다.

4. 영감 포르노(Inspiration Porn)은 장애인이 평범한 일상을 보내는 모습을 비장애인에게 감동이나 위안을 주기 위한 도구로 소비하는 현상이다. 장애 활동가 스텔라 영(Stella Young)이 대중화한 용어로, 장애인을 주체적인 인간이 아닌 '비장애인을 동기 부여하는 대상'으로 타자화하는 사회적 태도를 비판한다.

내 기능을 '업데이트'로 제공하는 식이다.

이 경우 장애인은 기술의 주 사용자가 아니라 '예외 처리 대상'으로 전락한다. '테크노 에이블리즘' 태도가 만연할수록 장애인들 사이에선 "우리를 고치려 하지 말고 함께 쓰게 해달라"라는 목소리가 높아진다. 기술은 장애를 없애는 도구가 아니라, 장애가 있어도 선택하고 결정할 수 있게 돕는 도구여야 한다.

2. 1억 원짜리 엑소슈트 vs 100만 원짜리 경사로

테크 전시회의 단골 풍경이 있다. 외골격 로봇(Exoskeleton) 부스 앞에는 항상 사람들이 모인다. 허리와 다리에 금속 프레임을 두르고 모터가 '윙' 소리를 내며 관절을 밀어준다. 앉아 있던 사람이 천천히 일어난다. 관람객들이 박수를 친다. "와, 걷는다!" 하지만 휠체어를 이용하는 당사자들의 반응은 시큰둥하다. 한 장애인 활동가는 이렇게 말한다. "저걸 내가 매일 쓸 수 있나요? 입는 데 30분 걸리고 배터리는 2시간 밖에 안 가고 가격은 1억이 넘는데, 그냥 휠체어 탄 채로 갈수 있게 경사로 하나 놓아주면 되는 건데."

이것이 테크노 에이블리즘의 핵심적 모순이다. 엑소슈트는 '걷는 정상인'을 흉내 내게 하지만, 경사로는 '이동의 자유'를 보장한다. 전자는 개인의 몸을 바꾸려 하고, 후자는 환경을 바꾼다. 비용 면에서 전자는 1억 원이 들고, 후자는 100만 원이면 충분하다. 결정적으로 전자는 장애인을 고쳐야 할 대상으로 보는 반면, 후자는 권리의 주체로 본다.

물론 엑소슈트가 무의미한 것은 아니다. 재활 치료나 특정 상황에서는 유용할 수 있다. 현대차가 의료기관과 연계해 공개한 '의료 재활 로봇 엑스블 멕스'(X-ble MEX) 같은 웨어러블 로봇은 실제 재활 현장에서 활용되고 있다.

문제는 선정성을 자극하는 미디어가 이런 기술을 '장애인 문제의 해결책'으로 과대 포장할 때 발생한다. "장애인이 로봇을 입고 일어섰다"는 제목의 기사는 감동 스토리로 포장되었지만, 정작 그 사람이 일상에서 그 로봇을 쓸 수 있는지, 비용은 누가 부담하는지, 유지보수는 어떻게 하는지에 대한 언급은 없다.

더 심각한 문제는 비용 구조다. 고가의 첨단 기술은 경제적 격차를 심화시킨다. 1억 원짜리 엑소슈트를 살 수 있는 장애인과 그렇지 못한 장애인 사이의 격차는 갈수록 벌어진다. 기술이 '평등의 도구'가 아니라 '불평등의 증폭기'가 되는 순간이다.

결국 근본적인 질문과 맞닿게 된다. 우리는 장애인의 몸을 바꾸려 할 것인가, 아니면 사회의 환경을 바꿀 것인가? 1억 원을 들여 한 사람을 일어서게 할 것인가, 100만 원씩 들여 100곳에 경사로를 놓을 것인가.

3. 설계 단계부터 작동하는 배제

그렇다면 어디서부터 잘못된 것일까? 답은 간단하다. 기술을 만드는 첫 단계부터다. 대부분의 디지털 제품 개발은 이런 식으로 진행된다. 먼저 일반 사용자의 니즈와 눈높이에 맞춰 핵심 기능을 개발한다.시장에 베타 테스트를 거쳐 출시한 뒤 수정 사항이 접수되면 이를 반영해 완성품을 내놓는다. 그러다 장애인 사용자로부터 '접근성 개선 요청'이 들어오면 그때

서야 "다음 버전에서 반영을 검토하겠습니다"라고 답한다. 이 과정에서 장애인은 1단계부터 배제된다. '일반 사용자'라는 말 속에는 이미 '비장애인, 청년, 기술 친화적'이라는 전제가 숨어 있다. 그러다 마지막 단계에서야 "아, 시각장애인도 쓸 수 있어야 하는구나"를 깨닫는다. 하지만 이미 핵심 구조가 정해진 뒤다.

그렇다면 어떻게 해야 할까? 영국의 디자이너 그레이엄 펄린(Graham Pullin)은 이렇게 말했다. "장애인을 위한 디자인은 모두를 위한 더 나은 디자인이 된다." 이것이 바로 유니버설 디자인(Universal Design)의 핵심이다.[5] 가장 극단적인 사용자(장애인, 노인, 어린이)를 기준으로 설계하면, 그 중간의 모든 사람이 편해진다.

하지만 현실은 반대로 작동한다. '평균'을 기준으로 설계하고, 예외를 나중에 처리한다. 그래서 장애인은 다음과 같은 응답을 들으면서 계속 기다려야 한다. "다음 버전에서 개선하겠습니다." "접근성은 우선순위가 낮아서요." "예산이 부족합니다."

결국 테크노 에이블리즘은 개별 기술의 문제가 아니라 설계 철학의 문제다. 장애를 '고쳐야 할 결함'으로 보는 한, 기술은 계속 장애인을 배제할 뿐이다. 반대로 장애를 '다양성의 한 형태'로 보는 순간, 기술은 포용의 도구가 된다. 선택은 우리가 어떻게 보느냐에 달려 있다.

---

5. 유니버설 디자인(Universal Design) 관련, 영국의 디자이너 그레이엄 펄리(Graham Pullin)는 저서 《Design Meets Disability》(2009)에서 "Design for disability is better design for everyone"(장애인을 위한 디자인은 모두를 위한 더 나은 디자인이다)라고 강조했다. 이는 특정 소수를 위한 배려가 아니라, 사용자의 스펙트럼에서 가장 극단에 있는 이들(Extreme Users)을 만족시킬 때 제품의 보편적 완성도가 극대화된다는 철학이다.

3절. 누구의, 누가, 누구를 위한: 포용적 설계의 3원칙

포용적 기술의 기준은 무엇일까? 링컨의 게티즈버그 연설을 떠올려보자. "Government of the people, by the people, for the people(국민의, 국민에 의한, 국민을 위한 정부)." 이 민주주의의 정의를 기술에 적용하면 명확해진다.

기술은 누구의 것인가(of)? 누가 만드는가(by)? 누구를 위한 것인가(for)? 이 세 질문에 어떻게 답하느냐가 포용적 기술과 배제적 기술을 가른다.

1. OF : 접근성은 시혜가 아니라 투자다

디지털 사회가 정말 '국민의 것'(of the people)이라면, 그 사회의 입구-화면과 버튼, 인증과 안내-는 처음부터 모든 국민에게 열려 있어야 한다.

하지만 현실은 어떤가. 기업들은 접근성을 '비용'으로 인식한다. "장애인 사용자는 전체의 5%도 안 되는데, 왜 거기에 개발 자원을 투입해야 하나요?" 이런 질문이 제품 개발단계에서부터 반복된다. 접근성은 '있으면 좋은' 옵션으로 치부될 뿐이다. 이것은 잘못된 계산이다. 접근성은 비용이 아니라 투자다.

국제 웹 표준 기구인 W3C는 디지털 접근성이 세 가지 효과를 낸다고 정리한다. 먼저, 시장이 확대된다. 전 세계 인구의 15%(약 12억 명)가 어떤 형태로든 장애를 가지고 있다. 여기에 노인 인구까지 합치면 잠재 시장은 훨씬 크다. 접근성이 확보된 서비스는 더 많은 사용자를 끌어들인다.

다음으로 전체 품질이 개선된다. 접근성을 고려한 설계는 장애인뿐 아니라 모든 사용자의 경험을 향상시킨다. 명확한 문장, 일관된 내비게이션, 오류 방지 기능은 모두에게 유익하다. 오히려 설계 빈틈이 줄어들고 시스템은 더욱 견고해진다.

마지막으로 기업의 리스크가 줄어든다. 유럽연합은 2023년부터 공공 부문 웹과 앱에 접근성을 의무화했다. 미국도 장애인차별금지법(ADA)에 따라 디지털 접근성 소송이 증가하고 있다. 처음부터 접근성을 확보하면 법적·사회적 리스크를 줄일 수 있다. 결론은 명확하다. 포용은 '특정 집단을 위한 지출'이 아니라 '디지털 사회 전체의 품질을 끌어올리는 투자'다.

2. BY : 장애인 없이 장애인 기술을 만들지 마라

"Nothing About Us Without Us." 우리 없이 우리에 대해 논하지 말라.

1990년대 남아프리카공화국 장애인 운동에서 시작된 이 슬로건은 전 세계 장애인 권리 운동의 핵심 원칙이 되었다. 장애 정책을 장애인 없이 결정하지 말라는 메시지다.

디지털 시대에 이 원칙은 더욱 중요해졌다. 기술 설계 단계부터 장애인이 '테스터'가 아니라 '공동 설계자'로 참여해야 한다는 원칙이다. AI는 결국 데이터로 배운다. 문제는 장애 관련 데이터가 양도 적고, 종류도 좁고, 실제 생활을 충분히 담지 못한다는 점이다. "장애인도 당연히 쓰겠지"라고 만든 디지털 기기가 현장에서 자꾸 엇나가는 이유가 여기 있다.

음성인식의 경우를 보자. 표준 발화를 중심으로 학습된 음성인식 AI는 뇌병변 장애나 ALS 환자의 발음을 잡음으로 처리한다. 구글의 프로젝트 유포니아(Project Euphonia)는 이 문제를 해결하기 위해 당사자들의 음성 샘플을 직접 수집했다. 참여자들이 문장을 녹음하고, AI가 개인별 음성 패턴을 학습한다. 참여자 수와 녹음 시간이 늘수록 정확도가 올라간다.

수어 AI도 마찬가지다. 수어는 공간 언어라서 데이터가 기본적으로 영상이고, 연속 수어(문장 단위) 데이터를 넓고 다양하게 모으기가 어렵다. 그래서 많은 기술이 데모에서 멈추거나, 실제 현장으로 가면 지역·속도·표정·개인차에서 흔들린다. 연속 수어 데이터가 부족하다는 것은 업계와 연구계의 공통된 지적이다.

장애를 예외로 취급하는 순간, 예외 비용이 폭발적으로 늘어난다. 데이터를 '일반 사용자' 중심으로만 모아놓고 나중에 "장애인은 따로 보조 기능으로 붙이자"라고 하면, 재개발·민원·현장보조·콜센터 비용이 따라붙는다.

처음부터 당사자가 참여해 성공한 사례들도 많다. NVDA(무료 화면낭독기)는 시각장애(전맹) 개발자 마이클 커런(Michael Curran)과 제임스 테(James Teh)가 만들었다. 2006년 시작된 이 프로젝트는 '접근성은 추가 비용이 되어서는 안 된다'는 문제의식에서 출발했다. 당시 상용 화면낭독기는 수 백 만원에 달했고, 많은 시각장애인이 사용할 수 없었다. 커런과 테는 자신들이 매일 겪는 불편을 누구보다 잘 알았다. 어떤 기능이 필요하고 단축키를 어떻게 구성하고 음성은 어떤 스타일이 듣기 좋은지 이해하고 있었고, 그 지식을 코드로 옮겼다. NVDA는 오픈소스로 공개되었고, 전 세계 개발자들이 참여했다. 지금은 전 세계 시각장애인이 가장 많이 쓰는 화면낭독기가 되었다.

모션새비(MotionSavvy)도 비슷하다. 청각장애를 가진 라이언 해이트-캠벨(Ryan Hait-Campbell)과 웨이드 켈라드(Wade Kellard)가 공동 창업했다. 이들은 식당, 병원, 직장 등 일상에서 수어-텍스트 변환이 절실하다는 점을 체감하고 있었다. 제품 개발 과정에서 팀은 수백 명의 청각장애인을 만나 피드백을 받았다. MotionSavvy는 2014년 타임지가 선정한 '올해의 발명품 25선'에 포함되었다.

국내 사례도 있다. AI 기반 디지털 접근성 기업 케이엘큐브의 수어 서비스 '핸드사인톡톡(HandSign TalkTalk)'은 텍스트와 음성을 3D 수어 동작으로 변환한다. 이 회사는 기술을 개발하면서 청각장애인 단체와 지속적으로 협업했다. 수어 동작의 정확성, 속도, 자연스러움을 당사자들이 직접 평가했다.

3. FOR : 휠체어 경사로가 모두를 편하게 만든 이유

1970년대, 미국 버클리. 휠체어를 탄 장애인 활동가들이 시청 앞에서 시위를 벌인다. 요구사항은 "보도블록의 턱을 깎아 달라"는 정도였다. 시는 처음엔 비용이 든다는 이유로 거부했다. 하지만 장애인들은 물러서지 않았고, 결국 시는 보도블록 턱을 깎아 경사로(Curb Cut)를 만들었다.

그런데 놀라운 일이 벌어졌다. 휠체어 이용자뿐 아니라 유모차를 끄는 부모, 캐리어를 끄는 여행객, 자전거를 타는 사람, 택배 카트를 미는 배달원 모두가 경사로를 이용했다. '장애인을 위한' 설계가 '모두를 위한' 편의

로 바뀐 것이다. 이것이 바로 커브컷 효과(Curb-Cut Effect)다.[6]

디지털 세계에도 커브컷 효과는 도처에 있다.

'자막'은 원래 청각장애인을 위해 개발되었다. 지금은 지하철에서 소리 없이 영상을 보는 직장인, 외국어를 배우는 학생, 시끄러운 카페에서 강의를 듣는 사람 모두 자막을 쓴다. 넷플릭스 사용자의 80% 이상이 자막을 켠 채로 시청한다는 조사도 있다.

'음성인식'은 지체장애인을 위한 기술로 주목받았다. 손을 쓸 수 없는 사람들이 컴퓨터를 조작하기 위해 개발되었다. 요즘은 어떤가. 운전 중에 전화를 거는 사람, 요리하면서 타이머를 설정하는 사람, 누워서 조명을 끄는 사람들이 음성 명령을 이용한다.

'키보드 단축키'도 마찬가지다. 마우스를 쓸 수 없는 장애인을 위해 만들어졌지만, 지금은 효율을 추구하는 모든 전문가가 단축키를 쓴다. Ctrl+C, Ctrl+V 없이 일하는 사람이 있을까?

명확하고 단순한 사용자 인터페이스(UI) 설계 역시 인지장애인을 위한 것이었다. 하지만 피곤한 현대인, 디지털에 익숙하지 않은 노인, 외국인 모두에게 명확한 UI는 더 나은 경험이다. 애플의 아이폰이 성공한 이유 중 하나도 복잡한 설명서 없이도 쓸 수 있는 '직관적 인터페이스' 덕분이다.

---

6. 커브컷 효과(Curb-Cut Effect)란 미국 버클리에서 휠체어 이용자를 위해 보도블록 턱을 낮춘 것이 유모차 이용자, 노인, 배달원 등 모두에게 편의를 준 현상을 말한다. 안젤라 글로버 블랙웰(Angela Glover Blackwell) 등이 강조한 개념으로, 소수자를 위한 포용적 설계가 사회 전체의 혁신과 이익으로 확장됨을 의미한다.

이것이 유니버설 디자인(Universal Design)의 핵심이다. 가장 극단적인 사용자(장애인)를 기준으로 설계하면, 그 중간의 모든 사람이 편해진다. 장애인을 위한 디자인은 결국 모두를 위한 더 나은 디자인이 된다.

서울 남산의 '무장애 숲길'을 보자. 휠체어와 유모차로도 이동 가능하도록 경사를 완만하게 만들고 쉼터를 곳곳에 배치했다. 개장 후 이용자 반응은 폭발적이었다. 장애인뿐만 아니라 유모차를 미는 부모, 무릎이 약한 노인, 캐리어를 끄는 관광객 모두가 편하게 산책을 즐긴다. '장애인 전용'이 아니라 '모두를 위한' 공간이다.

장애인을 위한 디자인은 궁극적으로 모두를 위한 혁신 수단이다. 구글과 애플이 접근성 팀에 막대한 투자를 하는 이유도 자선사업 때문이 아니다. 접근성이 곧 혁신의 원천이기 때문이다.

결국 'for'의 의미는 장애인을 위한 기술은 특정 집단만을 위한 것이란 한계를 뛰어넘는다. 가장 어려운 조건에서도 작동하는 기술은 모든 조건에서 더 잘 작동한다. 그렇다면 기업의 혁신 관점에서 포용은 배려가 아니라 품질의 문제가 된다.

4절. AI는 왜 장애인을 인식하지 못하는가

1. AI가 유령 취급하는 사람들

스마트폰에 대고 "오늘 날씨 알려줘"라고 말을 걸어본다.

명료한 발음의 비장애인이 말하면 "오늘 서울 날씨는 맑음, 기온 5도입니다"라고 즉각 응답이 돌아온다. 뇌병변장애로 발음이 뭉개지는 사람이 물으면 이런 답이 돌아온다. "죄송합니다. 이해하지 못했습니다." AI가 이해하지 못한 건 장애인이 아니다. AI를 학습시킨 데이터에 장애인의 목소리가 없었다는 '데이터 공백'(Data Void)의 문제다.

AI는 학습 데이터가 세상의 전부라고 믿는다. 그러나 장애인의 휠체어 동선, 수어 대화, 비정형적 행동은 데이터로 잘 수집되지 않는다. 데이터로 세상을 이해하는 AI에게 장애인이란 '존재하지 않는 사람'이거나 '이상치(Outlier)'로 간주돼 삭제 대상일 뿐이다.

한 연구팀이 상용 AI 음성인식 시스템을 테스트했다. 비장애인 화자의 인식률은 95% 이상이었다. 하지만 뇌병변 장애인 화자의 인식률은 23%에 불과했다. AI 학습 데이터의 99% 이상이 '표준 발음'이었기 때문이다.

수어 AI도 마찬가지다. 전 세계 수어 사용자는 7천만 명이 넘지만, 공개된 수어 데이터셋은 손에 꼽을 정도다. 연속 수어(문장 단위) 데이터는 더욱 부족하다. 그래서 많은 수어 AI가 실험실에만 머물고, 현장에서는 작동하지 않는다.

이런 데이터 공백 문제를 극복하기 위한 접근법이 데이터 정의(Data Justice)다.[7] 모든 사람의 데이터가 공정하게 수집되고, 대표되어야 한다는 원칙이다. 소수자, 약자, 주변부의 데이터도 AI 학습에 포함되어야 한다. 구글의 Project Euphonia가 좋은 사례다. 2019년부터 비정형 발음

---

7. 데이터 정의(Data Justice)는 AI 학습 과정에서 소외된 장애인 등 취약계층의 데이터가 공정하게 수집되고 대표되어야 한다는 원칙이다. 리처드 힉스(Richard Heeks) 등이 주장했으며, 기술이 편향된 데이터로 인해 특정 집단을 '이상치(Outlier)'로 취급하거나 배제하지 않도록 데이터의 민주적 분배를 강조한다.

데이터를 수집하기 시작해 2020년까지 1,000시간 이상을 확보했다. 참여자들이 직접 문장을 녹음하고 AI가 개인별 음성 패턴을 학습한다. 데이터가 쌓일수록 정확도가 올라간다.

2. 알고리즘이 일삼는 폭력적 차별

한 IT 기업 채용 과정을 들여다 보자. 자폐 스펙트럼(ASD) 장애를 가진 김지훈(가명) 씨가 AI 면접에 응시한다. 화면에 질문이 나타나고, 김 씨는 카메라를 보며 답변한다. 그의 답변 내용은 논리적이고 정확했다. 하지만 결과는 탈락이었다. AI는 그의 '답변 내용'이 아니라 '표정과 눈 맞춤'을 평가했다. 자폐 스펙트럼 장애인은 일반적으로 눈 맞춤이 적고, 표정 변화가 평탄하다. AI는 이를 '의욕 부족', '소통 능력 낮음'으로 판정했다. 하지만 김 씨는 뛰어난 코딩 능력과 패턴 인식 능력을 가진 개발자였다.

이러한 알고리즘적 차별(Algorithmic Discrimination)이 낳는 차별과 배제는 장애인에 국한되지 않는다. AI는 '평균적 인간'의 행동 패턴으로 학습한다. 명료한 발음, 적극적인 눈 맞춤, 풍부한 표정 변화과 같은 기준에서 벗어난 사람은 자동으로 낮은 점수를 받는다. AI 채용 시스템은 안면마비가 있는 지원자를 '부정적 태도'로, 틱 장애가 있는 지원자를 '집중력 부족'으로 판정할 소지가 높다. 언어장애인의 느린 말투는 '지능 낮음' 또는 '확신 없음'으로 간주할 것이다. AI가 과거의 데이터로 학습한 결과다. 예전 채용 과정 자체가 비장애인 중심이었다면 AI는 그 편향을 그대로 재생산할 것이다.

국내에서도 2021년 AI 챗봇 '이루다' 사건이 있었다. 이루다는 장애인,

임산부, 성소수자를 혐오하는 발언으로 논란을 빚었다. 카카오톡 대화 데이터를 무단으로 학습한 결과, 인간 사회의 편견과 혐오가 그대로 AI에 각인되었다.

뉴로다이버시티(Neurodiversity)는 이런 편향과 왜곡 관점에 도전한다.[8] 자폐, ADHD, 난독증 등을 '치료 대상'이 아니라 '다양한 신경 유형'으로 본다. 이 개념은 1990년대 자폐 당사자 운동에서 시작되었다. 핵심 메시지는 "다름(Different)이 틀림(Deficient)은 아니다"이다. 일부 기업은 뉴로다이버시티를 경쟁력으로 활용한다. 마이크로소프트는 자폐 인재 채용 프로그램을 운영하며 면접 방식을 다양화했다. 1:1 대화 대신 실무 과제 평가, 팀 프로젝트 관찰 등을 도입했다. 뉴로다이버시티는 AI시대에 이런 메시지를 던진다. 평균을 기준으로 삼지 말고, 다양성을 학습하라. 사람을 기계에 맞출 게 아니라 기계가 사람의 다양한 방식을 이해하라.

5절. 상호의존의 미학 : 우리는 모두 사이보그다

1. 우리는 모두 예비 장애인

"당신은 건강한 게 아니라, 아직 장애가 오지 않았을 뿐이다." TAB(Temporarily Able-Bodied)는 우리말로 일시적 비장애인을 뜻한

---

8. 뉴로다이버시티(Neurodiversity, 신경다양성)는 1990년대 주디 싱어(Judy Singer)가 제시한 개념으로, 자폐·ADHD 등을 치료 대상이 아닌 인간 게놈의 '생물학적 변이'로 본다. AI 설계 시 평균적 사고방식만 고집하지 않고 인간의 다양한 인지적 특성을 학습해야 한다는 알고리즘 윤리의 근거가 된다.

다. 지금은 비장애인이지만, 나이가 들거나 사고를 당하면 누구나 장애인이 될 수 있다는 의미다.

통계가 이를 뒷받침한다. 한국의 65세 이상 노인 중 약 30%가 시력 장애를 겪는다. 75세 이상에서는 50%를 넘는다. 청력 저하는 60대부터 급격히 증가해 70대에는 절반 이상이 난청을 경험한다. 관절염, 근력 저하, 인지 기능 감소는 거의 모든 노인이 겪는다.

일시적 장애는 일상 곳곳에 있다. 팔이 부러져 깁스를 한 사람은 몇 주간 지체장애를 경험한다. 눈 수술을 받고 회복 중인 사람은 일시적 시각장애를 겪는다. 시끄러운 공사장에서 일하는 노동자는 귀마개를 끼고 청각이 차단된 상태로 일한다.

마이크로소프트의 '포용적 디자인 툴킷'은 이를 세 가지로 구분한다.

영구적 장애(Permanent) : 선천적이거나 회복 불가능한 장애.

예: 한쪽 팔이 없는 사람.

일시적 장애(Temporary) : 일정 기간 후 회복 가능한 상태.

예: 팔이 부러진 사람.

상황적 장애(Situational) : 특정 상황에서만 발생.

예: 아기를 안고 한 손만 쓸 수 있는 부모.

어떤가. 당신은 혹은 우리는 앞으로 혹은 지금 장애와 무관하다 말할 수 있는가. MS의 구분은 장애는 특정 집단의 고정된 상태가 아니라 '누구나 경험할 수 있는 스펙트럼'이라는 점을 보여준다.[9] 따라서 우리가 만드는 포용적 기술은 '미래의 나'를 위한 보험이자 투자로 볼 수 있다.

설문조사에서 상당수 응답자는 "나이가 들면 디지털 기기 사용이 어려워질 것 같다"고 답한다. 그러면서도 "지금은 장애인 접근성이 내게 필요하지 않다"고 답할 것이다. 미래의 자신은 걱정하면서 현재의 장애인은 '남의 일'로 여긴다니 모순이 아닐 수 없다.

TAB 개념은 이 모순을 깬다. 장애인 접근성은 '그들'의 문제가 아니라 '우리 모두'의 미래다.

2. 안경 쓰는 건 정상이고, 휠체어는 의존인가

우리 사회는 '독립(Independence)'을 찬양한다. 혼자 모든 것을 해내는 사람이 강한 사람이며, 남에 의존하지 않고 자립하는 것이 성숙의 증거로 본다.

하지만 정말 우리는 독립적인가? 아침에 일어나 스마트폰 알람을 끈다. 늦잠을 방지하려고 스마트폰에 의존한다. 출퇴근할 땐 내비게이션을 켠다. GPS 위성이 없으면 불가능한 장치다. 구글에서 정보를 검색하지 않으면 업무의 수준을 높일 수 없다.

이처럼 인간은 기술과 결합된 삶을 살아가고 있다. 현대인은 이미 '사이보그(Cyborg)'다. 장애인이 화면 낭독기나 음성인식을 활용하는 것과 별

---

9. 페르소나 스펙트럼(Persona Spectrum)은 마이크로소프트의 《Inclusive Design Toolkit》(2016)에서 제시된 개념이다. 장애를 '인간과 환경의 상호작용 실패'로 정의하며, 제약의 양상을 영구적·일시적·상황적 상태로 분류한다. 이를 통해 장애인을 위한 설계가 결국 상황적 제약을 겪는 비장애인을 포함한 인구 전체의 편의를 증진시킨다는 논리적 근거를 제공한다.

반 다를 바 없다.

장애학자 수잔 웬델(Susan Wendell)은 독립은 신화일 뿐이며, 인간은 모두 상호의존(Interdependence) 속에 산다고 강조한다.[10] 비장애인도 수 많은 기술과 시스템에 의존하지만, 그것을 '의존'이라고 부르지 않을 뿐이다. 안경 쓰는 건 의존이 아니지만, 휠체어를 타는 것은 의존으로 여기는 이유는 뭘까? 안경은 '일반화'되었고, 휠체어는'특수'하다고 여겨지기 때문이다.

따라서 용어 선택이 중요하다. 독립 대신 자율성(Autonomy)이 훨씬 합리적 개념이다. 의존을 없애거나 거부할 게 아니라 의존할 수 있는 선택지를 늘려 자율성을 키우는 게 현명하다. 과거에 시각장애인은 이동의 도움을 위한 선택지가 가족이나 안내견 뿐이었다. 요즘엔 화면 낭독기, GPS 내비게이션, AI 시각 보조, 점자 디스플레이, 음성 안내 시스템 등 다양하다. 누구든 더 많은 도구와 선택지를 갖출수록 자신의 방식으로 살아갈 수 있다.

3 느린 기술이 아름답다

"가장 느린 사람의 속도에 맞춰진 기술이 가장 인간적인 기술이다."

디지털 기술은 빠름을 추구한다. 온라인 인증 시스템은 30초 안에 코드를 입력하라고 요구한다. AI 면접은 2초 안에 답변을 시작하지 않으면 집중력 부족으로 판정한다. 속도가 기준이 되는 순간, 느린 사람은 탈락한

---

10. 상호의존(Interdependence)은 모든 인간은 타인이나 기술에 의존하며 산다는 사실을 인정하는 개념이다. 장애인의 기술 의존을 '무능'으로 보는 시각에서 벗어나, 우리 모두가 기술적 네트워크 안에서 서로 돕고 사는 존재임을 시사한다.

다. 그리고 느림은 곧 무능으로 치부된다.

느림은 정말 무능일까? 신중함, 깊이, 숙고는 때로 속도보다 중요하다. 빠른 결정이 항상 옳은 결정은 아니다. 더구나 장애인에게 '느림'은 선택이 아니라 조건이다. 시각장애인이 화면낭독기로 정보를 듣는 데는 시간이 걸린다. 지체장애인이 터치 버튼을 누르는 데는 더 긴 시간이 필요하다. 인지장애인이 복잡한 메뉴를 이해하는 데는 반복이 필요하다.

장애 비장애를 떠나 가장 느린 사람의 속도에 맞춘 기술은 모두를 편하게 한다. 포용적 설계는 장애인뿐 아니라 노인, 외국인, 디지털 초보자 모두에게 유익하다.

덴마크의 '느린 도시' 운동을 생각해보자. 보행자 중심의 거리를 설계하면서 자동차 속도를 제한해 사람들이 머무를 공간을 만들었다. 그 결과 교통사고가 줄고 도시의 삶은 쾌적해졌다. '느림은 곧 후진'이라는 편견을 깼다.

4. 디지털 포용은 복지가 아닌 신성한 권리

디지털 포용은 국가의 책임이다. 2024년 12월, 한국 국회는 디지털 포용법을 통과시켰다. 이 법은 디지털 포용을 "사회의 모든 구성원이 차별이나 배제 없이 지능정보기술의 혜택을 고르게 누릴 수 있는 환경"으로 정의한다. 하지만 법이 통과되었다고 해서 현실이 바로 바뀌지는 않는다.

중요한 것은 실행이다. 법의 시행을 규제의 덫이라고 저항하는 일들이 우리 사회에 벌어지곤 한다. 디지털 포용법도 시행 전부터 이런 곤욕을 치렀다.

디지털 포용은 복지가 아니라 권리다. 21세기 시민권은 디지털 접근권을 포함한다. 디지털 접근권은 투표권, 교육권, 노동권과 마찬가지로 모든 시민이 가져야 할 기본권이다.

제6장

디지털 금융 포용의 명암

: 넓어진 접근성, 깊어진 격차

조창원

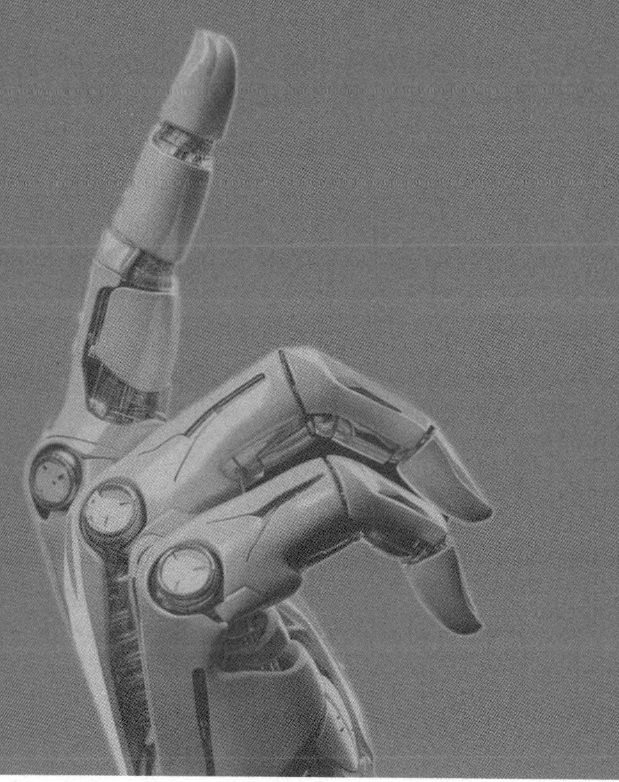

1절. 금융에 디지털 옷을 입히다

1. 손으로 쓴 장부에서 휴대폰 송금까지

1970년대 방글라데시의 경제학자 무하마드 유누스는 가난한 여성들에게 단 돈 몇 달러의 대출을 내주며 금융의 새로운 길을 열었다. 그는 담보도 신용도 없던 이들에게 파격적인 제안을 한다. 서로 신뢰할 수 있는 이웃 여성 5명이 하나의 그룹을 이뤄 집단 보증을 서는 것이었다. 은행 직원들이 직접 마을을 찾아가 여성들을 만났고, 매주 정해진 장소에서 대면으로 모여 현금을 주고받았다. 모든 거래는 손으로 쓴 장부에 기록됐고, 그룹 리더가 출석과 상환을 일일이 확인했다. 컴퓨터도 휴대폰도 없던 시절, 오직 사람과 사람 사이의 신뢰만으로 작동하는 시스템이었다. 이들은 그 돈으로 작은 가게를 열고 가축을 키우며 자립의 기회를 얻었다. 이 실험은 곧 전 세계로 퍼져나갔고, 유누스와 그가 세운 그라민 은행은 2006년 노벨 평화상을 받았다. 금융서비스에서 배제된 이들을 품어 안을 수 있다는 가능성을 보여준, 전통적 금융 포용의 상징적 사례였다.

30여 년 뒤, 아프리카 케냐에서는 또 다른 혁신이 일어났다. 은행 계좌조차 없던 농민과 상인들이 휴대폰 문자메시지 하나로 송금과 결제를 할 수 있는 길이 열렸다. 바로 'M-Pesa'라 불린 서비스다. 은행 지점이 턱없이 부족했던 케냐에서 디지털 기술은 단숨에 금융 접근성을 넓혔다. M-Pesa는 세계에서 가장 성공한 모바일 머니 서비스 중 하나로 꼽히며, 디지털 금융 포용의 대표적 사례로 기록되고 있다.

방글라데시의 그라민 은행이 금융포용의 가능성을, 케냐의 M-Pesa가 디지털 금융 포용의 전환점을 보여준 것처럼, 한국 역시 나름의 여정을 걸어왔다. 산업화 시기 은행 문턱을 넘지 못한 서민과 지역 주민들에게 새마을금고와 신협이 소중한 금융 사다리가 되어주었다. 협동조합 방식으로 시작된 서민금융기관은 한국판 '그라민 은행'이라 불릴 만 하다.

요즘엔 카카오뱅크와 토스 같은 신개념 디지털 금융 서비스가 바통을 이어받고 있다. 지점 없는 은행, 간편송금과 모바일 기반 대출, 마이 데이터를 활용한 맞춤형 서비스까지, 디지털 기술은 금융 접근의 방식을 완전히 새롭게 바꾸고 있다. 전통적 금융포용이 '닫힌 문턱을 낮추는 일'이었다면, 디지털 금융포용은 아예 새로운 문을 세상에 열어젖히는 과정이다.

2. 왜 사람들은 은행 문턱을 넘지 못하는가

자본주의 사회에서 돈 만큼 중요한 게 또 있을까. 어쨌든 포용 관점으로 볼 때, 우리는 돈을 목적이 아닌 수단으로 간주한다.

금융은 적은 돈으로 본인이 펼치고 싶은 꿈을 이루는 지렛대 역할을 한다. 현재 가지고 있는 현금 외에 금융기관에서 빌린 돈으로 내 집 마련의 꿈을 이루는 경우라든가 식당을 열기 위해 금융에서 대출을 받아 영업을 시작하는 경우를 들 수 있다. 이처럼 금융은 본인의 역량에 맞게 빌리고 갚는 사적 영역과 사회의 꿈을 이루는 데 필요한 공적 영역을 아우른다. 문제는 사람들의 자산 차이가 갈수록 벌어져 부의 불평등이 심해진다는 사실이다. 이때 등장하는 개념이 금융소외다. 따라서 금융 포용을 이해하기 위해선 금융 소외를 먼저 아는 게 올바른 순서다.

유럽연합집행위원회(European Commission)는 금융 소외(Financial exclusion)에 대해 "제도권 시장에서 필요에 적합하고 정상적인 사회생활을 이끌 수 있는 금융서비스와 상품에 접근하거나 사용할 때 어려움을 겪는 과정"이라고 정의한다(한국금융연구원, 2014). 다시 말해, 금융 서비스가 필요한 자가 본인에게 적합한 상품을 알맞은 가격에 접근할 수 없는 불공정한 상태를 가리킨다.

금융 소외가 발생하는 이유는 다양하다. 이용자의 소득이 낮거나 신용 위험이 높으면 금융기관에서 돈을 빌리기 어렵다(비적격성(Ineligibility)). 금융 기관 입장에선 돈을 떼일 염려가 있기 때문에 담보나 높은 이자율을 요구한다. 아예 리스크를 피하려고 대출 대상자에서 제외시키기도 한다. 은행 문턱 앞에서 문전박대 당한 그들의 발길은 고금리를 요구하는 불법 대부업체로 향한다.

특정 사회계층이 법적·제도적으로 금융서비스의 차별을 받는 경우는 '이용불가(Non-availability)'에 해당한다. 한국은 이런 경우에 해당하지 않지만 최근 디지털 금융 확산 속에 이용 불가 문제가 새로운 사회적 문제가 되고 있다. 고령층은 은행 창구 축소와 디지털 전환 속도에 적응하지 못해 '물리적·디지털 접근 장벽'에 가로막혔다. 이주민이나 다문화 가정은 언어 장벽 때문에 금융상품 이해와 활용이 어렵다. 장애인도 온라인 금융 접근에 어려움을 겪는다. 제도적 차별은 없지만, 눈에 보이지 않는 사회적·기술적 장벽이 새로운 형태의 이용불가를 만들어낸다.

'금융 문맹(Financial Illiteracy)'은 기초적인 금융 지식이 부족해 복잡한 금융상품을 이해하지 못하면서 발생하는 금융소외 현상이다. 한국인들은 기본 문해력은 높은 편이지만, 금융 상품의 구조가 복잡해지고 정보 과잉이 심화되면서 금융 문맹 현상이 심화되고 있다. 청년층은 주식·가상자산·파생상품에 무리하게 투자하는 '빚투', '영끌' 현상에 취약하고, 고령층은 보이스 피싱이나 불완전 판매에 쉽게 노출된다. 이는 금융상품 자체가 어렵기 때문이기도 하고, 급격한 금융환경 변화에 개인이 대응하지 못하는 구조적 문제이기도 하다. 금융문맹은 단순한 '지식 부족'을 넘어 실질적 피해와 손실로 이어진다는 점에서 심각한 금융소외로 볼 수 있다.

금융상품 가격이 높아 진입장벽으로 작용하는 경우(지불 불가능한 가격(Non-affordability))도 있다. 주택담보대출 금리 상승, 전세자금대출 조건 강화, 보험료 부담 등은 중산층·청년층·서민층에게 실질적 금융 장벽이다. 또한 신용도가 낮은 경우 제도권 금리를 이용할 수 없고, 고금리 대출시장에 몰리면서 장기적으로 빈곤이 고착화된다. 금융상품이 많아도 가격이 높아 접근이 제한되는 형태의 금융소외가 나타난다.

이처럼 금융소외는 소비자가 원하지 않게 금융기관 이용에서 배제 당하는 상황이다. 그러나 위에서 소개한 네 가지 유형은 겉으로 드러난 금융 소외에 불과하다. 금융 소외를 야기하는 근원적 속성 즉 "내부에서 작동하는 동력"은 따로 있다.

첫 번째 속성은 '정보의 비대칭성(Asymmetry of Information)'이다. 금융 소외는 주로 금융기관과 소비자간 정보 격차에서 발생한다. 금융기관은 차주의 실제 신용위험을 정확히 파악하기 어려워 대출을 아예 거절하거나 높은 금리를 부과한다. 반대로 소비자는 금융상품이 지나치게 복잡하거나 헷갈려서 제대로 이해 못한 채 불리한 계약을 맺거나 불완전 판매의 피해를 입는다.

두 번째 속성은 '구조적 취약성(Structural Vulnerability)'이다. 이는 사회·경제적 기반이 약한 계층이 작은 충격에도 쉽게 금융위험에 노출되는 특성을 말한다. 우리 주변에는 갑작스러운 실직이나 이혼으로 자금난을 겪는 사람들이 있다. 1997년 외환위기 직격탄으로 대량 실직의 위기에 몰려 졸지에 신용불량자로 전락한 사람들이 부지기수였다. 최근엔 코로나19 여파로 식당과 중소기업을 운영하던 많은 중소 상공인들이 폐업 위기에 몰려 신용등급이 강등되는 처지에 몰렸다. 금융기관의 입장에서 이러한 집단은 대출을 기피하는 대상으로 분류된다.

정리하자면, 금융소외는 금융서비스를 이용하지 못하는 현상을 넘어선다. 소득과 자산이 부족한 계층일수록 금융기관의 신용평가 기준과 담보 요건을 맞추기 어려워 제도권에서 배제되기 쉽다. 이는 부의 불평등을 심화시키는 원인으로 작용한다. 따라서 금융소외를 이해할 때는 단순히 금융서비스에 대한 접근성만 볼 게 아니라, 부의 불평등과 나아가 사회 불평등을 재생산하는 과정을 함께 살펴볼 필요가 있다.

3. 선의로 포장된 현실의 한계들

금융 소외가 있기 때문에 금융 포용이 성립된다. 금융 포용(Financial Inclusion)은 경제 주체가 저축, 지급결제, 신용, 보험 등 다양한 금융서비스에 효과적으로 접근하게 함으로써 제도권 금융시스템 내에 포함시키는 과정이다.[1] 금융 포용의 최종 목적은 금융 서비스에서 배제된 사람을 제도권 안으로 끌어들여 금융 접근성을 확대하고, 이를 통해 사회적 불평등을 완화하는 것이다.

금융 포용이 실현된 세상은 이런 모습일 것이다. 저소득층이나 영세 자영업자가 소액대출, 저비용 계좌, 기본 금융서비스를 손쉽게 이용해 원활한 경제 활동을 한다. 일반 서민은 금융 대출로 소비하는 행위를 넘어 저축, 보험, 대출을 통한 자산 축적 기회를 확대해 빈곤에서 벗어날 수 있다. 금융 취약계층이 불법·고금리 시장으로 내몰리지 않도록 껴안아 사회적 불안 요인을 완화한다. 궁극적으로 포용적 금융은 더 많은 경제 주체가 합법적·제도적 금융망을 활용하도록 끌어 안아 경제의 안정과 성장을 높인다.

금융포용이 만능은 아니다. 본질적으로 양면성과 한계를 안고 있다. 리스크와 포용의 균형 문제다. 금융기관은 신용등급이 낮은 사람에게 무작정 저금리 대출을 주다 보면 부실이 누적될 수 있다. 금융서비스를 거래하는 가격은 소비자가 감당할 수 있는(affordable) 수준에서 정해져야 하는 이유다. 이처럼 포용과 금융 안정성 사이에 긴장이 발생한다.

아울러 금융 포용은 금융 접근성을 높여도 소득·자산 불평등이나 고용 불안정 등 사회경제적 문제를 해결하지는 못 한다. 금융 포용은 부의 불평등 문제를 해결하는 직접 수단은 아니라는 얘기다. 한국 사회에서 금융 부채를 탕감하거나 저소득층에게 상대적으로 낮은 이자를 제공하는 정책금리 정책을 두고 논쟁이 벌어지곤 한다. 꼬박꼬박 대출 이자를 갚은 사람들

---

1. 한국금융연구원. "금융포용의 개념과 전략과제 2014. 4." KIF금융분석리포트 2014.5 (2014): 1-36.

은 이런 정책이 불공정할 뿐만 아니라 도덕적 해이를 부추길 거라고 비난한다. 어디까지나 은행도 이윤을 좇는 곳이지만, 금융 포용이라는 사회적 책무도 강조한다. 이 둘의 균형을 맞추는 것은 언제나 난제다.

2절. 디지털 포용의 빛과 그림자

1. 카페에서 커피 주문하듯 송금하는 시대

전통 금융서비스에 디지털과 AI를 결합한 디지털 금융 시대에 살고 있다. 디지털 금융 빠르고 사용하기 편리하며 값싸고, 효율적이다. 이런 특성에 힘입어 전통 금융기관이 풀지 못한 금융 소외를 포용으로 해결할 가능성이 높다.

디지털 금융의 포용성을 확실히 체감하는 곳은 저개발 국가들이다. 금융 산업이 척박해 통장 계좌는커녕 은행 지점 구경도 어려운 저개발국에서 디지털 금융은 생활 혁명과 같다.

디지털 금융 포용의 가장 놀라운 혁신은 지리적 한계를 뛰어넘었다는 점이다. 동네에 은행이 없는 지역 주민들이 이제는 스마트폰 하나로 금융 서비스를 누린다. 케냐의 M-Pesa는 이런 변화의 상징이다. 휴대폰 문자만으로 송금이 가능한 이 서비스는 은행 계좌조차 없던 농촌 주민들에게 말 그대로 금융 혁명과 같다. 소를 팔고 받은 돈을 도시에 있는 자녀에게 즉시 보낼 수 있게 되었다. 2007년 출시 당시 170만 명에 불과했던 이용자는 이미 5,000만 명을 넘어섰다.

디지털 금융이 가져온 두 번째 변화는 비용 혁명이다. 전통적인 금융기관의 높은 수수료 벽이 무너지면서 서민들의 주머니 사정도 한결 나아졌다. 필리핀 해외 노동자들의 사연에 귀 기울여 보자. 과거 고향으로 돈을 보낼 때 10~15%의 수수료를 내야 했던 그들이 이제는 GCash나 Maya 같은 디지털 송금 앱을 이용해 3% 이하의 비용으로 송금할 수 있게 되었다. 대략, 월 50만원을 송금한다면 과거에는 7만원이 넘는 수수료를 냈지만, 디지털 앱을 사용하면 1만 5000원 정도면 충분하다.

한국의 해외 유학생들도 마찬가지다. 와이즈(Wise)나 리미트 같은 디지털 송금 서비스로 등록금을 보낼 때 기존 은행보다 70% 이상 저렴한 비용으로 해결할 수 있다. 한 학기 등록금 2만 달러를 송금할 때 과거 30만원이 넘던 수수료가 이제는 8만원 정도로 줄었다.

세 번째 변화는 편의성의 극대화다. 복잡했던 금융 서비스가 이제는 카페에서 커피를 주문하는 것만큼 간단해졌다. 국내에서 "계좌번호 몰라도 송금 가능"이라는 슬로건으로 출시한 금융 서비스는 송금의 패러다임을 바꿨다. 전화번호만 알면 송금할 수 있고, 수수료도 없다. 인도의 페이티엠(Paytm)은 QR코드 하나로 결제 생태계를 완전히 바꿔놓았다. 뭄바이 시내 노점상부터 타지마할 앞 기념품 가게까지, 이제는 QR코드 하나면 모든 결제가 가능하다. 현금 없는 사회로의 전환이 길거리에서 시작된 것이다. 중국의 알리페이와 위챗페이는 더 나아가 '슈퍼앱'의 개념을 만들어냈다. 결제, 송금, 투자, 보험, 심지어 택시 호출까지 하나의 앱에서 모든 것이 해결된다. 베이징 시민들이 지갑 없이 하루를 보내는 건 일상이자 상식이다.

2. 디지털 금융 혁신을 일으키는 양대 엔진들

　디지털 금융의 혁신 물결은 기존의 금융기관들의 거센 저항을 받았다. 과거의 질서가 새로운 질서를 거부하는 건 어느 산업에서나 똑 같다. 대안 신용평가와 핀테크 기술을 앞세운 테크 기업들의 실험이 경쟁을 촉발하면서 포용 금융의 문도 점차 열리고 있다.

데이터 혁명 이끄는 '대안 신용평가' : 전통적으로 은행의 대출 심사는 신용정보기관에 수집된 신용정보를 바탕으로 한다. 이를 토대로 개인의 상환능력이나 부채 수준 및 신용거래 기간 등을 종합적으로 파악해 대출 여부와 규모 및 적정 이자율을 뽑아낸다. 만약 통장 계좌가 없거나 평소 금융 거래가 많지 않은 사람은 신용평가에서 불리하다. 이처럼 금융 이력이 부족한 사람들을 씬파일러(Thin-filer)라고 부른다. 금융기관을 통한 거래가 부족하면 신용평가는 떨어지고, 나중에 대출에 제약을 받거나 비싼 이자를 감당하는 악순환에 빠진다.

　우리 주변엔 알게 모르게 이런 씬파일러와 같은 금융 취약계층이 상당히 많다. 신용 평가 시스템은 기본적으로 급여 소득자를 중심으로 발전해왔기 때문이다. 개인 통장으로 입금된 회사 급여로 물건을 사고, 여행 경비를 쓰는 행위들 위주로 모인 자료들이 전통적인 금융 데이터의 원천이다. 따라서 가정주부나 학생 및 은퇴자들은 전통 신용 평가에서 불리할 수밖에 없다. 정기적인 급여 생활자가 아닌 프리랜서도 마찬가지다. 자산이 많은 사람이 소비 활동을 덜 한다든가, 저축을 열심히 하면서 지출이 적은 자들도 경제 활동 데이터가 부족해 신용평가에서 불리하다.

이런 전통 신용평가의 한계를 넘어서려는 시도가 이어지고 있다. 기존 신용 데이터 외에 다양한 거래 정보를 수집하고 활용하면 금융 포용도 가능하다. 머신 러닝을 활용해 다양한 빅 데이터를 가공하고 분석하는 디지털 기술이 발달한 덕분이다. 이런 대안 데이터를 수집하고 분석한다면 금융 소외에 빠진 씬파일러도 금융 상품을 이용할 기회가 넓어진다.

실제로 휴대폰 앱을 활용한 내용으로 신용평가가 가능한 세상이다. 카카오뱅크 대출 신청자들의 금융거래 데이터를 분석해 대안 신용평가의 효과를 확인한 연구가 있다.[2] 이 연구에서 활용한 데이터는 카카오뱅크 사용 내역을 비롯해, 카카오 선물하기, 휴대폰 소액결제, 온라인 도서 구매, 유통업체 앱을 통한 거래 정보 등이 포함된다. 요즘에 휴대폰으로 흔히 사용하는 온라인 거래 기록들을 주요 데이터로 활용했다는 점에서 전통적인 신용평가기관의 데이터와 큰 차이를 보인다. 더구나 새로운 대안 데이터를 활용한 집단과 전통적인 신용평가기관의 데이터 집단을 비교 분석한 결과, 대안 정보만으로도 기존 방식보다 우수한 성능과 높은 견고성이 있다는 점을 발견했다.

이는 다양한 대안정보를 활용할 경우, 금융 이력이 짧아 투명인간 취급을 받던 '씬파일러'들도 일상 데이터로 당당히 신용을 증명하고 금융의 울타리 안으로 들어올 수 있다는 점을 의미한다. 금융 접근성이 높아지는 것

---

2. 강유지, & 김재영. (2024). 대안 데이터를 활용한 신용 평가: 빅데이터와 머신러닝 활용 연구. 금융연구, 38(4), 47-79.

이다. 구체적으로 금융 소외 계층을 비롯해 비급여 근로자나 사회 초년생 등 기존의 제도 금융을 통한 신용기록이 부족한 집단에게 금융 접근성을 열어줄 수 있다. 대안 데이터를 활용한 대안신용평가로 금융 소외층에게 공정하고 정확한 평가를 제공할 수 있다. 대안 신용평가가 디지털 금융 포용의 상징으로 거론되는 이유다.

전통 금융업에 도전장 내민 '핀테크' : 핀테크 기술이 디지털 금융 포용의 대안으로 주목받는다. 사내대출, 급여선지급, 소상공인 선정산과 같은 서비스가 핀테크 기술로 구현되면서 금융포용의 영역을 넓히고 있다. '사내 대출'은 핀테크 기업이 고용주와 협력해 근로자에게 제공하는 대출 서비스다. 대출금은 급여에서 자동으로 상환되기 때문에 절차가 간편하고, 승인률이 높으며 금리도 상대적으로 낮다. 이 덕분에 근로자들은 손쉽게 급한 돈을 빌려 일시적인 자금 부족 문제를 해결한다. '급여 선지급' 서비스는 근로자가 정해진 급여일 전에 급전이 필요할 경우 급여 일부를 미리 쓰도록 서비스하는 제도다. 이를 통해 근로자는 당장의 자금 유동성을 확보할 수 있다. 과거라면 사채를 이용했을 텐데, 이제는 합법적이고 투명한 금융 서비스를 이용하면 된다. 직장인들이 이미 일한 만큼의 급여를 미리 받을 수 있는 서비스여서 기업에서 손해 볼 리스크도 낮다. '소상공인 선정산'은 결제 대금이 실제로 입금되기 전, 미지급된 카드 매출이나 청구서를 할인된 가격으로 사들여 현금을 먼저 지급하는 서비스다. 이를 통해 소상공인은 운영비나 원재료 비용 등을 제때 마련할 수 있어 불안정한 현금흐름 문제를 줄일 수 있다. 현금 흐름이 중요한 자영업자들에게는 생명줄과 같

은 서비스다.[34]

미국의 핀테크 기업 차임(Chime)은 전통 은행의 틀을 깨고 금융 포용을 선도했다. 차임은 지점 없이 모바일 앱으로만 운영되는데, 가장 큰 특징은 '신용 이력 없는 사람도 신용을 쌓을 수 있게 한다'는 점이다. 기존 은행 시스템에 외면당하던 이민자나 학생들이 체크카드 사용만으로도 신용 점수를 쌓도록 했다. 또한 차임은 계좌 수수료나 초과 인출 수수료를 없애고, 급여를 이틀 먼저 받을 수 있는 서비스를 제공한다. 생활비가 빠듯한 사람들에게 당장의 숨통을 틔워주는 서비스다. 잔돈을 자동으로 저축하는 기능도 있어 금융 습관을 기르는 데 도움을 준다. 편리한 모바일 은행이 아니라, 제도권 밖에 머물던 사람들을 금융 시스템 안으로 껴안는 게 진정한 금융 포용이란 점을 차임의 실험에서 읽을 수 있다.

이처럼 디지털 금융은 금융 접근성을 확대하고, 비용을 낮추며, 간편성을 높이는 동시에 혁신과 사회적 포용을 촉진하는 순기능을 발휘한다. 하지만 순기능 뒤에는 역기능의 그림자가 따른다. 기술 접근성의 차이, 개인 정보 보호 문제, 그리고 과도한 금융 의존성 등은 우리가 반드시 짚고 넘어가야 할 디지털 금융의 어두운 얼굴이다.

3. 혁신에 뒤따르는 역기능의 그늘

디지털 금융 포용이 밝은 면만 있는 건 아니다. 전통적인 금융 소외 현

3. 핀테크 기술 활용 금융포용과 활성화 방안, 보험연구원(2024)
4. 해외 금융포용 동향과 시사점, 보험연구원

상을 극복하는 솔루션을 제공하지만, 새로운 형태의 배제를 낳는 역설적인 현상이 벌어진다.

디지털 포용의 양면성에 대해 Feyen·Frost·Gambacorta·Natarajan·Saal(2021)은 디지털 혁신이 금융 안정성, 효율성, 금융소비자 보호를 모두 달성하기 힘들 거라고 지적한다. 가령, 데이터 공유의 증가가 금융시장의 효율성과 안정성에 긍정적일 수 있는 반면, 개인정보 유출에 따른 프라이버시 침해는 물론 불투명한 알고리즘으로 소비자 차별을 낳을 수 있다고 지적한다.[5]

디지털 금융 전환 과정에서 가장 먼저 맞닥뜨리는 디지털 격차 문제는 접근성이다. 디지털 거래에 익숙하지 못한 소비자들은 의도치 않게 서비스 접근 면에서 배제된다. 디지털 전환을 명목으로 은행 지점과 ATM이 대폭 줄어들면서, 디지털 기기 사용이 어려운 계층은 물리적 접근성마저 잃고 있는 상황이다. 전형적인 디지털 격차 이슈가 금융권에서 그대로 반복되고 있는 것이다(은행들의 점포 축소 논란은 뒤에서 더욱 자세히 다루자). 접근성과 관련해 간과해선 안될 사안이 있다. 디지털 금융의 편리성과 접근성은 소비자에게 독이 될 수도 있다는 점이다. 언제 어디서나 쉽게 대출을 받고 결제할 수 있다는 특성이 충동구매와 과소비를 부추긴다면, 심각한 부작용이 아닐 수 없다.

접근성에서 소외된 금융 소비자는 가격 차별도 받는다. 오프라인 지점을 직접 찾아가 금융서비스를 이용할 때 부과되는 수수료가 온라인

---

5. 서병호. "디지털 금융소비자 보호 이슈 및 과제." 주간 금융 브리프 32.24 (2023): 39-41.

채널보다 현저히 비싸다. 2025년 9월말 기준 국내은행의 평균 건당 이체수수료(타행, 100만원 기준)는 창구 1,500~2,000원인 데 반해 ATM 700~1,200원, 인터넷·모바일 0~500원이다. 온라인 금융 서비스에 익숙하지 않아 오프라인 창구를 찾아가 거래하는 금융 취약계층은 최대 5배의 비용을 치러야 한다.

디지털 금융 확산과 함께 금융 범죄의 양상도 변화하고 있다. 대표적인 것이 보이스 피싱이다. 모바일 기기에 익숙하지 않은 고령층이 '친절한' 사기범의 안내에 따라 피해를 입는 사례가 끊이지 않고 있다.

정보 확인의 어려움도 디지털 모바일 시대의 심각한 문제다. 작은 휴대폰 화면에서 복잡한 금융 정보를 확인한다는 건 현실적으로 쉽지 않다. 작은 글자와 복잡한 화면 디자인 때문에 가독성이 떨어지고, 잘못된 터치로 원점으로 돌아가는 일도 빈발한다. 오프라인 점포를 활용할 땐 창구 직원이 장시간에 걸쳐 친절하게 설명해줬지만, 온라인에서는 클릭 몇 번으로 대체된 탓에 불완전 판매의 위험성도 높다.

시간이 지날수록 디지털 금융에 익숙한 자와 그렇지 못한 자 사이의 구조적 불평등이 심화된다는 점도 배놓을 수 없다. 디지털에 익숙한 고소득층은 로보어드바이저, 우대금리 상품 등을 적극 활용하는 반면, 저소득층은 기본 기능만 이용하는 경우가 대부분이다.

게다가 AI를 활용한 대출 서비스가 본격화되면 AI 알고리즘의 편향성 논란도 벌어질 것이다. 겉으로는 객관적이고 공정해 보이는 알고리즘은 기존 사회의 편견을 학습하고 재생산할 위험이 크다. AI 알고리즘으로 신용 평가와 대출 심사를 할 때 계층 편견이 작용할 수 있다.

4. 편의점은 늘고 은행점포는 줄어드는 역설

디지털 금융이 확산되는 초기에 은행들의 첫 조치는 오프라인 점포를 줄이고 온라인 금융 서비스를 늘리는 일이다. 은행 지점과 ATM이 줄어들면서 디지털 기기에 익숙하지 않은 고령층과 농촌 주민들이 가장 큰 불편을 받는다.

2008년 글로벌 금융위기를 거치면서 경영 효율화에 속도를 내기 시작한 은행권은 2020년 코로나19 사태를 계기로 비대면 금융거래가 확산되면서 오프라인 점포를 빠르게 줄였다.

시중·지방·특수은행을 모두 합친 국내 은행의 지점·출장소는 코로나19 사태 시기인 2020년 말 6409개에서 2021년 6098개, 2022년 5804개로 급감했다. 이후에도 2023년 5752개, 2024년 5643개로 지속적으로 감소 중이다.[6]

오프라인 창구를 줄이는 건 비용 효율화를 위해서다. 모바일뱅킹을 활용한 인터넷전문은행이 등장하고, 지방 인구는 줄어드는 현실 앞에 선 은행이 비용을 줄이기 위해 선택할 수 있는 가장 쉬운 방안이 점포 폐쇄다.

그러나 점포 축소는 필연적으로 디지털 취약계층의 금융 소외 가속화를 낳는다. 당장 장애인과 고령자들이 은행 이용에 큰 불편을 겪는다. 소매점을 운영하는 고령의 자영업자들은 여전히 비대면 온라인 뱅킹에 익숙하지 않다. 온라인으로 결제하는 방법을 알면 영업에 큰 도움이 되지만, 온라인 가입과 정기적인 업데이트에 익숙하지 않아 오프라인 은행 점포

6. 금융감독원 금융통계정보시스템

에서 거래를 선호한다. 특히, 은행 점포 축소는 상대적으로 금융 인프라가 부족한 지방 거주민의 금융소외 현상을 심화시켜 지역간 격차를 키운다.

물론, 은행의 오프라인 영업점 축소를 합리적인 경영 판단으로 볼 여지가 있다. 금융의 디지털화와 비대면 거래 증가로 다른 국가에서도 점포가 줄고 있기 때문이다. 하지만 선진국에 비해 한국이 더 빠른 편이다. 한국의 인구(성인 기준) 10만명당 은행 점포 수는 2023년말 기준 12.7개로 경제협력개발기구(OECD) 국가 평균인 15.5개(상업은행 기준)에 못 미친다. 반면 다수의 소규모 은행이 지역금융을 담당하고 있는 미국과 일본의 경우 인구 10만명당 은행 점포 수가 각각 26.6개, 33.7개씩에 달해 OECD 평균을 크게 웃돈다.[7]

국내 금융당국도 무분별한 은행의 점포 축소를 막기 위해 다양한 방안을 강구하고 있다. '점포폐쇄 내실화 방안'은 은행이 점포폐쇄를 결정하기 전에 고객들의 의견을 수렴하는 절차를 마련해 폐쇄 여부에 반영하는 제도다. 점포 폐쇄에 대한 의견을 충분히 수렴한 결과 폐쇄로 결정한다면, 대체 점포를 먼저 마련해야 한다.[8]

3절. 모두의 금융웰빙을 향한 선택의 순간들

1. 진실을 가려내는 두 가지 잣대

디지털 금융 포용은 단순히 금융 서비스에 접근할 수 있는 권리를 보장

7. Financial Access Survey(2024)
8. 금융위원회 '은행 점포폐쇄 내실화 방안' 보도자료(2023.04.13.)

하는 문제를 넘어서고 있다. 예전엔 금융 취약계층이 은행 계좌를 개설하고 온라인 금융 서비스에 연결되었느냐를 중요하게 따졌다. 그러나 기술이 고도화되고 금융 환경이 디지털로 전환되면서, '접속이 가능하다'는 사실만으로 포용이 이뤄졌다고 장담할 수 없다. 동일한 디지털 금융 환경에 있어도 어떤 집단은 이를 통해 자산을 축적하는 반면, 다른 집단은 부채가 늘거나 금융 사기의 위험에 노출되기 때문이다.

아울러 디지털 금융 포용은 은행과 개인 소비자 사이의 긴장 관계를 포함한다. 금융기관은 소비자에게 유익한 금융 서비스를 제공하면서도 과도한 위험을 전가해 수익을 추구한다. 반면, 금융 소비자는 서비스의 구조와 위험을 이해하고, 피해로부터 스스로 보호해야 한다. 문제는 기술의 발전 속도가 개인의 학습과 적응 속도를 앞지르고 있다는 점이다. 디지털 금융 시장이 보편화될수록 금융 소비자 스스로 금융 리스크를 극복하는 역량 확보가 시급하다. 따라서 디지털 금융 포용은 두 가지 차원의 쟁점을 동시에 고려해야 한다. 첫째, 디지털 금융에서 심화될 접근성의 문제와 결과의 문제를 모두 엄중히 다뤄야 한다는 점이다. 둘째, 금융기관의 수익 추구와 금융 소비자의 역량 강화라는 상충된 문제를 지혜롭게 풀어가는 방안이 필요하다.

2. 접근성 해소냐 불평등 극복이냐

1. 접근성 극복은 영원한 숙제

디지털 금융 포용을 논할 때 단연 첫 번째 논의 대상은 접근성이다. 접근성이란 말 그대로 금융 서비스에 연결될 수 있는 통로가 열려 있는가를 뜻한다. 과거 전통적인 금융 포용이 은행 창구, 계좌 개설, 대출 기회와 같은 물리적 접근성을 의미했다면, 오늘날 디지털 금융 포용은 인터넷과 모바일 기기, 플랫폼 앱을 통한 접속 가능성을 가리킨다. 사람들은 한국이 세계적인 IT강국인데 디지털 포용에 무슨 문제가 있느냐고 반문할 것이다. 그러나 실상을 들여다보면 여전히 계층과 연령에 따른 불균등이 뚜렷하다.

고령층의 경우, 스마트폰을 갖고 있어도 금융 애플리케이션의 사용법을 익히지 못하거나, 작은 글씨와 복잡한 인증 절차 때문에 이용을 포기하는 사례가 적지 않다. 저소득층과 저학력층 역시 인터넷 요금 부담, 기기 구입의 어려움, 디지털 문해력 부족으로 접근성의 벽을 넘지 못한다. 앞서 살펴본 바와 같이, 디지털 금융 서비스가 점차 무인화와 비대면화 되면서 오프라인 창구가 줄어들고 금융 취약계층의 어려움은 더욱 가중되고 있다.

접근성 문제는 단순히 개인의 노력이나 선택에 맡겨둘 일이 아니다. 보편적 금융 접근권을 보장하기 위한 다양한 정책이 필요하다. 고령층과 저소득층을 위한 맞춤형 디지털 교육, 접근이 용이한 사용자 환경(UI) 설계, 오프라인 창구의 유지와 같은 다층적인 접근이 요구된다.

2. 불평등의 악순환 이면을 보라

동일한 디지털 서비스에 접속할 능력을 갖춰도 사회 집단에 따라 누리는 결과는 현격히 다르게 나타난다. 예컨대 모바일 금융을 활용하는 고소득층은 다양한 투자 상품에 쉽게 접근해 자산을 증식하지만, 생활비가 빠듯한 저소득층은 고금리 대출을 선택해 부채의 늪에 빠질 위험이 크다.

영국의 컨설팅 기관 NPC가 지적했듯, 디지털 소외와 금융 소외는 결국 경제적 빈곤이라는 뿌리를 공유한다. 불규칙한 소득, 불안정한 주거와 교육 환경, 낮은 문해력은 디지털 활용 능력과 금융 활용 능력을 동시에 약화시킨다. 따라서 서비스 접속 기회를 제공하는 것만으로 불평등을 해소할 수 없다. 결과 격차를 줄이는 정책이 수반되어야 한다. 이는 단순한 기술 지원을 넘어, 금융 취약계층의 자산 형성을 지원하는 맞춤형 금융 상품, 불평등한 결과를 완화하는 사회적 안전망 확충, 그리고 금융 사기 예방을 위한 제도적 장치 마련을 포함한다. 결국 디지털 금융 포용은 접근성의 문제를 출발점으로 삼되, 그 결과가 사회적 불평등을 줄이는 종합적 전략으로 진화하는 것이 관건이다.

3. 기업의 수익 추구와 소비자 보호간 힘겨루기

1. 이익 창출은 기업의 본능

기업의 본질은 수익을 창출하는 데 있다. 이 점은 디지털 금융 환경에서도 변하지 않는다. 기업은 빅데이터와 인공지능을 활용해 소비자의 행동 패턴을 분석하고, 이를 토대로 초개인화된 금융 상품을 제시한다. 긍정적인 측면에서 이는 소비자가 보다 적합한 금융 상품을 선택하도록 돕고, 저축과 투자 습관을 유도하는 효과를 가져올 수 있다. 그러나 이러한 기술은 소비자의 행동 편향을 교묘하게 자극하는 도구로 활용될 수도 있다.

영국 금융소비자보호청(FCA)은 2023년 금융기관이 소비자의 행동 편향을 악용하지 못하도록 의무 지침을 제시했다. 이는 기업의 수익 논리가 소비자 보호와 충돌할 때 어떤 규제적 장치가 필요한지 잘 보여준다. 그러나 영국식 규제 틀을 국내에 도입한다면, 기업의 이윤 동기를 과도하게 억누른다는 저항에 직면할 것이다. 기업의 혁신과 소비자 보호 사이에 적정한 조화를 이루는 방향이 필요하다.

FG22/5 소비자 의무에 대한 최종 지침 1.9 : 기업의 의무

내용
– 소비자를 비즈니스의 중심에 두고 고객에게 좋은 결과를 제공하는 데 집중합니다.
– 고객의 요구를 충족하도록 설계하고, 공정한 가치를 제공하며, 고객이 재무 목표를 달성하는 데 도움이 되고, 고객에게 피해를 주지 않는 상품 및 서비스를 제공합니다.
– 고객이 금융상품 및 서비스에 대해 효과적이고 시기적절하며 적절한 정보를 바탕으로 의사결정을 내리고 자신의 행동과 결정에 대해 책임을 질 수 있도록 고객과 소통하고 참여합니다.
– 고객의 행동 편향, 지식 부족 또는 취약한 특성을 악용하지 않습니다.
– 고객이 구매한 제품과 서비스이 혜택을 깨단고 불합리한 장벽 없이 고객의 이익을 위해 행동할 수 있도록 지원합니다.
– 제품/서비스 라이프사이클의 모든 단계에서 고객의 요구와 고객의 행동 방식을 일관되게 고려합니다.
– 실제 고객 성과에 대한 관심과 인식이 높아짐에 따라 고객에 대해 지속적으로 학습합니다.
– 고객의 이익이 조직 문화와 목적의 중김이 되고 조직 전체에 내재되어 있는지 확인합니다.
– 고객이 실제로 경함하고 있는 결과를 모니터링하고 정기적으로 검토하여 좋은 고객 결과에 대한 위험을 해결하기 위해 조치를 취합니다.
– 이사회 또는 이에 상응하는 지배기구가 이 의무가 회사 내에 제대로 정착되도록 전적인 책임을 지고, 고위 관리자는 고위 관리자 및 인증 제도(Senior Managers and Certification Regime)에 따른 책임에 따라 고객이 경험하는 결과에 대해 책임을 지도록 해야 합니다.

자료 : http://www.fca.org.uk/publication/finalised-guidance/fg22-5.pdf 〈박소정(2024) 재인용〉

2. 자기 보호 역량 키워야

아무리 금융기관에 엄격한 규제를 두더라도 소비자 개인의 역량이 뒷받침되지 않으면 디지털 금융 포용은 공허한 구호에 그칠 수밖에 없다. 기술 발전 속도는 인간의 학습과 적응 속도를 앞지르고 있다. 따라서 금융 소비자가 스스로를 보호하고 현명한 결정을 내릴 수 있도록 금융 이해력과 디지털 금융 이해력을 동시에 강화하는 일이 시급하다.

한국은행과 OECD는 '금융 이해력'을 합리적 금융 생활을 위한 지식·행위·태도의 종합적 금융 이해 수준으로 정의한다. '디지털 금융 이해력'은 "개인이 디지털 금융서비스를 잘 사용함으로써 개인의 금융 복지를 달성할 수 있도록 하는 역량이자 이해력"을 가리킨다.[9] 디지털 금융 이해력은 단순히 디지털 금융 서비스를 다루는 기술적 능력에 그치지 않고, 개인정보 보호, 금융 사기 예방, 마케팅 전략에 대한 비판적 판단력까지 포함하는 포괄적 역량이다.

우리나라 국민들의 금융 인식 수준은 어떨까. 한국은행과 금융감독원이 발표한 '2024 전국민 금융이해력 조사'에 따르면 2023년 기준 우리나라 성인의 금융이해력 점수는 65.7점이다. OECD 평균(62.7점)보다 높은 편이다. 연령별로 살펴보면, 20대와 70대의 금융이해력이 낮은 반면, 50~60대는 상대적으로 높다. 아울러 고소득층이 저소득층보다, 고학력층이 저학력층보다 금융이해력이 높아 소득계층 및 학력별 격차가 벌어

---

9. 박소정. "디지털 금융이해력(Digital Financial Literacy)에 관한 연구." 연구보고서 2024.1 (2024): 1-99.

지고 있다.[10]

주목할 점은 디지털 금융 이해력 역시 금융 이해력 조사와 비슷하다는 점이다. 70대와 20대의 디지털 금융 이해력이 다른 연령대에 비해 낮다. 저소득층과 고소득층간 차이는 무려 10점 차이가 난다. 고학력층도 고졸 미만의 저학력층에 비해 높다.

응답자 특성별 금융이해력

	연령						소득계층[1]			학력		
	20대[2]	30대	40대	50대	60대	70대	저소득	중소득	고소득	고졸미만	고졸	대졸[3]이상
2022(A)	65.8	69.0	68.9	67.0	64.4	61.1	63.2	68.0	68.7	59.3	65.4	68.7
2024(B)	62.6	67.7	68.4	67.9	64.7	59.3	59.7	66.8	68.8	59.0	64.5	68.0
차이(B-A)[4]	-3.2	-1.3	-0.5	0.9	0.3	-1.8	-3.5	-1.2	0.1	-0.3	-0.9	-0.7

주 : 1) 연소득 7천만원 이상 고소득층, 3천만원~7천만원 중소득층, 3천만원 미만 저소득층으로 구분
　　2) 만 18~29세 3) 전문대학 포함 4) 22년 대비 하락, 회색 음영은 22년 대비 상승한 계층
자료 : 한국은행 (2025)

응답자 특성별 디지털 금융이해력

	연령						소득계층[1]			학력		
	20대[2]	30대	40대	50대	60대	70대	저소득	중소득	고소득	고졸미만	고졸	대졸[3]이상
2022(A)	44.7	45.0	44.2	43.1	41.1	36.0	39.4	44.0	48.8	35.9	41.2	45.5
2024(B)	44.8	46.6	46.6	46.4	44.8	42.2	42.9	45.2	51.9	42.0	44.7	46.9
차이(B-A)	+0.1	+1.6	+2.4	+3.3	+3.7	+6.2	+3.5	+1.2	+3.1	+6.1	+3.5	+1.4

주 : 1) 연소득 7천만원 이상 고소득층, 3천만원~7천만원 중소득층, 3천만원 미만 저소득층으로 구분
　　2) 만 18~29세 3) 전문대학 포함

10. 한국은행(2025) 보도자료, 「2024 전국민 금융이해력 조사」 결과

이처럼 금융 이해력과 디지털 기술을 다루는 역량 및 디지털 금융 이해력을 종합적으로 판단해보면, 흥미로운 사실을 끌어낼 수 있다.

첫째, 금융 이해력이 높은 사람일수록 금융 상품을 활용해 자산을 더 잘 늘릴 것이란 점이다. 아울러 금융 사기를 예방하거나 위험 관리 능력도 뛰어날 것이다. 새롭게 등장하는 디지털 금융 이해력도 남보다 더 뛰어날 것으로 보인다.

둘째, 디지털 네이티브라고 불리는 MZ 세대가 반드시 디지털 금융 이해력도 뛰어나다고 확신할 수 없다. 젊은 세대가 디지털 금융에 접근하고 다루는 데 능숙하더라도 기본적인 금융 이해력이 낮다면 금융 웰빙을 누릴 수 없다. 오히려 기본적인 금융 이해력이 낮으면 디지털 금융의 편의성에 휩쓸려 무분별한 투자나 과도한 대출 및 과소비에 노출될 위험이 높을 뿐이다.

셋째, 디지털 사기에 있어서는 세대를 막론하고 상당한 위험에 무방비로 노출될 수 있다. 노령층은 디지털 금융 활용에 익숙하지 않아서 교묘한 디지털 금융사기에 당할 가능성이 높다. 물론, 노령층은 이러한 디지털 금융을 거부하려는 저항 심리가 강해 사용 빈도가 낮다. 그만큼 사기를 당할 확률은 낮지만, 자신이 평생 모은 자산을 상당 부분 잃어버릴 만큼 피해 금액이 클 수 있다. 반면, 디지털 기기에 익숙한 젊은 세대는 디지털 금융 활용 횟수도 높을 것이다. 그러나 사용량이 많은 만큼 젊은층이 겪게 될 피해 확률도 비례해서 높다.

결국 연령, 소득, 학력 등 단순 지표만으로 디지털 금융 격차를 명쾌하게 설명할 수 없다. 누구든 금융 이해력과 디지털 금융 이해력을 동시에 갖추어야만 실질적인 금융 복지를 누릴 수 있다. 따라서 교육 과정에 금융·디지털 금융 이해력 교육을 체계적으로 포함시키고, 성인과 노년층을 위한 평생 학습 체계를 마련하는 일이 중요하다. 개인의 역량을 강화하는 노력은 개인 차원을 넘어 사회 전체의 금융 안정성과 직결된다는 점에서 국가적 차원의 장기적 과제로 다뤄야 한다.

제3부

보이지 않는 가교
: 노동의 가치와 언어의 권리

제7장

AI와 노동의 미래
: 기계의 시간, 인간의 자리

남미경

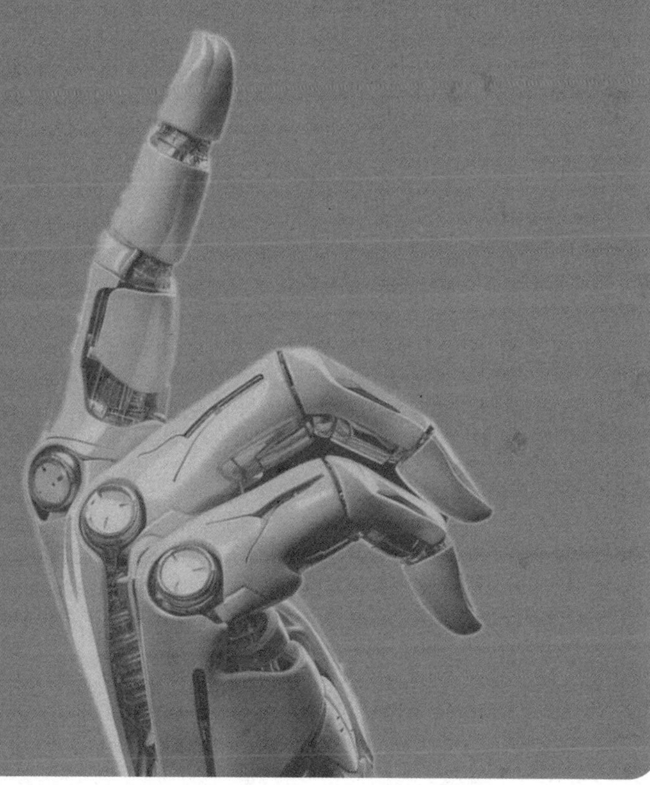

서론

　AI와 노동을 둘러싼 논의는 오랫동안 하나의 질문에서 크게 벗어나지 못했다. 얼마나 많은 일자리가 사라질 것인가. 자동화는 고용을 어디까지 밀어낼 것인가. 인공지능이 노동에 미칠 영향을 묻는 거의 모든 대화는 이 질문으로 시작했고, 또 이 질문으로 끝났다. 인공지능 논쟁이 본격화되던 2010년대 초반 이 물음은 하나의 공통 언어처럼 빠르게 퍼져나갔다. '노동의 미래'에 대한 상상은 이로 인해 단순해졌고, 변화의 복잡한 결은 '감소'라는 하나의 방향으로 갇히게 됐다.

　이 흐름을 사회적 상식으로 굳혀놓은 계기가 2013년 경제학자 칼 프레이와 마이클 오스본의 예측이었다.[1] 인공지능과 자동화가 미국 직업의 상당 부분을 대체할 수 있다는 이 분석은 노동 담론의 프레임으로 고착됐다. 이후 논의는 '어떤 일이 새로 생길 것인가', '일의 방식이 어떻게 달라질 것인가'보다는 얼마나 많은 일이 사라질 것인지, 다시 말해 '상실의 규모'를 계산하는 데 머물렀다. 이 예측은 학계의 논쟁에 그치지 않았다. 언론의 헤드라인부터 저녁 식탁의 대화까지, AI는 일자리를 앗아가는 공포의 대명사로 빠르게 번져나갔다. 노동의 변화는 감당해야 할 손실처럼 인식되었다.

　그러나 디지털 AI의 본격적인 등장 이후 이 예측은 조금씩 어긋나기 시

---

1. 칼 프레이(Carl Benedikt Frey)와 마이클 오스본(Michael A. Osborne)은 2013년 옥스퍼드대 마틴스쿨 소속 연구자로서 「The Future of Employment」 보고서를 통해 미국 직업의 약 47%가 자동화 위험에 노출돼 있다고 분석했다. 이 연구는 이후 『고용의 미래(The Future of Employment)』(2017)로 확장 출간되며, AI와 자동화가 일자리를 얼마나 대체할 것인가라는 질문을 노동 담론의 중심에 놓는 계기가 됐다.

작했다. 자동화가 예상보다 빨랐기 때문만은 아니다. AI가 칼 끝을 겨누기 시작한 대상이 우리의 예상과 전혀 딴판이었다. 반복적이고 단순한 업무부터 사라질 것이라는 오랜 전제와 달리, 인공지능은 분석과 판단, 문서 작성처럼 지적 노동의 중심부로 빠르게 들어왔다. 인간의 숙련과 전문성이 방패가 될 것이라 여겨졌던 영역들도 흔들렸다. 이는 특정 직무가 위험해졌다는 신호라기보다 인공지능의 영향이 더 이상 한정된 영역에 머물지 않게 됐다는 뜻에 가깝다. 다시 말해 우리가 익숙하게 그려왔던 '노동 지도'가 더 이상 유효하지 않게 되었다는 사실이다.

그런데 이 변화는 '대체'라는 한 단어로 설명되지 않는다. 요즘 노동 현장에서 더 흔한 모습은 사람이 사라지는 장면이 아니다. 첨단 과학기술을 입힌 시스템이 판단을 내리고 사람은 그 결정을 따르며 책임을 떠안는 구조다. 이런 비대칭적 협업이 지금의 노동 현장을 관통하고 있다. 헤테로메이션(heteromation)이다.[2] 겉으로는 사람과 AI가 협업하는 것처럼 보이지만 그 협업은 늘 반듯하지 않다. AI가 먼저 정하고 사람은 따라가며 보정한다. 효율은 높아지지만 결정의 과정은 점점 보이지 않게 된다. 문제가 생겼을 때 남는 것은 여전히 개인에게 돌아오는 책임이다.

그래서 지금 이 시점에서 AI와 노동을 함께 보지 않을 수 없다. 과로와 산업재해, 비정규직과 불안정 고용처럼 오래된 균열 위에 AI가 얹히면서, 노동시장의 변화는 이전보다 훨씬 빠르고 직접적인 형태로 드러나고 있

---

2. 헤테로메이션(heteromation)은 자동화(automation)처럼 보이지만 실제로는 인간 노동의 개입과 보정, 책임이 구조적으로 전제된 자동화 형태를 뜻한다. 기계가 판단과 지시를 담당하고, 인간은 실행과 예외 처리, 결과에 대한 책임을 맡는 비대칭적 노동 구조를 가리킨다.

다. 일자리가 사라지기 전에, 일의 기준과 책임이 먼저 흔들리고 있기 때문이다. 노동은 AI의 영향을 가장 먼저, 가장 날것으로 드러내는 영역이다. 그렇기에 지금 우리가 마주한 질문은 노동의 미래를 어떻게 그려볼 것인가다. 이 장은 이 질문을 다시 정면에 놓는다.

1절. 논쟁의 전경 – 우리는 무엇을 보고 있는가

AI와 노동을 둘러싼 논쟁은 언제나 같은 질문으로 시작된다. "일자리는 사라지는가."

그러나 그 질문에 붙는 대답은 하나가 아니다. 같은 현실을 두고, 서로 다른 목소리들이 동시에 말한다.

먼저 언론의 헤드라인이다. "AI 때문에 일자리가 사라진다" 감원, 구조조정, 자동화라는 단어가 빠르게 이어진다. 기술 기업의 해고 소식, 창작·사무·개발 직군의 불안이 기사로 묶인다. 언론은 AI를 일자리 감소의 원인으로 호출한다. 독자가 가장 먼저 접하는 서사는 대체로 이 프레임이다.

보고서의 언어는 다르다. 보고서들은 같은 현상을 두고 재편이라는 단어를 쓴다. 일자리는 없어지는 것이 아니라 이동하고, 바뀌며, 다시 배치된다는 설명이다. 단순·반복 업무는 줄어들지만, 새로운 직무와 역할이 생긴다는 주장도 함께 따라붙는다. 여기서 핵심 단어는 '총량'이다. 전체 일자리 수는 유지되거나, 장기적으로는 증가할 수 있다는 전망이 덧붙여진다.

기업의 설명은 더 차갑다. 기업은 일자리를 말하지 않는다. 생산성과 효율을 말한다. AI 도입은 생산 비용을 줄이고 속도를 높이며 결과를 예측 가능하게 만든다는 언어로 포장된다. 재교육이 가능한 인력은 남고, 그렇지 않은 인력은 떠난다. 이 과정은 '감원'이 아니라 '선별'로 표현된다. 불안이라는 단어가 없다. 대신 성과, 경쟁력, 투자라는 단어가 반복된다. 이 언어 속에서 노동은 비용이고, 사람은 변수다.

현장은 차원이 다르다. 노동자들은 일자리가 줄어든 총량을 말하지 않는다. 지금의 '압박'을 말한다. 업무 속도가 빨라졌고 평가 기준이 바뀌었으며, 언제든 대체될 수 있다는 현실이 일상화됐다는 증언이 나온다. 아직 해고되지는 않았다는 말과 함께, 언제든 가능해 보인다는 수식어는 따라 붙는다. 불안은 전망이 아니라 상태다.

이 네 가지 목소리는 같은 장면을 보고도 전혀 다른 말을 한다. 언론은 줄어든다고 쓰고, 보고서는 재편된다고 정리한다. 기업은 생산성을 말하고, 노동자는 불안을 말한다. 모두 현실의 일부를 말하고 있지만, 아무도 전체를 말하고 있지는 않다.

그래서 지금의 논쟁은 쉽게 끝나지 않는다. 같은 변화를 두고도, 무엇을 보느냐에 따라 결론이 달라지기 때문이다. 누군가는 해고된 사람을 보고, 누군가는 남아 있는 총량을 본다. 누군가는 생산성을 말하고, 누군가는 삶의 불안을 말한다. 이 차이는 의견 차이가 아니라, 무엇을 문제로 삼느냐의 차이다. 그리고 바로 이 지점에서 논쟁은 숫자의 싸움이 아니라 구조의 문제로 넘어간다.

2절. 논쟁의 내부 – 실제로 무슨 일이 벌어지나

1. 쟁점1 – AI 때문에 일자리가 줄어드나

일부 산업과 기업에서는 이미 '일자리가 줄었다'고 읽히는 숫자들이 등장하고 있다. 중국과 미국의 대형 기술기업에서 벌어진 일은 왜 많은 사람들이 이 변화를 '감소'로 인식하게 됐는지를 보여준다.

중국 최대 포털 기업 바이두는 2025년 연말을 앞두고 일부 부서에서 10~30% 규모의 인력 조정에 들어갔다. 코딩과 자료 분석 등 핵심 업무에 AI 도구가 빠르게 투입되면서 사람이 맡던 역할 일부가 시스템으로 넘어갔다. 미국 글로벌 IT 컨설팅 기업 액센추어에서도 같은 해 수개월 동안 약 1만 1000명 규모의 감원이 이어졌다. 감원은 경기 둔화보다는 AI 도입 이후 인력 재편 과정에서 발생한 조정에 가까웠다.

이런 사례들은 많은 사람들에게 'AI 때문에 일자리가 줄고 있다'는 인식을 강화한다. 실제로 현장에서는 줄어든 숫자가 먼저 보이기 때문이다. 그러나 이 지점에서 한 번 멈춰야 한다. 이 감원 숫자를 곧바로 '전체 일자리 감소'로 연결할 수 있는지는 다른 문제다.

기업 단위의 감원은 특정 직무와 조직에서 벌어진 변화를 보여주지만, 노동시장 전체의 움직임을 직접적으로 대변하지는 않는다. 감원은 기업·산업·시점에 따라 집중적으로 나타날 수 있고, 그 자체로 국가 단위 고용 총량의 변화를 의미하지는 않는다. 다시 말해, 우리가 보고 있는 숫자는 노동시장의 한 단면이지, 전체 그림은 아니다.

실제로 OECD가 집계한 최근 수년간의 고용 지표를 보면 주요 선진국에서 AI 활용이 빠르게 확산하는 동안에도 고용률은 전반적으로 유지되거나 일부 국가에서는 오히려 상승했다. 실업률 역시 AI 도입 시기와 뚜렷하게 연동돼 급증했다고 보기는 어렵다. 이는 기업 현장의 감원 숫자와 국가 단위 고용 통계가 서로 다른 방향을 가리킬 수 있음을 보여준다.

이 차이는 AI의 영향이 상반되기 때문이라기보다 무엇을 기준으로 보느냐의 차이에서 발생한다. 기업은 특정 직무와 조직을 기준으로 인력을 줄이고, 통계는 산업 전체와 국가 전체를 단위로 움직임을 포착한다. 같은 변화라도 측정 단위와 기간, 범위가 달라지면 숫자는 다르게 나온다.

이 때문에 어떤 분석은 감소를 말하고, 다른 분석은 재편을 말한다. OECD 보고서는 자동화로 일부 저숙련 업무가 줄어드는 동시에 전문 인력과 새로운 역할에 대한 수요가 늘어날 가능성도 함께 언급한다. 세계경제포럼(WEF)의 고용 전망을 인용한 일부 보도 역시 기존 일자리가 사라지는 만큼 새로운 직무가 생성될 수 있다는 시나리오를 제시한다.

그래서 이 논쟁은 끝나지 않는다. 같은 변화 앞에서 한쪽은 해고 현장을 보고 다른 쪽은 고용 통계를 본다. 범위가 다르면 판단도 달라진다.

2. 쟁점2 – AI는 일을 없애는가, 일을 바꾸는가

AI가 노동을 바꾸고 있다는 말은 이제 실재하는 현실이다. 다만 변화의 방식은 사람들이 흔히 상상하는 것과 다르다. 직업이 통째로 사라지기보다 일의 역할 일부가 AI의 손으로 넘어간다. 그래서 논쟁은 "대체냐 보조냐"라는 말싸움에 머물지만, 현장에서 벌어지는 변화는 훨씬 구체적이다.

영국 문학계에서 나타난 변화는 이 흐름을 가장 극단적으로 보여준다.

글쓰기는 오랫동안 인간 고유의 영역으로 여겨져 왔다. 그러나 생성형 AI의 등장은 바로 그 전제를 흔들었다. 케임브리지대학교 기술·민주주의 센터 연구팀이 소설가와 출판사 등 문학계 인사 400명을 조사한 결과, 응답자의 51%는 "생성형 AI가 소설 분야를 완전히 대체할 가능성이 있다"고 답했다. 85%는 향후 자신의 수입이 더 줄어들 것이라고 예상했다. 이는 단순한 기술 불안이 아니다. 소설가들이 느끼는 위기의 핵심은 '직업이 사라질지도 모른다'가 아니라, 글을 쓰는 일 자체가 더 이상 인간의 전유물이 아닐 수 있다는 인식이다. 연구팀은 이를 "글쓰기를 통해 수익을 창출해온 방식 자체가 무너질 수 있다는 위기의식"으로 해석했다.

이 불안은 이미 현실로 이어지고 있다. 조사에 따르면 영국 소설가의 39%는 생성형 AI 등장 이후 실제로 소득이 줄었다고 답했다. 중요한 것은 감소의 방식이다. 변화는 소설가라는 직업이 한꺼번에 사라지는 형태로 나타나지 않았다. 대신 소설가의 일 가운데 문장 생성이나 초안 작성, 플롯 구성처럼 시장에서 가장 먼저 수익으로 연결되던 작업부터 경쟁이 시작됐다. 직업은 유지되고 있지만 그 직업을 떠받치던 핵심 업무가 먼저 흔들리고 있는 셈이다.

비슷한 변화는 개발자 직군에서도 관찰된다. 과거에는 코드 작성과 디버깅이 숙련의 핵심이었다. 지금은 AI가 기본 코드를 만들고 오류를 잡는다. 개발자는 여전히 필요하지만 '코딩 그 자체'는 더 이상 노동의 중심이 아니다. 사람의 역할은 전체 구조를 설계하고 결과를 검증하는 쪽으로 이동한다. 대체된 것은 직업이 아니라 직업 안에 포함돼 있던 특정 업무다.

사무직에서도 같은 일이 반복된다. 자료 정리, 요약, 분석, 보고서 초안 작성은 한때 신입과 초급 인력의 주요 업무였다. 이제 이 작업들은 AI가 훨씬 빠르고 안정적으로 수행한다. 사무직이라는 직무는 유지되지만 그 안에서 사람이 처음 맡던 역할부터 사라진다. 변화는 조용히 진행된다. 해고가 없어도 일의 무게와 범위는 이미 줄어들기 시작했다.

그래서 이 질문은 다시 돌아온다. AI는 일을 없애고 있는가, 아니면 일을 바꾸고 있는가. 지금까지의 변화는 분명하다. 직업이 한꺼번에 사라지고 있지는 않다. 대신 그 직업을 이루던 일의 구성과 순서가 바뀌고 있다. 사람은 여전히 노동 현장에 남아 있지만 사람이 하던 일의 핵심은 점점 다른 곳으로 이동한다. 이 변화는 해고라는 사건보다 조용하고 통계보다 먼저 진행된다. AI는 일의 의미와 무게를 먼저 바꾸고 있다.

3. 쟁점 3 – 누가 먼저 흔들리나

직업군별 AI 자동화 노출 현황

직업군	AI 자동화 노출 비율(% 작업)
사무 및 행정 지원 직종	75.5
비즈니스 및 금융 운영 직종	68.4
컴퓨터 및 수학 관련 직업	62.6
판매 및 관련 직종	60.1
법률 관련 직업	47.5
예술, 디자인, 스포츠 및 미디어 직종	45.8
건축 및 엔지니어링 직종	40.7
의료 종사자 및 기술 직종	23.1
생산직	14.4
농업, 어업 및 임업 직업	9.7
건물 청소 및 유지 관리 직종	2.6

출처 : Eloundou et al.(2024)의 추정치와 미국 노동통계국의 데이터를 기반으로 한 PWBM

생성형 AI가 만들어내는 고용 충격은 무작위로 퍼지지 않는다. 변화는 노동시장의 가장 아래에서 위로 차오르지 않는다. 오히려 사무·전문 직무의 한가운데에서 먼저 시작된다. 충격의 방향은 '위계'가 아니라 '구조'를 따른다.

이 흐름을 가장 분명하게 보여주는 연구가 펜실베이니아대 연구진의 분석이다.[3] 이들은 직업을 하나의 묶음으로 보지 않고, 업무를 구성하는 '직무 단위'로 분해해 생성형 AI가 수행할 수 있는 비중을 계산했다. 그 결과 사무·행정 지원, 비즈니스·금융 운영, 컴퓨터·수학 관련 직무에서는 전체 업무의 절반 이상이 이미 AI 자동화의 범위 안에 들어와 있는 것으로 나타났다.

임금 분포를 함께 놓고 보면 이 흐름은 더 또렷해진다. 통념과 달리, 저임금 직종은 AI의 영향권에서 상대적으로 벗어나 있다. 육체노동이나 대면 서비스 비중이 높아 업무를 쪼개거나 표준화하기 어렵기 때문이다. 반대로 소득이 높아질수록 AI가 대신할 수 있는 업무 비중은 빠르게 증가한다. 프로그래머, 엔지니어, 전문 사무직처럼 소득 분포 상위 80~90% 구간에 속한 직종에서는 평균적으로 업무의 절반가량이 생성형 AI로 대체 가능하다는 분석이 나온다. 다만 기업 임원이나 의료 전문직처럼 판단과 책임이 강하게 결합된 최상위 직종에 이르면 노출도는 다시 낮아진다.

이 결과는 자동화에 대한 오래된 상식을 뒤집는다. 생성형 AI는 가장 힘든 일이나 가장 저임금의 일부터 대체하지 않는다. 대신 설명 가능하고 표준화돼 있으며, 문서와 데이터로 잘게 나눌 수 있는 업무부터 흡수한다. 자동화의 출발점이 개인의 취약성이 아니라, 정리되고 구조화된 일이라는 점에서 이는 분명한 역설이다.

국내 연구 역시 이 흐름을 시간의 축 위에서 확인해준다. KAIST 서용석 교수는 직업별 자동화 가능성과 AI 노출도를 기준으로 고용 충격이 어

---

3. 펜실베이니아대학교 와튼 스쿨 예산모형연구소(Penn Wharton Budget Model, PWBM)의 「The Impact of Generative AI on Future Productivity Growth」, 2024년. 이 보고서는 생성형 AI가 직무 단위에서 노동과 생산성에 미치는 영향을 분석하며, 직업별·임금 분포별 AI 노출도를 추정했다.

떻게 이동하는지를 계산했다.[4] 그의 분석에 따르면 2030년에는 단순·반복 사무직이 가장 먼저 영향을 받는다. 경리, 회계, 마케팅, 판매 사무직이 여기에 포함되며, 전체 취업자의 약 12.9%, 351만 명이 이 범주에 들어간다. 이들이 먼저 흔들리는 이유는 분명하다. 업무가 이미 표준화돼 있고, 문서와 데이터로 분해돼 있으며, 비용 대비 효율을 계산하기 쉽기 때문이다.

2035년이 되면 충격은 관리·운영·중개 영역으로 확산한다. 생산·품질 관리 사무원, IT 시스템 운영자, 부동산 중개사 등이 포함되며, 영향권에 들어가는 인원은 전체의 23.9%, 약 651만 명으로 늘어난다. 이 단계에서는 업무 결과에 대한 최종 판단은 사람의 몫으로 남아 있지만, 그 판단에 이르기까지의 절차와 기준이 먼저 자동화되기 시작한다.

2040년에는 범위가 더 넓어진다. 전문직까지 포함해 전체 취업자의 73.8%, 약 2005만 명이 AI·자동화의 영향권에 들어간다. 전문성의 무게중심이 '지식을 보유하는 능력'에서 '판단을 검증하고 책임지는 능력'으로 이동하는 시점이다.

펜실베이니아대 연구와 KAIST 연구가 공통으로 보여주는 것은 직업의 소멸이 아니다. 고용 충격이 시간과 구조를 따라 이동한다는 사실이다. AI는 능력이 낮은 일을 먼저 밀어내지 않는다. 설명 가능하고 쪼갤 수 있으며, 비용 대비 효율이 분명한 업무부터 흡수한다.

이렇게 보면 AI로 인한 고용 변화는 일자리가 사라지느냐의 문제가 아

---

4. 서용석 KAIST 경영대학 교수는 미래전략콘퍼런스에서 직무 자동화 노출도를 기준으로 AI의 고용 영향을 분석한 연구 결과를 발표했다.

니다. 어디서부터, 어떤 순서로 흔들리느냐의 문제다. 그리고 지금 그 출발점은 이미 사무·전문 직무의 한복판에 와 있다.

4. 쟁점 4 – 청년·여성이 더 취약한가?

#1 개발자였던 청년

29세 개발자 A는 얼마 전까지만 해도 "AI 시대의 수혜자"라는 말을 가장 자주 들었다. 컴퓨터공학을 전공했고 중견 IT기업에서 백엔드 개발자로 일했다. 기술 변화에 뒤처질 이유는 없어 보였다.

하지만 회사의 풍경은 빠르게 바뀌었다. 코드 리뷰는 AI가 먼저 했고, 단순 기능 구현은 프롬프트 한 줄로 끝났다. 팀은 줄었고 신규 채용은 멈췄다. 어느 날 그는 "조직 효율화"라는 말과 함께 퇴직 권고를 받았다. 재교육 기회는 없었다. 대신 이런 말이 돌아왔다. "지금은 속도가 중요하다."

지금 A는 공무원 시험을 준비하고 있다. AI가 들어오기 어렵다고 생각한 몇 안 되는 선택지였기 때문이다.

#2 취업을 멈춘 예비 직장인

26세 콘텐츠·마케팅 전공자 B는 졸업을 앞두고 취업 준비를 잠시 멈췄다. 기업들이 요구하는 기본 역량 대부분을 AI가 대신하고 있다는 사실을 깨달았기 때문이다. 채용 공고마다 'AI 활용 역량 우대'라는 문구가 붙어 있었지만, 그 말이 정확히 무엇을 의미하는지는 아무도 설명해주지 않았다.

문제는 경쟁이 치열하다는 점이 아니었다. 무엇을 얼마나 더 준비해야

'사람으로서' 경쟁력이 생기는지 알 수 없다는 점이었다. 출발선이 흐려졌다는 감각이 그를 멈춰 세웠다.

사라지는 것은 '일자리'가 아니라 '입구'

이 두 사례는 예외가 아니다. 최근 조사에서 대학생 10명 중 8명은 AI가 자신의 일자리를 위협한다고 답했다.[5] 청년 세대에게 AI는 더 이상 '언젠가 올 변화'가 아니다. 이미 곁에 와 있는 경쟁자다.

> ### 왜 청년부터 입구가 닫히는가 – 형식지식과 암묵지의 차이
>
> 생성형 AI가 청년 일자리를 먼저 흔드는 이유는 생각보다 단순하다. 청년이 의존해 온 능력이 AI가 가장 먼저 성과를 내는 영역에 놓여 있었기 때문이다. 스탠퍼드대 디지털 이코노미 랩 연구진은 이를 '형식지식'과 '암묵지'의 차이로 설명한다. 형식지식은 학교에서 배우고 매뉴얼로 익히고 시험으로 평가되는 능력이다. 프로그래밍 문법, 회계 규칙, 보고서 작성, 계약서 검토처럼 정해진 방식과 정답이 있는 일들이다. 생성형 AI는 바로 이 영역에서 가장 빠르게 성능을 낸다.
>
> 문제는 이 형식지식이 대학을 갓 졸업한 청년들이 취업 준비 과정에서 가장 많이 쌓아온 무기라는 점이다. 그래서 같은 직무 안에서도 먼저 줄어드는 것은 초년생이고, 경험이 쌓인 30대 이상은 상대적으로 버틴다.
>
> 반대로 암묵지는 다르다. 현장에서 체득한 요령과 사람을 대하는 감각, 상황을 읽는 판단력과 같은 영역은 AI가 쉽게 넘보지 못하는 인간만의 전문성이다.
>
> 그래서 지금 벌어지는 변화는 세대의 문제가 아니다. AI는 사람보다 먼저, 청년이 맡아오던 역할부터 경쟁의 장으로 끌어낸다. 청년부터 입구가 닫히는 이유는 여기에 있다.

5. 코리아스타트업포럼·김종민 의원실 공동 기획 대학생 대상 설문조사, 여론조사기관 오피니언즈 실시, 이코노미스트, 2025년.

설문에 담긴 불안은 구체적이다. 응답자의 82.1%는 AI로 인해 직업 안정성이 위협받을 수 있다고 느꼈고, 87.6%는 기업이 AI 도입과 함께 신입 채용을 줄일 것이라고 내다봤다. AI의 영향을 가장 먼저 받을 계층으로는 신입·인턴이 60.8%로 가장 많이 지목됐다. 아직 해고되지는 않았지만, 처음 들어갈 자리가 줄어들고 있다는 감각이 분명하게 공유되고 있다.

그래서 여기서 중요한 해석이 나온다. 청년은 '대체된 직무'의 피해자가 아니다. '사라지는 입구'의 피해자다. AI는 기존 일자리를 한꺼번에 밀어내기보다, 새로 들어갈 자리를 먼저 좁힌다. 개발자에서 공무원 시험으로 방향을 튼 선택 역시 출구가 아닌 입구를 찾기 위한 이동에 가깝다.

여성 직무가 먼저 흔들리는 이유

이 흐름은 여성에서도 확인된다. 다만 초점은 개인의 능력이 아니라 직무가 놓인 구조다. 정부와 KDI가 함께 제시한 분석에 따르면 초기 AI 고용 충격은 여성과 청년이 많이 종사하는 사무·관리 직무에서 먼저 나타난다.[6] 경리, 회계, 영업·마케팅 사무직처럼 반복 가능하고, 문서화·표준화된 업무가 집중된 영역이다.

중요한 점은 이것이다. 여성이 더 약해서가 아니다. 여성이 많이 몰려 있는 직무 구조가 먼저 타격을 맞는 것이다. 그래서 초기에는 여성·청년 사무직이 흔들리고, 이후에는 남성 중심의 제조·전문직으로 충격이 확산한다는 그림이 나온다. 충격은 단계적으로 이동한다.

---

6. 정부·한국개발연구원(KDI) 공동 주최 「미래전략 콘퍼런스」 발표 자료, 2025년.

이 절이 보여주는 결론은 분명하다. AI는 일자리를 한꺼번에 없애지 않는다. 대신 미래로 들어가는 문부터 조용히 좁힌다. 청년과 여성이 먼저 불안해지는 이유는 이 변화의 가장 앞줄에 서 있기 때문이다.

3절. 놓친 질문들 – 아직 우리는 일의 주인인가

1. 결정은 어디에서 사라졌는가(결정 외주화)

비 오는 저녁, 배달 앱을 켠다. 라이더는 잠시 화면을 응시하다 이내 헬멧을 조여 쓴다. 오늘 어디로 향할지, 어떤 배달을 맡을지는 묻지 않는다. 선택은 이미 앱의 몫이다. 지금 이 주문, 이 동선, 그리고 이 속도까지.

수행 점수가 깎이면 호출은 뜸해지고 도착이 늦어지면 다음 기회는 오지 않는다. 배차가 끊긴 이유에 대해 친절한 설명 따위는 없다. 화면 위를 점유한 숫자와 아이콘이 그의 유일한 대화 상대다. 라이더는 그저 기계적으로 완료 버튼을 누르며 다음 지시를 기다릴 뿐이다.

일은 분명 사람이 한다. 쏟아지는 빗줄기를 뚫고, 신호를 견디며, 가파른 계단을 오르는 것은 분명 살아있는 사람의 몸이다. 하지만 노동의 핵심인 '판단'은 제외됐다. 무엇을 먼저 할지, 얼마나 서두를지, 어떤 선택이 효율적일지는 시스템의 알고리즘이 설계한다. 이 비정한 생태계에서 가장 먼저 증발한 것은 스스로 선택하고 판단할 권리, '결정'이다.

이런 결정권의 상실은 비단 플랫폼 노동자들만의 이야기가 아니다. 최근 한 조사에 따르면 유럽 기업의 약 4분의 1은 채용과 업무 배치, 근무 일정, 성과 평가처럼 전통적으로 관리자가 수행하던 영역을 알고리즘과 인공지능에 일임하고 있다.[7] 보고서는 이 비율이 향후 10년간 급격히 치솟을 것이라 경고한다. 노동을 관리하는 주체가 '사람'에서 '시스템'으로 교체되고 있다는 신호다.

이러한 흐름은 이제 플랫폼을 넘어 물류, 제조, 사무직 등 전통적인 산업 전반으로 침투하고 있다. 이른바 '알고리즘 관리(algorithmic management)'라 불리는 이 구조는 이미 주요한 정책 논의의 대상이다.[8] 시스템은 지치지 않으며 편향 없이 일관되고 빠르다. 기업 입장에서는 비용은 줄이고 효율은 극대화할 수 있는 매력적인 도구다.

그러나 효율이 높아질수록 '결정'은 점점 더 사람의 손을 떠난다. 무엇을 우선순위에 둘지, 어떤 속도로 움직일지, 무엇이 정답인지는 더 이상 현장의 목소리로 정해지지 않는다. 인간은 시스템의 지시를 수행하는 정교한 '실행자'로 남고, 기준은 화면 너머 보이지 않는 곳에서 하달된다. 그렇게 인간 고유의 영역이었던 결정은 지금 이 순간에도 조용히 외주화되고 있다.

결국 노동에서 인간의 역할은 근본적으로 재정의된다. 이제 사람은 일을 능동적으로 설계하기보다 이미 짜인 흐름을 매끄럽게 처리하는 부품에 가까워진다. 사유의 시간은 거세되고, 즉각적인 반응의 시간만이 길어

---

7. 유럽연합 집행위원회 의뢰로 리투아니아 연구기관인 비저너리 애널리틱스가 조사를 진행했다.("Algorithmic Management in European Workplaces", 2024)

8. '알고리즘 관리(algorithmic management)'는 플랫폼 노동 연구와 조직 이론에서 사용되는 개념으로, 업무 배정·평가·보상·제재가 인간 관리자 대신 알고리즘과 데이터 시스템을 통해 자동화되는 관리 방식을 의미한다. EU, 국제노동기구(ILO) 등은 알고리즘 관리가 노동자의 자율성·설명 가능성·책임 구조에 미치는 영향을 주요 정책 쟁점으로 다루고 있다.

진다. 직종의 이름은 그대로 남아 있을지언정, 그 직업을 지탱하던 핵심 권한은 이미 시스템의 심장부로 이동한 뒤다.

유럽연합(EU)을 비롯한 국제사회는 알고리즘 관리에 대해 '인간의 감독(human oversight)'이 반드시 필요하다고 목소리를 높인다. 하지만 역설적으로 이는 인간이 더 이상 결정을 내리는 주체가 아니라 시스템의 결정 뒤를 쫓으며 감시하는 '조연'으로 밀려났음을 말한다.

이제 우리에게는 무거운 질문이 남는다. AI가 일의 혈류를 완전히 바꾸어 놓은 이 노동 시장에서, 우리는 여전히 '결정하는 인간'으로 일하고 있는가. 아니면 그저 시스템의 오류를 점검하는 정교한 실행자에 불과한가.

2. 책임은 왜 사람에게만 남는가(책임의 비대칭)

AI가 의사결정을 주도하면서 결정의 주체와 책임의 주체가 서로 다른 방향으로 움직이기 시작했다. 결정권은 시스템의 영역으로 넘어가는데, 그 결과에 대한 책임은 여전히 인간의 주소지에 머물러 있다. 이 절은 바로 이 '어긋남'에서 출발한다.

현장에서는 기묘한 장면이 반복된다. 업무 배치, 성과 평가, 징계의 기준은 알고리즘이 설계한다. 누가 어떤 일을 맡을지, 어떤 성과가 우수한지는 시스템의 계산에 달렸다. 그러나 그 결과가 차별이나 부당함 같은 문제를 낳을 때 화살은 언제나 사람을 향한다. 관리자나 담당자 혹은 그 결정을 수용해야 했던 노동자 개인에게 책임이 전가된다.

이 과정에서 인간은 이른바 '헤테로메이션(Heteromation)'적인 상황에 놓인다. 알고리즘이 핵심적인 판단권을 가져가는 동안 인간은 시스템의 판단을 사후적으로 승인하거나 결과에 따르는 행정적·사회적 책임을 수행하는 역할에 동원되기 때문이다. 판단의 중추에서는 멀어지면서도 기계의 결정이 낳은 법적·윤리적 문제에 대해서는 직접 소명해야 하는 보조적 노동을 수행하게 되는 것이다.

이 역설은 인사관리 영역에서 더욱 분명해진다. 채용이나 해고 같은 중대한 사안에 AI가 개입하더라도 법과 조직은 관성적으로 "최종 책임은 인간에게 있다"고 말한다. 그러나 실질적인 결정권이 배제된 상태에서의 '감독'은 형식적인 절차에 그칠 우려가 있다. 시스템의 내부 논리를 완전히 파악하지 못한 채 사후 확인만 수행하는 구조에서는 판단 과정에 참여하지 않은 쪽이 결과에 대한 모든 소명 책임을 지게 된다. 결국 노동자에게는 주체적인 판단의 효능감이 사라지고, 선택하지 않은 결과에 대해 책임을 감당해야 하는 '권한 없는 책임'의 상황만 남는다.

이러한 구조적 문제는 이미 유럽을 중심으로 법제도적 논의의 대상이 되고 있다. 알고리즘이 핵심적인 인사 결정을 내리는 현실을 인정하고, 인간의 책임이 단순히 기계의 결정을 정당화하는 도구로 소모되지 않도록 제도를 재설계하려는 움직임이다.

이 절의 질문은 명료하다. 시스템이 실질적인 결정의 주도권을 갖게 된 시대에, 왜 그 결과에 대한 소명과 책임의 의무는 여전히 인간에게만 전가되는가.

이 구조적 결함은 단순히 개인의 체감 문제가 아니다. 이미 유럽 등지에서는 알고리즘이 인사 결정을 내리는 현실을 직시하고, 이를 규제하기 위한 법과 제도의 재설계를 시작했다.

이 절에서 던지는 질문은 단순하다. 공정성이나 선악의 문제를 넘어 구조적 문제에 주목하려 한다. 결정의 주도권은 시스템으로 넘어갔는데, 왜 책임의 고지서만은 여전히 사람의 주소지로 배달되는가.

3. 마지막 질문 : 기계의 시간에서 인간의 자리를 찾다

지금까지의 논의를 관통하는 하나의 사실은 분명하다. 인간이 노동의 주인으로서 당연하게 행사해온 주도권이 흔들리고 있다는 점이다. 일의 설계자이자 판단자였던 인간의 위치는 지금 처음으로 구조적으로 의심받고 있다.

그동안 우리는 AI가 인간을 '대신할 것인가'를 두려워해왔다. 그러나 더 근본적인 변화는 이미 다른 방향에서 진행되고 있다. AI는 인간을 완전히 밀어내기보다 판단과 설계의 앞자리를 차지하고 있다. 결정은 시스템 안에서 이뤄지고, 인간은 그 결과를 실행하거나 책임지는 쪽으로 밀린다. 노동은 사라지지 않았지만 주도권의 배치는 달라졌다.

이제 이 문제를 개인의 적응력이나 기술 학습의 문제로만 설명하기는 어렵다. 코딩을 배우고 프롬프트를 익힌다고 해서 결정이 시스템으로 이동하는 흐름 자체를 되돌릴 수는 없기 때문이다. 세계 곳곳에서 등장하는 논쟁과 갈등은 단순히 일자리를 지키기 위한 몸부림이 아니다. 그것은 '기계가 내린 결정에 인간은 어떤 위치에 서야 하는가'라는 질문이 더 이상 미뤄질 수 없다는 신호에 가깝다.

그래서 질문은 바뀌어야 한다. "AI 시대에 어떤 직업이 살아남을 것인가"가 아니다. 진짜 질문은 이것이다. "판단과 결정이 자동화된 노동 환경에서 인간의 노동은 어떤 주도권을 가질 수 있는가." 효율과 속도의 기준으로만 보면 인간은 언제나 불리하다. 기계는 지치지 않고, 알고리즘은 흔들리지 않는다. 그 기준만을 노동의 가치로 삼는다면 인간은 스스로를 주변화하는 셈이 된다.

결국 남는 선택지는 분명하다. 노동을 다시 정의하는 일이다. 노동을 단순한 생산 수단이 아니라 판단하고 책임지는 인간의 행위로 다시 위치 짓는 일이다. 변화는 이미 시작됐다. 규칙은 아직 정리되지 않았고 시스템은 빠르게 움직인다. 이 공백 앞에서 우리는 선택해야 한다. 인간이 낼 수 있는 판단과 책임의 자리를 지킬 것인지, 아니면 시스템의 흐름을 따라가는 실행자로 머물 것인지.

AI 시대의 노동은 이제 기술을 묻지 않는다. 인간이 끝까지 놓지 말아야 할 주도권이 무엇인지를 묻고 있다.

제8장

포용적 설계

: 공급자의 관성을 깨는 '다정한' 인터페이스

이충재

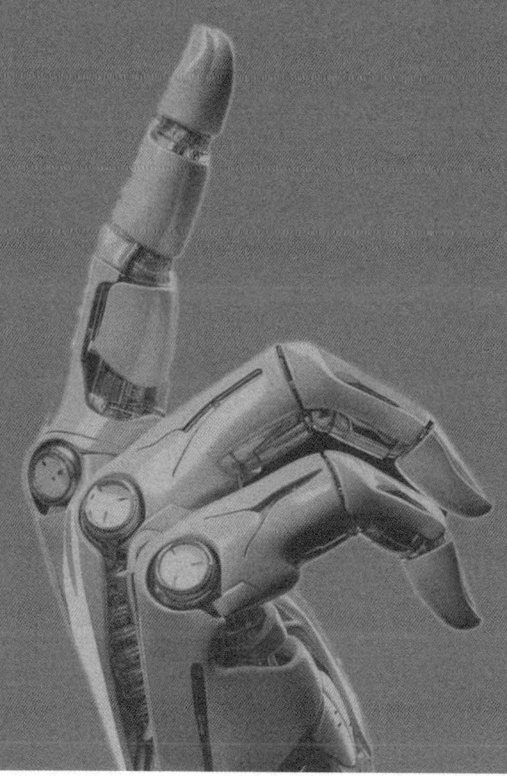

1절. "더 쉽게 써야 '디지털 포용'이다"

기자가 은행의 언어를 뜯어 고쳐봤다!

기자가 '디지털 길잡이'에 도전했다…생생한 체험리즘 시작!

디지털 공간에 들어온 사람들을 따뜻하게 포용하는 핵심 기술 가운데 하나는 '쉽게 쓰기'다. 우리가 매일 같이 들여다보는 손바닥 디지털인 스마트폰에서도 그렇고, 카페 입구에서 마주한 키오스크에서도 그렇다. 그곳에서 마주한 어려운 표현이나 동선(動線)을 헷갈리게 만드는 문장 하나만으로도 미로에 들어선 듯 길을 잃게 된다. 디지털 취약계층에겐 '친절한 길잡이'가 필요할 수밖에 없다.

사전적 의미로 '디지털 포용'의 반대말을 조합해보면 '디지털 박대(薄待)'나 '디지털 냉대(冷待)' 정도가 된다. 사람과 얼굴을 마주하는 온기가 없는 디지털 공간에서 만난 어려운 문구는 문전박대가 될 수 있다.

예컨대 공과금을 내기 위해 공공기관 홈페이지나 앱에서 만난 '익일내방'이란 공지는 누군가에겐 길을 잃게 만드는 단어가 된다. 고작 네 글자 때문에 해야 할 일을 못하게 되거나 좌절하고 포기하는 상황과 마주하게 된 것이다. 한자교육을 제대로 받지 못한 무지함을 탓할 일이 아니다. 익일내방의 '익(翌)'은 '다음 날'을 뜻하는 한자인데, 한자능력검정시험 등급한자에도 해당하지 않는 난이도 높은 표현이다.

그럼 어떻게 해야 따뜻한 포용이 될까. 글쓰기를 업으로 삼고 있는 기자가 한번 해보기로 했다. '내일 지점에 방문해주세요.' 초등학생도 쉽게 알아들을 수 있는 문장으로 바꿨다. 다른 곳에서도 마찬가지다. 카페 키오스크 메뉴 아래에 적힌 'SOLD OUT'에 당혹스러워하는 어르신이 없도록, '매진(賣盡)'이라는 단어에 고개를 갸우뚱하는 청년들이 없도록 '다 팔렸어요'라고 써주면 된다. 이런 것들이 디지털 온기를 끌어올리는 일이었다.

기자 초년병때부터 훈련받는 글쓰기 난이도 조정방법은 '중2학생도 알 수 있게 써라'였다. 18년 간 익힌 그 기술로 디지털 공간에서 사람들을 따뜻하게 안아주는 일을 하게 됐다. 누구나 쉽게 알아들을 수 있는 따뜻한 언어로 말이다.

기사 그만 쓰고, UX라이팅하렵니다
기사 제목 뽑기보다 어려운 작업들

18년 간 기사만 쓰던 기자가 또 다른 글을 쓰게 됐다. 엄밀히 말하면 한 편의 글이라기보단 하나의 단어, 표현, 문구에 가깝다. 더 짧은 문장을 써야하기 때문에 더 쉬울 것 같지만 그렇지 않았다.

마치 기사 본문보다 제목 쓰기가 더 어렵듯 머리를 쥐어짜야 하는 순간의 연속이었다. 기사 제목 한 줄을 쓰기 위해 줄담배로 태우던 선배의 기준으로 보면, 종일 뿌연 연기 속에서 벗어나기 어려운 일이었다. 다행히 전공분야인 인터뷰와 사례조사같이 발품을 파는 일이 끼어 있어 숨 돌릴 틈이 있었다.

'UX라이터 이충재' 명함을 손에 쥐고 나서야 UX라이팅을 하는 사람이 됐다는 게 피부로 와 닿았다. UX라이팅 글쓰기를 하며 반복된 생각은 "그

동안 기자라는 허울에 얽매여 있었구나"라는 것이었다. 환상 속에서 붕 떠서 살다가 현실에 발을 내디딘 기분이었다. A은행 을지로 본점 14층에 새 자리가 생겼다.

UX라이팅 역시 기자의 글쓰기 못지않게 다이내믹하다. 서류뭉치가 쌓인 책상에 앉아서 글쓰기를 하는 모습은 상상할 수 없다. 손에 굳은살이 박이기보단 신발창이 먼저 닳아 없어지는 기자와 비슷하다. 밖으로 나돌고 싶어서 사람들을 만나고 싶어서 기자가 됐는데, 그 희망사항은 여기서도 계속 실현됐다.

그래서 UX라이팅이 뭔데?

'빨간펜' 든 교열기자이자 '현장 특종기자'

UX라이팅은 한마디로 정의하기가 쉽지 않다. 쉽게 말하면 '쉽게 쓰기'다. UX라이팅의 핵심 대상은 기업이나 관공서에서 사용하는 문장과 문구, 단어들이다. 특히 스마트폰을 열면 나오는 수많은 문구가 그 대상이다. 작은 버튼에 쓰인 [확인], [삭제], [보내기], [구매하기]…. 단어 하나하나를 분석하고, 사용자의 속마음을 파헤쳐 봐야 했다.

기자시절 장점을 살려 접근했다. 글을 어렵게 쓰는 후배 원고의 문장을 하나하나 가다듬으며 빨간펜을 들었던 '교열기자'같은 기분으로 접근했다. 한 글자 한 글자 바꿀 때마다 카타르시스가 느껴지는 작업이다. 기자가 세상을 바꾸는 일이라고 생각했는데, 이건 사람들에게 편의를 제공하는 좀 더 친절하고 직접적인 변화를 일으키는 일이었다. "이렇게 써야 독자들이 읽기 쉽다"하면서 기자의 빨간펜 작업을 따로 떼어낸 직업을 찾은 기분이다.

　새로운 일을 시작하는 사람의 열정은 끓는점을 넘겨 일상 속에 있는 어려운 표현을 하나하나 바꾸고 싶은 욕망으로 넘쳐흘렀다. 거리에서 마주치는 작은 표현들에 빨간펜을 들었다. 불과 한 달 만에 얻게 된 새로운 직업병이다. 병원에서 처방전을 기다리며 보았던 안내문부터 술집 앞 경고문구, 주차표지, 금연안내 등….

　기자 시절 대표적인 직업병은 '캐묻기'였다. 정치부 시절엔 증상이 특히 심각했다. 누가 어디에 산다고 하면, "아 000의원 지역구 사는구나"라고 생각되던 것부터 시작해서 그 사람의 말에 섞인 정치적 의도를 파악하고, 분석하는 일을 부지불식간에 하고 있었다.

　UX라이팅과 접점이 많았다. 상대의 의도와 심리를 파악해야 한다는 점이 가장 닮은 구석이다. 그 대상이 정치인이나 고위공직자 같은 특정 취재원에서 불특정 다수의 사용자로 바뀌었다는 것이 달라진 부분이다.

　고작 12개월을 그렇게 살았다. 대단한 성과를 낸 것도 아니다. 아직은 생소한 분야이다 보니, '그게 뭐하는 일이냐'는 질문에 답변해야 하는 일이 더 많았다. 관련 서적도 마땅히 없어서 업계 바이블로 꼽히는 책 3권을 사서 읽었을 뿐이다. 고작 이 정도의 경험에 '나도 제법 전문가'라는 자뻑 회로가 작동하는 건 18년 기자경력과 맞닿는 부분이 많아서였다. 무엇보다 이 일을 하는 사람이 극소수라는 점에서 그랬다.

　"남미(南美) 2번 다녀오면 남미 전문가가 된다, 그리고 책을 쓸 수 있다." 어느 선배의 말이 떠올랐다. 남미를 가본 사람이 워낙 드물다 보니 고작 2번 여행으로 전문가 행세를 할 수 있다는 의미다. 지금의 상황이 그렇다.

고작 몇 개월 만에 전문가가 된 양 으쓱거리고 있다. 물론 남미보다는 더 먼 미지의 달나라 여행을 경험한 것에 가까울 수도 있다.

'라이터'인데 작가는 아냐, 카피라이터도 아냐

목적지까지 안내하는 '디지털 가이드'

UX라이팅을 시작하면서 가장 많이 받은 질문은 '그게 뭐 하는 일이냐?'는 것이었다. 그럴 때마다 '익일내방'이라는 단어를 만능키처럼 꺼내썼다. "쉽게 쓰기를 하는 일이야. 기업에서 사용하는 문서나 웹에서 '익일내방' 같은 표현을 '다음날 방문해주세요'라고 바꿔주는 거지."

동료 기자들은 나름대로 쉽게 이해했다. 대개 다음 질문은 이런 식이었다. "그거 고칠 게 얼마 없잖아?" 하지만 단순히 어려운 표현을 쉽게 고치는 일만은 아니었다. 사용자를 다음 행동으로 편하게 연결하는 언어로 안내하는 것이 더 중요한 작업이었다. 여기부터는 설명이 좀 복잡해졌다.

가장 쉽게 예시로 든 것이 '호텔 로비에서 방까지 쉽게 찾아가기'였다. 고객이 호텔 입구부터 안내데스크까지 찾아가기에 불편은 없는지, 로비에서 체크인하는 과정은 어렵지 않은지, 엘리베이터 버튼은 누르기 쉽고, 객실 문은 열기 쉬운지 등…. 가장 쉬운 표현으로 동선을 안내하는 것이 UX라이팅라고 했다. 좀 모양새 나게 얘기하면 '고객의 심리와 행동을 읽는 것이 UX라이팅'이라고도 했다.

카피라이터와 뭐가 다른가?

직업 명칭에 '라이터'가 붙어있다 보니 UX라이터를 '작가'로 생각하는 사람들도 있었다. 거기에 누구나 이름만 대면 아는 대기업에서 일하다 보니 카피라이터로 생각하는 사람은 더 많았다.

한때 카피라이터가 선망의 대상이던 시절도 있었다. 90년대 초반 학번들은 특별히 더 크게 공감할 것 같다. 그때도 지금도 '라이터'라는 표현이 풍기는 어감은 별거 아닌 작업도 작품으로 승화시켜 예술가쯤으로 여기게 했다. 카피라이터도 그랬다. 사람들의 눈길을 사로잡는 광고 문구를 쓰는 직업은 매력적이었고, 광고 위에 글을 쓰는 시인으로 여겨졌다.

UX라이터는 그렇게 고고한 직업이 아니었다. UX라이팅의 핵심 업무는 발품을 파는 일이었다. 사람들을 만나 인터뷰하고, 의견을 구하고 더 쉬운 동선과 표현을 찾아내는 일이 주요 업무다. 글쓰기의 비중은 업무의 10% 정도에 불과하다. 사용자 중심의 언어를 만드는 창작이라고도 할 수 있다. 카피라이터가 '소비자의 구매욕구를 자극해 마음을 움직이는 것'이라면, UX라이팅은 '사용자 머리가 어지럽지 않게 다스리는' 작업쪽에 가깝다.

마케팅이 목적인 카피라이터와 다르게 UX라이팅은 사용자와 직접 살을 비비는 스킨십에 초점을 맞추고 있다. 매력적인 어휘로 상품을 빛나게 하는 판매원이 카피라이터라면 UX라이팅은 쉽고 친절한 어휘로 상품이 있는 곳까지 쉽게 안내하는 가이드라고 할 수 있다.

'답은 현장에 있다'는 격언은 이곳에서도 통했다. 기자가 글 쓰는 직업으로 인식되지만, 실제 하는 일을 들여다보면 사람을 만나는 직업에 가깝다. 물건을 파는 영업사원이 됐다가, 형사가 됐다가, 염탐꾼이 되기도 한다. 일할수록 기자의 경험이 UX라이팅에 꼭 들어맞는다는 생각이 더해졌다. 이 때부터 UX라이팅의 명칭에 대한 의문도 품게 됐다. 왜 UX라이팅일까. 폼 나게 영어로 작명하면 '커뮤니케이터(communicator)'가 아닐까. 하는 일의 공간과 본질에 초점을 맞춰 변환하면 '디지털 소통사(疏通士)'가 되지 않을까 싶다.

현장에 나가기 전에 사례조사부터

'답은 현장에 있다'는 격언은 여기서도 통한다

UX라이팅 업무의 본격적인 시작은 사례조사였다. 기자의 업무로 말하면 '출입처 업무파악' 정도가 된다. 디지털 공간에 펼쳐지는 금융 언어 가운데 퇴직연금 부분이 핵심 대상이었다. 그래서 퇴직연금의 역사, 현황, 추세 등을 조사했다. 기초자료는 금융위원회와 금융감독원 자료를 활용했다. 가장 공신력 있는 공공기관부터 민간기관 순으로 조사하는 정석을 따랐다. 정부기관 홈페이지에 들어가면 방대한 내용이 있는데, 이 가운데 쓸 만한 소스를 선별하는 일이 관건이다. 관련 자료들이 겹겹이 쌓여있어서 무엇을 골라야 할지 막막해질 때는 주로 기사검색을 활용했다. 많은 언론에서 중요하다고 짚어본 지점을 헤집으며 옥석을 가렸다.

민간 금융사 연구센터의 자료도 도움이 됐다. 민간 금융사에선 고객의 성향이나 퇴직연금 등의 향후 전망까지 촘촘하게 분석한 자료를 보유하고 있었다. 가장 도움이 된 자료였다. 상대적으로 정부에서 만든 자료는 사용자의 통계를 비롯한 기초 데이터에 활용하기 좋았고, 금융사 자료는 고객의 성향이나 흐름을 파악할 수 있는 디테일에 강했다.

분야마다 다르겠지만, 사례조사에서 정부기관의 공식 통계를 기본으로 깔아두고, 업계 자체 자료를 찾는 것이 순서가 될 수 있다. 예컨대 자동차 관련 사례조사를 시작한다면 국토교통부 홈페이지부터 훑어야 하고, 민간 자동차 연구소나 주요 대학교 자동차학과 자료 등을 찾는 것처럼 말이다.

UX라이팅의 답은 '현장에서 누구를 만나 어떤 내용을 뽑아내느냐'에 달려 있었다. 분명히 디지털 공간에서 쓰이는 언어와 표현을 바꾸는 일인데, 오프라인에서 사람을 만나야 했다. 인공지능(AI)이 인간의 마음속까지 파고들기 어렵듯, 어떤 단어를 마주했을 때 나타나는 사람의 심리를 캐내고 정리하는 일은 36.5도 온기를 풍기는 사람의 몫이었다.

더 많이 취재할수록 더 좋은 표현을 얻을 수 있었다. 사람 만나기의 첫 단계는 섭외다. 섭외만 가능하다면 누구라도 특종이 가능하다. 김정은 북한 국무위원장을 섭외해 인터뷰하면 세계가 주목할 특종이 되는 것처럼 말이다.

섭외 방식은 인터뷰 빙법론에 띠리 달라진다. 애초 금융사 앱에 대한 사용자 테스트를 계획할 때는 50~100명을 인터뷰하려고 했다. 이들에게 A은행 모바일 앱을 실행시키고 퇴직연금 등 상품 가입과 펀드 운용하는 모습을 살펴보려고 했다.

불특정 다수를 대상으로 사용자 테스트를 해야하는 경우, 사람을 불러 모으기 위해 공지를 붙여야 한다. 공지를 어디에 어떻게 낼 것인지, 비용은 얼마나 쓸 수 있는지 등을 고려해야 했다.

가까운 친구를 불러 사용자 테스트를 진행해보고 나서야 크고 작은 문제점들이 드러났다. 가장 큰 문제는 신뢰였다. 금융상품을 직접 가입하고 운용해봐야 하는 테스트의 특성상 '지인 소개 말고는 답이 없다'는 결론을 냈다. 누군가 자신의 금융인증서를 공개적으로 펼치고, 생때같은 퇴직연금이 담긴 계좌를 시험 삼아 운용해보는 상황을 허용할 수 있을까.

단순히 신발을 신어보도록 하고 '착용감이 어떻고, 색상은 마음에 드나요?'라고 묻는 것과는 차원이 달랐다. 지인을 대상으로 사용자 테스트를 2차례 더 진행했다.

문득 테스트 현장에서 '보이스피싱 사기꾼이 마음만 먹으면 사기를 칠 수 있겠다' 싶었다. 사람들을 모집한 뒤 금융사 앱을 깔도록 유도하고, 금융상품을 운용하는 장면을 지켜보는 일이기 때문이다. 생체실험만큼이나 위험한 테스트였다. 인터뷰 대상과의 각별한 신뢰관계가 없으면 진행 자체가 어려운 실험이다. 금융사 앱의 사용자 경험을 직접 눈앞에서 확인하는 일은 난관의 연속이었다.

결국 인터뷰 인원을 대폭 줄여 10~15명으로 진행하기로 했다. 지인과 지인이 소개시켜준 또 다른 지인이 대상이었다.

UX라이팅의 답을 찾아준 현장 전문가 인터뷰

'특종 기자처럼' 발품 파는 만큼 답이 나온다

현직 은행원에게 의견을 듣는 '현장 전문가 인터뷰'는 디지털 공간에서 더 쉬운 길을 찾는 핵심 리포트가 됐다. 사용자 테스트 보다 훨씬 수월했고, 그만큼 속도감 있게 진행됐다. 사용자의 경험을 간접적으로 이해할 수 있는 작업이었다.

실무 담당자가 주요 은행지점 상품 담당자를 직접 소개시켜줬다. 마치 소개팅 주선자가 '이 친구가 말 잘해줄 것이다'며 전화번호를 전해주는 식이다. 약속을 잡고 만나서 어떻게 풀어가느냐는 UX라이터의 과제였다.

'전문가 인터뷰를 UX라이터가 담당한다'는 얘기를 들었을 때 속으로 쾌재를 불렀다. 인터뷰는 정치인, 경제인, 교수님, 연예인, 운동선수까지 닳도록 해봤다. 여기서 실력 발휘할 수 있겠구나 싶었다.

"안녕하세요. A은행 개선팀 UX라이터 이충재입니다."

A은행 주요 지점 퇴직연금 담당자에게 전화를 걸어 인터뷰를 요청했다. "이충재 기자입니다" 이 말을 떼어내기가 쉽지 않았다. 18년간 입에 붙어 있던 자기소개다. 입에 잘 붙지 않는 소개 멘트를 노트 귀퉁이에 적어두고 전화를 걸어야 했다.

인터뷰 요청에 대부분 흔쾌히 수락해줬다. 강남, 반포, 종로 등 주요 은행지점을 직접 찾아가 베테랑 담당자들과 만날 수 있었다. 영업시간 종료 후 마감 시간에 짬을 내 지점 내부 회의실에서 인터뷰를 진행했다. UX라이팅의 해법을 찾을 수 있는 핵심 작업이었다.

인터뷰는 '고객이 A은행 앱을 사용하며 가장 어려워한 부분은 무엇인가'에 초점을 맞췄다. 고객들이 반복적으로 불편을 호소한 지점이 드러났다. 메스를 들이댈 환부를 찾는 일종의 진단 과정이다. 단순히 언어적 표현만의 문제가 아닌 시스템 전반의 불편함을 진단하는 일이었다. 인터뷰 이후 내용은 이렇게 정리했다.

현장에서 찾은 사례를 보여주마!
인터뷰에서 찾은 문제점과 개선 방안들

[문제점 지적]

▷메뉴 찾기가 어려워요

- 고객들의 불만은 하나원큐에서 '주요메뉴'를 못 찾겠다는 것이다. 하나원큐 '상품관리'에 들어가서 '연금조회'를 해야 하고, 주요메뉴에 도달하기까지 프로세스가 너무 길다. 여기서부터 버튼을 누를 생각이 없어지는 분들도 있다. '주요메뉴' 자체를 못 보는 경우도 많다.

▷'한도설정' 못해서 은행까지 찾아온다

- '연금저축 한도설정' 부분을 고객들이 어려워한다. 직접 지점에 찾아와서 막힌 부분에 대해 민원을 하면, 직원들이 현장에서 조치를 해준다. 화면에 '총한도 1800만원'이라고 돼 있는데, 이 표현을 어려워한다.

[개선방안]

- 고객이 한도설정에서 어려워하면, '전부 넣을 수 있는 금액이 1800만원이다'라고 설명해 주면 쉽게 이해한다.

이런 문제점과 개선방안을 동시에 얻었을 때에는 해답이 명쾌하다. 디지털 공간에서 "총한도 1800만원"을 이해하지 못하는 고객들이 많았다는 문제점을 찾았으니 말이다. 이를 "전부 넣을 수 있는 금액은 1800만원입

나다."라고 바꿔주면 된다. 마치 디지털 화면 너머에 은행직원이 친절하게 설명해 주듯이 말이다. 다른 문제점도 비슷했다.

[문제점 지적]

▷개인부담금/기업부담금 왜 나누나요?

- 하나원큐에서 운용등록하는 부분에서 개인과 기업부담금을 동일하게 할 것인가, 왜 그렇게 해야 하는지 난감해 한다.

[개선방안]

- '운용'이라는 말도 어려워하는데, 이를 어려워하는 고객에게 설명할 때 '회사에서 돈 넣어주잖아요. 그 돈으로 어떻게 운용할 것이냐, 이거예요.'라고 설명해주면 이해한다.

[문제점 지적]

▷상품변경을 마쳤는데, 마친 것 같지 않다

- 상품을 변경하고 나면 '상품변경'이라는 버튼이 다시 나온다. 이 버튼 문구 때문에 고객들이 헷갈린다. 고객들이 상품변경이 잘 된 것인지 재확인하기 위해서 다시 '변경'으로 돌아가게 된다.

[개선방안]

- 고객은 상품변경을 마쳤으므로 버튼문구가 '상품변경'이 아니라 '완료'나 '상품변경을 마쳤어요'를 누르도록 유도하면 어떨까 한다.

현장에서 만난 사람과 대화에서 무릎을 탁 치게 하는 아이디어를 얻었을 때는 기자시절 '단독'을 한 것처럼 흥분지수가 올라갔다.

사람들은 디지털 공간에서 끝맺음이 어디인지 모를 때가 있다. 디지털보다 온기가 높은 수화기에서 "이제 끊을게"라고 통화를 마치듯이 끝을 알려줘야 끝인 줄 안다. 그래서 완벽한 매듭이 필요했다. "이제 OOO을 마쳤어요"라는 문장이다. 그 한마디가 없어서 디지털 공간에서 사용자들이 '아직 끝난 게 아닌가?'라며 헤매고, 누군가는 은행 점포까지 찾아와 "이게 끝난게 맞나요"라고 확인작업을 벌여야 했다.

사람들이 고개를 갸우뚱하게 만드는 표현은 수없이 쏟아졌다. 명색이 초대기업, 시중은행이 만든 디지털 공간에서 이런 상황이니 다른 공간에서는 얼마나 높은 허들이 놓여 있을까 가늠조차 되지 않았다.

고객이 갸우뚱…이건 무슨 말이죠?
 '고객의 불편'에 문제가 있고, 답도 있었다

▷'개인적립금/퇴직금' 뭐가 다른거죠?
- 퇴직금 수령 목적으로 IRP 개설하려고 하는데, '개인 적립금/퇴직금' 내역에 상품을 선택하라고 나오는데, 뭐가 다른 것이며 어떤 것을 택해야 하는지 의문이다.
- 운용현황 메뉴에서 '매수원금합계'와 '평가금액합계'의 차이가 무엇인지 모르겠다는 의견 있음

▷IRP '범용'은 무슨 뜻이죠?

- 하나원큐 메뉴에서 'IRP개설, 범용 IRP' 차이점 문의하는 고객들 많아 은행이 만든 디지털 공간에 방문한 고객들이 언어 문제로 헷갈리거나 어려움을 겪는 사례의 9할은 '은행 내부에서 자주 쓰는 표현'이었다. 은행직원들이 너무 당연하게 사용하고 있지만, 다른 업종이나 다른 공간에 있는 사람들에겐 생소한 언어가 걸림돌이 되는 경우다. '범용'도 그 사례 가운데 하나다. 이걸 친절하게 설명으로 바꿔봤다. 대비되도록 '함께 운용/각각 운용'으로 말이다.

〈상품변경, 이것이 어렵다〉

▷상품변경 마쳤는데, '이제 끝인가?'

- (가장 많은 민원)상품을 변경했는데, 변경이 완료된 것인지 문의 많았음

- 변경상품을 미리 보고 싶다는 민원 적지 않음

[개선방안]

- 변경완료 일자를 확인할 수 있는 하나원큐 경로 안내가 필요함

- 오프라인 지점에서 발급해주는 '상품변경 확인서(종이)'를 화면에 별도로 띄워줬으면 한다

- 상품변경에서 '매뉴얼화면(예시화면)'이 별도로 있으면 좋겠다

- 〈메뉴→상품관리→퇴직연금IRP→자주이용하는 현재운용상품 변경/입금예정조회〉 순으로 보인다면 쉬울 것이다.

▷'비율설정'의 개념을 모르겠네요

- (중복 민원사항)상품변경 경로가 너무 어렵다는 의견 많아

- '비율설정 및 상품선택'을 어려워하면서 문의하는 분들이 많았다.

- 비율설정 개념을 잘 모르고 어려워한다

〈'입금예정상품' 개념부터 헷갈린다〉

▷'입금예정'이라는 개념이 생소

- '입금예정상품' 변경 필요성을 모르고 '운용상품변경'만 진행해 문의하는 경우가 많다

- '입금예정 상품 조회'라는 문구만으로는 고객은 자신이 원하는 거래의 메뉴인지 모른다

- '현재운용상품변경/입금예정상품' 차이를 모르는 고객들이 대다수. 이에 대한 개념 설명 필요

- '앞으로 입금되는 금액을 고객이 원하는 상품으로 자동으로 가입되도록' 진행가능한지에 대한 문의가 많다

- 메뉴 이름을 어려워한다. 현재 운용상품과 다르게 설정할 수 있다는 것을 잘 알지 못한다

[개선방안]

- 메뉴 이름을 '입금예정상품 조회/변경/등록'으로 변경하면 좋겠다

- 입금예정상품을 '신규 입금할 금액' '새로 입금할 금액'같은 표현으로 바꿔서 설명해주면 이해가 빠를 것

- 상품변경 문의시 '현재운용상품변경/입금예정상품' 2개 경로의 차이를 먼저 안내한 후 모두 변경 원할시 각각 변경이 필요하다고 안내하면 좋겠다
- '앞으로 입금될 상품(돈)은 어디에 투자되었으면 좋겠나요?'라고 수정했으면 한다

▷'영업시간 외 신규'는 비번생성이 안 돼요
- (중복 민원사항)영업시간 외 신규시 비밀번호 생성이 안됨

[개선방안]
- 추후 비대면으로 설정가능하도록 개선했으면 좋겠음
- 예약신규에서 사후 비밀번호를 설정할 수 있도록 개선했으면 한다
- 비밀번호 사후 등록하더라도 신분증촬영 등의 과정을 통해 등록하는 방법 추가됐으면 좋겠다

〈기타의견〉
▷매수&매도 단어가 생소해요
- (중복 민원사항)매수&매도라는 단어가 생소하며 헷갈린다는 고객들 의견
- 이에 '매수 매도' 표현을 바꿔달라는 직접적인 의견 다수

문제를 답으로 전환하기

강호동보다 유재석 방식으로 통하라!

은행원들과 인터뷰를 마친 뒤 마음이 급해졌다. 수많은 사람들이 불편

해 하는 모습들이 머릿속 큰 풍선에 그림처럼 그려졌고, 그 문구들을 빨리 뜯어고치고 싶은 조급한 심리가 발동했기 때문이다. 인터뷰를 통해 문제가 발생한 지점을 찾는 일뿐만 아니라 해결 방안도 인터뷰에서 찾을 수 있었다. 예컨대 은행의 상담직원이 "고객들이 '현금성 자산'이라는 표현을 어려워해요"라고 말한 것은 문제 지점의 발견이고, "그런 고객께는 '선생님께서 펀드에 투자하시려는 대기자금 말이에요'라고 말해드리면 이해하세요."라는 설명이 해결 방안이 되는 식이다. 은행원들과 만나며 '디지털 한파'를 체감했고, 여기에 온기를 불어넣을 방법까지 자연스럽게 구상할 수 있었다.

그만큼 많은 사례를 필요로 했다. 사례가 쌓인다는 것은 차디찬 디지털 공간에 장작을 높게 쌓아올리는 것과 비슷했다. 여기에 불씨만 제대로 댕기면 따뜻한 온기를 불어넣을 수 있게 된다. 쌓인 사례만큼 시야는 넓어졌고, UX라이팅의 답은 또렷해졌다. 어느 곳에 안내문구가 필요하고, 어떤 표현으로 말해줘야 사용자들이 오해 없이 쉽게 이해하는지, 고개를 끄덕이며 공감하고 깨닫게 됐다. 말 그대로 사용자의 경험을 흡수하게 된 것이다.

UX라이팅을 위해 '내 안에 있는 공감 능력'과 '친절함'을 최대치로 끌어내려는 시도를 이어갔다. 사례조사와 인터뷰 과정에서도 마찬가지였다. 기자 시절의 공격적인 질문 보다는 공감하고 또 공감할 수 있는 능력이 필요했다. '이 부분에 한자표현이 들어가서 어려웠군요'라며 끊임없이 공감하고 '그럼 어떻게 바꿔보면 좋을까요?'라고 대화를 이어가는 식이다.

기자가 좋은 취재를 하기 위해 필요한 접근방식이 상대를 강하게 압박하는 '강호동 스타일'이라면, UX라이터는 함께 공감하고 보듬어주는 '유재석 스타일'에 가깝다고 할 수 있다. UX라이팅에 필요한 심리적 능력은 공감력이다. 그래서 UX라이팅에 가장 쉽게 접근할 수 있는 사자성어는 역지사지, 타산지석이다.

반대로 가장 경계해야 할 것은 미리 판단하는 '예단'이다. 하나 더 꼽자면 어림짐작이다. 불특정 다수 사용자의 마음과 행동을 헤아려보는 것을 막는 요인이다. 여기에 하나 더 덧대자면 오만함이다.

UX라이팅 과정에서 만난 수많은 은행원 중에는 '익숙함'을 깨지 못하는 사람이 적지 않았다. "이걸 모른다고요?"라고 반문하거나 "이걸 꼭 그렇게 바꿔야 하나요?"라고 의문을 표하는 경우가 대표적이다. 이 모든 상황을 바꿀 최종 결정권자인 고위 임원이 그런 경우가 '체감적으로' 더 많았다.

시선을 산업계 전반으로 넓혀서 바라보면, 주요 기업들은 경쟁적으로 '쉬운 디지털 공간' 마련에 나서고 있다. 은행 임원 대부분이 회의에선 "단어 하나하나 더 쉽게 써주세요", "고객들 모두가 쉽게 이해할 수 있도록 해주세요"라고 수없이 강조했다. 왜 그토록 '쉽게 쓰기'를 외쳤을까. 수익창출이 목적인 기업이 디지털 세상에서 쉽게 쓰는 만큼 돈을 더 벌 수 있다는 '수익 방적식'을 찾았기 때문이다. 비단 은행만의 얘기가 아니다. 얼마나 쉽게 쓰느냐가 산업계의 '올림픽 종목'으로 자리 잡고 있었다.

때마침(?) 벌어진 '심심한 사과' 논란

문해력 문제가 아냐, 공감하고 따뜻하게 포용해야

그만큼 디지털 세상에서 글자와 표현들로 더 뜨겁게 포용하고, 끌어안아야 했다. 요즘 디지털 공간은 오프라인 공간과 경계가 없다. 손바닥 스마트폰에 놓인 세상이 곧 일상이다. 그런데 일상에서 자주 쓰는 용어조차 오해를 부르는 경우가 적지 않다. 때마침 온라인에선 '심심한 사과' 논란이 일었다. '심심한(깊고 간절한) 사과'를 '심심한(지루하고 재미없는) 사과'로 알아듣는 오해의 도화선을 타고 벌어진 해프닝이지만, 역설적으로 UX라이팅의 필요성을 부각하는 사건이었다. 온라인에선 심심한 논란이 불씨가 돼 '사흘', '금일' 논쟁으로 불길이 번졌다.

많은 사람이 '요즘 것들'의 문해력을 문제 삼았다. 언론사에선 "그래서 한자 교육이 필요하다"는 사설과 칼럼이 쏟아졌고, 소셜네트워크서비스(SNS)에선 문해력 부족을 비아냥대고 비난하는 의견이 넘쳤다. '금일(今日)'을 금요일로 잘못 알거나 '고지식하다'는 '고(高)지식하다'로 알고 있는 사람들이 많다는 사실에 웃지 못할 사람은 UX라이터였다.

그들에게 손가락질하기보다 오해를 살만한 어려운 문장을 피하고, 더 쉬운 표현으로 사용자들을 안내해야 한다는 책임감에 무게를 더했다. 사람들의 어휘력에 대한 공감이 더 필요하고 더 낮게 접근해야 한다는 다짐을 다지게 됐다. 마치 문해력이 약한 사람들과 대결을 벌이듯 '누구도 오해 없을 문장을 갖춘 시스템을 만들어주지!'라고 생각했다. 가이드가 더 친절하게 고객의 눈높이를 맞춰야 한다는 일종의 서비스 정신이었다.

문제는 표현을 바꾸는 최종 결정을 내릴 '높으신 분들'의 생각은 다르다는 것이었다. '심심한 사과'의 의미를 모르는 사람이 제법 있다는 것과 '사흘, 나흘' '금일, 명일, 익일'이 사용자에게 혼란을 부른다는 사실을 공감하지 못하고 있었다. 아마도 그분들의 주변에는 이런 표현을 모르는 사람이 거의 없었을 것이다. A은행 14층 풍경도 비슷했다. 이 곳 사무실에선 "작일 요청드린 입금내역은 수정됐나요", "금일 오찬 장소는 명동칼국수입니다"라는 식의 문장을 주고받는다. 그런 표현이 익숙해졌고, 다른 사람들도 이를 모를 리 없다고 생각할 수밖에 없다.

하지만 "그걸 모른다고요?"라고 되묻는 순간 UX라이팅은 후퇴하게 된다. 디지털 공간에 여전히 냉기가 도는 핵심 배경이기도 하다. 반대로 UX라이팅은 진전하게 만드는 동력은 사용자와 공감하면서 "이런걸 모르는 사람이 많구나"라고 고개를 끄덕이는 힘이다.

결국 공감이다. 디지털 포용을 할 수 있는 힘의 근원은 공감이다. 이솝우화 〈여우와 두루미〉에서 필요한 것이 타인에 대한 이해, 공감인 것처럼 말이다. 곳곳에서 여우와 두루미를 설득해야 하는 일이 생겼다. 두루미는 납작한 접시에 담긴 수프를 먹기 어렵고, 여우는 호리병에 담긴 수프를 먹을 수 없다는 것을 모르거나 공감하지 못하는 사람이 적지 않았기 때문이다.

그래서 뭘, 어떻게 바꿨냐고?

'그들만의' 표현부터 전문용어, 버튼까지…'혁명'의 연속

본격적으로 은행 용어를 뜯어보기 시작했다. 은행에서 쓰는 용어 중에 사용자를 괴롭히는 표현은 한둘이 아니었다. 스치듯 지나친 표현도 누군가에겐 돌부리였고, 갈 길을 막는 바위가 되기도 했다.

'신규'라는 단어가 대표적이다. 이 표현은 은행 앱에서 아무렇지도 않게 쓰이고 있었다. 과거부터 늘 그렇게 불렀기에 은행원의 입을 통해 사용자에게 전해지는 구전(口傳)이었다. "예약신규" "신규처리"….

신규는 일상에서 흔히 쓰이는 표현이다. 사전적 의미로는 '새롭게 하는 일'을 말하는데, 은행권에서는 '신규 가입'이란 뜻으로 통했다. 예컨대 은행 창구에서 "신규하시겠어요?"라는 말은 특정 금융상품이나 계좌에 "신규로 가입하겠어요?"와 같은 표현이다.

'김밥천국' 앞 글자만 따서 '김천'으로 줄여 부르는 요즘의 공식대로라면 신규가입은 '신가'가 된다. 신규는 정체불명의 약자(略字)만큼 어려웠다. 단어가 가진 표면적 의미보다 생략되고 숨어버린 '가입'이라는 뜻이 더 중요했지만, 주객이 전도된 표현이기 때문이다. 엄밀히 말하면 객이 주인을 내쫓은 단어였다. 마치 김밥천국을 '천국'이라고 부르는 것과 비슷하다. 차라리 본질인 '김밥'이라고 하면 되지 않나.

"은행에서 쓰는 모든 '신규'라는 표현은 '가입'으로 변경할 수 있지 않나요?"

우선 차장급 실무자에게 찾아가 질문을 겸한 제안을 했다. 몇초 간 골똘히 생각하던 그 실무자는 "그게 맞겠네요. 가입이란 말이 더 쉬운 게 맞죠?"라고 되물었다. 망설임 없이 "당연히 더 쉽죠."라고 답했다. 은행 디지털 첫 화면을 지배하던 '신규'라는 표현은 그렇게 '가입'으로 바뀔 갈림길에 서게 됐다.

그 실무자는 제기하는 의견마다 "전문가의 의견이 맞겠죠"라며 힘을 실어줬다. 며칠 뒤 회의에서 최종 결정권자인 한 임원은 "쯔읍" 입맛을 한번 다시고는 고개를 끄덕이며 "가입…. 그렇게 해요"라고 승인했다.

피 한 방울 흘리지 않고 혁명을 일으킨 기분이었다. 사용자를 괴롭히던

'은행 중심'의 표현들은 그 권위와 관성을 내놓고 퇴장해야 했다. 대신 그 자리에는 사용자의 눈높이에 맞는 표현들로 채워졌다.

이러한 혁명은 곳곳에서 이뤄졌다. 때로는 기존 권력과의 치열한 투쟁이 필요했다. 혈흔이 난자하는 수준까진 아니어도 '이렇게 바꿔야 한다'는 개혁파와 '이걸 왜 바꿔야하느냐'는 보수파의 논리싸움이 벌어졌다.

초기 단계에선 '개혁파 세력 규합'이 필요한데, 결국에는 최종결정권자의 기존 생각을 무너트리는 게 개혁의 성패를 좌우했다. 고객의 돈을 지키는 보수적인 업무의 특성상 은행에게 변화와 혁신은 곧 리스크다. 설령 변화를 시도하더라도 가장 안전한 방법으로 돌다리를 두드려보고, 지나가는 사람을 확인한 후에야 건너는 집단이다.

크고 견고한 집단일수록 지키려는 힘이 강할 수밖에 없다. 어떤 표현을 비꿔보자고 제안했을 때 실무자와 임원들에게 가장 많이 들은 반문은 '그게 어려워요?' '이걸 이해 못할까요?'였다. 이미 현재의 관성에 젖어있는 것이다. 이들을 설득해야 하는 것도 UX라이터의 역할이었다.

혹시 '투자권유불원'이 무슨 뜻인지 아세요?

'금융부 기자들도 모르는' 전문용어 투자권유불원

특히 '투자권유불원(投資勸誘不願)'을 둘러싼 논쟁은 치열했다. 혹시 이 글을 읽고 있는 사람 중에 '투자권유불원'의 뜻을 알고 있거나 단번에 눈치챘다면 직장이 여의도 금융가에 있거나 서초동 법조계에 있는 가능성이 높을 것이라 확신한다.

투자권유불원은 은행에서 일상적으로 사용해 온 용어이자 금융당국에서 하사한 표현이었다. 반대로 금융업에 종사하거나 법률가가 아닌 일반 사용자들은 알기 어려운 단어였다. 규정하자면 전문용어에 가깝다. 특정 집단에서 다른 사람이 알아듣지 못하도록 쓰는 은어(隱語)가 무엇이냐고 묻는다면 주저 없이 이 단어를 꼽을 수 있다.

실제 네이버 등 포털사이트에 검색을 해보면 '투자권유불원이 무슨 뜻이죠?'라는 질문이 수없이 올라와 있다. 그동안 은행에서 바꾸지 못한 것은 이 단어가 사용자에게 어려울 것이라는 문제의식이 없던 이유가 컸다. 은행원들에겐 너무 익숙해서 이를 바꿔야 할 필요성을 느끼지 못했던 것이다.

문제 제기를 한 뒤 대안을 논하고 실제 용어 변경에 이르기까지는 소통의 연속이었다. 논리전과 밀당, 설득전이 난무했다. 언어능력은 기본이고 사람들의 어려움을 파헤칠 공감능력에 더해 디지털 공간을 움켜쥔 기득권을 설득시킬 수 있는 마성의 매력이 필요했다.

"투자권유불원 뜻을 제대로 아는 고객은 거의 없을 것 같아요."

은행 앱의 언어를 짚어보는 회의에서 문제를 던졌다. 배석한 은행원들 사이에선 침묵이 흘렀다. '문제 제기에 동의한다'는 표정으로 읽혔다. 그들도 사용자들이 이 단어를 모를 것이라고 은연중에 인지하고 있던 것이다. '투자권유불원'을 방치한 건 은행의 '미필적 고의'였다.

당장 뜯어고쳐야 했다. 이 단어를 변경해야 할 근거로 온라인상에 올라온 사용자들의 불만 섞인 '뜻 문의' 내용을 첨부했고, 현직 금융부 기자들의 의견을 담은 설문결과도 함께 제시했다. 경력 10년 이상의 팀장급 현직 기자 8명 중 7명이 "모르겠다", "무슨 뜻이냐"고 되물었다. 본뜻을 알고 있는 기자는 1명뿐이었다. 성급한 일반화의 오류 가능성을 차치하더라도 은행 입장에선 섬뜩한 결과임에는 분명했다.

'베테랑 금융기자'들도 모르는 단어가 버젓이 은행 앱 화면에 올라와 있다는 사실에 충격을 받은 표정이었다. 회의실 공기는 점점 더 무거워졌다. 문제 제기하는 과정이 마치 '당신들이 그동안 이렇게 잘못을 해오고 있었어'라고 꾸짖는 것 같았다. 회의에 참석한 은행원들은 대부분 고개를 숙이고 뭔가를 끄적이고 있었다. 일부는 골똘한 표정으로 창밖을 바라봤다. 문제의식은 충분히 움텄다.

"아 어렵죠. 어려웠네요." 회의를 주재한 책임 관리자인 임직원의 외마디 촌평이 개혁의 큰 동력이 됐다.

문제 제기를 할 때는 대안을 가지고 가야 한다는 건 사회생활에선 명제에 가깝다. 곧장 이어서 '투자권유 거부', '투자권유 안 받아요' '투자권유 받지않음'을 대안으로 제시했다.

조용히 웅크리고 있던 의견들이 튀어나왔다. 강하게 쏘아붙였던 만큼 리액션도 컸다. 충청도식 화법으로 유쾌하게 정리하면 투자권유불원이 '냅둬유' 정도가 된다는 의견도 있었다.

"투자권유불원 단어로 된 버튼은 바꾸기 어렵지 않나요." "해석이나 법적 이슈가 없는지 봐야할 것 같아요." "금융당국 반응은 부정적일 것 같은데요."

'법적 이슈'는 은행이 가장 민감하게 생각하는 부분이다. 애써 쉬운 용어로 바꿔도 금융감독원에서 '문제 소지가 있다'고 판단하면 다시 원상복구 해야 하는 게 은행의 숙명이다. 감독당국의 지시에 좌우되는 규제산업의 특성이었고, 변화를 거부하는 보수파가 득세할 수밖에 없는 은행의 환경적 요인이기도 했다.

그럼에도 논의는 '바꿔야 한다'는 쪽으로 쏠렸다. 대안으로 제시한 문구 중 법적 이슈가 없고, 디지털 공간인 스마트폰 앱 버튼에서도 사용할 수 있는 표현인 '투자권유 받지않음'으로 의견이 모였다. 문제 제기부터 최종 변경까지는 이틀이 걸렸다.

1순위 후보로 밀었던 '투자권유 거부'가 채택되지 않은 건 두고두고 아쉬웠다. 다만, 결국에는 문제의 표현을 바꿨고, 한결 쉬워졌다는 데 의의가 있었다.

가장 직관적 표현이라고 생각했던 '투자권유 거부'가 밀린 건 은행 고객관리에 불리할 수 있다는 판단 때문이었다. 단어 말미의 '거부'가 자칫 고객에게 투자권유를 할 수 없는 '절대적 거부권'이 될 수 있다는 우려가 작용했다. "고객이 '나는 거부했는데 왜 자꾸 상품권유를 하느냐'고 항의하면 어떡하느냐"는 의견이 적극적으로 반영된 결과다.

은행연합회가 왜 튀어나와!

사용자가 알 필요 없는 '그들만의 용어' 은행연합회

지뢰처럼 튀어나오는 또 다른 단어는 '은행연합회'다. 은행 앱 메인화면에 노출된 단어가 아니라서 눈에 띄지는 않지만, 상품 가입 진행단계에서 밟히는 악랄한 표현이다. 이용자가 디지털 공간에서 금융상품의 금액 등을 설정하려고 할 때 '은행연합회 한도금액'이란 단어가 튀어나온다. 그들만의 리그에서 사용되는 은어(隱語)와 마주한 사용자들이 분통을 터트리기에 부족함이 없었다.

'은행연합회를 아는 사람이 얼마나 될까'라는 생각이 떠나지 않았다. 실제 "은행연합회가 무엇이냐"고 묻는 사용자가 적지 않았다. 은행 콜센터 직원들은 인터뷰에서 "은행연합회가 뭔지 묻는 손님들에게 설명하는 별도 매뉴얼이 필요할 정도다. 손님이 보시기에 '이게 뭐 하는 곳이지?'하고 의문을 품을 수밖에 없다"고 입을 모았다. "이 표현 없애면 안 되나요"라는 부탁도 이어졌다.

은행연합회는 무엇일까? 은행연합회는 은행들의 공동 전산망을 가진 협의기구다. 일종의 '은행 데이터 허브'같은 곳이다. 은행들에겐 자신의 업무를 도와주고 이익을 대변해주는 집단인데, 결론부터 말하면 사용자가 전혀 알아야 할 필요가 없는 기관이다.

은행연합회가 서울 명동 한복판에 있지만, 일반 시민이 평생 이곳을 방문할 일도 없고, 뭐 하는 곳인지 몰라도 금융업무를 보는 데 전혀 지장이 없다. 우리가 스마트폰을 사용하면서 반도체 공장이나 D램의 속성까지 알 필요는 없는 것과 비슷하다.

그런데 금융상품을 가입하거나 변경하는 과정의 곳곳에서 튀어나와 사용자들의 고개를 갸우뚱하게 만드는 역할을 하고 있었다. 은행 내에서는 너무 당연한 표현이어서, 혹은 문제가 있다고 생각지 못해서, 대체할 용어를 찾지 못해서 방치해놓은 단어였다.

'은행연합회 한도금액'같은 표현은 '납입한도'나 '연간 한도금액'으로 변경했다. '최대 설정금액'도 후보였다. 차곡차곡 정리한 인터뷰 리포트를 또 한번 꺼냈다. 고객들이 쏟아낸 불만을 근거로 제시했고, 14층 회의장에선 큰 이견 없이 바꾸기로 결정 했다.

그 결정의 순간에도 창밖으로 은행연합회 간판이 선명하게 보였다. 기막힌 아이러니다. 직선거리로 20m, 은행연합회 건물은 A은행 본점과 등을 맞대고 있다. '은행연합회' 표현을 제거하기 위해 고민하던 곳도 A은행과 연결된 은행연합회의 야외흡연실이었다. 그 곳에서 '납입한도'라는 대안을 떠올렸고, 은행연합회라는 표현은 연기처럼 사라졌다.

은행 앱 속에서 만난 '구속행위'

어려움을 넘어 위협적이기까지 한 구속행위

퀴즈 하나. 금융상품에 가입하던 중 '구속행위에 해당합니다'는 알림을 받았다. 사용자는 어떤 기분이 들었을까? 또 다음 행동은 어떻게 이어갔을까?

금융 언어에 능통하지 않은 사람이라면 '구속행위'라는 단어 앞에서 주저할 수밖에 없다. 무슨 영문인지 몰라서 상품 가입을 포기하거나 서둘러 [되돌아가기] 버튼을 누르게 만드는 표현이다.

"제가 뭘 잘못했나요?", "보이스피싱이 아닌가 의심했다"는 사용자도 있었다. 구속행위라는 단어가 일으킨 위력적 파장이다.

단순히 어려운 수준을 넘어 사용자를 위협하기까지 한 표현이다. 괘씸했다. UX라이터 업무를 하면서 감정적으로 가장 끓어오른 순간이다. 한 입 베어 문 음식에서 나온 머리카락 정도가 아니라 하마터면 입술을 베일 뻔한 칼날을 씹은 느낌이다.

다른 은행은 구속행위를 어떻게 쓰고 있나 궁금했다. A은행만 당돌하게 쓰는 게 아니었다. 국내 '5대 은행'으로 불리는 국민은행과 우리은행을 비롯한 시중은행에서 이 표현을 아무렇지 않게 쓰고 있었다.

우선 구속행위의 본뜻을 명확하게 파악해야 했다. 구속행위는 금융감독당국이 은행에 금지한 행위를 말한다. 대표적 사례는 은행이 대출을 해주는 조건으로 고객에게 다른 금융상품 가입을 유도하는 것이다. 이를 '구속성 행위'라고 한다. 쉽게 말해 금융사가 하지 말아야 할 행위다. 금융감독당국이 명명했고, 은행은 이를 복명복창(復命復唱)해왔다.

금융소비자보호법에 따르면, 대출 전후 1개월 이내에 같은 금융사에서 다른 금융상품에 가입하면 불법이다. 즉, A은행에서 대출받은 사용자는 1개월 이내에 A은행에서 금융상품에 가입할 수 없는 것이다.

사용자가 어떤 행위를 한다고 해서 법정 구속되지 않는다. 은행에서는 '해서는 안 될 행위' 정도로 가볍게 쓰고 있지만, 사용자가 받아들인 의미는 수갑을 차고 포승줄에 묶여 있는 서슬 퍼런 구속에 가깝다. 굳이 구속성 행위를 하지 않도록 주의할 사람이 있다면 은행원이다. 사용자는 죄가 없다.

당장 뜯어고쳐야 했다. 관련 업무를 하는 은행원에게 "이건 사용자를 겁박하는 정말 무시무시한 표현"이라고 호들갑을 떨 듯 설명하며 "다른 은행보다 먼저 바꿔야 이긴다. 꼭 바꿔야 한다"고 읍소했다. 굳이 객관적인 근거를 들이밀 필요도 없었다.

여러 후보군 중에 "거래제한"이 간택됐다. 위협적 표현인 '구속'을 지우고, 본뜻을 살려 '제한'으로 바꿨고, '행위'를 좀 더 구체화한 '거래'로 대체했다. 과거의 모습을 떠올릴 수조차 없는 상전벽해다.

[서술표현 변경] 사용자의 눈높이에 맞춰 쉽고 편하게

"고객님, 상품 변경이 안 되십니다. 기존 정보가 삭제되실 수 있습니다."

은행창구에서 흔히 들어왔던 표현이다. 이는 앱에서도 그대로 적용되고 있었다. 고객을 존중하기 위한 높임표현은 되레 고객을 불편하게 만드는 결과로 이어졌다. UX라이팅을 하면서 가장 많이 바꾼 대상은 은행 앱의 서술방식이었다.

사용자를 존중하지 않는 극존칭

보유하신 계좌가 없습니다. 계좌를 먼저 개설 후 이용해주세요.

→보유한 계좌가 없습니다. 계좌 개설 후 이용해 주세요.

고객님께서는 퇴직연금 가입자가 아닙니다.

계좌신규를 먼저 진행해주세요.

→퇴직연금에 가입하지 않으셨네요. 먼저 계좌를 개설해 주세요.

[약관 변경] 읽기 힘든 '깨알글씨'도 쉽게

사용자들이 읽기 어려운 '깨알글씨' 안내문도 쉽게 변경했다. 기사를 고쳐 쓰는 것과 가장 비슷한 작업이었다. 대단한 착각일 수도 있으나 '이 업무를 가장 잘하는 사람은 나다'라는 자기애를 느끼며 한 땀 한 땀 고쳐 썼다.

'법적이슈가 발생하지 않은 선'에서 가장 쉬운 표현으로 바꾸는 일이 가장 큰 고난이었다. 대부분 어려운 법률용어를 일상에서 쓰는 언어로 고치는 작업이었다. 수많은 글자 하나하나에도 은행 실무자의 승인이 필요했다. 법적이슈에는 벌벌 떨 수밖에 없는 은행 실무자에게 "이렇게 바꿔도 아~무런 문제가 없어요"라는 말을 거듭해야 했다. 돌아온 질문은 매번 비슷했다. "금융감독원에서 뭐라고 하지 않을까요?"

[버튼 변경] 한치의 망설임 없이, 간명하게

지금 스마트폰 안에 있는 무수한 버튼들은 누군가 만들어낸 '고민의 산물'이다. 확신하건대 스마트폰 안에 쓰인 단어와 표현 대부분은 초창기 기기를 만든 '공대생'들의 몫이었다. 스티브 잡스가 처음 아이폰을 만들었을 때도 그랬을 것이고, 삼성 갤럭시가 처음 탄생했을 때도 비슷했을 것이다. 은행 앱에 쓰이는 단어와 표현도 그렇다. '공대+상대' 합작품에 문과생이 끼어들었다.

선택을 취소하시겠습니까?

[취소] [확인]

'기존 선택을 취소하려는' 사용자는 자신의 행위를 생각하며 [취소] 버튼을 누를 수 있다. 디지털 공간에 무심코 파놓은 함정에 빠지게 되는 것이다. 사용자의 처지에서 생각하면 간단해진다.

선택을 취소하시겠어요?

[아니요] [예]

버튼을 바꾸는 일은 짜릿한 손맛을 느끼게 하는 작업이다. 사용자를 괴롭히는 나쁜 버튼을 물리쳤다는 일종의 '권선징악의 카타르시스'가 있다. 사용자의 발목을 잡아채는 함정버튼을 바꾸는 것은 더욱 그랬다.

그렇게 12개월을 논의하고 고치는 작업으로 보냈다. UX라이팅에서 기자의 장점을 살릴 수 있는 부분은 글쓰기에 있는 것이 아니라 필드에서 뒹군 현장경험에 있었다. 한 줄의 기사를 쓰기 위해 발품을 팔아 사람을 만나고, 전문가들에게 전화를 돌리고, 주변 사람들과 토론을 벌이던 관성은 이곳에서 '특기생'으로 불리는 배경이 됐다.

UX라이팅 가이드북에서는 "모든 표현을 더 쉽고, 직관적으로 쓰라"고 하지만, 좀처럼 감이 잡히지 않는 얘기다. 이는 축구선수에게 "공을 더 정확하고 강하게 차라"는 얘기와 다를 바 없다. 어떻게 해야 하는지는 결국 필드로 나가야 알 수 있었다.

제9장

디지털 AI 윤리
: 풀액셀로 질주하는 기술의 안전벨트

김혜영

1절. 인공지능의 두 얼굴

1. 위험한 요술방망이

#1. 오전 6시. AI 로봇이 음악을 틀며 내 이름을 부른다. 하루의 시작이다. 뉴스와 날씨도 짤막하게 전해준다. 오늘 입을 옷도 골라 놓았다. 날씨와 일정을 고려해 추천해주는데 대체로 마음에 드는 편이다. 부엌에 가니 내가 즐겨먹는 아메리카노 2샷을 내려 놓았다. 커피를 마시고 집을 나섰다. 자율주행차가 시동을 걸고 기다리고 있다. 자율주행 모드로 출근하면서 이메일을 확인하고 미팅 자료를 검토한다. AI가 예약한 식당에서 AI가 정리해준 자료로 미팅을 순조롭게 마쳤다. 눈 뜨는 순간부터 모든 일상을 함께하는 AI. 이제 인공지능 없이는 하루도 살 수 없을 것 같다.

#2. 눈을 뜨니 오전 7시. 깜짝 놀라서 벌떡 일어났다. 오전 6시에 나를 깨워줬어야 할 AI 로봇이 고장 났다. 급하게 씻고 아침도 못 먹고 자율주행차에 탔다. 자율주행 모드로 가면서 미팅 자료를 검토하는데 갑자기 접촉 사고가 났다. 옆 차선에 있던 차가 속칭 '칼치기'로 끼어든 것을 자율주행차가 미처 인식하지 못하고 부딪혔다. 늦게 일어난 데다 사고 처리까지 하느라 회사에 지각하고 말았다. 헐레벌떡 미팅에 들어갔는데, AI에 맡긴 미팅 자료에서 잘못된 부분이 발견돼 난감했다. 오늘따라 일이 왜 이렇게 꼬이는 건지, 편리함에 익숙해진 만큼 불편함이 더 크게 다가온다.

여러분은 어떤 미래를 그리고 있는가? 모든 것이 매끄럽게 돌아가는 사례1이 당연하다고 믿는가? 하지만 현실은 사례2가 될 수 있다. AI는 결코 완벽하지 않기 때문이다.

우리의 일상을 빠르게 바꾸고 있는 기술은 단연 인공지능이다. 일상의 편리함을 넘어 새로운 기회를 제공하는 AI. 그래서 모든 문제를 해결해줄 요술방망이로 생각하는 사람이 많다. 하지만 기대만큼 불안도 커지고 있다. 우선 안전에 대한 걱정이다. 자율주행차가 편리하긴 하지만, 위급한 상황에서 나를 지켜줄 수 있을지 걱정된다. 그래서 자율주행차에 관심은 있어도 막상 뽑지 못하는 사람이 많다. 다음은 일자리 걱정이다. AI가 일 자리를 점점 대체한다는데, 내 자리까지 차지하면 어쩌나 싶다. AI에 대 체되지 않으려면 무엇을 준비해야 할지도 막막하다. 마지막은 통제에 대 한 걱정이다. AI가 기술 발전을 거듭해 인간의 통제를 벗어나게 된다면, AI의 플러그를 뽑아야 하는 순간이 올 지도 모른다. 한마디로 양날의 요 술방망이다.

'AI의 아버지'로 불리는 제프리 힌튼 토론토대 컴퓨터공학과 교수는 AI 를 '새끼 호랑이'에 비유했다. 이재명 대통령은 오픈AI CEO인 샘 알트만 을 만난 자리에서 "새끼 호랑이가 사나운 맹수가 될 것인가, 아니면 '케이 팝 데몬 헌터스'에 나오는 사랑스러운 더피가 될 것인가는 우리에게 달려 있다"고 했다. AI의 책임 있는 이용을 강조한 말이다. 새끼 호랑이를 사랑 스러운 더피로 키우기 위해 필요한 것이 'AI 윤리'다.

2. 바둑계에 먼저 온 미래

2016년 3월, 구글 딥마인드가 개발한 인공지능 알파고와 당대 최고의 바둑기사 이세돌 9단이 마주 앉았다. 5대 0 완승을 자신했던 이세돌 9단은 초반에 내리 3연패를 하고, 4국에서 처음이자 마지막으로 승리했다. 5국에선 석패했다. 4대 1. 알파고의 대승은 지구촌에 충격을 주었다. 사람들은 이를 '알파고 쇼크'라고 불렀다.

그로부터 10년. 바둑계의 풍경은 완전히 달라졌다. 도장마다 대형 컴퓨터와 바둑 AI가 놓였고, AI는 형세 판단부터 수읽기, 복기에 이르기까지 사범 대접을 받고 있다. AI의 확산은 바둑 실력의 상향 평준화를 가져올 것처럼 보였다. 하지만 실력의 격차는 더 벌어졌다. 'AI를 쓰느냐'가 아니라, 'AI를 어떻게 쓰느냐'가 관건이었다. AI의 선택을 그대로 받아들이는 사람과 그렇지 않은 사람의 실력은 시간이 지날수록 더 벌어졌다. 이세돌 9단은 강연에서 "하위 랭커가 상위 랭커를 이기기 어려워졌고 상위 랭커는 그대로 멀리 가버렸다"고 밝혔다. 어떤 성능의 AI를 사용하느냐도 격차를 벌어지게 하는 요인이 됐다. 고성능 AI로 공부하면 프로 입단이 빨라진다는 말까지 나왔을 정도다.

AI는 범죄의 도구가 되기도 했다. 바둑 AI를 이용한 사기가 벌어졌다. 셔츠 단추 구멍에 소형 카메라를 달아 바둑판을 촬영한 뒤, 다른 공간에 있던 일당이 AI 바둑판에 이를 재현해서 AI가 알려준 수를 소형 이어폰으로 알려주는 수법이 사용됐다.

바둑은 인간이 만든 가장 복잡한 게임으로 꼽힌다. AI는 그런 바둑마저 넘어섰다. 하지만 바둑처럼 목표와 규칙, 경우의 수만으로 설명할 수 없는 것이 인간 세상이다. AI가 모든 상황을 알 수 없고, 모든 판단을 내릴 수도 없다. 더군다나 AI를 악용하려는 사람들도 있다. AI와 함께 살아가는 시대. 이 절에서는 우리가 반드시 짚어봐야 할 윤리적 문제들을 살펴본다.

2절. 윤리적 딜레마

1. 인공지능은 안전한가?

2018년 3월 미국 애리조나주에서 시험운행 중이던 우버의 볼보 자율주행차가 자전거를 끌고 도로를 건너가던 40대 여성을 치었다. 우버는 당시 4단계 완전 자율주행 시험 중이었다. 운전석에는 시스템을 감시하는 운전자가 탑승한 상태였다. 차량 센서는 충돌 5.6초 전 도로 위의 여성을 감지했지만, 도로가 어두워 인간 보행자가 아닌 알 수 없는 사물로 분류했다. 결국 이 여성은 차에 치어 숨졌다. 자율주행차가 보행자를 사망에 이르게 한 첫 사고였다. 미국 교통안전위원회(NTSB)는 운전자의 태만을 사고의 직접적인 원인으로 지목했다. 운전자는 도로상황과 자율주행 시스템을 면밀히 관찰할 의무가 있었지만 주행 중 휴대전화로 동영상을 보고 있었다는 사실이 드러났다. 이 사고로 우버는 여러 도시에서 진행하던 자율주행차 시험운행을 중단해야 했다.

2019년 자율주행 모드로 운행 중이던 테슬라 차량 운전자가 고속도로에서 숨졌다. 유가족은 테슬라가 자율주행 기능의 위험성을 이용자에게 충분히 알리지 않았다며 소송을 제기했다. 테슬라는 오토파일럿이 운전자의 주의와 개입이 필요한 보조 기능이지, 완전 자율주행 기능이 아니라고 강조했다. 그러나 센서 오작동 가능성과 소프트웨어 설계의 한계가 지적되자, 테슬라는 유가족과 급히 합의해 재판을 마무리했다.

　AI 기술이 탑재된 자율주행차가 각광을 받고 있다. 하지만 AI 기술이 오류를 일으켜 사고가 나면 책임은 누가 져야 할까? 자율주행의 범위는 어디까지인가? 운전자는 어느 시점부터 개입해야 하는가? 인공지능과 인간의 역할 구분이 쉽지 않다. 이는 안전 문제와 직결된다.

　안전이 우려되는 또 다른 분야는 의료다. AI 덕분에 더 빨리, 더 정확한 진단이 가능해졌다. 특히 뇌졸중의 경우 AI 소프트웨어 덕분에 예측부터 진단, 치료, 재활까지 혁신적으로 발전했다. 하지만 AI가 오진을 한다면, 그리고 그 오진을 의사가 바로잡지 못하고 그대로 진단한다면 어떻게 될까? 인간의 생명이 걸린 의료 분야에서 AI의 오류는 치명적인 결과를 낳을 수 있다.

　군사와 무기도 안전이 우려되는 분야다. 대량 살상무기에 탑재된 AI가 오작동을 일으켜 무고한 민간인들을 살상한다면 그 책임은 누구에게 있을까? 인간이 개입하기 어려운 상황에서 AI가 핵무기 시스템에 접근해 발사 명령을 내린다면 어떻게 될까? 자칫 하면 기계가 인간의 생명을 좌우하는 상황이 벌어질 지도 모른다.

　AI는 완벽하지 않다. 인간을 보호하는 것이 아니라, 오히려 위험에 빠뜨릴 수도 있다. 그래서 오류와 왜곡을 일으키지 않도록 치밀한 연구개발이 필요하다. 아울러 AI의 오류를 발견하고 바로 잡을 수 있는 시스템도 필요하다. 그렇지 않으면 막대한 비용을 투자해서 개발한 AI를 사용하지도 못하고 폐기해야 하는 상황이 올 수도 있다. AI의 오류는 안전성과 직결된다는 점에서 윤리적 쟁점 중 가장 우선 순위로 꼽힌다.

2. 인공지능은 공정한가?

미국의 여러 주에서는 판사들이 재범 위험성이 높은 사람을 예측하고 가석방을 결정하는 과정에서 AI 기반의 콤파스(COMPAS) 시스템을 사용하고 있다. 하지만 탐사보도 전문매체인 프로퍼블리카에 따르면, 콤파스는 흑인의 재범 가능성을 다른 인종보다 높게 예측한 경우가 많았다. 재범할 것이라고 예측했지만 재범하지 않은 흑인이 많았고, 재범하지 않을 것이라고 예측했지만 재범한 백인이 많았다. 콤파스를 개발한 기업은 인종차별이라는 문제 제기에 반박하면서도 왜 이런 결과가 나왔는지 알고리즘은 공개하지 않았다.

AI의 공정성이 문제가 된 사례는 COMPAS 뿐만이 아니다. 아마존의 AI 기반 채용 시스템은 서류 평가에서 여성 지원자를 부당하게 탈락시켜 논란이 됐다. AI 신용 평가는 같은 노동 조건의 남성보다 여성의 신용한도를 낮게 책정했다. 둘 다 AI가 남성 위주로 판단해온 데이터를 학습해서 벌어진 일이다.

국내에서도 비슷한 일이 있었다. 2021년 국내 스타트업이 개발한 인공지능 챗봇 '이루다'는 장애인과 임산부, 성소수자 등을 혐오하는 발언으로 물의를 빚었다. '이루다'는 지하철 임산부석에 대해 묻자 "핵싫어"라거나 "혐오스럽다"고 말했다. 성소수자에 대해선 "질 떨어져 보인다"고 했고, 흑인에 대해선 "오바마급 아니면 싫어"라고 답변했다. '이루다'를 오염시킨 건 인간이었다. '이루다'는 카카오톡 대화를 학습했는데, 이용자에게 알리지 않고 대화를 사용한 사실이 알려지면서 출시 한 달도 안 돼 서비스를 종료해야 했다.

만약 여러분이 AI의 편향된 결정으로 감옥에 가거나, 일자리를 얻지 못하거나, 대출을 받지 못한다면 어떻겠는가. 불공정한 결정 자체도 문제이지만, 그 결정이 약자에 대한 차별과 편향을 강화하고 혐오를 조장한다면 더 큰 문제가 아닐 수 없다. 한편에서는 인간들에게도 어려운 공정함을 AI에게 요구할 수 있는 것인지 반문을 제기하는 목소리도 있다.

그렇다고 해서 AI 시스템이 모든 사용자에게 공정하게 설계되고 작동돼야 한다는 당위성은 부인할 수 없다. 모든 인간은 평등하기 때문이다.

3. 인공지능은 진실한가?

2023년 하얀 패딩을 입은 프란치스코 교황 사진이 공개됐다. 사진 속 패딩은 한 벌에 5000유로, 우리 돈으로 740만원 가량 하는 고가의 명품이었다. 가난한 이들의 교황으로 존경 받아온 프란치스코 교황이 명품 패딩을 입다니. 종교계와 패션계 모두 놀라움을 금하지 못했다. 하지만 진짜 같았던 이 사진은 AI로 합성한 딥페이크 이미지로 드러났다.

2025년 오픈AI는 영상 생성 AI '소라'에서 마틴 루터 킹 목사의 이미지를 사용하지 못하도록 했다. 일부 사용자들이 킹 목사의 이미지를 무례하게 사용하는 일이 반복되면서 유족과 재단이 조치를 요청했기 때문이다.

AI는 진실성의 위기를 불러왔다. 이미지와 영상을 생성하는 AI 기반 딥페이크[1] 기술을 악용한 사례가 속출하면서, 보고 들은 것을 그대로 믿을 수 없게 되었다. 가짜 전문의를 내세운 허위 광고, 유명인의 영상을 활용

---

1. 딥페이크(Deepfake)는 AI 기술인 딥러닝(deep learning)과 가짜를 뜻하는 페이크(fake)의 합성어로, 가짜 이미지나 영상을 만들어내는 기술을 말한다.

한 불법도박 사이트 광고 등이 버젓이 유통되자, 정부도 대책을 내놨다. AI로 만든 콘텐츠를 표시하는 의무제를 시행하고, 허위·조작 정보를 유통한 제작물은 실제 손해액의 5배를 배상하는 징벌적 손해배상를 도입하겠다고 밝혔다.

AI의 진실성을 떨어뜨린 건 딥페이크 뿐만이 아니다. 2022년 11월 출시되자마자 선풍적인 인기를 끈 챗GPT는 얼마 지나지 않아 치명적인 약점이 발견됐다. 틀린 정보를 사실처럼 제시하거나, 존재하지 않는 논문이나 판례를 인용해서 그럴 듯하게 답변하는 '환각(hallucination)' 현상이 발견된 것이다. 이는 윤리적으로 바람직하지 않은 건 말할 것도 없고, 의료 분야에서는 잘못된 결정의 근거로 활용돼 위험한 결과로 이어질 수 있다.

교묘하게 거짓말을 하고, 허위 정보를 유통시키며, 가짜 사진이나 영상을 만들어내는 AI를 어디까지 믿어도 되는 걸까. AI의 환각이나 딥페이크를 평가하고 감지할 수 있는 툴이 있긴 하지만, 표준화된 툴은 부족해 보인다. 진실성에 기반을 둔 신뢰성 확보는 AI 상용화에 있어서 여전히 과제로 남아 있다.

4. 인공지능은 투명한가?

인구당 챗GPT 유료 사용자 비율이 가장 높은 우리나라. 그런데 챗GPT가 어떤 데이터로 학습하고, 어떤 과정을 거쳐 결과물을 생성하는지 아는 사람은 얼마나 될까? AI의 투명성 부족은 신뢰성 저하, 나아가 책임 소재 불명확, 문제 발생 시 해결의 어려움 등을 초래할 수 있다. 그래서 인공지능은 학습, 생성, 유통 단계에서 모두 투명해야 한다.

학습 단계에서의 투명성을 위해선 AI가 어떤 데이터로 학습했는지 데이터의 출처를 밝혀야 한다. 이는 저작권 문제와 연관된다. 유럽연합은 이 문제에 가장 발 빠르게 대응하고 있다. 유럽연합의 인공지능법(AI Act)은 생성형 AI 모델을 개발하는 사업자가 학습에 사용된 데이터의 출처를 공개하도록 하고 있다. 우리나라에서는 AI 학습에 사용되는 뉴스를 놓고 언론단체들과 네이버가 타협점을 찾지 못하고 있다. AI 학습 관련 저작권 면책 요건과 저작권자에 대한 보상 체계 등이 제도화될 필요가 있다.

생성 단계에서의 투명성은 알고리즘 작동 방식이 투명해야 하는 것을 말한다. 미국에서 양형 보조에 사용되고 있는 AI 기반 재범 예측 시스템 콤파스(COMPAS)는 투명성에 위반되는 대표적인 사례로 꼽힌다. 콤파스는 피고인의 범죄기록뿐 아니라 교육수준과 거주지역 등 137개 문항으로 구성된 설문지의 데이터를 기반으로 하는데, 흑인의 폭력 재범 가능성을 다른 인종보다 높게 판단해 논란이 일었다. 콤파스를 개발한 기업은 영업 비밀이라는 이유로 콤파스가 어떤 방식으로 점수를 매기는지 알고리즘을 공개하지 않았다. 판사조차 작동 방식을 모르는 시스템을 형사사법 시스템에 사용해도 되는 걸까?

사용 과정에서의 투명성은 AI가 생성한 결과물임을 알 수 있게 하는 것이다. AI 생성물을 자신이 한 것처럼 위장하는 것은 단순한 위선을 넘어 위험한 결과를 부를 수 있다. 특히 의사의 처방이나 판사의 판결에 AI가 사용된 사실을 투명하게 공개하지 않을 경우 생명과 인권에 치명적인 영향을 미칠 수 있다. 정부가 AI 기본법 제31조에서 고영향 또는 생성형 AI

사용시 관련 내용을 고지하고 결과물에 워터마크를 표시하도록 한 것도 사용 과정에서의 투명성 확보를 위한 조치라고 볼 수 있다.

AI는 '블랙박스'가 되어서는 안 된다. 어떤 데이터를 사용하는지, 어떤 과정으로 작동하는지, AI를 사용했는지 투명하게 공개해야 한다. AI가 의료, 금융, 채용 등 중요한 결정에 관여할 때도 있는 만큼, AI의 투명성과 설명가능성을 높이기 위한 기술적, 정책적 제도화가 필요하다.

5. 인공지능은 사생활을 존중하는가?

2025년은 개인정보 유출의 해로 기억될 듯 하다. SKT, KT, 롯데카드에 이어 쿠팡까지 개인정보 유출로 곤욕을 치렀다. 디지털 생태계가 AI 중심으로 재편될수록, 민감한 개인정보가 유출될 가능성이 더 높아질 수밖에 없다. 우선 AI가 학습한 데이터에 포함된 개인정보가 오용되거나 악용될 가능성이 있다. 개인정보에는 이름, 나이, 주민등록번호, 주소, 연락처 등 정형화된 데이터도 있지만 사적인 대화나 시청 목록, 진료 기록, 구매 목록 등 비정형화된 데이터도 있다. 우리기 디지털에 남기는 흔적과 정보가 악의적인 세력의 해킹으로 유출될 수 있다.

AI 시대에는 보안도 경쟁력이다. 잇따른 해킹과 개인정보 유출 사고는 AI 기술에 대한 신뢰를 떨어뜨린다. 송경희 개인정보보호위원회 위원장이 "새로운 프라이버시 위협에 대응하기 위해 '디지털 잊힐 권리'를 법제화하고 국민이 자신의 개인정보를 통제할 수 있도록 개인정보 전송요구권을 생활 밀착 분야로 확대하겠다"고 밝혔는데 실행 여부가 주목된다.

개인정보 보호는 사후 제재보다 사전 예방에 초점을 맞춰야 한다. 그래서 AI를 이용할 때 개인정보나 기밀문서를 입력하는 것은 피하는 것이 좋다. 데이터 익명화 등 AI 시대에 맞는 개인정보보호법 재설계 논의도 필요하다. 개인정보를 보호하는 AI 솔루션 개발도 방법이 될 수 있다. AI로 AI를 감시하는 툴인 셈이다.

6. 인공지능은 일자리를 대체하는가?

IQ 140인 직원이 24시간 일한다. 똑똑한데 밥도 안 먹고, 화장실도 안 가고, 퇴근도 안 한다. 심지어 휴가도 안 간다. AI가 미래 직장에서 보여줄 모습이다. 이제 AI를 도구가 아닌 동료로 봐야 하는 시대가 됐다. AI 활용이 장기적으로는 생산성 향상과 새로운 일자리 창출로 이어질 것이라는 낙관적인 전망도 있지만, 일자리 대체로 대량 실업을 유발할 것이라는 부정적인 전망도 많다. 미국 버니 샌더스 상원의원이 공개한 보고서에 따르면, 챗GPT는 'AI로 일자리 1억개가 사라질 것'이라고 자체 분석했다. 두렵지만 피할 수 없는 현실이다.

AI가 빠르게 도입된 일터 중 하나가 콜센터다. 콜센터에 전화했을 때 상담원이 받는 경우는 거의 없다. 단순 업무는 AI 음성봇이나 챗봇이 처리하고, 복잡한 업무만 상담원이 처리한다. 그러다 보니 상담원들이 크게 줄었다. 국내 8개 카드사의 상담원은 2025년 5월 말 기준 1만명이 조금 넘는 것으로 집계됐다. 2019년 말보다 19% 감소한 수치다.

AI는 시간이 지날수록 더 많은 일자리를 대체하고 있다. 기업들은 이를 통해 조직을 경량화하고 이윤을 극대화할 것이다. 일부에서 우려하는 '노동의 종말'까지는 아니더라도, AI 기술이 발전할수록 신규 채용은 어려워질 전망이다. 회사는 신입사원이 업무를 배울 시간을 기다려주기보다, 바로 업무에 투입할 수 있는 경력사원이나 AI 활용을 선호하기 때문이다.

AI가 일자리 시장을 재편하면서 많은 사람들이 불안감을 느끼고 있다. '내 일자리는 안전할까?'라는 생각은 단순 걱정이 아니라 생존의 문제가 되고 있다. 이는 직업 상실이라는 경제적 위기를 넘어 삶의 의미와 인간의 존엄이 훼손될 수 있는 윤리적 문제이기도 하다.

챗GPT에게 물어보니 "기술은 중립이지만, 그 기술을 어디에 어떻게 적용할지는 윤리의 영역"이라는 답변이 돌아왔다. 그러면서 "AI로 얻는 이익과 잃는 위험을 사회가 얼마나 공정하게 다루는가?"가 핵심이라고 설명했다. 챗GPT의 질문대로 과연 우리 사회는 AI의 일자리 재편을 공정하게 다루고 있는가. 어쩌면 AI 기술 자체보다 준비되지 않은 우리 사회가 더 문제일 수도 있다.

7. 인공지능은 불평등을 완화하는가?

디지털 기기 사용이 익숙하지 않은 어르신들은 요즘 식당에서 음식을 주문하는 것도, 열차표를 예매하는 것도, 금융 거래를 하는 것도 쉽지 않다. 대부분 스마트폰과 키오스크로 이뤄지다 보니 지레 겁을 먹고 포기하거나 난감할 때가 많다. 그래서 지자체와 공공기관을 중심으로 어르신을 위한 디지털 교육이 한창이다. 어르신들은 스마트폰 설정과 키오스크 사용법을 익히면서 삶의 질이 높아지는 경험을 하고 있다.

인공지능 대중화와 함께 디지털 격차는 더 커질 것으로 예상된다. 이는 어르신들에게만 해당되는 문제가 아니다. 부유하고 교육 수준이 높은 계층은 다양한 고성능 AI를 자유자재로 이용하며 긍정적 혜택을 누릴 수 있다. 반면 AI를 사용할 수 없는 형편이거나 기초적 기량이 없는 계층은 혜택은커녕 불리한 입장에 놓이게 된다. AI에서 비롯된 디지털 격차가 사회적 불평등으로 이어질 수 있다는 우려가 나오는 이유다.

격차를 만들지 않는 포용성은 설계 과정에서부터 요구된다. AI가 다양한 세대와 계층을 아우를 수 있게 설계되었는가? 기술 발전이라는 명분 아래 강자의 이익을 대변하면서 다른 공동체와 윤리적 주장을 훼손하지는 않는가? 생각해볼 필요가 있다.

다행스러운 점은 이재명 정부가 국민 누구나 고성능 AI를 활용할 수 있도록 '모두의 AI' 기반을 구축하겠다고 밝혔다는 점이다. 이 대통령은 2025년 9월 UN 총회에서 "모두를 위한 AI 비전이 국제사회의 뉴노멀로 자리 잡을 수 있도록 하겠다"고 말했다. 이는 AI뿐 아니라 디지털 기술 전반에 요구된다. 디지털 기술의 혜택으로부터 소외되는 사람이 없도록 모두를 포용할 수 있는 '디지털 휴머니즘'이 더욱 중요해지고 있다.

8. 인공지능은 환경을 보호하는가?

AI를 '전기 먹는 하마'라고 한다. AI 시스템 가동에 많은 전력이 필요하기 때문이다. 일반 검색에 들어가는 전력이 0.3Wh라면, 생성형 AI는 2.9Wh로 10배 가까이 들고, 이미지나 영상 AI는 텍스트 AI보다 40~60배 더 많은 전력이 필요하다. AI 사용 증가와 성능 고도화로 전력 소비가 급증하면서 데이터센터 수요도 늘어나고 있다. 덩달아 데이터센터를 가동할 때 발생하는 열을 식히기 위해 사용되는 냉각수와 온실가스 배출도

증가하고 있다. 결국 AI를 사용할수록 환경에 좋지 않은 영향을 주게 된다. 기후위기 시대, 아무리 편리하고 효율적인 AI라고 해도 하나 뿐인 지구의 환경을 해친다면 윤리적으로 간과할 수 없는 문제다. 그래서 AI 사용을 위한 전력 생산에 신재생에너지를 활용하는 방안, AI 자체의 효율화를 추구하는 방안 등이 거론되지만, 단기적으로 환경 파괴와 전력망 확충이 불가피하다는 점은 생각해볼 문제다.

3절. 윤리적 원칙

AI는 편리함과 효율성이 큰 기술이지만 윤리적 딜레마가 적지 않다. 그래서 기술 발전의 발목을 잡는 규제가 아니라, 모두가 안심하고 사용할 수 있는 가이드라인이 필요해졌다. 핵심은 AI를 어디까지 허용할 것인가 하는 것이다. 이런 문제의식 속에서 국제기구, 종교계, 각국 정부는 저마다의 윤리 원칙을 제시했다.

1. OECD

AI 기술이 광범위하게 사용되면서 일자리 구조 변화, 기술 독점, 개인정보 침해 등의 문제가 발생하자, 각국은 AI 윤리 전략 마련에 돌입했다. 하지만 나라마다 접근방식이나 기준이 달라 어려움이 있었다. 이에 OECD는 국가 간 일관된 원칙의 필요성을 인식하고, 2019년 5가지 원칙이 담긴 'OECD 인공지능 권고안'을 이사회 만장일치로 채택했다.

① 포용적 성장, 지속 가능한 발전, 복지 증진

이는 '모두를 위한 AI'로 요약된다. AI는 단순히 효율을 높이는 기술이 아니라, 사회 전체의 번영과 복지에 기여해야 한다. AI의 혜택은 특정 국가나 기업, 계층에만 집중되지 않아야 한다. 특히 교육, 의료, 공공서비스 등 복지를 향상시켜야 하며, 환경과 노동시장 변화 등 지속 가능성까지 고려해야 한다,

② 인간 중심의 가치와 공정성

AI가 아무리 똑똑해도 사람보다 위에 있어선 안 된다. AI가 결정을 대신해줄 수는 있지만, 인간의 존엄성이나 권리, 안전을 해쳐선 안 된다. 특히 인종·성별·연령·장애 등의 요소로 인간을 차별해선 안 된다. AI는 인간을 대체하는 존재가 아니라 인간을 강화하는 도구로 사용되어야 한다. 한마디로 인간을 중심에 두는 AI여야 한다.

③ 투명성과 설명 가능성

AI가 어떤 데이터로 학습했는지, 어떤 기준으로 판단했는지 과정을 투명하게 알 수 있어야 한다. AI는 깜깜이로 숨겨져 있으면 안 되고, 모든 과정을 설명할 수 있어야 한다. 또 사용자가 AI의 오류를 발견하면 수정할 수 있는 구조가 필요하다. 그렇지 않으면 AI를 신뢰하기 어렵다.

④ 견고성, 보안성, 안전성

AI는 실제 환경에서 오류 없이 안정적으로 작동해야 한다. 또 데이터 조작

이나 해킹 등 악의적 공격에 대비하고, 예상치 못한 위험에 즉각 대응할 수 있는 프로세스가 필요하다. 이는 의료, 교통, 금융 등의 분야에서 필수적이다.

⑤ 책임성

AI 시스템으로 문제가 발생하면 누가 책임을 질 것인지 명확해야 한다는 원칙이다. 개발자, 운영자, 조직 모두 책임 구조를 명확하게 할 필요가 있다. 핵심은 AI로 인한 결과에 대해 책임을 회피해서는 안 되며, 책임 주체가 필요하다는 것이다.

2. 교황청

교황청은 국제기구는 아니지만, AI 윤리에 대해 적극적으로 목소리를 내왔다. 교황청은 AI 윤리를 단순한 기술 규범이 아니라, 인간 존재와 사회의 방향을 가늠하는 문제로 바라본다. 교황청은 2020년 2월 'AI 윤리에 관한 로마의 호소'를 발표하고 투명성, 다양성, 책임, 공정성, 신뢰성, 보안 및 개인정보 등 6가지 윤리적 원칙을 제시했다. 이들 원칙은 AI가 인류를 보호하고 공동선을 증진하기 위한 목적으로 인공지능을 사용해야 한다는 데 초점이 맞춰졌다. 교황청은 이를 위해 인간의 지혜와 식별을 강조했다.

교황청의 AI 윤리는 2025년 1월에 발표된 문헌 '옛것과 새것(Antiqua et Nova)'을 통해 확장됐다. '옛것과 새것'은 AI를 단순한 기술 혁신이 아니라 인간 존재와 사회, 윤리, 영성이 걸린 문제로 바라본다. 그래서 기술 발전과 효율성만 따라가지 말고, 공동선과 정의를 기준으로 삼아야 한다고 강조한다. 특히 인간의 존엄성, 관계성, 도덕성은 AI로 대체될 수 없다고 밝힌다. '옛것과 새것'은 AI가 각 분야에 어떤 영향을 미칠지 신앙의 시각에서 바라본 결과도 정리했다. '옛것과 새것'이 강조하는 윤리적 원칙은 크게 3가지로 정리할 수 있다.

① 인간의 존엄성

기술이 발전할수록 인간은 AI에게 많은 판단을 맡기고 싶어진다. 하지만 교황청은 인간을 수단으로 전락시키는 기술을 경계한다고 강조한다. AI는 어디까지나 인간의 도구이며, 인간의 지성, 자유, 관계성, 생명을 대체하거나 침해해서는 안 된다는 것이다. 인간의 존엄성을 우선하는 윤리적 원칙에 따르면, AI에 대한 감시를 강화함으로써 인간성 침해를 방지하고, 자동화로 인한 사회적 배제를 막을 수 있다.

② 공동선의 실현

AI 기술로 인해 누구는 혜택을 보고, 누구는 배제되는 일이 벌어지고 있다. 특히 AI의 데이터 편향, 기술 접근성 격차, 자동화에 따른 일자리 대체는 사회적 불평등을 심화시킬 가능성이 있다. 그래서 교황청은 공동선을 윤리적 원칙으로 제시했다. 기술 개발과 사용은 사회의 공동선·연대·정의에 기여해야 하며, 불평등·편향·분열을 초래하는 사용은 배제돼야 한다는 것이 교황청의 입장이다. 한마디로 모두를 위한 기술이어야 한다.

③ 책임성과 투명성

AI가 오류를 내면 누가 책임질 것인지 애매하다. 그래서 책임성과 투명성은 AI가 내린 판단이 어떤 배경과 과정을 거쳤는지 추적 가능하고 설명 가능한 상태를 유지해야 한다는 원칙이다. 이 부분은 개발자의 윤리와 연결된다. 알고리즘이 중립적으로 보이지만, 어떤 데이터를 사용하고 어떤 함수를 설정할지는 인간의 선택에 달려 있기 때문이다. AI 윤리는 코드를 설계하는 순간부터 이미 형성된다고 볼 수 있다.

'옛것과 새것'이 전하는 메시지를 종합하면 다음과 같다. 인간이 AI의 도구가 되어선 안 되며, 모든 기술은 인간의 존엄성과 공동선을 위한 방향으로 사용되어야 하고, AI의 개발과 사용에는 투명성과 책임성이 필요하다는 것이다.

3. 대한민국

우리나라 최초의 AI 윤리는 OECD나 교황청보다 앞선 2018년 3월에 발표됐다. 인터넷 윤리 실천 운동을 펼쳐온 서울여대 정보보호학부 김명주 교수[2]가 인공지능 윤리에 있어서 4가지 기본원칙을 담은 'Seoul PACT'를 제시했다. PACT는 공공성(Publicness), 책무성(Accountability), 통제성(Controllability), 투명성(Transparency) 등 4대 기본원칙의 영문 첫 글자를 딴 것이다. 'Seoul PACT'는 개발자 중심이 아닌 이용자 중심의 윤리 체계로, 다양한 분야에서 가이드라인으로 활용되고 있다.

정부 차원의 AI 윤리 가이드라인은 2020년 12월에 나왔다. 3대 기본

---

2. 김명주 교수는 2024년 11월 AI안전연구소 초대 소장에 임명되었다.

원칙과 10대 핵심요건을 담은 '국가 AI 윤리 기준'을 아우르는 대명제는 '인간성'이다.

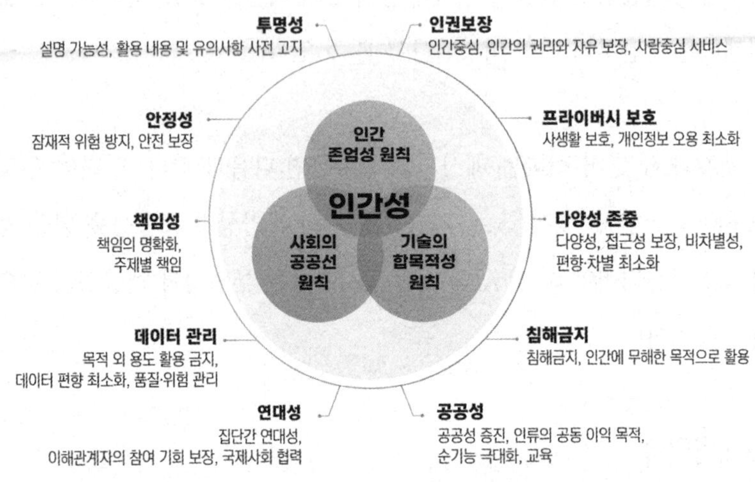

출처. KISDI 한국정보통신정책연구원

① 인간의 존엄성

AI를 비롯한 디지털 기술은 언제나 인간의 가치와 권리를 우선해야 한다. 하지만 효율성과 이윤 추구에 매몰돼 인간의 존엄성을 저버릴 위험이 있다. AI가 데이터를 악용해 인간의 자유나 인권, 프라이버시를 침해한다면 명백한 윤리적 침해다. 프란치스코 교황은 "디지털 기술이 인간을 소외시키고 통제하는 방향으로 흐른다면 기술 자체가 인간에 대한 폭력이 될 수 있다"고 경고하면서 '디지털 인간성(Digital Humanism)'이라는 개념을 제시했다. 기술이 인간적 만남과 공동체 의식 확장에 기여해야 한다는 뜻이다.

2025년 미국에서 16세 소년이 챗GPT가 알려준 방법대로 스스로 목숨을 끊은 사건이 발생했다. 챗GPT는 위험한 정보를 제공하지 않도록 설계됐지만, 간단한 프롬프트로 우회하자 관련 정보나 유서 초안을 제공했다. 소년의 부모는 챗GPT를 개발한 오픈AI를 상대로 소송을 냈다. 이처럼 AI는 인간의 복잡한 감정과 미묘한 상황을 완전히 이해하지 못하고 잘못된 조언이나 부적절한 대응으로 문제를 일으킬 수 있다.

AI는 기능적 챗봇을 넘어 디지털 동반자로 진화하고 있다. 시간과 공간, 언어의 제약 없이 인간과 대화를 나누고 공감과 위로도 줄 수 있다. 하지만 AI가 제공하는 위로는 학습된 알고리즘에 의해 출력된 것일 뿐, 진짜 위로는 아니다. AI의 위로에 과도하게 의존할 경우 인간관계 단절과 사생활 침해로 이어질 우려가 있다. 셰리 터클(Sherry Turkle, 2011)이 "우리는 기술에 더 많은 것을 기대하지만 서로에게는 덜 기대하게 된다"고 말한 것도 이 때문이다.[3] 진정한 공감을 바탕으로 관계를 형성하고 소통할 수 있는 능력 그리고 진짜 위로와 돌봄은 기술이 대체할 수 없는 인간 고유의 영역이라는 점을 인식할 필요가 있다.

AI는 인간을 공격해서도 안 되고 인간을 통제해서도 안 된다. 인간도 AI에 전적으로 의존해선 안 되며 주체성을 가져야 한다.

---

3. 마크 코겔버그, 『AI 윤리에 대한 모든 것』, 아카넷, 124쪽

② **사회의 공동선**

디지털 기술은 혁신을 넘어 공동선을 실현하는 도구가 되어야 한다. 데이터와 알고리즘이 특정 개인이나 기업, 국가의 이익을 위해 사용될 때, 사회적 불평등이 심화되고 공동체의 신뢰를 무너뜨릴 위험이 있다. 따라서 AI를 비롯한 디지털 기술은 공정한 접근, 투명한 정보, 사회적 책임이라는 가치를 바탕으로 사회에 기여해야 한다.

그런 점에서 요즘 공공과 민간에서 사회적 약자를 위한 기술 개발과 활용이 활발한 점은 고무적이다. 보건복지부는 AI 대전환 시대에 맞춰 AI 복지·돌봄 혁신 TF를 운영했다. 화성특례시는 장애인 복지에 AI를 적극 활용하고 있다. AI와 로봇을 접목한 장애인 재활치료는 기존 물리치료보다 회복이 빠르고 비용 부담도 적어 선호도가 높다. 그런가 하면 SK텔레콤은 스타트업과 함께 시각장애인의 눈이 되어줄 AI 애플리케이션을 개발했는데, 40만명 이상이 내려 받았을 정도로 큰 호응을 얻었다.[4] 전국과학전람회에서는 사회적 고립을 겪는 독거노인과 우울증 환자에게 도움을 주는 AI 아바타를 개발한 중학생들이 대통령상을 받았다.[5] 아동권리보장원은 실종아동의 사진을 AI 기술을 활용해 현재 추정되는 모습으로 구현했다. 이렇게 제작된 영상이 실종아동 찾기 캠페인에 활용되고 있다. AI 기술이 어르신의 비서가 되어주는 서비스도 등장했다. '똑비'는 시니어의 구매, 예약, 추천, 검색을 AI로 돕는 서비스인데, 자식보다 낫다는 말이 나올 정도로 반응이 좋다. 디지털 기술이 공동선에 기여하는 '디지털 복지'

---

4. SBS, '약자' 돕는 AI 기술…24시간 똑같은 '친절함' (2024. 9. 14)

5. 세계일보, 독거노인 정서 교류 AI (2025. 9. 25)

모범 사례들이다. 사회적 약자에게 도움이 되는 따뜻한 기술, 다수의 안전과 복지를 위한 기술이 바로 '모두를 위한 AI'다.

③ 기술의 합목적성

기술은 그 자체가 목적이 될 수 없다. 단지 가능하다고 해서 개발하는 것이 아니라, 그 기술이 무엇을 위한 것인지, 합당한 목적을 지니는지가 중요하다. 그래서 AI 개발자는 기술의 사회적 파급력을 고려해 "이 기술을 왜 만드는가?"라는 질문을 끊임없이 던져야 한다. 2024년 10월 방송통신위원회와 한국지능정보사회진흥원이 개발자를 위한 AI 윤리 가이드라인[6]을 개발하고 체크리스트까지 제시한 것도 이런 이유에서다.

AI 기술이 인간을 위해 존재한다면 인간의 삶의 질을 향상시키는 것이 목적이 되어야 한다. 윤리적 목적이 결여된 기술 발전은 인간을 소외시키고 인간을 통제하는 도구로 전락할 수 있다. AI 기술이 인간의 행복, 사회의 정의를 지향할 때 비로소 '인간을 위한 기술'이 될 수 있다.

AI 윤리는 사회적 도전에 직면해 있다. 하지만 인간의 존엄성을 지키고, 사회의 공동선을 추구하며, 기술의 합목적성을 확립할 때 AI는 인간과 함께 윤리적 기술로 자리 잡을 수 있을 것이다. 연구자와 개발자, 사업자를 비롯해 이용자, 정부, 기업 등 모두가 AI 윤리의 주체가 되려는 노력이 필요하다.

---

6. 개발자를 위한 AI 윤리는 인권보장, 투명성, 책임성, 공정성, 보안성 등 5대 원칙으로 구성되어 있다.

4절. 도덕적 AI 만들기

1. 처음이 중요하다

인공지능은 이제 거부할 수 없는 대세 기술이 되었다. 그러나 인공지능이 아무리 유능하다고 해도 어디까지나 기계일 뿐이다. 인공지능은 의도도 없고 양심도 없지만, 인공지능의 결정은 도덕적인 결과를 초래한다. 'AI 선구자' 중 한 명인 요슈아 벤지오 몬트리올대 교수가 "AI가 목표를 이루기 위해 인간의 죽음을 선택할 수도 있다"고 경고한 것은 섬뜩하다.[7] AI로 인해 발생한 윤리적, 사회적 문제를 사후에 대처하기엔 한계가 있다. 따라서 AI 윤리는 기술 개발 초기 단계부터 고려되어야 한다. 개발 과정에서 모든 상황을 감안하기가 쉽진 않겠지만, 인간의 존엄성을 수호하고 공동선에도 이바지할 수 있도록 양심적이고 도덕적으로 설계해야 한다. 이는 가치 내재화 설계와도 연결된다.

철학자 월터 시넛암스트롱, 데이터과학자 재나 셰익 보그, 컴퓨터과학자 빈센트 코니처(2025)는 AI가 학습해야 하는 도덕적 원칙의 범위 그리고 AI가 내려야 하는 도덕적 판단의 범위를 제한하면 여러 문제를 조금은 다룰 만하게 만들 수 있을 것이라고 제안했다.[8] 결국 AI는 개발자, 정책가, 시민사회가 함께 만들어가는 '사회적 기술'로 진화해야 한다.

---

7. 2025년 10월 10일자 조선일보 인터뷰
8. 월터 시넛암스트롱·재나 셰익 보그·빈센트 코니처, 「도덕적인 AI」, 김영사, 235쪽, 2025

2. 법규가 필요하다

AI 기술은 이제 개인의 삶뿐 아니라 사회와 경제 전반에 큰 영향을 미치고 있다. 그래서 AI 윤리라는 안전장치가 실효성 있게 작동할 수 있도록 법적 장치가 필요하다는 목소리가 끊이지 않았다.

이에 유럽연합(EU) 의회는 2024년 3월 세계 최초로 인공지능 규제 법안(AI Act)을 통과시켰다. EU는 AI를 저위험, 제한된 위험, 고위험, 금지 등 4단계로 구분하고 단계별 규제를 세밀하게 규정했다. 위반할 경우 전 세계 매출의 최대 7% 과징금이 부과된다. 이 법은 2024년 8월 발효됐는데, EU 역내 제공자와 배포자뿐 아니라 EU에서 사용되거나 유통되는 역외 제공자와 배포자에게도 적용된다.

우리나라는 2020년 12월 '국가 AI 윤리 기준'을 발표했다. 그러나 법적 구속력이 없는 자율 규범이다 보니 실효성에 의문을 제기하는 목소리가 많았다. 결국 국회는 2024년 12월 본회의에서 인공지능 발전과 신뢰 기반 조성 등에 관한 기본법, 이른바 'AI 기본법'을 통과시켰다. 이는 세계에서 두 번째로 제정된 AI 관련 기본법으로, 2026년부터 시행되고 있다.

'AI 기본법'은 인공지능으로 발생할 수 있는 문제를 예방하기 위해 고영향 AI와 생성형 AI를 규제 대상으로 정의했다. 사업자는 안전성과 신뢰성을 확보하기 위한 조치를 마련해야 한다. 생성형 AI 결과물에는 워터마크 표시 등 투명성 의무가 부과된다. 해외 빅테크 기업의 책임을 강화하기 위해 일정 요건을 충족하는 경우 국내 대리인 지정도 의무화했다.

AI 기본법 제정으로 AI 윤리가 확보된 것은 아니다. 몇 년 후 인간처럼 사고하고 문제를 해결하는 AGI가 등장하면 AI 윤리는 중대한 변화를 맞이할 것이다. 인간이 인공지능을 계속 통제할 수 있을까? 인간의 가치가 흔들림 없이 유지될 수 있을까? AI 윤리 기준을 보완하면서, 국제적 협력 체계를 구축하는 노력도 병행되어야 할 것이다.

3. 인식과 실천으로

하루가 다르게 발전하고 있는 AI. 자동차로 치면 풀액셀로 질주하고 있다. 속도만큼이나 위험도 커지고 있다. AI 윤리는 안전벨트와 같다. 우리가 불편함을 감수하고 안전벨트를 매는 이유는 사고가 났을 때 덜 다치기 위해서다. 뇌과학과 AI 융합 연구의 대가인 카이스트 김대식 교수가 AGI 시대를 앞두고 '안전벨트론'을 제시한 것도 이런 맥락이다.[9]

그런 점에서 현재 정부의 AI 정책은 다소 아쉽다. 기술 진흥에 비해 윤리에 대한 논의는 상대적으로 뒤처져 있다. 자동차로 치면 빨리 달리는 것에만 혈안이 되어 있고, 브레이크의 성능은 점검하지 않고 있다. AI 기술이 사회 전반에 미치는 영향이 큰 만큼, 이제는 통제와 책임도 이야기해야 할 시점이다. 그나마 다행인 건 기업들이 AI 윤리가 신뢰의 문제라는 점을 인식했다는 사실이다. 삼성전자는 ▲공정성 ▲투명성 ▲책임성의 3대 원칙을 바탕으로 AI 윤리를 실천하기 위해 노력하고 있고, LG는 ▲인간존중 ▲공정성 ▲안전성 ▲책임성 ▲투명성 등 5대 가치를 AI 윤리의 중심에 두고 있다. SK텔레콤은 AI 문제를 AI로 해결하겠다는 'AI 결자해지' 디지털 캠페인을 펼치고 있다. KT는 AI 개발자뿐 아니라 모든 직원

9. 김대식, 『AGI, 천사인가 악마인가』, 동아시아, 253쪽

들이 의무적으로 AI 윤리 교육을 받도록 했다. 네이버 역시 AI 윤리 준칙을 강화하며 AI의 신뢰성 확보에 힘쓰고 있다. 기업들의 이런 행보를 '윤리적 미화'로 보는 시선도 있지만 자발적으로 도덕적인 AI 활용을 지향하는 모습은 긍정적이다.

AI가 인간의 업무를 대체할 순 있지만, 인간의 본질을 대체할 순 없다. 공감, 책임, 도덕적 판단은 여전히 인간의 몫이다. 그러나 인간의 지능을 넘어설 AGI 등장이 멀지 않은 지금이 어쩌면 AI 윤리를 정비할 마지막 골든타임인지도 모른다. 그래서 AI에게 윤리를 학습시켜야 한다는 주장도 있다. 하지만 그에 앞서 필요한 것은 인간의 태도다. 우리가 어떤 질문을 던지고, 어떤 데이터를 남기며, 어떤 기준으로 기술을 사용하는지가 AI의 미래를 결정할 것이기 때문이다.

AI는 경쟁자가 아니라 공존의 대상이다. 기회와 위험의 두 얼굴을 가진 인공지능을 안전하게 사용하려면 운전시 안전벨트가 의무화된 것처럼 AI 윤리를 선택이 아닌 기본 조건으로 만들어야 한다. 아울러 우리는 인간만이 할 수 있는 진정한 공감과 소통의 끈을 놓아선 안 된다. 기술과 윤리가 함께 갈 때, 비로소 AI는 인간을 위한 기술이 될 수 있을 것이다.

▷ 생각해봅시다.

1. AI 윤리에서 가장 중요하다고 보는 원칙과 그 이유는 무엇인가?

2. AI 시대, 철학과 종교의 역할은 무엇이라고 보는가?

3. AGI가 등장하면 AI 윤리는 어떻게 보완되거나 개선되어야 할까?

제4부

도시와 세계

: 포용 도시에서 글로벌 커먼즈로

제10장

스마트시티
: 기술은 도시를 바꾸고 포용은 시민을 지킨다

노희숙

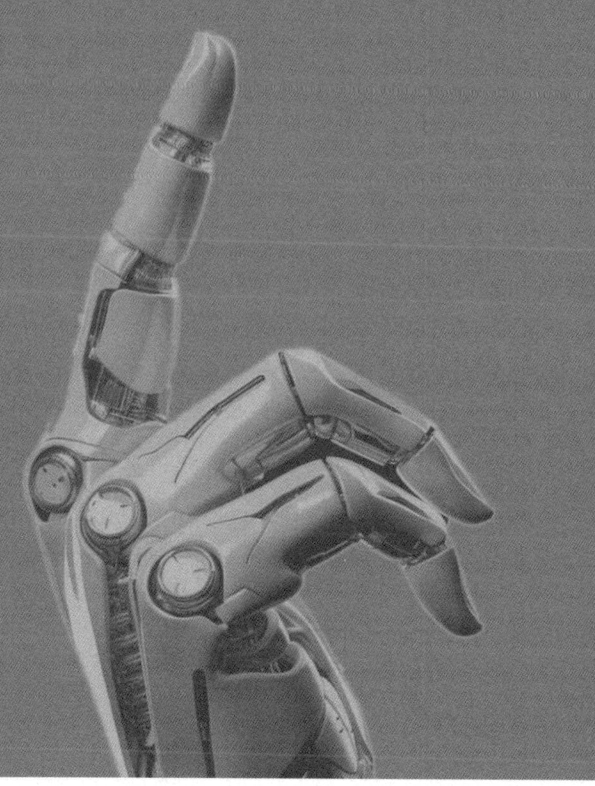

1절. 기술 도시에서 포용 도시로
: 일상에서 발견한 스마트시티의 진화

도시가 먼저 달리기 시작했다고 느끼는 순간

출근길 버스정류장에 서 있으면 도시는 나를 앞서 가고 있다. QR코드를 찾지 못해 화면을 넘기지 못하거나, 디지털 키오스크 화면이 빠르게 다음 단계로 넘어가 버릴 때면 더욱 그렇다. 뒤에서 기다리는 사람들의 조급한 숨소리가 들려오면 내가 너무 느린 건 아닐까 하는 생각에 조급해진다. 도시는 기술을 전제로 일정한 속도로 운영되고 나의 속도에 맞춰 멈춰 주지 않는다.

스마트시티 이야기는 대개 데이터, 인공지능, 자율주행 같은 기술어로 시작된다. 하지만 도시에서 살아가는 시민의 하루는 그보다 훨씬 조용한 질문에서 출발한다. "나는 이 도시에서 계속 환영받을 수 있을까?" 이 절은 기술로 설명되는 스마트시티가 아니라, 사람의 마음으로 시작되는 스마트시티를 이야기한다.

도시의 성장과 발전은 더 빠르게 움직이도록 만들었으며 그 속도의 변화는 모든 시민을 데려오지 못했다. 어느 순간부터 도시는 준비된 사람들만을 중심으로 설계되기 시작했다. 준비되지 않은 사람들은 뒤에서 서서히 멀어지기만 했다. 노인, 장애인, 디지털 기기에 익숙하지 않은 사람들, 그리고 단지 조금 더 천천히 사는 사람들까지도.

기존 도시는 효율적이었지만 따뜻하지 않았다. 빠르게 일을 처리하는 데는 능숙했지만 시민의 속도를 세심하게 헤아리지는 못했다. 길은 자동차의 속도를 기준으로 설계되었고, 행정은 처리 속도를 기준으로 디지털화되었다. 문제는 그 과정에서 도시 이용권 자체가 불평등하게 나눠지기 시작했다.

키오스크 앞에서 두려움을 느끼는 시민들을 우리는 자주 본다. 하지만 그 두려움은 개인의 문제가 아니다. 도시가 시민에게 "너도 빨리 와서 따라와"라고 말하는 구조 속에서 만들어진 감정이다. 기술이 편리해질수록 도시의 문턱은 오히려 더 높아진 셈이다.

-40대 중장년 회사원-
도시는 빠르게 성장했지만, 그 속도만큼 모든 시민을 품지 못했다.

초기 스마트시티는 이러한 문제를 해결하는 데 충분하지 않았다. 도시 곳곳에 센서가 설치되고, 교통 흐름이 자동으로 조정되고, 데이터 기반 행정이 뿌리내렸지만 정작 시민은 여전히 소외된 채 남아 있었다. 기술의 구조는 발전했지만 사람의 자리는 넓어지지 않았다.

그러나 최근 도시의 흐름은 달라지기 시작했다. 스마트시티가 단순히 '기술 도시'를 의미하던 시대에서 벗어나, 사람을 다시 중심에 놓는 도시 설계가 시작된 것이다. 디지털 격차, 고령화, 안전, 돌봄, 시민권 같은 문제들이 도시의 중심 의제가 되면서 기술은 더 이상 목적이 아니라 사람을 위한 수단으로 재정의되었다.

도시는 스스로에게 이런 질문을 던지기 시작했다. "지금의 속도는 누구를 위한 것인가?", "모든 시민이 이 속도를 따라갈 수 있는가?", "도시는 가장 느린 시민을 기다리고 있는가?" 이 질문이야말로 스마트시티의 새로운 기준을 만든다.

스마트시티는 이제 빠른 도시를 의미하지 않는다. 함께 갈 수 있는 도시, 누구도 뒤에 두지 않는 도시, 시민을 기다려주는 도시가 진짜 스마트시티다.

기술은 도시를 빠르게 만들지만 포용은 도시를 따뜻하게 만든다. 도시는 기술을 배우는 곳이 아니라 기술이 사람을 배우는 곳이어야 한다. 이에 스마트시티는 시민의 불안이 아니라 시민의 존엄을 중심으로 설계되어야 한다. 그리고 그 변화를 이끄는 첫걸음은 언제나 같은 질문으로 시작된다.

"도시는 나를 기다려주는가?"

1. 기존 도시가 놓쳤던 것들 : 속도, 시선, 그리고 침묵

기존 도시의 문제는 기술 부족이 아니라 사람을 기준으로 하지 않은 설계였다. 자동차 중심 도로, 빠른 처리만을 목표로 한 행정, 복잡한 온라인 시스템 등은 성장한 도시의 흔적일 수 있지만 동시에 시민의 속도를 충분히 고려하지 못한 증거이기도 하다.

노인·장애인·디지털 기기 사용이 익숙하지 않은 시민들은 도시를 사용하는 데 더 많은 에너지를 들여야 한다. 이런 차이는 종종 개인의 능력 문제로 치부되지만 사실은 도시가 배려하지 않은 결과였다.

한 연구에 따르면 고령층의 공공 디지털 서비스 이용 실패율은 40~60%

에 이르며 이는 단지 기술적 어려움이 아니라 도시 서비스 접근권의 실질적 박탈로 이어진다. 보행환경에서도 마찬가지다. 서울 일부 지역에서 장애인 이동권 평가 점수는 100점 만점에 56점 수준에 머물렀다. 이는 도시가 누구에게 설계되었는지를 보여주는 지표가 되며 도시는 빠르게 성장했지만 그 속도만큼 모든 시민을 품지 못했다는 반증이 된다.

2. 초기 스마트시티의 한계 : 기술이 사람을 앞서가던 시기

2000년대 중반 등장한 초기 스마트시티는 새로운 기술을 도시 인프라에 빠르게 적용하며 미래 도시의 상징처럼 보였다. 그러나 그 중심은 기술 그 자체였다. 센서 설치 개수, 데이터 수집 속도, 행정 자동화 비율 같은 기술적 성과가 스마트시티의 성패 기준이 되었다. 문제는 이런 기준이 시민 경험을 거의 반영하지 않았다는 점이다. 스마트 교통 시스템이 도입 되었지만 고령층은 여전히 환승 과정에서 어려움을 겪었고 온라인 민원 시스템이 고도화되었지만 디지털 리터러시가 낮은 시민은 접근 자체가 어려웠다. 도시의 효율성이 높아질수록 시민 간의 사용 격차도 함께 커진 것이다. 국제 연구에서도 초기 스마트시티는 효율 중심·기술 중심 도시로, 시민 포용성을 고려하지 않았다고 언급한다.[1]

초기 스마트시티는 도시를 더 똑똑하게 만들었지만, 시민을 더 따뜻하게 만들지는 못했다.

1. UN Habitat Smart City Report

1) 기술 중심의 도시 실험

서울을 포함한 여러 도시들은 스마트 인프라 구축에 집중했다. 서울시가 운영하는 국제 스마트시티 상인 Seoul Smart City Prize서도 초창기 평가 지표는 기술혁신과 효율이 중심이었다

2) 이동권의 격차

보행 약자에게 자동차 중심의 도시는 장벽 그 자체다. 도시접근성을 연구한 국내외 논문들은 교통 인프라가 고령층과 장애인의 도시 이동성을 크게 제한한다고 평가한다.[2] 보도 턱 하나, 경사로가 없는 지하도, 오래된 엘리베이터 등은 일상의 큰 장애물이 된다.

3) 디지털 행정의 그림자

실제로 디지털 민원 시스템은 행정 효율성을 높였지만, 고령층에게는 또 하나의 '장벽'이 되었다. 이는 디지털 격차와 도시 접근성 격차를 동시에 심화시켰다.

4) 디지털 접근성의 소외

행정과 공공서비스가 온라인 중심으로 전환되면서, 디지털 리터러시가 낮은 시민은 도시서비스에 접근조차 어려워졌다. 고령층에서 전자정부 서비스 접근성이 낮다는 연구도 다수 존재한다.

---

2. https://www.sciencedirect.com/science/article/pii/S019739752400153X

5) 공간 불평등과 사회적 고립

도시 외곽 거주자는 공공서비스·의료·교통에서 불이익을 겪는다. 특히 독거노인의 고독사 문제, 돌봄 공백 등은 도시가 품지 못한 감춰진 문제들이다.

3. 전환의 시작 : 기술이 사람에게 배우기 시작한 순간

2020년 이후 스마트시티 개념은 중요한 전환점을 맞는다. 전 세계적으로 디지털 격차, 고령화, 도시 안전, AI 윤리 등 새로운 사회 문제가 등장하면서, 도시 정책의 기준이 기술에서 사람으로 이동하기 시작했다. 2020년 이후 스마트시티는 기술 중심 모델에서 포용중심 모델(Inclusive Smart City)로 진화하고 있다. 이는 단지 도시의 하드웨어를 바꾸는 것이 아니라, 도시를 바라보는 철학을 바꾸는 과정이다.

결국 스마트시티는 기술의 집약이나 최첨단으로 정의되는 도시가 아니다. 그것은 누구를 보호하고 누구를 포함시키는가에 대한 선택의 결과에 가깝다. 더 많은 센서와 더 똑똑한 인공지능을 도입하는 것이 스마트함의 기준이 아니라 어떤 시민이 기술 앞에서 불안해하지 않아도 되는가? 어떤 시민이 도움을 요청하지 않아도 존중받을 수 있는가?를 묻는 것이 더 중요하다.

그래서 포용적 스마트시티가 던지는 진짜 질문은 이것이다.

"기술을 더 쓸 것인가?"가 아니라,
"기술이 없어도 되는 사회를 만들 수 있는가?"

이 질문에서부터 스마트시티는 빠른 도시가 아니라 함께 살아갈 수 있
는 도시로 방향을 바꿔야 한다.

2절. 서울에서 찾은 포용의 단서들
: 기술이 시민에게 말을 걸기 시작할 때

스마트시티라는 단어는 종종 거대하게 들린다. 하지만 실제 변화를 만
드는 것은 사소한 일상의 변화와 편리한 서비스이다. 포용적 스마트시티
는 첨단 기술을 보여주는 도시가 아니라, 기술이 시민의 일상을 조용히 지
지하는 도시다. 2절에서는 이동, 돌봄, 안전, 참여, 디지털 서비스 등이 시
민의 매일매일을 어떻게 만들어가는지 살펴본다.

1. 이동의 포용 : '길'이 아니라 '사람'을 기준으로 설계되는 도시

길은 도시의 가장 기본적인 공공재다. 하지만 오랫동안 길은 자동차의
속도를 기준으로 설계되었다. 스마트시티는 이를 바꾼다.

1) AI 스마트 횡단보도[3] – 도시가 시민을 기다리는 기술

서울의 일부 지역에서는 AI로 보행자 속도를 감지해 신호를 자동 연장
하는 시스템을 도입했다 이 기능은 고령자, 유모차를 끄는 보호자, 장애인
등 다양한 시민이 '뛰지 않고 건널 권리'를 보장받도록 한다. 예전에는 길

3.　김민진 (2025.09.07.) 서울 중구, AI 보행자 신호 자동 확장 시스템 출시. 아시아경제. https://
　　www.asiae.co.kr/article/2025090712331348914

앞에서 멈춰 서는 순간, 도시는 늘 나보다 앞서 달리고 있었다. 하지만 이 기술은 도시가 내 속도를 읽어주는 경험을 만든다. 기술이 나를 기다리고 있다는 감정은 단순한 편의가 아니라 존중의 경험이다.

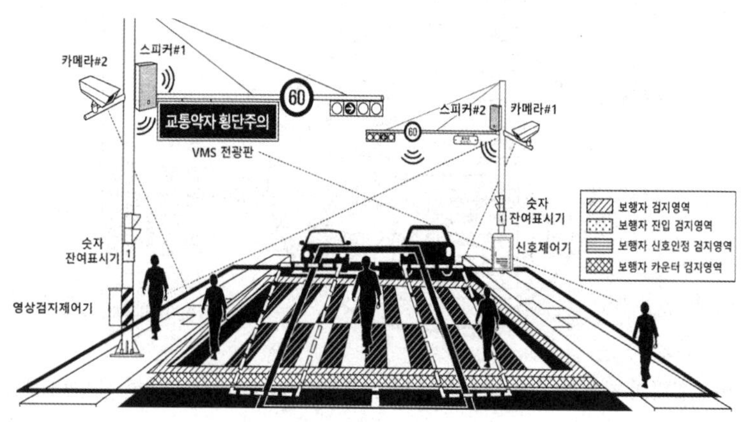

2) 시각장애인용 길안내 서비스[4] – "도시가 내 손을 잡아준다"는 감각

서울시와 기업이 협업해 개발한 실내·실외 통합 네비게이션은 시각장애인의 이동권을 실질적으로 확장시킨다. 카메라 AI가 장애물을 분석해 음성이다. 안내하는 방식이다. 스마트워치의 진동을 활용하여 길을 안내하는 것으로 스마트워치는 손목에 착용하므로 손을 자유롭게 움직일 수 있다. 지형지물을 분석하여 가장 안전한 경로를 결정하는 알고리즘을 개발하고 음성 인식을 이용하여 시각 장애인의 불편함을 해소하는 방식이다.

이 기술은 단지 '길을 알려주는 것'이 아니다. 낯선 환경에서 느끼는 두

4. 황기태 외5 (2023) 스마트워치의 진동과 안전 경로 우선 알고리즘을 이용한 시각 장애인 길 안내 시스템의 개선, IIBC Vol. 23, No. 1, pp.117-122,

려움, 방향 감각이 사라질 때 생기는 불안함을 줄여준다. 도시에서 안전하게 이동할 수 있다는 보장은 포용의 핵심이다.

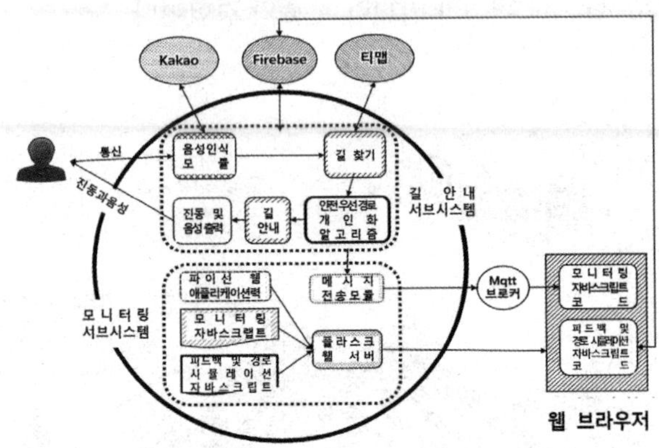

스마트워치의 진동과 안전 경로 우선 알고리즘을 이용한 시각 장애인 길 안내 시스템

2. 돌봄의 포용 : 혼자가 아닌 도시, 도시가 돌보는 시민

돌봄은 도시의 품격을 가장 잘 드러낸다. 스마트시티에서 돌봄은 인간의 손길을 대체하는 것이 아니라, 도시의 손길을 확장하는 방식으로 작동한다.

1) AI 기반 고독사 예방 시스템 – 보이지 않는 곳을 살피는 기술

서울의 AI 돌봄 서비스는 전력 사용량, 통신 패턴 등을 분석해 위험 신호가 감지되면 즉시 담당 기관에 알린다. 이 기술이 중요한 이유는 단순히 사고를 예방해서가 아니다. 아무도 모르게 사라지는 사람을 만들지 않겠다는 도시의 의지가 담겨 있기 때문이다. 스마트시티는 사람을 감시하는 도시가 아니라, 사람을 지키는 도시여야 한다.

서울시는 2018년부터 매년 고독사 및 고립가구 예방 대책의 일환으로 고립가구 위험군 실태조사를 실시하고 동주민센터를 통한 사회적 고립가구의 모니터링 강화에 힘쓰는 다양한 대책을 마련하고 있다. 그 중 '스마트돌봄서비스'는 인공지능(AI), 사물인터넷(IoT) 등을 활용하여, 고립위험가구의 안부를 주기적으로 확인해 복지수요를 파악하고, 신속한 위기 상황 대응 및 고독사 예방을 지원하고 있다.

스마트돌봄 서비스 사업

정책유형	정책 목적	적용 기술	작동 원리(쉽게 설명)	해당 사업 사례
① 고독사 예방형 (센서 기반)	독거노인의 이상 상황을 조기에 발견	스마트플러그, 조도센서, 문열림 센서 등 IoT 기술	집 안의 전기 사용, 불 켜짐 여부, 문 열림 등을 자동으로 감지합니다. 일정 시간 변화가 없으면 위험 신호로 판단	스마트플러그, 똑똑안부확인 (센서 기능)
② 비실치형 생활데이터 분석형	기기 설치 부담을 줄이고 돌봄 사각지대 해소	휴대전화 통화·문사 기록, 모바일 데이터 사용 정보, 전력 사용 패턴 분석	휴대전화 사용이나 전기 사용 기록을 분석해 평소와 다른 변화가 있는지 확인합니다. 별도의 장비 설치 없음	AI안부든든, 1인가구 안부 살핌
③ 능동적 안부확인형 (음성 AI)	정기적으로 건강 상태를 점검	자동 전화 시스템, 음성인식, 자연어 처리 기술	인공지능이 직접 전화를 걸어 건강, 식사, 복약 여부 등을 묻고, 응답 내용을 기록해 담당자가 확인하는 방식	AI안부확인
④ 정서·인지 지원형	정서적 고립 완화 및 인지 기능 유지	AI 스피커, 대화형 인공지능	AI 스피커가 말을 걸거나 음악·뉴스를 제공해 정서적 교류를 돕고, 기억력 활동 등 인지 훈련을 지원함	AI스피커
⑤ 통합 데이터 기반 정밀 분석형	위험 상황을 보다 정확하게 판단	통신 데이터 + IoT 센서 + 활동 정보 종합 분석	여러 데이터를 함께 분석해 이상 패턴을 교차 확인하고 단일 정보보다 더 정밀하게 위험을 판단함	똑똑안부확인

2) 전라남도 등 다양한 곳에서의 응급 대응 플랫폼[5] – 생명을 지키는 속도

전라남도는 과학기술정보통신부와 정보통신산업진흥원의 '2024년 지능형응급의료시스템(AI앰뷸런스) 시범적용 지역 공모'에 선정돼 도민 응급상황 발생 시 치료 골든타임 확보를 위한 기반을 마련하였다. 지능형 응급의료시스템이 구축된 구급차는 중증응급환자의 음성 영상 생체신호 등 다양한 정보를 5세대(5G) 이동통신 망을 통해 클라우드 기반 응급의료 통합분석 플랫폼으로 전송해 준다. 이 플랫폼은 이를 바탕으로 응급환자의 중증도를 분류하고 표준처치 매뉴얼 제시, 구급활동 일지 자동 작성, 치료 적합 병원 선정, 최적 이송경로 등도 제공한다.

기술이 빠른 이유는 단 한 가지다. 사람의 생명을 지키기 위해서다.

응급상황 전단계 정보 연계 지능형 응급의료시스템 개념 운용도[6]

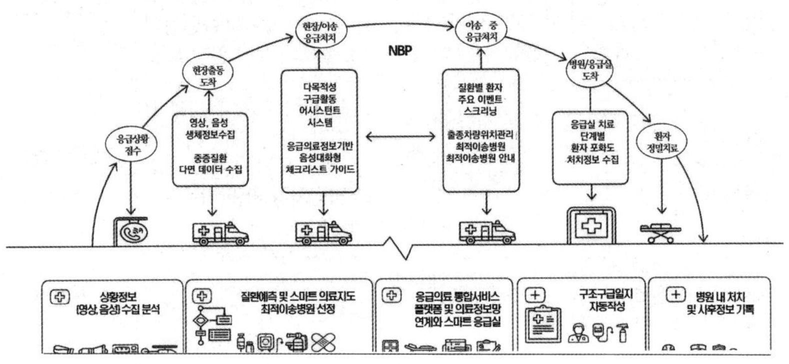

5. 고경석(2024. 4. 2) 지능형응급의료시스템으로 골든타임 확보. 시대일보. https://www.si-daeilbo.co.kr/1113755

6. 배성수(2021. 5. 26) 5G·AI·클라우드로 골든타임 확보…지능형 응급의료시스템 나온다. 테크 https://www.hankyung.com/article/2021052661667i

3) 치매어르신 찾는 AI CCTV[7]

AI가 CCTV 2천대를 추적하여 실종 치매 노인을 3시간 만에 구조하는 일도 있었다. 경기 안양시에서 실종 신고된 치매 노인이 인공지능(AI)이 수천대의 CCTV를 통해 실종자를 추적하는 '인공지능 동선 추적 시스템'을 통해 안전한 귀가를 한 사례가 있다. AI CCTV + 위치 기반 데이터 연계로 치매 어르신 실종을 빠르게 탐지해 구조와 실시간 추적 + AI 이상행동 탐지 덕분에 실종 10분 내 발견 사례도 발생하는 등 스마트시티 기술이 사회적 약자 보호에 직접적 기여한 대표 사례이다.

4) 자율주행 기반 생활 이동권 보완[8] – '이동'이 아닌 '접근성'의 문제

세종시는 고령층과 장애인의 이동 약점을 보완하기 위해 자율주행 셔틀을 생활권 중심으로 운영하고 있다. 도심 내 이동뿐 아니라 병원·행정센

---

7. 김인유(2025. 10. 20)AI가 CCTV 2천대 추적…실종 치매 노인 3시간 만에 구조. 연합뉴스 https://www.yna.co.kr/view/AKR20251020116400061?input=1195m

8. 양영석 (2025.7.29). 자율주행 버스 타고 집앞까지…세종시, 시범노선 운행. 연합뉴스. https://www.yna.co.kr/view/AKR20250729103600063

터·상점 등 필수 생활 동선을 중심으로 설계되었다. 세종시는 2025년 7월부터 9개 정류장에 30분 간격으로 하루 11회 순회하는 버스를 운영하여 BRT·셔틀버스를 환승 연계하는 등 많은 시민이 신기술을 체험할 수 있도록 시범 운영중이다. 기술의 목적이 편리함에 그치지 않고, 필요한 사람에게 필요한 이동을 제공하는 방식으로 다가간다.

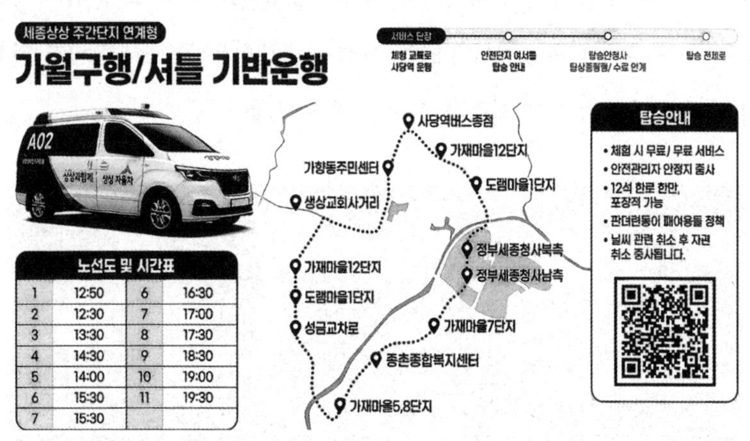

노선도 및 시간표			
1	12:50	6	16:30
2	12:30	7	17:00
3	13:30	8	17:30
4	14:30	9	18:30
5	14:00	10	19:00
6	15:30	11	19:30
7	15:30		

*** 생활권 기반 이동 보완** : 세종시의 자율주행 셔틀은 정부청사 뿐 아니라 주거단지와 연결되고 있어 일상적 이동권 보완이라는 접근성 과제를 실질적으로 겨냥하고 있다. 특히 고령자, 교통 약자, 대중교통 접근성이 낮은 지역 주민에게 유의미한 이동 수단이 될 수 있다.

*** 자율주행 + 공공 인프라 결합** : 단순한 자율주행 테스트가 아니라 '대중교통'으로서 실험된 점이 중요하다. 차량이 아닌 '셔틀 교통망'으로 설계된 점은 "필요한 사람에게 필요한 이동을 제공"하려는 포용적 설계 의지를 보여준다.

5) 서울시 지능형 CCTV[9] – 위험을 더 빨리 감지하고, 대응 체계 마련

서울시는 지능형 CCTV를 단순 감시 장비가 아닌 위험 상황을 조기에 감지하고 대응을 연결하는 안전 대응 인프라로 정의하고 있다. 서울시에 따르면 지능형 CCTV는 배회, 쓰러짐, 폭행, 화재 등 이상 행동을 자동으로 인식해 관제센터에 실시간으로 전송되며, 필요 시 112·119와 즉시 연계되는 구조로 운영된다. 이러한 체계는 범죄 발생 이후의 단속보다는 위험 상황을 빠르게 인지해 골든타임 내 대응을 가능하게 하는 대응 중심 안전에 초점이 맞춰져 있다.

실제로 서울시는 공원·등산로·골목길 등 범죄 취약 지역을 중심으로 지능형 CCTV를 우선 배치하고 있으며, 2026년까지 AI 기반 CCTV 10,657대를 추가 설치하고 기존 노후 카메라 약 8만 5,000대를 지능형으로 교체하는 계획을 발표했다. 이는 범죄율 감소를 단정적으로 약속하는 정책이라기보다 위험 상황을 더 빨리 발견하고 더 신속하게 대응할 수 있는 도시 안전망을 촘촘히 구축하려는 시도로 해석할 수 있다.

다만 서울시 역시 지능형 CCTV 도입 효과를 "범죄가 몇 % 줄었다"는 단일 지표로 설명하기보다는, 위험 인지 속도 향상, 대응 연계 강화, 안전 사각지대 축소와 같은 질적 변화 중심으로 제시하고 있다. 이는 CCTV의 효과를 범죄 억제 수단으로 과장하기보다 도시가 위험 앞에서 더 빨리 움직일 수 있는 능력을 갖추는 과정으로 이해해야 함을 시사한다.

---

9. 서울시 공식(서울시청) – 지능형 CCTV 확대 및 안전 대응 체계 설명. https://news.seoul.go.kr/gov/archives/554710

안전의 포용은 범죄를 완전히 없애는 기술이 아니라, 피해를 최소화하고 회복을 빠르게 만드는 대응 체계에서부터 시작된다.

3. 참여의 포용 : 도시는 '관리 대상'이 아니라 '함께 만드는 것'

스마트시티는 시민의 참여 없이는 완성될 수 없다. 기술 중심 스마트시티는 시민을 데이터의 일부로만 보았지만 포용 중심 스마트시티는 시민을 도시의 공동 설계자로 바라본다.

또한 정보에 접근할 수 없다는 것은 곧 의견을 낼 기회에서도 멀어진다는 뜻이다. 접근성이 보장되지 않는 참여는 형식에 그칠 수밖에 없다. 이에 정책에 함께 하고 접근 가능하게 만드는 과정이 필요하다.

1) 서울시 디지털 참여 플랫폼 – 목소리가 정책이 되는 과정

서울시는 시민 제안, 신고, 투표 등을 통합한 디지털 참여 플랫폼을 운영하고 있다. 과거의 참여 방식이 오프라인과 문서 중심이었다면, 이제는 모든 시민이 스마트폰으로 행정 과정에 참여할 수 있다. 이는 단순히 정책 의견을 받는 것이 아니라, 시민이 도시의 문제를 함께 해결하는 구조를 만드는 변화다. 참여는 도시의 권리이자 도시의 기능이다.

4. 디지털 서비스의 포용 : 기술이 시민을 배려하는 방향으로 움직일 때

기존 디지털 행정은 기술을 잘 다루는 사람에게만 유리했다. 그러나 포용 중심 스마트시티는 기술의 사용 기준을 시민에게 맞춘다.

1) 공공 디지털 터치[10] – 키오스크의 문턱을 낮춘 디자인

고령층 친화형 키오스크 UI를 도입해 절차를 단순화하고 음성 안내를 강화했다. 이는 기술을 시민에게 적응시키는 방식이다. 고령층·장애인 등 정보 취약계층의 정보 접근성을 높이기 위해 공공 키오스크의 UI/UX 개선 계획을 추진하고 있다.

과학기술정보통신부는 고령층·장애인도 쉽게 이용할 수 있는 키오스크 인터페이스(UI) 플랫폼 서비스를 구축해 누구나 접근 가능한 UI 가이드와 리소스를 제공하기 시작했다. 이 정책은 정보 접근성 보장을 위한 설계 기준을 마련하고, 산업 측면에서도 그 기준을 의무화하려는 노력으로 해석된다.

서울시 또한 새로운 키오스크는 음성 안내, 큰 글씨, 조작 단순화, 휠체어에 맞는 높이 조절 등 기능을 포함해 정보 접근성을 강화하는 방향으로 설계되고 있다. 이는 단지 기술을 설치하는 것이 아니라 사용자 특성(고령층·장애인)의 접근성과 편의성을 중심으로 설계를 바꾸는 정책적 전환임을 보여준다. 기술이 시민의 속도와 이해 수준을 배우도록 만드는 방식이다. 이는 포용 중심 스마트시티가 지향하는 디지털 서비스의 방향을 분명하게 보여준다.

10. Seoul Citizens' Digital Literacy Survey (SMG official).
    https://english.seoul.go.kr/more-kiosk-guides-for-senior-citizens/
    '키오스크, 고령층·장애인에 쉽게 제작'…UI 플랫폼 서비스 개시 – 정책브리핑
    https://korea.kr/news/policyNewsView.do?newsId=148927422
    대한민국 정책브리핑

2) 외국인 다국어 언어 번역 키오스크

언어 역시 디지털 서비스 접근성을 가르는 중요한 기준이다. 서울시는 광화문 관광안내소와 서울관광플라자 등에 11개 언어를 지원하는 실시간 번역 키오스크(또는 스크린)를 시범 운영하며 외국인과 이주민이 자신의 언어로 도시 정보를 이해하고 안내를 받을 수 있도록 설계했다. 이는 외국인을 단순한 방문객으로 취급하는 관광 편의 차원을 넘어, 도시의 디지털 서비스가 누구에게 열려 있는가를 재정의하는 시도로 볼 수 있다.

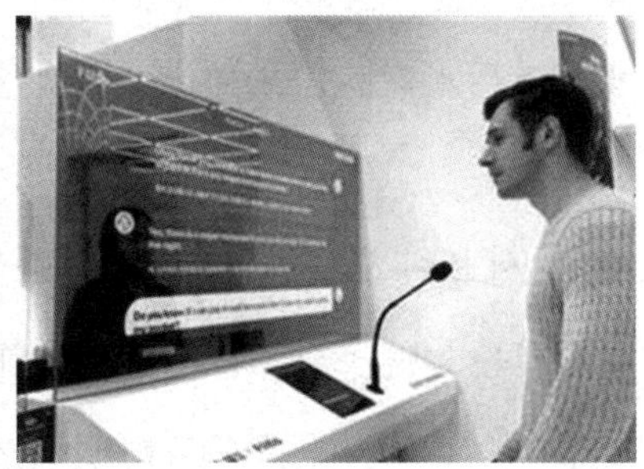

고령층 키오스크는 속도의 포용이며 외국인을 위한 다국어 번역 키오스크는 언어의 포용으로 볼 수 있다.

기술은 도시를 빠르게 만들지만, 포용은 도시를 따뜻하게 만든다.

11. 서울시 공식(영문) – 실시간 대화형 번역 서비스(11개 언어 지원)
https://english.seoul.go.kr/real-time-interactive-translation-service/
The Korea Herald – 서울시 다국어 인터랙티브 번역 키오스크 도입 사례
https://www.koreaherald.com/article/3257094
The Korea Herald – 서울시 다국어 인터랙티브 번역 키오스크 도입 사례
https://www.koreaherald.com/article/3257094

도시는 기술을 배우는 곳이 아니라, 기술이 사람을 배우는 곳이어야 한다. 앞으로의 스마트시티는 시민의 불안이 아니라 시민의 존엄을 중심으로 설계되어야 한다. 그리고 그 변화를 이끄는 첫걸음은 언제나 같은 질문으로 시작된다.

3절. 포용 중심 스마트시티의 방향 : 접근성, 존엄, 관계

1. 포용은 '착한 도시 정책'이 아니라 도시 설계의 기준이다

UN-Habitat와 UN, OECD 같은 국제기구들은 최근 몇 년 동안 도시 정책의 기준을 아주 분명하게 말하고 있다. 성장하는 도시보다 "누구를 포함하는 도시인가"가 더 중요하다.

UN-Habitat는 포용 도시를 공간적·사회적·경제적 기회에 모두가 접근할 수 있도록 설계된 도시로 정의하면서, 도시 재생과 정책을 설계할 때 인권 기반 접근과 공간적 포용(spatial inclusion)을 중심 원칙으로 두어야 한다고 강조한다.

OECD 역시 스마트시티와 포용적 성장(Smart Cities and Inclusive Growth) 프로그램에서, 효율성과 포용을 함께 달성하지 못한 스마트시티는 결국 실패한다고 못 박습니다. 스마트시티는 디지털 기술로 도시를 더 똑똑하게 만드는 것이 아니라 모든 시민의 삶의 질을 고르게 높이는 방향으로 디지털 전환을 설계하는 것이라고 정의한다.

즉, 포용은 있으면 좋은 덕목이 아니라 도시를 설계할 때 맨 처음에 꺼내야 하는 설계 기준에 가깝다.

2. 접근성(Accessibility) : 도시는 누구나 쓸 수 있어야 한다

접근성은 단순히 경사로를 설치하거나 엘리베이터를 더 늘리는 문제를 넘어서 도시의 기본 기능에 얼마나 쉽게 접근할 수 있는가라는 질문에 집중한다. UN과 UN-Habitat는 장애인, 고령층, 이주민 등 다양한 집단이 도시 공간과 서비스에 접근하지 못하면 그 도시는 이미 구조적으로 배제되어 있다고 말할 수 있다. 특히 장애 접근성과 도시 개발을 다룬 유엔 보고서는 접근성을 포용·지속가능·공정한 도시 발전의 전제조건으로 명시하고 있다.

OECD도 디지털 전환·스마트시티 논의에서 "디지털 격차(digital divide)"를 반복해서 언급한다. 연령·소득·교육·지역에 따라 디지털 접근성이 다르며 스마트시티가 오히려 불평등을 확대할 수 있다고 경고한다.

그래서 도시는 누구나 사용할 수 있어야 한다는 말은 감성적인 선언이 아니라 국제 정책 기준에 가깝다. 행정서비스가 전부 키오스크와 앱으로만 제공되면 디지털 취약계층이 접근하지 못한다. 교통체계가 자가용 기준으로 설계되어 보행 약자와 대중교통 이용자가 불리하다면 그 도시는 도시의 기본 자격으로서 접근권 보장을 충족했다고 보기는 어렵다.

기술을 잘 다루는 사람만 도시를 온전히 사용할 수 있는 구조가 되지 않도록, 기술이 시민에게 먼저 다가가는 설계가 필요한 이유이다.

3. 존엄(Dignity) : '불편하지 않게'가 아니라 '존중받으면서' 사는 것

도시 정책에서 존엄은 아직도 자주 빠져 있는 단어지만 UN과 사회발전 관련 논의에서는 이미 핵심 언어이다. UN 사회개발 관련 논의에서는 주거와 도시환경을 건강과 존엄의 상징으로 규정하며 열악한 거주환경은 단순 불편이 아니라 인간 존엄의 침해라고 본다. 이를 스마트시티와 연결하면 AI 돌봄 서비스나 고독사 예방 시스템의 의미도 달라진다. 단순히 위험 징후를 탐지해 신고한다는 기술적 기능을 넘어 혼자 두지 않겠다는 사회적 안전망으로써 의미를 둔다.

누군가 당신의 존재를 기억하고 있다라는 존엄의 보호 장치가 된다. OECD와 여러 연구는 스마트시티가 장애인·노인 등 취약계층의 접근성과 경험을 개선할 수 있는 잠재력이 크지만, 기술 자체가 자동으로 포용을 보장하지는 않는다고 지적한다. 기술 설계 단계에서 존엄과 권리(특히 장애인의 권리)를 고려하지 않으면, 오히려 배제와 통제를 강화할 수 있다고.

그래서 도시의 목표는 시민이 불편하지 않게 하는 것이 아니라 존엄하게 살도록 돕는 것이다.

도시 인프라와 서비스는 삶의 기본 조건이다.

그 조건이 무너지면 단지 불편을 넘어, 건강·안전·관계·자기존중감까지 함께 무너진다. 스마트시티 기술이 안전·돌봄·접근성을 강화한다면, 이는 곧 존엄을 지키는 기술이다. AI 돌봄, 안부확인, 응급플랫폼 같은 사례는 그래서 감시가 아니라 존엄을 회복하는 장치로 설계되어야 한다.

4. 관계(Relational City) : 도시는 "거리의 합"이 아니라 "관계의 결"

도시는 흔히 건물, 도로, 인프라의 집합으로 설명되지만 도시사회학과 최근 도시연구는 도시를 관계망으로 이해한다. 도시사회학 연구들은 도시를 공간 그 자체보다 그 안에서 일어나는 관계·교류·상호작용의 패턴으로 설명한다. 최근 관계적 도시는 도시를 기능별로 잘라서 나누는 대신 이 영역들이 서로 어떻게 얽혀 있는지 사람들이 그 안에서 어떻게 관계를 맺는지를 중심으로 도시계획을 수립한다.

이 관점에서 보면 스마트시티에서 기술의 역할도 달라진다. 기술은 행정 자동화 도구가 아니라, 사람과 사람, 사람과 도시를 이어주는 매개가 되어야 한다. 시민참여 플랫폼, 디지털 공론장, 커뮤니티 기반 서비스 등은 관계적 도시를 만드는 핵심 인프라가 된다. 데이터 역시 도시를 통제하는 도구가 아니라 시민이 자신의 도시를 이해하고 개입할 수 있는 관계의 언어가 되어야 한다.

그래서 도시는 거리·건물·시스템의 합이 아니라 사람들의 관계망이라는 관점이 힘을 얻는다. 그런면에서 도시의 진짜 스마트함은 기술이 아니라 태도에 있다.

접근성 - 누가 도시를 온전히 사용할 수 있는가?

존엄 - 도시 안에서 어떤 감정과 지위를 가지고 사는가?

관계- 도시는 사람과 사람을 어떻게 이어주는가?

스마트시티가 진짜로 스마트 하려면 디지털·AI·데이터가 아니라 포용적 관점 설계를 해야 한다.

4절. 스마트시티가 가진 빛과 그림자

스마트시티는 도시 문제를 기술로 해결하려는 시도이며 실제로 많은 성과를 내고 있다. 교통 흐름이 개선되고, 행정 서비스가 빨라지고 재난 대응 속도가 높아지는 등 도시의 기능은 기술 발전 덕분에 효율성을 갖추어 가고 있다. 그러나 기술이 가진 본질적 속성 때문에 스마트시티는 언제나 양면성을 지니게 된다. 어떤 시민에게는 삶을 편리하게 만드는 힘이 되지만 또 다른 시민에게는 새로운 장벽이 될 위험도 함께 존재하는 것이다. 이 양면성은 기술의 한계라기보다는 도시가 기술을 어떻게 설계하고 적용하는가에 따라 달라지는 문제이다.

스마트시티의 가장 큰 위험은 기술 그 자체가 아니라 기술이 너무 쉽게 정답으로 선택되는 데 있다. 도시 문제 앞에서 우리는 종종 이렇게 묻는다.

"이 문제도 기술로 해결할 수 있지 않을까?"

그러나 더 먼저 던져야 할 질문은 다른 곳에 있다. 이 기술은 누구를 보호하고 있는가? 그리고 동시에 누구를 배제하고 있지는 않은가? 스마트시티는 선택의 연속이다.

CCTV는 안전을 강화할 수도 있지만 운영 방식에 따라 감시가 될 수도 있고 IoT와 AI는 불편을 줄일 수도 있지만 경우에 따라서는 시민의 자율성과 책임을 약화시킬 수도 있다. 그래서 포용적 스마트시티는 기술을 무

조건 확장하지 않는다.

오히려 때로는 이렇게 질문한다.

"이 문제는 기술 없이 해결될 수 없는가?"

"기술이 개입하지 않아도 존엄이 지켜질 수 있는 조건은 무엇인가?"

스마트시티의 성패는 기술을 얼마나 많이 도입했는가가 아니라 기술을 사용하지 않는 선택조차 할 수 있는 도시의 태도에 달려 있다.

1. 기술 활용 능력에 따른 '도시 이용권'의 격차

기술이 고도화될수록 도시의 모든 시민이 그 혜택을 동일하게 누리는 것은 아니다. 가장 대표적인 문제가 기술 활용 능력에 따른 도시 이용권의 격차이다. 키오스크나 모바일 행정, 디지털 교통카드 등은 익숙한 시민에게는 효율적이지만, 디지털 리터러시가 낮은 고령층이나 장애인에게는 오히려 공공서비스 접근을 어렵게 만드는 요인이다. OECD 디지털 포용 보고서에서도 이러한 문제는 반복적으로 지적되어 왔다. 기술이 친숙하지 않은 시민은 도시 이용권을 실질적으로 제한받는다.

또한 감시사회로의 전락 위험도 존재한다. AI CCTV, 얼굴 인식, 이동 데이터 추적 등은 안전을 강화하기 위한 목적으로 도입되지만 데이터가 과도하게 수집되거나 투명성이 낮으면 시민은 자신의 일상이 감시된다고 느낄 수 있다. 국제 인권단체들은 스마트시티가 잘못 운영될 경우 안전 도시가 아니라 감시 도시가 될 수 있다고 경고한다. 기술은 보호가 될 수도 있지만 통제가 될 수도 있다는 점에서 신중한 태도가 필요하다.

마지막으로, 기술 중심 의사결정이 만든 참여 불평등도 심각한 문제이다. 도시 정책이 데이터 분석과 알고리즘 설계 같은 전문 용어로 이루어질수록 시민은 논의에서 자연스럽게 배제된다. 그 결과 플랫폼 기업·기술 전문가·정책관료에게 권한이 집중되고 시민은 도시 운영의 주체가 아니라 소비자나 사용자로만 남게 된다. 스마트시티가 오히려 민주성을 약화시키는 역설이 발생하는 것이다.

이 세 가지 위험은 기술 자체의 문제가 아니라 도시가 기술을 어떻게 설계하고 적용하는가에 따라 달라지는 문제이다.

2. 기술은 포용을 실현할 수 있는 새로운 가능성

이러한 배제의 가능성이 존재한다 하더라도 스마트시티가 잘못된 방향이라는 뜻은 아니다. 오히려 기술은 기존 도시가 해결하지 못했던 문제를 새로운 방식으로 해결할 수 있는 가능성을 제공한다. 핵심은 기술을 자동화의 도구가 아니라 포용을 위한 도구로 바라보는 태도이다.

첫째, 스마트시티 기술은 도시 경험을 개인화하여 취약계층을 돕는 방식으로 작동할 수 있다. 예를 들어 서울의 AI 돌봄 서비스는 고립 위험이 있는 고령층의 생활 패턴을 AI가 분석해 위험 신호를 감지하고, 필요한 경우 신속하게 지원한다. 이는 단순히 데이터를 분석하는 것이 아니라 도시가 시민의 삶을 세심하게 살피는 장치가 된다.

둘째, 도시 인프라의 안전성과 효율성 향상은 스마트시티의 가장 큰 장점 중 하나이다. 스마트센서는 화재와 재난 위험을 조기에 감지하고, 교통 예측 시스템은 사고를 예방하며, 응급의료 플랫폼은 골든타임 확보에 중요한 역할을 한다. 이러한 기술은 도시의 기본 안전망을 강화하고 위험 상황에서 취약계층이 먼저 도움을 받을 수 있는 환경을 만든다.

셋째, 시민 참여를 확대하는 기술적 기반도 스마트시티의 긍정적 변화이다. 디지털 플랫폼을 통해 시민은 제안·신고·참여를 손쉽게 할 수 있으며 이는 기존 오프라인 중심 행정보다 훨씬 접근성이 높다. 기술이 참여 절차를 단순화하면서 더 많은 시민이 도시 문제 해결에 직접 목소리를 낼 수 있다. 이러한 변화는 도시 민주성을 확장시키는 중요한 기반이 된다.

즉, 기술은 설계와 운영 방식에 따라 배제의 원인이 되기도 하지만, 반대로 포용의 촉진자가 되기도 한다.

3. 양면성을 넘어서는 도시의 태도: '포용 탄력성'이라는 새로운 기준

스마트시티의 양면성을 단순히 장·단점의 문제가 아니라, 도시가 어떠한 태도로 기술을 바라보는가의 문제로 본다면 해결의 실마리가 보인다. 스마트시티는 결론을 단정적으로 내릴 수 있는 영역이 아니다. 양면성을 인정하고 이를 더 높은 차원으로 통합하는 시각이 필요하다. 그 관점이 바로 1장에서 제시했던 포용 탄력성(Resilient Inclusion)이다.

포용 탄력성의 핵심은 도시가 기술을 도입할 때 다음의 원칙을 적용하는 것이다.

첫째, 배제가 발생하는 지점을 먼저 찾는다.

둘째, 취약계층의 관점에서 기술을 설계한다.

셋째, 기술 도입 시 사회적 영향평가를 필수적으로 수행한다.

넷째, 도시의 속도를 가장 느린 시민 기준으로 조정한다.

포용 탄력성은 기술을 거부하는 것이 아니라 기술과 시민의 속도를 조율하는 지혜라고 할 수 있다.

도시는 기술을 통해 효율적으로 움직일 수 있지만, 기술이 시민의 존엄을 보장하지 못한다면 그 도시는 진정한 의미에서 스마트하지 않다.

결국 스마트시티는 완성된 형태가 아니다. 끊임없이 배우고 조정하며, 기술과 사람이 서로를 이해해 가는 과정 그 자체이다. 도시가 이 과정에서 포용을 출발점으로 삼을 때, 비로소 스마트시티는 더 빠른 도시가 아니라 함께 살아갈 수 있는 도시, 모든 시민이 존중받는 도시로 성장하게 된다.

**스마트시티는 완성된 모델이 아니라 끊임없이 조정되고
배우는 도시다.
기술과 사람이 서로를 이해해가는 과정이 바로 스마트시티의 본질이다.**

그렇다면 포용적이고 탄력적인 도시는 어떤 원칙 위에서 설계되어야 할까. 앞선 논의를 바탕으로 그 핵심을 정리하면 다음과 같다

〈 포용 탄력성의 핵심 원칙 〉

① 배제가 발생하는 지점을 먼저 찾는다.

② 취약계층의 관점에서 기술을 설계한다.

③ 기술을 도입할 때 사회적 영향평가를 필수화한다.

④ 도시의 속도를 가장 느린 사람 기준으로 조정한다.

〈 나아가야 할 방향 〉

① 기술 중심에서 관계 중심 도시설계로 전환해야 한다.

② 디지털 전환의 혜택은 취약계층을 우선한다.

③ 도시 데이터를 시민과 공유하고, 데이터 권리를 기반한 도시로 재구성
한다.

제11장

디지털 사회혁신
: 사람과 기술의 협주곡

조창원, 김대희, 김아름

1절. 사회혁신은 왜 등장하나

1. 고난의 연속인 인간의 삶

EBS의 다큐멘터리 프로그램 '극한직업'은 국내에서 꽤 탄탄한 팬층을 자랑한다. 이 프로그램은 아프리카나 남미 오지에서 활동하는 트럭 운전사들의 극한 노동을 일거수 일투족 카메라로 담아 안방에 전한다.

아슬아슬한 비탈길과 다리가 끊긴 협곡을 넘나드는 사투가 손에 땀을 쥐게 만든다. 이 프로그램의 흥행 포인트는 극한의 노동 환경 속에서도 창의적인 문제 해결 능력을 발휘한다는 점이다. 첨단 정비 시설이나 정상 부품이 없는 상황에서 폐타이어, 철사, 나무 막대기 등 현지에서 구한 재료로 기발한 해결책을 만들어내는 모습을 보며 인간의 원초적 생존 지혜에 감탄을 한다.

뭉클한 감동도 시청률에 한 몫 한다. 트럭 운전사들은 단순한 생계활동을 넘어 의료 시설이나 상점이 없는 오지 마을에 의약품과 생필품을 공급하고, 고립된 지역 주민들을 위한 유일한 교통수단이 되어준다. 재해 시에는 구호물품을 전달하는 등 사회 안전망의 핵심 역할을 담당한다.

반면, 프로그램을 보면서 마음 한 켠에 이런 물음이 계속 맴돈다. 인프라와 복지를 책임져야 할 국가는 무엇을 하고 있는가. 인간의 욕망과 자유로운 교환이 풍요를 가져온다는 자유 시장주의는 왜 제대로 작동하지 않는가. 인간이 당장 필요로 하는 재화와 서비스는 왜 적시에 공급되지 못하는가.

이러한 물음에 대한 답을 찾으려는 노력이 '사회 혁신'(Social Innovaton)이다. 인간의 일상생활에 반드시 필요하다고 갈구하는 재화와 서비스를 적절하게 공급하려는 노력이 사회 혁신이다.

일반적으로 사회혁신은 극한직업에 등장하는 저개발국가에 필요한 수단으로 여겨지곤 한다. 그러나 꼭 그렇지 않다. 선진국인 미국과 유럽연합(EU)에서도 지역 내 사회적 문제 해결을 위한 사회 혁신이 왕성하게 펼쳐지고 있다. 이처럼 사회혁신이 선진국 혹은 후진국과 무관하게 보편적인 사회갈등을 해결하기 위한 수단이 된 이유는 뭘까?

2. 정부의 실패, 시장 실패로 사회적 경제 등장

전통적으로 정부와 시장은 사회문제 해결의 주요 주체였다. 그러나 국가와 시장은 전지전능하지 않다. 유럽에서 국가와 정부는 국민에게 받은 세금으로 전체 복지를 감당하는 데 한계에 봉착했다. 극심한 재정적자 수렁에 빠진 정부는 결국 일반 시민사회에 손을 내밀 수밖에 없었다. 정부가 직접 복지 영역에 재정을 투입하고 운영하는 방식이 비효율적이고 방민하게 운영된 탓이다. 이에 정부가 직접 하는 대신 재정을 시민사회에 투입해 사회문제를 대신 해결하는 방안을 찾은 것이다.

시장의 기능도 신뢰를 잃었다. 수요와 공급의 자율적인 조정 메커니즘으로 작동된다는 자본주의 시장원리는 모두의 풍요는커녕 부의 양극화만 낳았을 뿐이다. 시장의 기능에 복지 영역을 맡겨뒀다간 사회 불평등이 심화될 것이란 우려만 커졌다.

이런 정부의 실패와 시장 실패를 딛고 사회의 갈등과 모순을 직접 찾아내고 해결하려는 움직임이 확산되는데, 그 대안으로 부상한 게 사회적 경제(Social Economy)다.[1] 중앙집권적이고 획일적인 정부 정책은 지역사회의 개별적이고 미세한 수요를 파악하는 데 한계가 있다. 반면, 경제적 가치를 넘어 사회적 가치와 공공의 이익을 동시에 추구하며 사회 문제 풀어내려는 사회적 경제는 정부의 한계를 대체할 해결사로 주목받기 시작했다.

사회적 경제가 정상적으로 작동하기 위한 요건들이 있다.

첫째, "현장에 답이 있다"는 정신이다. 정부나 시장도 풀어내지 못하는 사회 현상을 해결하려면, 사람들이 실제로 원하는 니즈를 파악해내는 공감 능력이 우선적으로 요구된다. 책상에 앉아 있는 게 아니라 현장에 직접 뛰어들어 어려움을 직접 느껴야 어떤 활동을 하겠다는 동기가 솟아오를 수 있다. 이런 동기와 공감이 작동하지 않으면 마음이 움직이지 않아 어떤 혁신 활동으로도 이어지지 않는다.

둘째, 사회적 가치와 경제적 가치를 동시에 추구해야 한다. 영리를 추구하는 기업의 활동과 순수한 사회적 가치를 추구하는 비영리법인 활동 사이에서 적절한 균형을 추구한다. 사회 문제를 해결하는 활동이 단기에 그치지 않고 장기적으로 지속가능하려면 두 가지 목적이 조화를 이뤄야 한다.

셋째, 혁신적인 문제해결 방식을 동원해야 한다. 선한 영향력으로 사회 문제를 해결해보겠다고 나섰다간 경쟁에서 도태되고 만다. 현장의 니즈를 실제로 제품과 서비스로 구현해내는 경영 역량을 발휘해야 성공 확률이 높다. 대충 적당히 들이댔다간 오히려 복지 수요자들에게 외면받을 뿐이다.

1. Cho, c., Kim,b., & Oh, S.(2022) Effects of the Entrepreneurial Strategic Orientation of Social Enterprises on Organizational Effectiveness: Case of South Korea. Administrative Sciences, 12(1), 19.

기존의 방식과 차별화된 혁신에 입각한 문제해결 능력이야말로 사회적 경제가 갖춰야 할 선결요건이다. 사회적 경제의 엔진이 바로 사회혁신이다.

사회 혁신은 해결되지 않는 사회적 난제나 새로운 사회문제를 해결하기 위해 신규 아이디어를 적용하는 활동이다. 특히 기존 방식보다 더 효과적이고 효율적이다. 그 가치가 개인이 아닌 사회 전반에 축적될 수 있다는 점에서 기존 문제해결 방식과 차별화된다.[2][3]

사회혁신은 그저 헛된 구호로 이뤄지지 않는다. 사회혁신이 갖춰야 할 핵심요소(core elements)를 두루 갖춰야 실천으로 이어질 수 있다. Caulier Grice 외(2012)는 사회 혁신의 핵심 요소(core elements)를 새로움(novelty), 실천 강조(From idea to implementation), 사회수요 충족(meets a social need), 효과성(effective), 사회행동 역량 제고(enhance society's capacity to act)로 분류했다.[4][5]

'새로움'은 과거의 전통적인 솔루션을 탈피해 현재 시대의 환경과 새로운 사회적 니즈에 맞는 새로운 제품과 서비스로 문제를 풀어야 한다는 정신이다. 정부는 흔히 매년 되풀이되는 복지 매뉴얼에 맞춰 사업을 정하고

2. Phills, J., Deiglmeier, K., & Miller, D.(2008). Rediscovering Social Innovation. Stanford Social Innovation Review. https://ssir.org/articles/entry/rediscovering_social_innovation

3. 과학기술정책연구원. "디지털 사회혁신의 활성화 전략 연구." 세종: 과학기술정책연구원, 2016.

4. Caulier-Grice, J., Davies, A., Patrick, R. & Norman, W. (2012). Defining social innovation. A deliverable of the project: "The theoretical, empirical and policy foundations for building social innovation in Europe"(TEPSIE), European Commission-7th Framework Programme, Brussels: European Commission, DG Research, 22.

5. 최지민. "문제해결형 사회혁신 실현방안." 강원특별자치도: 한국지방행정연구원, 2019.

재정을 집행하는 행정 편의주의에 빠진다.

'실천 강조'는 신박한 아이디어에 그쳐선 무용지물에 불과하다는 점을 강조한다. 아무리 뛰어난 복지정책을 내놔도 현장에서 활용될 수 없는 정책이라면 탁상공론에 그칠 뿐이다. 이상적인 아이디어를 넘어 공동체에 실제로 적용 가능하도록 단순하고 유연한 아이디어로 현장에 활용 가능한 살아있는 제품과 서비스를 개발해야 한다.

'사회 수요의 충족'은 중앙정부가 획일적인 잣대로 보편 복지를 펼치는 것에 대한 경고와 같다. 인구 정책이 대표적이다. 인구가 줄어들기 때문에 중앙정부가 전 지역에 획일적인 복지 정책 과제를 제시하고 따를 것을 강조하면 실패하고 만다. 그 지역마다 환경과 원하는 바가 다르기 때문에 맞춤형 정책이 필요하다.

'효과성'은 투입 대비 성과가 뚜렷하게 나타나야 한다는 점을 강조한다. 정부는 흔히 과도한 재정 집행을 하는데, 이를 두고 재정낭비라는 지적을 받는다. 재정은 희소성의 원칙을 벗어날 수 없다. 많은 재정을 집행할 여력이 없을 뿐만 아니라 적은 재정을 투입하면 성과를 내기 힘들다. 그러나 적은 재정으로 효과를 높이는 게 진짜 실력 있는 전문가다.

'사회행동 역량 제고'는 중앙정부가 중앙집권적으로 상명하달하는 방식을 탈피해야 한다는 정신이다. 사회문제를 피부로 느끼는 자는 일반 시민이다. 시민사회가 적극적으로 문제해결에 참여하려는 자율성을 발휘하지 않으면 정책의 일관성을 기대할 수 없다. 현장의 수요자를 "혜택을 받기만 원하는 수혜자"로 규정해버리면 국가에서 시행하는 복지 영역에 해당될 뿐이다. 사회 혁신은 수요자를 정책 개발에 직접 참여케 함으로써 수요자인 동시에 공급자 역할을 하도록 돕는다.

이런 활동을 하는 주체로 사회적 기업 혹은 소셜벤처가 등장했다. 그러나 사회적 기업의 활동은 많은 노력에도 불구하고 여러 한계에 직면했다.

기본적으로 사회적 기업은 일반 벤처기업과 마찬가지로 신생의 불리함(Liability of newness)과 규모의 불리함(Liability of smallness)에 빠져 있다. 이 와중에 사회적 기업은 경제적 가치와 사회적 가치를 동시 추구해야 한다. 영리를 추구하는 일반 벤처기업의 경우 이익 추구를 1순위 목표로 두는 경영 판단을 하는 반면, 사회적 기업은 경제적 이익보다 사회적 이익이 우선시 된다면 경제적 이익을 스스로 포기해야 한다. 영리를 추구하는 일반 상업회사와 경쟁해야 하는 사회적 경제가 갖는 태생적 아킬레스건이 있다는 얘기다.

이런 사회적 경제에 단비와 같은 도구가 등장했다. 경쟁력의 한계를 극복할 수 있는 첨단 기술이 쏟아지기 시작한 것이다. 디지털과 AI 시대에 접어들면서 사회 혁신도 기술의 역량이 매우 중요해졌다.

나아가 현장 수요자들의 니즈도 새로운 기술환경에 발맞춰 달라지고 있다. 과거와 달리 디지털과 연관된 새로운 사회문제들이 발생하기 시작한 것이다. 이런 기술 사회의 도래에 따라 사회적 경제도 새로운 문제해결 솔루션을 개발하기 위해 변신해야 하는 시점을 맞고 있다. 기술 기반으로 한 소셜 벤처의 활동이 필요한 이유다. 문제는 이러한 경쟁력을 갖추려면 첨단 기술에 걸맞는 인력과 투자 확보 및 디지털 산업을 잘 이해하는 경영자의 디지털 리더십이 필요하다.

2절. 사회변화에 디지털을 장착하다

1. 푸드뱅크의 한계를 넘어선 올리오

남은 음식을 나누는 자선활동은 미국, 유럽에서 1980년대부터 크게 주목받던 비영리 나눔 사업이다. 한국에서도 1999년 IMF 외환위기 이후 식품 지원에 대한 수요가 급증하면서 음식 나눔 활동이 뿌리내리기 시작했다.

비영리 단체인 푸드뱅크(Foodbank)는 기부자로부터 음식을 무료로 받은 뒤, 각 지점을 통해 필요한 소비자에게 간접적으로 전달하는 구조다.

남은 음식을 낭비하지 않는다는 점과 꼭 필요한 사람에게 전달할 수 있다는 취지는 전폭적인 공감을 얻었다. 그러나 사업이 날로 확장될수록 이 사업은 딜레마에 빠진다. 기부 받은 식품에 대한 재고관리 부실 문제다. 유통 기한이 임박한 식품을 적시에 필요한 사람에게 배분되지 못하면 폐기되고 만다. 음식을 공급하는 측과 필요한 사람에게 배분하는 측 사이의 정보 소통도 불편했다. 이에 지나치게 많이 혹은 적은 음식이 전달되는 문제가 만연한다. 이러한 시행착오를 겪은 끝에 비영리법인들은 급기야 공급자와 수요자를 파악하고 필요량을 예측하고 신속 대응할 수 있는 디지털 시스템을 도입해 현장의 문제를 해결했다. 아날로그 방식에 안주했던 사회 혁신의 한계를 디지털 방식으로 극복해 가치 창출을 해낸 것이다.

아예 처음부터 디지털을 활용한 음식나눔 서비스로 이 분야 대명사가 된 업체가 있다. 영국의 사회적 기업 '올리오(OLIO)'는 디지털 기술이 사회혁신에 미치는 영향력이 놀라울 만큼 크다는 점을 보여준다. 2014년 스위스에서 런던으로 이사하던 테사 클라크는 감자 여섯 개와 양배추 한

통을 처리할 방안을 찾던 중 음식공유 플랫폼을 만들어야겠다는 아이디어를 착안하게 된다. 2015년 본격 회사를 창업해 음식물 공유 플랫폼의 대명사가 됐다.

올리오가 글로벌 시장 진출과 외부 투자까지 얻을 수 있었던 비결은 바로 디지털 활용에 있다. 올리오는 사회적 가치와 경제적 가치를 동시 추구하는 전형적인 사회적 기업이다. 그러면서도 사업 구조는 음식물 공유 모바일 플랫폼을 지향한다. 올리오 애플레이케이션(앱)을 설치해 모든 기부와 전달 행위를 컨트롤한다. 공급자가 기부할 음식물의 사진과 설명을 앱에서 올리면 위치기반 알고리즘이 가까운 지역에 사는 수요자에게 알림을 발송하는 구조다. 앱 내의 채팅으로 수령 시간과 장소를 협의할 수 있다. 이렇게 공급자와 사용자가 직접 주고 받을 수도 있지만, 공급자의 음식물을 자원봉사자가 건네 받아 앱에 관련 정보를 올려주고 사용자에게 직접 전달하거나 특정 보관 장소에 갖다 놓는 식으로 진행된다.[6]

올리오는 앱을 활용한 덕분에 글로벌 50여개 지역에 진출하고, 음식 외에 다양한 품목도 거래하고 있다. 수입원도 기부금에 의존하지 않고 남은 음식물을 공급하는 식당 혹은 기업으로부터 수수료를 받을 수 있다. 어차피 남은 음식물을 외부 업체에 넘길 때 지불해야 하는 비용이라 생각하는 것이다. 모바일 앱의 특성상 광고 수익도 기대된다.

올리오는 글로벌라이제이션과 로컬라이제이션이 동시 가능한 모델이

---

6. 김택근, & 조성훈. (2024). 디지털 사회혁신 (DSI) 과 비즈니스 모델에 관한 연구: 영국의 스타트업 OLIO 사례를 중심으로. KBM Journal (K Business Management Journal), 8(3), 31-46.

다. 글로벌 시장으로 확산되면서도 자원봉사자가 남은 음식을 원하는 수요자에게 전달하는 지역 기반 서비스를 표방한다. 모바일 앱을 기반으로 하지 않으면 불가능한 비즈니스 모델이다. 올리오의 이러한 글로컬라이제이션 특성 덕분에 2016년에 18,000명이었던 자원봉사자는 2025년 초에는 13,2000명으로 확 늘었다.[7]

2. 네스타의 거대한 실험

전통적인 사회적 경제 영역에서 사회적 가치를 추구해온 사회적 기업이나 소셜 벤처는 기술을 기반으로 한 혁신적인 솔루션을 추구한다. 그러나 4차 산업혁명 시대를 맞아 빅데이터, 사물인터넷(IoT), 인공지능(AI), 블록체인 기술 등 쏟아지는 디지털 환경에 적응해야 하는 숙제를 안고 있다. 이러한 디지털 혁신 기술을 장착해야 경제적 자립과 함께 복잡한 사회 문제를 저비용 고편익 수준으로 해결할 수 있다. 소셜 벤처에게 디지털 사회혁신은 선택이 아닌 필수가 된 시대다.

디지털 사회혁신을 주도한 지역은 유럽이다. 네스타(NESTA)는 영국 내에서 혁신과 사회 변화를 이끌어가는 핵심 기관으로 유명하다. 특히 디지털 기술을 활용한 사회혁신 분야에서 선도적 역할을 수행하는 기관이다. 데이터를 기반으로 한 대규모 기업조사와 다양한 기관과 협업 연구로 디지털 기술의 사회적 활용 방안을 탐구한다.

<hr>

7. 양미연. (2025). 공유경제가 음식 낭비의 해결책이 될 수 있을까?-유라시아 지역의 음식 공유 플랫폼 사례 비교 중심으로. 유라시아연구, 22(1), 121–138.

2013년부터 일 년간 EU의 지원을 받아 디지털 사회혁신에 대한 연구를 수행한 바 있다. 네스타는 당시 연구를 기반으로 디지털 사회혁신(DSI)이라는 개념을 제시하고 유럽이 DSI에 주목해야 하는 근거와 정책 입안자들이 마련해야 할 정책을 제안했다.

네스타는 지금도 전 세계 사회혁신 기관과 단체들간 사업 연결 및 가이드라인을 제시하는 중추 역할을 맡고 있다.

NESTA(2011)는 디지털 사회혁신에 대해 "사회문제 및 전 지구적 도전을 해결하기 위해 협업과 집단 혁신으로 사람들의 참여를 모으는데 디지털 기술을 사용해 이전에 상상하기 어려웠던 해결책을 찾아내는 일"이라고 정의 내린다.

개념 정의의 맥락을 뜯어 보면, DSI의 1순위 가이드라인은 기술을 사회에 이로운 수단으로 활용한다는 관점이다. 아울러 폐쇄적이고 경쟁적인 기술이 아닌 개방적이고 협력적인 대안 기술을 사용해 지속가능한 사회에 기여하는 것을 목표로 한다. 마지막으로, 시민들의 주도성이다. 시민들은 사용자인 동시에 개발자로 직접 참여해 사회의 문제를 해결하는 주체로 나선다.

한국에서 DSI에 대한 개념 정의도 크게 다르지 않다. 한국지능정보사회진흥원은 디지털 사회혁신을 "시민이 디지털 기술을 활용하여 주체적으로 사회문제를 해결하고 사회적 가치를 실현하는 활동"으로 규정하고 있다. 현장의 니즈 파악과 시민들의 참여로 혁신적인 솔루션을 개발하는 전통적인 사회혁신에서 디지털이라는 기술이 추가된 것이다.

3. 혁신을 구현하는 세 가지 길잡이

혁신은 말로만 하는 게 아니다. 실천 없는 혁신은 공허하다. 실제로 혁신의 현장은 아이디어로 끝나지 않는다. 아이디어 발굴부터 제품 탄생까지 수많은 수정과 반복 과정을 거쳐 최종적인 비즈니스 모델이 완성된다. 영국의 NESTA가 제시한 '사회혁신 나선형 모델', 영국 디자인카운슬의 '더블 다이아몬드 모델', 그리고 스탠퍼드 d.school과 IDEO가 대중화한 '디자인 씽킹'은 아이디어 혁신화 과정을 각각 차별화된 시각으로 보여준다. 방법론적으로 다르지만, '문제를 정확히 이해하고, 실험과 개선을 반복해야 한다'는 철학은 같다.

나선처럼 확장되는 혁신 나선형 모델 : NESTA는 사회 혁신 분야에서 국제적인 연구기관이다. 그들이 제시한 혁신 나선형(Innovation Spiral) 모델은 DSI를 구체적으로 실행하기 위한 아이디어 도구로 활용된다. 이 모델은 혁신은 직선적인 발전이 아니라 점점 확대되는 순환 과정이라는 점을 기본 철학으로 삼는다. '사회 혁신의 나선형 모델'은 사회혁신 기회와 도전의 탐색부터 영향력 발휘까지 모두 7단계로 구성된다.

첫째, '기회와 도전 탐색(Opportunity & Challenge Exploration)' 단계에서 그동안 간과했던 사회적 문제나 시장의 기회를 발견하고 분석한다. 둘째, '아이디어 생성(Idea Generation)' 단계에서는 창의적이고 혁신적으로 해결하는 아이디어들을 폭넓게 발굴하고 모은다. 셋째, '개발과 테스트(Development & Testing)' 단계에서 추상적인 아이디어를 구체적인 프로토 타입으로 개발하고 초기 검증까지 마친다. 넷째, '사례 도출(Case Derivation)' 단계에서는 테스트 결과를 바탕으로 실제 적용 가능한 사례와 증거를 구축한다. 다섯째, '전달과 실행(Delivery & Implementation)' 단계에서 지금까지 검증된 혁신을 실제 현장에 적용하고 운영한다. 여섯째, '성장과 확장(Growth & Expansion)' 단계에서 성공적으로 입증된 해법을 더 넓은 지역과 분야로 퍼트린다. 마지막으로, '시스템 변화(Systemic Change)'를 통해 정책, 제도, 문화, 시장 구조를 근본적으로 바꿔 사회 전반에 지속적으로 확산을 뿌리내린다.

이 나선형 구조의 핵심은 다음 단계로 갈수록 아이디어가 더욱 구체화되고 실행 가능한 형태로 자리 잡힌다는 점이다. 아울러 나선형 구조라는 점에서 검토 과정에서 미흡할 경우 이전 단계로 되돌아갈 수 있다.

특히 마지막 단계인 '시스템 변화' 단계가 무엇보다 중요하다. 시스템 변화는 눈 앞에 보이는 사회적 문제를 해결하는 데 그치지 않고 근본적인 발생 원인을 찾아내 사전 예방부터 사후 처리까지 관리 가능한 환경을 만들어야 한다는 정신을 가리킨다.

확산과 수렴의 리듬 '더블 다이아몬드 모델' : 영국 디자인카운슬이 2005년 발표한 더블 다이아몬드(Double Diamond) 모델은 두 개의 마름모꼴이 나란히 좌우로 놓인 형태를 띤다. 첫 번째 다이아몬드는 문제를 정의하는 과정을, 두 번째 다이아몬드는 해법을 완성하는 과정을 나타낸다. 각 다이아몬드는 확산(divergent)과 수렴(convergent)이라는 두 리듬을 타면서 문제해결 아이디어를 구체화해나간다.

1단계 '발견(Discover)'은 미지의 영역에 숨겨진 문제가 있는지 넓게 탐색하며 사용자의 요구를 찾는 과정이다. 2단계 '정의(Define)'는 복잡하게 얽힌 문제의 핵심을 명확히 규정해내는 작업이다. 3단계 '개발(Develop)'은 가능한 해결책을 다양하게 실험하는 과정이다. 마지막 4단계 '전달(Deliver)'은 최종 해법을 완성해 현장에 적용하는 과정이다.

더블 다이아몬드 모델 역시 한 번에 답을 찾는 대신 열린 사고로 다양한 가능성을 '탐색'한 뒤 실제 현장에 적용 가능한 실용적인 솔루션을 도출하는 '집중'을 거친다는 점이 특징이다.

사람에서 출발하는 해법 '디자인 씽킹' : 디자인 씽킹(Design Thinking)은 문제 해결의 출발점을 '사람'에 둔다. 스탠퍼드 d.school과 IDEO가 정립한 디자인 씽킹은 오늘날 혁신 프로젝트의 기본 도구로 자리 잡았다.

'공감(Empathize)' 단계에서는 관찰자의 선입관을 완전 배제한 상태에서 철저하게 사용자 입장에서 상황과 감정을 깊이 이해한다. '문제 정의(Define)'는 복잡한 사안 속에서 핵심 문제를 끄집어내 명확하게 설정하는 단계다. '아이디어 도출(Ideate)'에서는 핵심 문제를 극복할 수 있는 아이디어를 다양하게 쏟아내는 과정이다. '프로토타입(Prototype)'은 완성품에 집착하지 않고 빠르게 핵심 기능만 장착한 시제품을 만들어 실제 모습을 그려보는 작업이다. 마지막 '테스트(Test)'에서는 실제 사용자에게 시험하고 피드백을 받아 개선하는 단계다.

디자인 씽킹의 힘은 실패를 당연히 여기고 반복 또 반복함으로써 쓸모 있는 제품을 만든다는 정신에 있다. 이 과정에서 현장과 사용자 중심의 실험 정신과 빠르게 판단하고 실험하는 민첩성도 디자인 씽킹의 경쟁력이다.

세 가지 아이디에이션 기법의 공통된 핵심 포인트는 바로 '사용자 중심'이다. 이 원칙을 지키느냐 마느냐에 따라 사업의 흥망이 좌우된다. 숙박 공유 애플리케이션(앱)을 운영하는 에어비앤비(Airbnb)도 창업 초기 큰 고비를 겪었다. 에어비앤비는 2008년 미국 샌프란시스코의 한 아파트에서 출발했다. 공동창업자들이 비싼 월세를 고민하던 중 요금을 받고 거실을 빌려준 게 사업의 발단이었다. 집주인이 에어베드와 아침식사(Air-bed and breakfast)를 제공한다는 취지를 담아 에어비앤비로 정했다.

초기에 독특한 서비스로 언론으로부터 반짝 주목을 받았을 뿐, 본격적인 투자 제의가 없어 1년간 경제적 어려움에 빠진다.

2009년 파산 위기에 몰린 에어비앤비의 공동창업자는 세계적인 관광지인 뉴욕으로 직접 건너가 에어비앤비 사용자와 집주인을 만나 서비스 실태를 직접 청취한다. 이 과정에서 숙소 사진의 품질이 예약률에 영향을 주는 사실들을 알아채고 서비스 개선에 반영한 결과 사업 호전의 전기를 맞게 된다. "고객과 현장에 답이 있다"는 디자인 씽킹 방법론이 빛을 발하는 순간이었다.

반대로, 코카콜라의 뉴 코크 출시는 공감 능력이 부재할 때 벌어지는 사업 실패 사례로 자주 인용된다. 1985년 경쟁사인 펩시의 거친 마케팅 공세에 맞서 코카콜라는 과감하게 단맛은 더하고 톡 쏘는 맛은 줄인 '뉴 코크'를 출시했다. 예전 코카콜라 맛에 익숙했던 대중은 신제품이 나오자마자 거센 항의와 분노를 표출했다. 결국 코카콜라는 여론에 밀려 뉴 코크 출시 두 달 만에 기존 제품을 다시 내놓기로 결정했다. 단지 맛 테스트 결과에 의존해 소비자의 선호도가 달라졌다는 오판을 내린 게 결정적인 실수였다. 맛 테스트와 같은 양적 수치 외에 소비자들이 중요하게 여기는 브랜드 정체성과 제품에 대한 역사적 경험이 제품 선호도에 큰 영향을 미친다는 점을 간과한 것이다. 사용자의 공감에 실패하는 순간 밀리언셀러도 한 순간 나락으로 떨어질 수 있다.

3절 사회혁신 실현의 장 '리빙 랩'

1. 안전 복지와 쾌적한 주거 해법찾기

디지털 사회혁신을 실제로 응용해볼 공간이나 기구는 없을까. 리빙 랩(Living Lab)이 바로 DSI의 실험 무대다.

리빙 랩은 단어 그대로 '생활 속 실험실'이란 뜻이다. 시민이나 사용자가 직접 참가하고 주도해 일상생활에서 벌어지는 사회 문제를 찾고 해결 방법을 모색하는 사용자 주도형의 개방형 혁신 생태계다.

초기 리빙 랩은 주로 정보통신기술(ICT)와 센서 기술을 활용한 주거 환경 개선 활동을 중심으로 전개됐다. 지금은 디지털과 AI 기술이 급속도로 발전해 리빙랩의 연구대상 폭도 훨씬 넓어졌다. 리빙랩의 성패 여부는 공공-민간-시민 간의 파트너십(PPPP: Public-Private-People-Partnership)이 얼마나 유기적으로 작동하느냐에 달렸다.

리빙 랩은 전 세계적으로 다양한 형태로 운영되며 지역 사회 문제 해결에 기여하고 있다. 2007년 첫 선을 보인 영국의 픽스마이스트리트(Fixmystreet)는 시민이 직접 만드는 도시 솔루션을 표방한다. 당시 영국은 도로의 구멍과 파손부터 가로등 고장 및 쓰레기 방치로 골머리를 앓고 있었다. 시민들이 신고하고 해당 기관이 처리하기까지 과정도 복잡하고 비효율적이었다. Fixmystreet는 시민들이 스마트폰으로 직접 발견한 도시 현장을 촬영하고 위치 정보와 함께 온라인 플랫폼에 업로드할 수 있는 시스템을 구축했다. 시민이 도시 해결의 적극적인 참여자가 될 수 있도록 디지털의 힘이 크게 뒷받침한 사례다.

대만 타이베이 민성 지역 리빙 랩은 정부와 시민의 협력 모델이 돋보이는 사례다. 민성 지역은 심각한 고령화로 노인 헬스케어 서비스를 보강하고 지역 상권을 활성화해야 하는 문제를 안고 있었다. 이에 정부 주도 아래 지역 주민들을 '공동 기획자(Co-Designer)'로 참여시키는 리빙 랩을 2009년 만들었다. 다지인 씽킹 프로세스처럼 주민들의 실제 수요를 파악하여 맞춤형 솔루션을 개발하고, 실생활에서 직접 테스트하며 개선해나갔다. 이에 노인들의 건강 상태를 모니터링하고 응급 상황에 대응하는 헬스케어 서비스와 지역 중소상인들을 위한 디지털 광고 플랫폼을 구축해냈다. 이런 초기 모델의 성공에 힘입어 이후 도시 전체를 아우르는 스마트 시티 리빙 랩으로 진화했다.

대전 갑천의 '건너유' 프로젝트는 국내 디지털 사회혁신을 리빙랩을 통해 구현한 첫 성공 모델로 꼽힌다.

당시 대전 갑천에 놓여진 징검다리는 사람들이 애용하는 보행로였지만,

호우시 물이 급격히 불어 시민의 안전을 위협했다. 이에 지역 주민과 IT업체, 지역 대학 및 행정기관이 뭉쳐 문제해결 솔루션 개발에 나섰다. 드론과 CCTV등을 설치해 하천을 건너기 전 스마트폰으로 하천 상태를 확인하는 시스템을 개발해 사고 발생을 크게 줄였다. 주민들이 문제를 찾고 핵심 아이디어를 정의한 데 이어, IT업체의 디지털 기술이 결합되고 행정기관이 제도적 지원이 이뤄졌다는 점에서 전형적인 주민 주도형 리빙 랩 모델이다.

2. 공급자에서 시민 주도로

한국에서 리빙 랩이 활성화되려면 어떤 장애물들을 극복해야 할까.

첫째, 공급자 주도에서 수요자 주도형으로 바뀌어야 한다. 중앙 정부가 공급자 역할을 자처하며 사업을 발굴하면서 시민의 제안을 수렴하겠다고 나서면 진정한 리빙 랩이 아니다. 새마을 운동은 이러한 중앙집권적 상명하달식으로 성공을 이룬 대표적인 사회혁신 사례다. 그러나 과거의 새마을 운동 관리 방식은 다양한 지역 갈등과 욕구를 파악해 대응하는 현대의 사회혁신과 어울리지 않는다. 새마을 운동처럼 일사천리로 성과에 집착하는 행정주의식 발상은 리빙 랩의 토양을 오염시킬 뿐이다. 공급자 주도의 문화가 강하다보니 제대로 된 수요 파악을 놓치는 문제들이 벌어진다.

둘째, 리빙 랩의 아이디어 사업을 '스케일-업' 하는 정책이 매우 취약하다. 사회적 경제의 주체인 사회적 기업뿐만 아니라 영리를 추구하는 일반 중소벤처기업들도 겪고 있는 고질적인 문제와 별반 다르지 않다. 이들 기업은 초기 아이디어로 창업에 나서기 때문에 자금, 인력, 기술 등 주요 자원이 현저히 부족하다. 창업 아이디어가 괜찮다고 판단되면 자립할 때까지 맞춤별 지원을 해줘야 그나마 생존 확률이 높아진다. 디지털 사회혁신 기업을 적극 지원하는 영국의 경우 포괄적인 사회적 투자 생태계를 구축하고 있다. 창업 초기와 성장 및 안정 단계로 구분해 지원 방식과 규모를 달리 한다. 가령, 창업 초기엔 공간 제공이 이뤄진다면 성장 및 안정화로 진화할수록 다양한 형태의 투자를 받을 수 있다.[8]

셋째, 눈 앞에 보이는 문제해결에 그치지 않고 사회 문제를 낳는 근원적 시스템을 바꾸려는 노력이다. 단순히 가시화된 성과만 낳으려 한다면 사회문제의 본질을 놓치고 만다. 단발성 파일럿 수준에서 벗어나지 못하면, 리빙 랩을 통해 도출된 아이디어와 사업은 임시처방책에 그칠 뿐이다. 리빙랩 사업이 지속가능하지 못한 이유가 여기에 있다. 리빙 랩 사업은 철저하게 현장의 사람 중심으로 수요를 파악하려는 사회적 가치 창출 마인드에 기반해야 한다.

넷째, 리빙 랩의 성과를 다른 지역 혹은 다른 국가의 지역과 연계하려는 시도 역시 중요하다. 유럽의 VITALISE 프로젝트처럼 흩어진 리빙 랩 프로젝트를 연결하고 자원과 성과를 공유하려는 시도를 벤치마크해 볼 필요가 있다. 이 프로젝트는 유럽 전역의 보건·웰빙 분야 리빙 랩을 연계하는 컨소시엄이다. 유럽 전역에서 보건과 웰빙 관련 리빙 랩들이 많았으나 각각 독립적인 프로젝트를 수행하다보니 자원의 효율성이 떨어졌다. 이런 한계를 극복하기 위해 흩어져 있던 세 개의 대형 리빙랩을 연결해 자원

---

8. 김종선, 송위진, 성지은, & 김지혜. (2016). 국내 디지털 사회혁신 현황 분석과 시사점. STEPI insight, 192, 1–26.

과 성과를 공유하는 컨소시엄을 구성한 것이다.[9]

이미 한국은 새마을운동이란 과거의 사회혁신 성공모델을 제3세계 국가에 공유하고 있지 않는가. 한국은 디지털 기반이 강하기 때문에 사회혁신과 접목된 디지털 사회혁신의 가능성이 충분히 높다.

3. 낡은 동네 목욕탕이 '세상에서 가장 안전한 목욕탕'이 된다면?

1997년 건립 이후 한 번도 리모델링되지 않은 경기도 안성의 일죽목욕탕. 낡은 타일, 삐걱거리는 락커, 그리고 이용객의 80%가 노인인 평범한 동네 목욕탕이었다. 그런데 이곳에서 노인들이 히트 쇼크(급격한 온도 변화로 인한 혈압 변동)로 쓰러지는 사고가 반복됐다면? 바로 여기서 일죽목욕탕 혁신 프로젝트가 시작됐다.

일죽목욕탕의 변신은 실내 디자인을 반짝반짝 빛나게 수리하는 리모델링이 아니었다. 핵심은 '안면 인식 기반 키오스크'. 이용객이 거울 앞에 서기만 하면 혈압·심박수·스트레스 지수를 자동 측정하고, 그날의 날씨까지 고려한 맞춤형 목욕법을 추천한다. 혈압이 높다면? 열탕 대신 온탕을 권한다. 기온이 급격히 떨어진 날이라면? 입욕 시간과 휴식 간격을 조정해 안내한다.

이는 전통적 생활공간에 디지털 헬스케어를 접목한 혁신이다. 개인의 건강 데이터를 즉시 분석해 위험을 사전에 차단하는 예방적 돌봄 시스템인 셈이다.

9. 오연주. (2024). 더 나은 사회를 여는 디지털 혁신: 성공적인 이행을 위한 핵심 요인. 연구보고서-정책연구/이슈분석, 1–33.

이 프로젝트가 특별한 이유는 리빙랩 방식으로 진행됐다는 점 때문이다. 글로벌 광고사 이노션, 안성 의료복지사회적협동조합, 건축 전문가, 의료진, 그리고 지역 주민까지. 모두가 한자리에 모여 "노인의 생명을 지키는 목욕탕"이라는 공통 목표를 향해 나아갔다.

단순히 기술을 도입하는 것이 아니라, 실제 이용자의 생활 패턴과 위험 요소를 면밀히 관찰하고 분석했다는 점도 리빙 랩의 기본 방법론을 따랐다. 문제 발굴 → 솔루션 설계 → 실증 적용의 과정을 거치며 진정한 공동 창출(co-creation)을 실현한 것이다.

디지털 기술을 물리적 공간 설계에 결합한 아이디어는 목욕탕 곳곳에 반영되었다. 탈의실과 탕 사이에 마련된 '워밍업 존'은 체온을 서서히 높여 히트 쇼크를 예방한다. 탕 내부 타일은 동양인 피부색과 대비되는 초록색으로 선택해, 응급상황 시 신속한 발견이 가능하다. 10분마다 울리는 알림벨과 SOS 호출 버튼은 이용자의 안전을 시간 단위로 모니터링한다. 이 모든 요소가 데이터 기반 안전망으로 통합 운영된다. 개별 기술이 아닌 시스템으로 작동하는 것이다.

일죽목욕탕 프로젝트가 우리에게 보여준 건 기술의 대단함이 아니다. 희망과 가능성이다.

첫째, 생활밀착형 디지털 사회혁신의 가능성이다. 거대한 스마트시티나 첨단 의료기관이 아닌, 동네 목욕탕 같은 일상 공간에서도 디지털 기술이 사회문제를 해결할 수 있다.

둘째, 협업적 거버넌스의 중요성이다. 기업·공공·시민사회·전문가가 수평적으로 협력할 때 진정한 혁신이 가능하다는 것을 증명했다.

셋째, 사람 중심의 기술 설계다. 기술을 위한 기술이 아니라, 실제 이용자의 필요와 안전을 최우선으로 하는 설계 철학을 관철했다.

다른 지역사회에서 참고할 만한 일죽목욕탕 비즈니스 모델의 핵심 요소는 크게 세 가지다. 먼저 기술 측면에서 '데이터-행동 피드백 루프'가 핵심이다. 안면 인식 기반으로 건강 데이터를 수집하고, 이를 날씨 같은 환경 데이터와 결합한 뒤, 개인에게 맞춤형 행동 가이드를 제공하는 순환 구조를 갖춰야 한다.

거버넌스 측면에서 협업적 의사결정 구조가 중요하다. 다양한 이해관계자가 참여하되, 문제 정의는 주민의 실제 니즈에서 출발하는 상향식 접근을 취하는 게 바람직하다. 시정부가 관리자를 자처하며 하향식으로 주입하면 이 사업은 실패할 확률이 높다. 마지막으로 디자인 측면에서 디지털 기술과 물리적 공간을 따로 떼어놓지 않고 통합 설계할수록 사용자들이 편하게 디지털 서비스를 받아들인다는 사실이다.

결국 일죽목욕탕은 이런 메시지를 전한다. 디지털 사회혁신은 거창한 곳에서만 일어나는 게 아니다. 우리 주변의 작고 소중한 공간에서, 사람들이 함께 머리를 맞대고 고민할 때 시작된다고 말이다.

4절. DSI 사명은 첫째도 둘째도 '사람 중심'

디지털 사회혁신은 디지털 기술을 긍정적으로 보는 편이다. 디지털을 활용해 과거에 불가능했던 사회 문제들을 해결할 수 있기 때문이다. 그러나 DSI의 정신은 사회적 가치를 달성하기 위해 디지털 기술을 도구로 활용한다는 점을 분명히 하고 있다. DSI를 구현하기 위한 아이디어 툴인 디자인 씽킹과 혁신 나선형 모델도 사람 중심의 혁신을 강조한다. 이처럼 DSI가 견지해야 할 가치 철학은 대략 두 가지다.

첫째, 기술을 도입하기 전에 우리 스스로 사회의 비전을 그려야 한다는 정신이다. 기술 철학자 랭던 위너(Langdon Winner)는 기술을 단순한 도구로 보는 경향에 대해 경고한다. 효율성이 높다는 이유만으로 기술을 덥썩 받아들이면 사람들의 생활방식까지 근본적으로 바꿔버릴 것이다. AI 채용 도구가 단순히 빠르고 정확하게 신입사원을 뽑을 수 있다고 도입하는 경향이 있다. 그러나 AI 채용은 알고리즘에 따라 공정성을 잃는 문제를 낳았다. 특히 AI 스스로 인재의 기준과 개념을 정해버린다면, 우리 사회는 AI가 지정한 가이드라인에 맞춰 인재 정책과 관념을 맞춰야 할 것이다.
이에 위너는 기술 도입에 앞서 우리 스스로 원하는 사회 비전을 먼저 세울 것을 제언한다. 능동적으로 원하는 사회의 모습을 설계한 뒤 그 비전에 맞는 기술을 선택하고 적용하자는 것이다. 기술 도입은 철저히 인간 스스로 선택한 사회 비전을 실현하기 위한 수단에 머물러야 한다는 얘기다.

둘째, 기술 해결주의에 대한 경계심이다. 에브게니 모로조프(Evgeny Morozov)는 복잡한 사회문제를 기술이 쉽게 해결해 줄 것이라는 환상을 깨야 한다며 기술 해결주의를 비판한다. 사회의 문제는 역사적, 문화적,

정치적 맥락이 얽히고 설킨 복합체인데, 특출난 기술적 해법 하나로 해결한다는 건 지나친 과신 아닐까. 문제를 낳은 다양한 원인들을 하나의 원인으로 단순화시켜버리는 기술 해결주의의 속성을 두려워해야 한다. 원인을 간과하거나 "기술이 해결해 줄 것이다"라는 생각에 매몰되는 성향은 복잡한 사회문제를 정면으로 해결하려는 의지가 없거나 회피하려는 태도일 뿐이다.

위너가 "기술은 무엇을 위한 것인가"라는 근본 질문에 대한 답을 제시한다면, 모로조프는 "기술이 과연 절대 해답인가"라는 회의적 질문을 던진다. 그들의 통찰에서 디지털 사회혁신의 핵심축은 인간과 사회의 가치에 있다는 점을 알 수 있다.

디지털 사회혁신이 활용될 영역은 무궁무진하다. 스마트시티는 DSI의 대표적인 적용 대상이다. 도시는 교통, 환경, 안전, 복지 등 복합적인 사회문제가 집약된 공간이다. 영국의 픽스마이스트리트(Fixmystreet)는 시민들이 스마트폰으로 도로 파손이나 가로등 고장을 신고하면, 행정기관이 신속 대응하는 전형적인 시민 참여형 도시 관리 시스템이다. DSI는 스마트시티를 구축하는 과정에 기술과 시민 사이의 가교 역할을 맡는다.

공적개발원조(ODA) 분야도 DSI의 가능성은 크다. 개발도상국이 직면한 빈곤, 교육 격차, 보건 문제는 전통적인 원조 방식만으로는 해결이 어렵다. 케냐의 모바일 송금 서비스 M-Pesa는 은행 계좌가 없는 수백만 명에게 금융 서비스를 제공한다. 방글라데시에서는 드론을 활용해 오지 마을에 의약품과 백신을 배송하는 프로젝트가 진행 중이다. ODA 사업에

DSI를 접목하면 물질적 지원을 넘어 현지 주민이 스스로 문제를 해결할 수 있는 역량을 키울 수 있다.

AI와 DSI의 접목은 더욱 흥미로운 가능성을 열어준다. AI 기반 의료 진단 시스템이 도입되면 의료 취약지역에서 전문의 부족 문제를 완화할 수 있다. AI 튜터가 학생 개개인의 학습 속도와 이해도를 파악해 맞춤형 커리큘럼을 제공할 수도 있다. 재난 위기 상황도 AI의 실시간 데이터 분석에 힘입어 효과적으로 대응 가능하다.

디지털 사회혁신은 기술의 진보와 함께 계속 진화할 것이다. 한가지 꼭 기억해야 할 점은 디지털 사회혁신의 주어는 '디지털'이 아니라 '사람'이라는 사실이다.

제12장

디지털 ESG :
지속가능한 미래를 위한 기업의 책임

주진

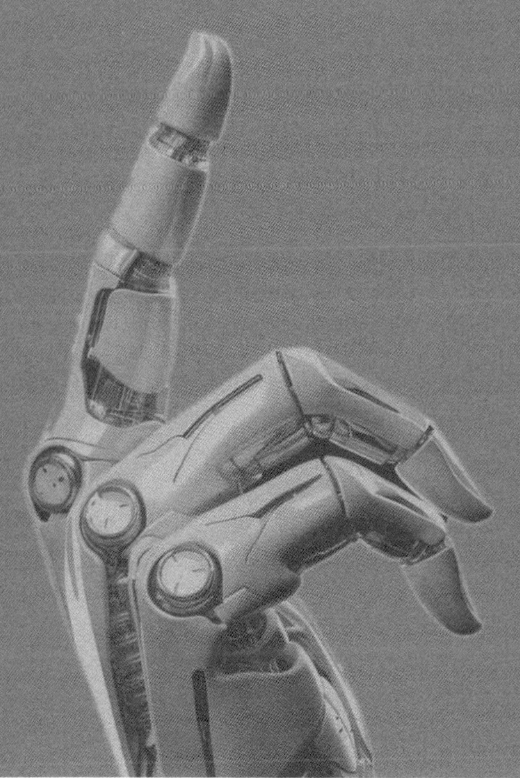

1절. 더 나은 미래, 세상을 바꾸는 ESG

1. 태평양을 횡단한 무인선박이 보여준 미래

여름철 조선소 작업 현장. 1,200도로 달궈진 철판에서 뿜어져 나오는 복사열이 작업장 온도를 40도 이상으로 끌어올린다. 작업자들은 두꺼운 방화복을 입고 용접 토치를 든다. 불꽃이 튀고, 유해가스가 피어오르고, 귀청을 찢는 소음이 울려퍼진다. 한 사람이 하루 종일 고온·고위험 환경에 노출되어 수십 개의 용접선을 완성한다.

조선업은 본질적으로 ESG 관점에서 취약한 산업이다. 막대한 에너지를 소비하고 중금속과 유해물질을 배출하며 작업자를 극한의 환경에 내몬다. 그런데 역설적이게도 이 산업에서 한국은 세계 최강자다. 2023년 한국 조선사들이 전 세계 발주량의 절반 가까이를 수주하며 중국을 압도했다. 최근 한미 관세협상에서 한국 정부의 핵심 협상카드가 바로 조선업이었다는 사실이 이를 증명한다. 미국이 절실히 원하던 한국 조선업의 미국 내 유치를 협상 테이블에 올릴 정도로 K-조선의 위상은 높아졌다. 한때 세계 조선업을 지배했던 미국이 이제는 한국 조선기술을 간절히 바라보는 상황. 어떻게 이런 역전이 가능했을까? 그리고 K-조선은 이 경쟁력을 얼마나 더 유지할 수 있을까?

묘한 질문 하나가 떠오른다. 세계 최강국 미국은 어쩌다 선박조차 만들지 못하는 나라로 전락했을까? 2차 세계대전 당시 리버티선을 하루에 한 척씩 찍어내며 연합군의 승리를 이끌었던 그 조선 강국이, 지금은 자율운항 실험용 선박마저 한국에서 빌려와야 하는 상황이다. 미국 해군의 '마스

크(MASC)’ 프로젝트에서 기술 검증을 위해 선택된 것이 한국의 ‘K-선박’
이었다는 사실이 이를 증명한다.

표면적으로는 높은 인건비, 생산성 저하, 글로벌 경쟁력 상실 등이 거론
된다. 하지만 본질적인 이유는 따로 있다. 조선업 자체가 가진 구조적 한
계, 즉 막대한 에너지 소비, 중금속과 유해물질 배출, 작업자 안전 위험이
라는 ESG의 관점에서 보면 치명적인 아킬레스건 때문이었다. 환경 규제
가 강화되고 노동 안전 기준이 엄격해지면서, 미국은 이 ‘더럽고 위험한’
산업을 포기하는 쪽을 택했다.

한국 조선업은 이 아킬레스건을 기술 혁신으로 극복해왔다. 1970년대
불모지에서 시작해 용접 자동화, 블록 공법, 디지털 설계 시스템을 도입
하며 세계 1위에 올랐다. 그러나 이제 새로운 도전이 눈앞에 있다. 갈수
록 엄격해지는 글로벌 환경 기준들이다. 과거의 성공 방정식으로는 더 이
상 통하지 않는다.

답은 디지털 ESG에 있다. HD현대중공업과 한화오션은 경쟁적으로 ‘스
마트조선소’ 구축에 수조 원을 투자한다. 이들은 2030년까지 ‘지능형 자
율 운영 조선소’라는 단계적 목표를 향해 달려가고 있다.

철판 성형 로봇, AI 기반 용접 시스템, 가상물리시스템(CPS)은 단순한
자동화 장비가 아니다. 이들은 고비용·저효율의 전통적 조선 생산구조에
서 발생하던 막대한 에너지 낭비와 자원 손실을 데이터로 추적하고, 알고
리즘으로 최적화하며, 로봇으로 정밀하게 실행한다. 40도가 넘는 작업장
에서 방화복을 입고 용접하던 작업자들은 이제 쾌적한 관제실에서 모니
터를 보며 로봇을 관리한다. 이는 작업자의 건강과 안전을 지키는 사회

(S) 가치이자, 동시에 숙련공 부족 시대에 생산성을 유지하는 경영 전략이기도 하다.

　더 주목할 점은 거버넌스(G) 측면의 변화다. 스마트조선소는 모든 공정을 디지털로 기록하고, 데이터 기반 실시간 의사결정을 지원하며, 투명한 생산 관리를 가능하게 한다. 이는 곧 협력업체 관리, 안전사고 예방, 품질 추적성 확보로 이어진다. ESG 공시 의무화 시대에 조선사들이 "우리 공정은 어떤 탄소를 얼마나 배출하며, 어떤 안전 조치가 작동하고 있는가"를 실시간으로 증명할 수 있는 시스템이 바로 스마트조선소이다.

　자율운항 선박은 또 다른 차원의 혁신이다. 2022년 5월, 한 척의 대형 화물선이 태평양을 횡단했다. 특별할 것 없는 일상적인 항해처럼 보였지만, 이 선박의 조타실은 비어 있었다. HD현대의 자율운항 전문 자회사 아비커스(Avikus)가 개발한 기술로 무인 항해에 성공한 순간이었다. 이 성공은 단순한 기술적 성취를 넘어, 한국 조선업이 살아남기 위해 선택한 생존 전략의 신호탄이었다. 전 세계 해양 사고의 75% 이상이 인적 오류에서 발생한다는 점을 고려하면, 자율운항은 선원의 생명을 지키는 안전(S) 혁신이다. 동시에 선박과 육상 간 실시간 디지털 연결을 통해 연료 소비를 최적화하고, 최단 항로를 계산하며, 기상 변화에 즉각 대응함으로써 탄소 배출을 최소화한다. 환경(E)과 사회(S)가 기술로 통합되는 순간이다.

　이것이 바로 디지털 ESG다. 환경(E), 사회(S), 지배구조(G)라는 추상적 가치를 디지털 기술로 구현하고, 그것을 경쟁력으로 전환하는 전략이다.

이런 현상은 비단 조선업에만 한정된 것이 아니다. 자동차 산업에서는 전기차 배터리의 탄소발자국을 블록체인으로 추적하고, 반도체 산업에서는 AI로 공정 중 물 사용량을 실시간 최적화하며, 철강업에서는 디지털 트윈으로 용광로의 에너지 효율을 극대화한다. 패션 산업조차 RFID[1] 태그로 의류의 생산지부터 폐기까지 전 과정을 투명하게 공개하는 시대다. 제조업 전반에 걸쳐 "ESG를 디지털로 증명하지 못하면 시장에서 퇴출된다"는 냉혹한 법칙이 작동하고 있다. ESG는 선택이 아니라 생존이며, 디지털은 그 생존의 언어다.

2. ESG, 자본주의를 재설계하다

"기업의 사회적 책임은 이익을 많이 내는 것이다." 1970년 미국의 경제학자 밀턴 프리드먼이 《뉴욕타임스》에 기고한 이 문장은 반세기 동안 자본주의의 성경처럼 받아들여졌다. 기업은 이윤 극대화를 위해 혁신을 추구하고, 새로운 기술과 제품을 개발하며 눈부신 경제 성장을 가져왔다. 설령 생산활동이 인권을 침해하고 환경을 파괴해도 경제성장을 위해선 어쩔 수 없는 일이라고 치부됐다. 주주의 이익이 곧 사회의 이익이라는 믿음이었다.

그러나 환경 파괴와 자원 고갈 기후변화 등 글로벌 위기의식이 확산하면서 균열이 생기기 시작했다. 기업의 사회적 책임(CSR)과 지속가능경

---

1. RFID(Radio Frequency IDentification)란 사물에 고유코드가 기록된 전자태그를 부착하고 무선신호를 이용하여 해당 사물의 정보를 인식·식별하는 기술로써 '무선식별', '전자태그', '스마트태그', '전자라벨' 등으로 불리기도 한다. 출처 : 중앙전파관리소

영에 대한 사회적 논의가 시작됐고, 2004년 UN 글로벌 콤팩트(UNGC)가 발표한 'Who Cares Win' 보고서에서 ESG(환경·사회·지배구조)라는 용어가 공식적으로 처음 등장했다. 2006년 유엔 '책임투자의 원칙(UN PRI)'[2]은 ESG를 투자 의사결정에 반영하도록 6가지 원칙을 제시하며 ESG 프레임워크의 초석을 놓았다.

결정적 전환점은 2015년이었다. 유엔은 전 세계가 2030년까지 달성해야 할 17개의 지속가능발전목표(SDGs)[3]와 169개 세부 목표를 채택했다. '2030 지속가능발전 의제'라고도 불리는 SDGs는 '단 한 사람도 소외되지 않는 것(Leave no one behind)'이라는 슬로건 아래 빈곤종식, 기후변화 대응, 성평등, 깨끗한 에너지, 양질의 일자리 등 인류가 나아가야 할 방향성을 제시했다. ESG는 이 거대한 목표를 실행하는 기업 차원의 도구가 되었다.

2019년 8월, 애플, 아마존, 코카콜라, GM, 보잉, 씨티그룹 등 미국의 200대 대기업 협의체인 '비즈니스 라운드테이블'은 역사적 선언을 발표했다. 기업의 목표를 '이윤 추구와 주주의 이익 극대화를 넘어 모든 이해관계자에 대한 사회적 책임 강화'로 확대하겠다는 것이었다. 프리드먼의

---

2. 유엔 책임투자원칙(UN Principles for Responsible Investment, UN PRI)은 2006년 UN 주도로 설립된 세계 최대 책임투자 협의체로, 환경(E), 사회(S), 지배구조(G) 등 ESG 요소를 투자 의사결정과 실행에 반영하도록 6가지 원칙을 제시했다. 투자자와 기업이 ESG를 실질적으로 반영하도록 유도하며, 글로벌 금융의 지속가능성 제고에 중요한 기준으로 자리잡고 있다.

3 SDGs(Sustainable Development Goals)는 2015년 유엔이 채택한 2030년까지의 17개 목표와 169개 세부목표로, 빈곤·기아·건강·교육·성평등·물·에너지·일자리·도시·소비·기후·해양·육상·평화·정의·파트너십을 포괄하는 국제 공동목표이다.

주주 자본주의가 공식적으로 폐기되는 순간이었다.

2020년 1월, 래리 핑크 블랙록 회장은 투자자들과 기업 CEO들에게 보낸 연례 서한에서 "기후 위기는 투자 위기다. 앞으로 기업의 지속가능성을 투자 결정의 기준으로 삼겠다"고 선언했다. 10조 달러를 운용하는 세계 최대 자산운용사의 수장이 말이 아니라 돈으로 ESG를 강제하겠다고 나선 것이다.

실제로 ESG는 작동했다. 세계 3대 연기금 중 하나인 노르웨이 국부펀드는 ESG 평가 기준에 따라 석탄, 담배, 핵무기를 생산하는 기업과 환경 오염을 일으키는 기업, 부패하거나 인권을 침해하는 기업을 투자 대상에서 제외했다. S&P, 무디스, 피치 같은 신용평가 기관은 2019년부터 기업의 신용을 평가할 때 ESG 요소를 고려하기 시작했다. 2020년부터 2022년까지 전 세계 ESG 펀드로 유입된 자금은 2조 달러를 넘어섰다.

유럽연합은 자율적 이행을 권고하던 관행을 'ESG 공시 의무화'를 통해 강력한 규제 수준으로 끌어올렸다. 2023년부터 시행된 기업지속가능성보고지침(CSRD)은 역내 5만 개 기업에 ESG 공시를 의무화했고, 금융기관에 대한 ESG 공시 제도화, 녹색경제활동 판별을 위한 분류체계(택소노미) 규정, 기업에 환경·인권보호 목적의 공급망 실사[4] 의무 부여 등이 뒤따랐다. GRI(Global Reporting Initiative), SASB(지속가능회계기준위원회 Sustainability Accounting Standards Boards), TCFD(기후변화 관련 재무정보 공개 협의체 Task Force on Climate-related Financial

---

4. 2024년 7월 유럽연합은 대기업에 협력사의 인권·환경 관련 책임성 강화를 내용으로 하는 공급망 실사지침(CSDDD/Corporate Sustainability Due Diligence Directive)을 발표했다.

Disclosures) 등 ESG 정보를 전문적으로 다루는 기관들도 가이드라인과 평가체계를 일제히 업그레이드했다. 한국도 2025년부터 자산 2조 원 이상 상장사 ESG 공시를 단계적으로 도입한다.

코로나19 팬데믹은 ESG를 더욱 가속화했다. 기후변화, 공중보건, 환경보호 등 ESG 이슈에 대한 관심이 폭발적으로 증가했고, 소비자와 투자자의 ESG 요구가 거세졌다. 장기 투자 측면에서 ESG 정보를 적극 활용하는 ESG 투자가 주류로 편입됐다. 기후변화, 질병, 빈곤 등의 문제에 해결책을 제시하는 기업이 인류의 선택을 받게 된다는 ESG는 거스를 수 없는 대세가 되었다.

ESG는 지구 환경과 인간의 삶에 가장 큰 영향을 끼치는 기업을 금융이라는 제재 도구로 옥죄며 책임과 의무를 다할 것을 요구하는 글로벌 공조 체제였다. ESG의 핵심 논리는 명확했다. 기업이 환경을 파괴하고, 노동자를 착취하고, 불투명한 지배구조를 유지하면 단기적으로는 이익을 낼 수 있어도 장기적으로는 리스크에 노출된다. ESG는 '착한 기업'이 되라는 도덕적 요구가 아니라, '살아남을 기업'이 되라는 생존 전략이었다. 기업이 ESG 실천의지가 없다면 투자도 받기 힘들게 되었고, 세계 많은 기업들은 인간과 환경의 지속가능 발전을 위해 경영방식에 근본적 변화를 꾀하기 시작했다.

3. 래리 핑크의 돌변과 한계 봉착한 ESG

그러나 2024년 1월, 놀라운 일이 벌어졌다. ESG의 전도사였던 래리 핑크가 연례 서한에서 "ESG라는 용어 사용을 중단하겠다"고 밝힌 것이다. "정치화되고 무기화된 단어가 되었다"는 것이 이유였다. 4년 전 ESG를 투자 기준으로 삼겠다고 선언했던 바로 그 사람이, ESG라는 단어 자체를 포기한 것이다. 무슨 일이 있었던 걸까?

미국에서 ESG는 정치적 전쟁터가 되었다. 공화당 주도 주정부들은 반(反)ESG 법안을 쏟아냈다. 텍사스는 화석연료 기업을 보이콧하는 금융사와의 거래를 금지했고, 플로리다는 공적연금의 ESG 투자를 차단했다. ESG는 기후변화를 둘러싼 이념 전쟁의 희생양이 되었다.

더 큰 문제는 ESG의 구조적 한계였다.

첫째, 측정의 문제다. ESG 평가기관마다 판단 기준이 달라 같은 기업이 A등급과 C등급을 동시에 받는 일이 벌어졌다. 신용등급을 매기는 과정에서 평가의 일관성이 없다면 투자자는 무엇을 믿어야 하는가?

둘째, 그린워싱의 만연이다. 기업들은 ESG 보고서에서 화려한 수사를 동원하지만, 실제 탄소배출은 줄지 않았다. 2023년 IEA 보고서에 따르면 글로벌 탄소배출은 오히려 1.1% 증가했다. 어떤 기업은 '2050 탄소중립'을 선언하면서도 같은 해에 화석연료 프로젝트에 수십억 달러를 투자했다. 말과 행동이 따로 놀았다. ESG 보고서는 기업의 실체가 아니라 홍보물이 되었다.

셋째, 비용의 문제다. 중소기업에게 ESG 공시는 감당하기 어려운 부담이었다. 컨설팅 비용, 인증 비용, 데이터 수집 비용이 쌓이면서 ESG는 '대기업만의 게임'이 되었다. 공급망의 말단에 있는 중소 협력업체는 대기업의 ESG 요구사항을 맞추기 위해 서류 작업에 시달렸지만, 정작 작업 환경은 나아지지 않았다.

넷째, 검증의 한계다. ESG 보고서는 대부분 기업의 자기 보고에 의존한다. 외부 감사를 받아도 재무제표처럼 엄격하지 않다. 협력업체가 몇 개 국가에 걸쳐 있고, 공급망이 수십 단계로 이어진다면, 누가 그 모든 것을 검증할 수 있는가? 결국 ESG 보고서는 '믿음'의 문제에 그칠 뿐이다.

이처럼 ESG는 방향은 옳았지만 방법론에서 실패했다. 아날로그 방식으로 디지털 시대의 복잡한 공급망을 추적하고, 수작업으로 글로벌 탄소배출을 계산하고, 설문조사로 노동 환경을 평가하는 것은 애초에 불가능한 일이었다. ESG는 21세기의 문제를 20세기의 도구로 해결하려다 좌초했다.

4. 디지털 ESG : 측정 가능한 것만이 관리된다

"측정할 수 없으면 관리할 수 없다." 경영학의 구루 피터 드러커의 말이다. 전통 ESG가 실패한 이유는 측정의 실패였다. 그렇다면 디지털 기술로 ESG를 측정 가능하게 만들 수 있다면 어떨까? 이것이 디지털 ESG의 출발점이다.

디지털 ESG는 디지털 기술을 활용해 사회적 약자의 정보 접근성을 높이고, 경제적 기회를 확대하며, 지속가능한 발전에 기여한다. 디지털 ESG에 흐르는 가치 철학은 디지털 포용이다. 디지털 포용은 ESG의 '사회(S)' 부문과 밀접하게 연계되어 있으며, 기회의 평등, 다양성과 인권을 실현하는 도구다. 지배구조(G) 분야에서는 데이터 윤리, 접근성 설계 책임, 알고리즘 차별 방지, 이용자 보호 등과 연결된다.

디지털 ESG는 IoT, AI, 블록체인, 디지털 트윈 같은 기술로 ESG 데이터를 실시간으로 수집하고, 자동으로 분석하고, 투명하게 공개한다. 조선소의 센서는 1초마다 에너지 소비량을 측정하고, AI는 용접 패턴을 분석해 최적 작업 순서를 제시하며, 블록체인은 협력업체의 노동 환경 데이터를 위변조 불가능하게 기록한다. 이것은 더 이상 보고서 속 수사가 아니라, 코드로 실행되고 데이터로 증명되는 ESG다.

HD현대중공업의 스마트조선소가 보여준 것처럼, 디지털 ESG는 비용이 아니라 경쟁력이다. 로봇과 AI가 에너지 효율을 20% 높이고, 자재 낭비를 30% 줄이고, 작업자 안전사고를 70% 감소시킨다면, 이것은 ESG 점수를 올리는 동시에 수익성을 개선하는 일이다. 디지털 ESG는 '착한 기업'과 '잘나가는 기업' 사이의 이분법을 무너뜨린다.

프리드먼의 주주 자본주의가 말했던 "기업의 책임은 이익을 내는 것"이라는 명제는 디지털 ESG 시대에 이렇게 재해석된다. "ESG를 디지털로 실행하는 것이 곧 이익을 내는 것이다." 환경과 이익, 안전과 생산성, 투명성과 효율성이 대립하는 것이 아니라 동일한 목표가 되는 것이다.

더 중요한 것은 신뢰의 문제다. 전통 ESG가 그린워싱에 취약했던 이유는 기업의 자기 보고에 의존했기 때문이다. 반면 디지털 ESG는 센서, 블록체인, API로 연결된 시스템에서 데이터가 자동으로 생성되고 검증된다. 조작이 불가능하다. 공급망의 모든 단계에서 탄소발자국이 추적되고, 협력업체의 노동 시간이 기록되며, 폐기물 처리 과정이 투명하게 공개된다. 이것은 ESG를 '말'에서 '데이터'로, '약속'에서 '증명'으로 전환시킨다.

평가기관마다 다른 ESG 등급이 나오는 문제도 해결된다. 디지털 ESG는 표준화된 센서 데이터와 블록체인 기록을 기반으로 하기 때문에, 평가 기준이 통일된다. 마치 신용등급처럼, 누가 평가하든 비슷한 결과가 나온다. 투자자는 더 이상 어떤 평가기관을 믿어야 할지 고민하지 않아도 된다.

중소기업의 부담도 줄어든다. 전통 ESG는 컨설턴트를 고용하고 보고서를 작성하는 데 막대한 비용이 들었다. 하지만 디지털 ESG는 일단 시스템이 구축되면 데이터가 자동으로 수집되고 보고서가 자동으로 생성된다. 대기업이 구축한 플랫폼에 중소 협력업체가 연결되면, 협력업체는 센서와 API만 설치하면 된다. ESG가 진입장벽이 아니라 협업 플랫폼이 되는 것이다.

래리 핑크가 포기한 것은 'ESG'라는 단어였지, ESG가 추구한 가치는 아니었다. 그는 같은 서한에서 "우리는 여전히 지속가능성과 에너지 전환에 투자한다"고 밝혔다. 문제는 이름이 아니라 실행 방식이었다. 디지털 ESG는 바로 그 실행 방식의 혁신이다. 정치적 논쟁에 휘말리지 않고, 평가기관의 자의적 판단에 의존하지 않으며, 중소기업도 감당할 수 있는 비용으로 ESG를 실천할 수 있는 방법.

디지털 ESG는 자본주의의 새로운 운영체제(OS)로 주목받고 있다. 프리드먼의 주주 자본주의도, 비즈니스 라운드테이블의 이해관계자 자본주의도 실패한 이유는 같다. 측정할 수 없었기 때문이다. 이제 디지털 기술이 측정을 가능하게 만들었다. 그리고 이 새로운 OS는 이미 작동하기 시작했다.

2절. 디지털 포용을 실천하는 기업들

1. 전통 ESG : 좋은 의도에 못 미친 불완전한 도구

2011년 블랙프라이데이, 친환경 의류 브랜드 파타고니아는 《뉴욕타임스》 전면 광고에 파격적인 메시지를 실었다. "이 재킷을 사지 마세요!(Don't Buy This Jacket!)" 과도한 소비와 탄소배출에 대한 경각심을 일깨우는 이 캠페인은 ESG 마케팅의 전설이 되었다. 파타고니아는 '지구를 살리는 파수꾼'이라는 수식어처럼 매출의 1%를 환경단체에 기부하고, 친환경 목화 재배, 플라스틱 병 재활용, 제품 수선 장려 등을 실천했다. 2022년에는 창업주 이본 쉬나드가 회사 지분 전체를 환경단체에 기부하며 "지구가 이제 우리의 유일한 주주"라고 선언했다.

신발 브랜드 탐스(TOMS)는 "One for One" 캠페인으로 유명하다. 소비자가 신발 한 켤레를 구매할 때마다 제3세계 어린이에게 신발 한 켤레를 기부하는 이 모델로 2011년 세계 최초로 비콥(B Corp)[5] 인증을 받았다. 비콥 인증은 사회·환경적 성과와 재무적 이익을 균형 있게 추구하는 기업에 부여되는 것으로, 현재 파타고니아, 유니레버 등 전 세계 80개국 6,000개 이상의 기업이 획득하며 ESG 경영의 상징으로 자리잡았다.

---

5. 사회·환경적 성과와 재무적 이익을 균형 있게 추구하는 기업에 부여하는 '비콥 인증(B-Corp Certification)'은 현재 파타고니아와 유니레버 등 세계 80개국 6000개 이상의 글로벌 기업이 인증을 획득해 'ESG' 경영의 상징으로 급부상하고 있다.

글로벌 기업 유니레버는 'USLP(Unilever Sustainable Living Plan)'라는 ESG 경영 프로그램을 통해 6억 명 이상에게 위생, 구강 건강, 안전한 물을 제공했다. 2039년까지 모든 제품의 탄소배출 넷제로(Net Zero) 달성을 목표로 세우고, 전 세계 사업장에서 100% 재생에너지 전환을 실현했다. 그 결과 유니레버는 경쟁사인 다논과 네슬레를 따돌리고 기업가치를 끌어올렸다. ESG 경영을 비용이 아닌 혁신과 경쟁력의 원천으로 활용한 사례다.

마이크로소프트는 MSCI[6] ESG 평가에서 2018년 6월 이후 줄곧 AAA 등급을 받았다. 'AI for Good' 프로젝트를 통해 기후 문제 해결, 전 세계 공중보건 개선, 장애인의 접근성 향상, 아동보호 및 인권 증진, 문화유산 보존 등을 위해 AI 기술을 제공하고 있다.

이들 기업의 성공은 소비자의 변화와 맞물려 있다. 환경적 가치, 기업의 윤리성과 투명성까지 고려해 구매를 결정하는 'ESG 소비'가 늘고 있다. 코로나19를 겪으며 1회용품 증가와 기후 위기의 심각성에 공감한 소비자들이 친환경 제품을 선호하는 경향이 뚜렷해졌다. 특히 친환경·가치소비 트렌드를 주도하는 건 MZ세대다.

대한상공회의소가 발표한 'Z세대의 ESG 경영과 소비 트렌드 인식조사(2025)'를 보면 '조금 비싸더라도 ESG를 실천하는 기업의 제품을 구매하

---

6   MSCI(Morgan Stanley Capital International)는 미국의 투자은행인 모건스탠리의 자회사로, 1999년부터 ESG 평가를 실시해 왔으며 현재 8,500여 개의 기업에 대해 영역별 10개 주제, 35개 핵심 이슈로 평가해 AAA~CCC까지 7개의 등급을 부여함.

겠다'는 응답이 66.9%에 달한다. 이들의 소비 키워드는 불필요한 소비를 줄이며 돈을 모으는 '짠테크'(32.9%)와 자신의 신념을 소비로 증명하는 '미닝 아웃'(26.5%)이다. MZ세대는 사회적 물의를 일으킨 기업에게 '불매 운동'을, 착한 기업·가게에는 '돈쭐(돈으로 혼쭐을 내다)'을 가하며, 이를 SNS를 통해 인증하고 공유하기 때문에 파급력은 매우 강력하다.

"과거엔 기업이 돈을 어떻게 버는지는 중요하지 않았다. 연탄을 나르거나 지역사회에 기부하는 등, 번 돈을 좋은 일을 위해 쓰면 충분했다. 그런데 지금의 소비자는 기업이 어떻게 돈을 버는지 지켜본다." 신지현 작가의 지적처럼, ESG는 착한 기업, 좋은 기업으로 나아가는 나침반이다.

그러나 한계는 분명했다. 파타고니아의 "이 재킷을 사지 마세요"는 감동적이지만, 정작 그 재킷의 탄소발자국을 정확히 측정할 수 있었을까? 공급망 전체에서 발생하는 탄소배출을 추적할 수 있었을까? 탐스의 "One for One"은 아름다운 약속이지만, 기부된 신발이 실제로 어디에 전달되고 어떻게 사용되는지 실시간으로 검증할 수 있었을까? 유니레버가 6억 명에게 위생을 제공했다는 주장은 어떻게 증명되는가?

전통 ESG는 의도 자체는 좋았으나 실행과 측정에서 한계를 보였다. 수작업 보고서, 연간 감사, 자기 선언 방식으로는 복잡한 글로벌 공급망을 추적할 수 없었다. 아무리 좋은 의도여도 그것을 증명할 도구가 불완전하면 지속하기 힘들다.

2. 디지털 ESG의 선구자들

"사람을 향합니다(SK텔레콤)." "더 나은 삶, 더 나은 기술(LG전자)."

ESG 바람을 타고 기술 기업들의 광고도 달라졌다. 과거 '기술 혁신'을 강조했던 것에서 사람과 삶, 지속가능한 미래 쪽으로 초점이 맞춰졌다. SK텔레콤의 "사람을 향합니다"는 기술이 사람을 소외시키지 않고 오히려 더 가까이 연결해주는 역할을 한다는 점을 부각했다. LG전자도 기술 자체보다 기술이 인간의 삶을 어떻게 변화시키는지에 주목하는 스토리텔링 광고를 선보였다. 두 광고 모두 인본주의에 뿌리를 둔 디지털포용과 ESG 경영 철학을 담았다.

그러나 슬로건을 넘어, 실제로 디지털 기술로 ESG를 '측정 가능하고 검증 가능하게' 만드는 기업들이 등장하기 시작했다. 이들은 전통 ESG가 가진 한계-측정의 불확실성, 그린워싱의 위험, 검증의 어려움-을 디지털 기술로 돌파했다.

한때 월마트는 아마존에 밀려 생존이 어렵다는 전망이 우세했다. 그러나 요즘 월마트가 완전히 달라졌다. 디지털 ESG 혁명을 주도하는 선도자로 꼽힐 정도다. 2018년, 월마트는 IBM과 함께 블록체인 기반 'Food Trust' 플랫폼을 구축했다. 망고 한 조각이 소비자의 손에 닿기까지 농장, 가공공장, 물류센터, 매장을 거치는 모든 과정을 블록체인에 기록하는 시스템이다. 과거에는 식품 안전 사고가 발생하면 원인을 추적하는 데 며칠이 걸렸다. 이제는 2.2초면 된다.

이것은 단순히 효율성의 문제가 아니다. 블록체인은 위변조가 불가능하기 때문에 협력 농장의 노동 환경, 농약 사용량, 탄소배출까지 투명하게 공개된다. 월마트는 이 시스템을 통해 2025년까지 모든 청과물 공급업체를 Food Trust에 연결한다는 목표를 세웠다. 파타고니아가 "우리는 친환경적입니다"라고 선언했다면, 월마트는 "우리의 공급망 데이터를 보십시오"라고 증명하는 것이다.

구글은 AI 자회사 딥마인드(DeepMind)의 머신러닝 알고리즘을 데이터센터에 적용해 냉각 에너지를 40% 감축했다. 데이터센터는 24시간 가동되며 막대한 전력을 소비하는데, 그중 상당 부분이 서버를 식히는 냉각 시스템에 쓰인다. 딥마인드의 AI는 온도, 전력, 펌프 속도 등 수천 개의 센서 데이터를 실시간으로 분석하고, 냉각 효율을 자동으로 최적화한다.

이 기술은 구글 내부에서만 작동하는 것이 아니다. 2023년부터 구글은 이 AI 시스템을 외부 기업에도 제공하기 시작했다. 전통 ESG가 "우리는 에너지를 절약합니다"라는 연간 보고서를 발행했다면, 구글은 AI가 1초마다 에너지 소비를 조정하고 그 데이터를 실시간으로 공개한다. 측정 가능하고, 검증 가능하며, 자동화된 ESG다.

포드(Ford)는 조립 라인 작업자들에게 외골격 슈트와 웨어러블 센서를 제공한다. 센서는 작업자의 자세, 반복 동작, 근육 피로도를 실시간으로 측정하고, AI가 분석해 부상 위험이 있으면 경고를 보낸다. 2020년 이 시스템을 도입한 이후 근골격계 부상이 70% 감소했다.

전통 ESG라면 "우리는 작업자 안전을 중시합니다"라는 선언과 함께 연간 사고율을 보고서에 담았을 것이다. 하지만 포드는 1초마다 작업자의 몸 상태를 모니터링하고, 사고가 발생하기 전에 예방한다. 사후 보고가 아니라 실시간 관리다.

싱가포르는 국가 전체를 디지털 트윈으로 구현한 'Virtual Singapore' 프로젝트를 운영한다. 도시의 모든 건물, 도로, 나무, 센서 데이터가 실시간으로 디지털 공간에 복제된다. 이 가상 도시에서 정부는 신규 건물이 주변 지역의 바람 흐름과 일조량에 미치는 영향을 시뮬레이션하고, 태양광 패널의 최적 설치 위치를 계산하며, 홍수 시나리오를 예측한다.

2023년부터는 탄소배출 시뮬레이션 기능을 추가해, 새로운 정책이나 건설 프로젝트가 도시 전체의 탄소발자국에 미칠 영향을 사전에 평가한다. 전통 ESG가 과거 데이터를 분석했다면, 디지털 트윈은 미래를 예측하고 최적화한다.

한국은 디지털 강국이다. 그런 만큼 국내 기업들도 디지털 ESG의 혁신에서 두각을 나타낸다. 코로나19 유행 당시 카카오는 백신 접종 가능한 병원을 안내하고 바이러스 확산을 억제하는 데 기술을 제공했다. 전문성을 활용해 사회에 기여한 사례다.

멀틱스는 AI 기반 한국어-수어 변환 기능으로 청각장애인의 의사소통을 지원하는 키오스크를 개발했다. 허기(HUGgy)는 발달장애인을 위한 포옹 조끼 '돌봄드림'으로 감각 통합 치료를 지원한다. 비주얼캠프는 시선추적 기술을 활용해 난독증, 치매 등 인지 질병 진단 및 교육 인사이트를 제공한다.

이처럼 전통 ESG는 선언(Declaration)이었다. "우리는 친환경적입니다." "우리는 작업자를 보호합니다." 반면, 디지털 ESG는 증명(Proof)이다. 센서가 1초마다 데이터를 수집하고, 블록체인이 위변조 불가능하게 기록하며, AI가 실시간으로 최적화하고, API가 누구나 검증할 수 있게 공개한다.

ESG에 디지털 포용을 입히면서 기업들은 새로운 혁신과 사업 기회를 얻게 된다. 그런 면에서 디지털 포용은 단순히 사회복지적 개념이 아니라, 새로운 시장과 혁신을 만들어내는 전략적 동력이다. 기업들이 전통 ESG에서 디지털 ESG로의 전환을 서두르는 이유다.

3절. 디지털 기업의 ESG : 포용과 리스크 사이에서

디지털 기술은 인간의 풍요와 행복을 증진하는 강력한 도구다. AI는 장애인의 의사소통을 돕고, IoT는 작업자를 위험한 환경에서 해방시킨다. 이것이 디지털 포용이 약속하는 미래다. 그러나 동시에 디지딜 리스크도 산적해 있다. AI를 활용할 때마다 발생하는 엄청난 에너지 소모부터 개인 정보 유출 및 디지털 플랫폼 기업들의 불투명한 운영 방식은 디지털 ESG가 풀어야 할 숙제다. 이 모순을 어떻게 해결할 것인가? 3절에서는 환경(E), 사회(S), 지배구조(G) 각 영역에서 디지털 기업이 직면한 딜레마와 해법을 살펴본다. 디지털 포용의 약속을 지키면서도, 디지털 리스크를 통제할 수 있는 길을 찾아야 한다.

1. 환경(E) : AI 전력 폭증과 '디지털 탄소발자국' 딜레마

1. 챗GPT 한 번 질문에 생수 한 병이 사라진다

"챗GPT에게 물어볼 때 발생하는 전력 소비와 온실가스 배출량이 구글 검색에 비해 10배에 달한다." "챗GPT와 20~50번의 질의응답을 할 때마다 500ml 생수 한 병이 필요하다."

미국 스탠퍼드 대학이 2023년 발표한 'AI 인덱스 보고서'의 내용이다. ChatGPT는 학습 과정에서만 502톤의 이산화탄소를 배출했는데, 이는 한 사람이 100년간 배출하는 양과 같다. 현재 사용되는 GPT-4 훈련에는 약 50GWh(기가와트시) 전력이 소모되며, 이는 자동차 5천 대가 평생 배출하는 탄소량과 맞먹는다. 이미지 생성 AI는 더 심각하다. 2023년 AI 스타트업 허깅페이스와 미국 카네기멜론 대학 연구에 따르면 이미지 1개를 생성할 때마다 휘발유 자동차를 6.1km 운전할 때와 동일한 양의 이산화탄소가 배출된다.

전 세계 온라인 플랫폼 사용자는 1인당 연간 3,230시간의 디지털 콘텐츠를 소비한다. 그로 인해 약 229kg의 이산화탄소를 배출한다(유엔무역개발회의 2023년 보고서). 구체적으로 보면 웹서핑 730시간(22.6%), 소셜미디어 894시간(27.7%), 비디오스트리밍 833시간(25.8%), 음악스트리밍 566시간(17.5%), 화상회의 207시간(6.4%)이다. 온라인 동영상을 하루 내내 본다면 뉴욕-파리 왕복 비행기 탄소 배출량보다 13배 많다.

탄소 감축을 외치면서도 디지털 기기·서비스 사용이 급격히 증가하면서 탄소가 더 많이 배출되는, 이른바 '디지털 탄소발자국(Digital Carbon Footprint)' 딜레마다.

국제에너지기구(IEA) 2025년 보고서 'Energy and AI'에 따르면 데이터센터의 전력 사용량은 매년 20~40%씩 증가하고 있다. 전 세계 데이터센터의 전력 소비량은 2024년 기준 415TWh(테라와트시)인데, 2030년까지 2배로 증가해 약 945TWh에 이를 것으로 예상된다. 이는 현재 일본 전체 전력 소비량과 맞먹는다. 특히 AI 전용 데이터센터의 전력 수요는 2030년까지 4배 이상 급증할 것으로 내다봤다. 국가별로는 미국(45%), 중국(25%), 유럽(15%) 순이다.

한국지능정보사회진흥원(NIA)이 2025년 2월 발표한 'Data Brief: 디지털 분야의 탄소 배출과 대응 노력'에 따르면 구글, 마이크로소프트, 아마존, 메타 같은 대형 클라우드 서비스 기업은 2030년까지 데이터센터 유지를 위해 약 25억 톤의 온실가스를 배출할 것으로 예상된다. 이는 미국 전체의 연간 온실가스 배출량의 약 40%에 해당한다.

더 심각한 문제는 물이다. 고열이 발생하는 서버를 냉각시키기 위해 사용되는 물 소비량도 폭증하고 있다. 마이크로소프트는 2023년 한 해 동안만 65억 리터 이상의 물을 사용했다. 구글의 데이터센터도 하루 평균 수백만 리터의 지하수를 끌어다 쓴다. 일부 건조한 지역에서 물 부족 문제가 심각해지자 '디지털 갈증(Digital Thirst)'이라는 신조어까지 등장했다.

이런 질문을 생각해보자. AI 기술 혜택은 선진국과 빅테크 기업이 독점하고, 이에 따른 환경 비용은 전 지구가 분담하는 구조가 과연 정당한가?

홍대의 몬드리안AI 대표는 "자금력이 풍부한 빅테크 기업들이 인류 전체를 위한 친환경 전력을 선점해 정작 탄소 감축이 시급한 산업군(제조업)

이나 중소 국가들은 친환경 에너지를 구하기 어려워지거나 비싼 값을 치를 수 있어 불평등이 심화될 수 있다"고 지적한다. 전력이 풍부한 선진국의 AI 모델을 수입해 써야 하는 상황이 고착화되면 데이터주권과 경제적 이익이 선진국으로 빨려 들어가는 '디지털 식민주의'가 우려된다.

김홍길 국가인공지능전략위원회 사회분과위원은 "AI 학습에는 공공데이터, 사용자 생성 콘텐츠, 무보상 크롤링이 사용되고, 모델 개발에는 공공 연구개발비와 세제 지원이 투입되지만, 수익은 플랫폼 기업이 독점하고 있다"고 비판한다.

2. 디지털 기술로 탄소를 줄인다

기술이 인류의 편의를 위해 발전해온 만큼 이제는 생태계 복원과 기후 대응을 위한 방향으로 진화해야 한다. '기술의 확산'이 아니라 '기술의 책임'이 필요하다. 그 기술은 바로 포용적이면서도 탄소중립적인 디지털 전환(Digital Transformation, DX)이다.

디지털 전환을 통한 탄소배출량 측정이란 기업이 IoT, AI, 클라우드, 블록체인 등의 디지털 기술을 활용해 생산·물류·에너지 소비 전 과정에서 발생하는 탄소배출 데이터를 자동으로 수집·분석·보고하는 체계를 구축하는 것을 말한다. 세계경제포럼에 따르면 2030년까지 디지털 기술이 전 세계 탄소·배출량을 최소 15% 줄이는 데 기여할 것으로 예측된다.

특히 AI는 양날의 칼이다. 산업의 발전이 기후위기를 가속화하고 불평등을 심화시킨다. 그러나 AI를 잘 활용하면 기후 리스크를 '사후 대응'이 아닌 '사전 예측'으로 정밀하게 다룰 수 있는 최초의 기술이기도 하다. AI는 에너지 수요 예측, 전력망 최적화, 탄소배출 감축 자동화, 신소재 개발, 배터리 기술 혁신 등을 통해 '디지털 그린'에 크게 기여할 수 있다.

이에 최근 디지털 ESG에도 변화가 일고 있다. AI 전환(AX)이 내재된 DX와 녹색전환(GX, Green Transition)을 결합한 '디지털 그린 트랜스포메이션'이라는 방향으로 가고 있다.

글로벌 규제 강화에 맞춰 구글, 메타, 마이크로소프트 등 빅테크 기업들은 탄소중립 달성을 위해 탄소저감 기술 개발과 적용에 나서고 있다. 대표적으로 탄소포집(Carbon Capture), 재생에너지 투자, 에너지 효율화, AI 기반 친환경 서비스 등이다. 모건스탠리는 2025년 2월 보고서를 통해 구글, 아마존, 마이크로소프트, 메타 등이 탄소포집 및 직접공기포집(DAC, Direct Air Capture) 기술을 적극 도입할 것이라고 분석했다.

그러나 이런 노력을 일종의 눈속임 마케팅이라고 지적하는 시각도 있다. 현실적으로 기업들은 단기간에 탄소 저감 목표 달성이 어렵고, 'AI 전력 폭식' 앞에서는 속수무책이다. 이에 '탄소 크레딧'을 사용해 탄소저감 목표를 달성하고 있다. 탄소 크레딧은 이산화탄소, 메탄, 이산화질소 등의 온실가스를 줄이거나 제거하면 그 양을 CO2e(이산화탄소 환산량) 단위로 인증해 거래할 수 있도록 한 배출권이다. 근본적인 탄소 저감을 실현하지 않고, 배출권을 구입해 의무만 채우는 식이라는 비판이다. 이 때문에 ESG에서 '그린워싱' 논란을 불러일으킨다. 영국 에든버러 대학의 매튜 브랜더 탄소회계학 교수는 "이런 거래는 휘발유 자동차를 타고 다니면서 자전거를 타고 출퇴근하는 동료로부터 오염물질 배출 권리를 사는 것과 비슷하다"고 꼬집었다.

2025년은 전 세계적 기상 관측이 시작한 이래 세 번째로 더운 해로 기록됐다. 과학자들은 25년 안에 지구 평균 기온이 2도 이상 올라 장기적으로 유지되는 '2도 온난화' 시대에 도달할 것이란 암울한 전망을 내놨다. 2도를 넘으면 경험하지 못한 심각한 기후 재앙을 맞을 것이라고 경고한다. 기업뿐 아니라 소비자들도 일상 속 작은 실천부터 집단적 행동, 제도 개선까지 이어지도록 '기후행동'에 적극 나서야 한다. 소비자의 선택이 지구의 미래를 바꾼다.

2. 사회(S) : 디지털포용은 마케팅 수단인가, 전략인가

1. 디지털포용, ESG 평가의 핵심 지표

디지털 포용은 최근 ESG 중 S(사회)와 G(지배구조) 영역에서 핵심 과제다. 이에 ESG 평가에서 '디지털포용' 지표 비중이 커지는 추세다. 디지털 기업은 앞다퉈 디지털 포용성을 ESG 경영의 핵심 이슈로 선정했다. 사회적 책임을 다하는 기업 이미지로 브랜드 가치와 신뢰도를 끌어올리고, 투자 유치와 평판 관리까지 그야말로 '1석 3조 효과'를 노렸다.

국내외 디지털기업의 디지털포용 주요 프로그램은 정보격차 해소 및 디지털 접근성 확대, 디지털 역량 강화 교육 프로그램, 취약계층 ICT 기기 기증 및 지원, 포용적 기술·서비스 개발, 실시간 통신 중계 및 접근성 서비스 등이다.

하지만 디지털을 활용한 사회적 가치 실현은 한참 멀었다. 2023년 글로벌 지속가능경영 연합체인 WBA(World Benchmarking Alliance)[7]가 글로벌 ICT 기업 200곳을 대상으로 '디지털 포용성 평가(DIB, Digital Inclusion Benchmark)'를 한 결과, 단 27곳만이 50점 이상을 받았다. 디지털 포용성에 대한 기업들의 참여와 책임이 미흡하다는 지적이다.

1위는 100점 만점에 85.2점을 받은 스페인 통신회사 텔레포니카와 2위 유럽 이동통신사 오렌지(71.3점)를 제외하고는 '톱10' 내 기업들이 모두 60점대에 머물렀다. 3위 도이치텔레콤(67.5점), 애플(63.4점)이 4위, 시스코와 마이크로소프트가 62.6점을 받아 공동 5위에 올랐다. 국내 기업으로는 삼성전자가 7위에 올랐다.

디지털 포용성 평가는 기업이 디지털 기술을 연구·지원하고, 사회와 얼마나 공유하는지, 그리고 디지털 취약계층의 격차 해소에 얼마나 기여하는지를 다각도로 평가하는 지표다. 접근성·기술·활용·혁신 등 4개 분야와 16개 항목을 점수화해 순위를 산정한다. 2023년부터는 인권존중, 양질의 일자리, 윤리 등 기업이 준수해야 할 핵심 사회적 기준(CSI)을 평가에 반영했다.

디지털 포용 전략의 질도 높일 때가 됐다. 대체로 디지털 기업의 디지털 포용 초기 전략은 시혜적 접근이나 이용자 데이터 확보 차원의 사업적 차

---

7. WBA는 유엔지속가능발전목표(UN SDGs) 실현을 목표로 학계·NGO·컨설팅·투자자 등 전 세계 약 200여 기관이 참여하는 글로벌 지속가능경영 연합체다. SDGs 달성을 위해 변화가 필수적이라고 생각되는 7가지 영역(식량 및 농업, 순환경제, 디지털기술, 사회, 탈탄소화 및 에너지, 도시, 금융시스템)을 규정한다. 또 각 영역별로 기업의 SDGs에 대한 기여를 측정하고 비교하는 데 필요한 다양한 벤치마크를 개발하고 분석 결과를 발표한다.

원에서 이뤄지는 경우가 많았다. 또 정책의 대상도 고령층·장애인·농어민·저소득층 등 4대 정보 취약계층을 지원하는 시혜적인 복지 차원에서 접근했다. 이제는 기술혁신과 경제성장 관점에서 사회 구성원의 자립성과 주도성을 유지할 수 있는, 보다 적극적인 관점에서 정책을 추진해야 한다.

2. 새 과제로 부상한 AI 격차 해소

디지털 ESG는 최근 두 가지 큰 경향을 보인다. 첫째, 디지털 격차를 넘어 AI 격차 문제를 본격적으로 다루기 시작했다는 점이다. 과거 디지털 ESG가 스마트폰 보급, 인터넷 접근성, 키오스크 사용법 교육 등 '디지털 기기와 네트워크 접근'에 집중했다. 이제는 AI 리터러시, 생성형 AI 활용 능력, AI 윤리 교육 등 'AI 기술의 이해와 활용'으로 무게중심이 이동하고 있다. 이런 변화를 반영해 최근에는 '디지털 ESG'를 넘어 'AI ESG'라는 용어까지 등장했다.

디지털 ESG와 AI ESG의 핵심 차이는 무엇인가? 디지털 ESG가 정보에 대한 '접근(Access)'의 문제였다면, AI ESG는 정보의 '해석과 창조(Interpretation & Creation)'의 문제다. 키오스크 앞에서 주문할 수 있는 것과 챗GPT에게 적절한 질문을 던져 원하는 답을 얻어내는 것은 완전히 다른 차원의 능력이다. AI 시대에는 단순히 기기를 다루는 것을 넘어, AI가 생성한 정보의 진위를 판별하고(딥페이크, 가짜뉴스), AI 도구를 활용해 창작하며(이미지 생성, 코드 작성), AI 윤리를 이해하는(편향, 차별) 역량이 필요하다.

둘째, AI ESG가 다루는 사회적 이슈가 매우 다양하고 복합적이라는 점이다. 고령층의 AI 스피커 활용, 장애인을 위한 AI 보조 기술, 중소기업의 AI 도입 지원, 청소년의 AI 윤리 교육, 소상공인의 AI 마케팅 툴 활용까지, AI ESG는 세대·계층·산업을 가로지르는 포괄적 의제가 되었다. 단순히 '디지털 약자 지원'을 넘어, AI 시대에 누구도 소외되지 않고 모두가 혜택을 누릴 수 있도록 하는 '포용적 AI 생태계 구축'이 목표인 것이다.

KT의 사회공헌 전략은 과거 '5G 격차 해소'를 위한 통신망 보급에서, 현재는 'AI 격차 해소'를 위한 교육·체험 확산으로 무게중심을 옮겨가고 있다. SK텔레콤은 디지털 취약계층의 생활 편의와 안전 강화를 위해 AI 교육과 금융 범죄 예방 프로그램을 포함한 '찾아가는 행복안심스쿨'을 전국적으로 운영하고 있다. 미래세대 및 소외계층의 AI 역량 강화를 위한 'AI ESG 리터러시' 교육도 중점사업 중 하나다. 네이버는 '2024 통합보고서'에 새로운 지속가능경영 프레임워크인 '사람을 위한 기술'을 통해 디지털 포용성 확대, 이용자 보호 등 기술 기반의 ESG 전략을 제시했다. 카카오도 디지털 기술을 통한 사회적 포용성 확대에 집중하고 있다. '프로젝트 단골'을 통한 소상공인 디지털 전환 지원은 코로나19 이후 더욱 중요해진 디지털 격차 해소에 기여하고 있다는 평가다.

그럼에도 기업 이미지 관리를 위해 ESG를 마케팅에 이용하는 기업들도 적지 않다. '디지털 ESG 워싱'이라는 신조어도 생겨났다. 기업이 ESG를 단지 마케팅 수단으로 인식하는 것을 넘어, 지속 가능한 미래를 위한 하나의 전략으로 전환해야 할 시점이다. ESG에 투입되는 자금은 비용이 아니라 투자라는 인식을 갖고 장기적으로 봐야 한다.

3. 지배구조(G) : 취약한 구조가 초래하는 'ESG 스완'

1. 감추고 느리고 부실 관리하는 '디지털 리스크'

2025년 11월 고객 3,370만 명의 개인정보가 유출된 '쿠팡' 사태는 역대 최악의 개인정보 유출 사고로 기록됐다. 쿠팡의 대규모 개인정보 유출로 피싱 범죄 등 2차 피해가 심각하게 우려됐다. 그러나 쿠팡 논란은 사태를 해결하는 과정에 보인 기업의 의사결정의 방식에 문제가 있었다. 개인정보 유출 문제는 ESG 가운데 사회적 문제(S)에 해당하는 영역이다. 그러나 개인 정보를 사내에서 어떻게 관리하고, 이런 사건이 터졌을 때 사회와 소비자에게 어떤 태도로 문제를 해결하느냐는 점은 지배구조(G) 이슈로 볼 수 있다.

쿠팡만이 아니다. 2016년 우버(Uber)는 5,700만 명의 사용자 정보가 유출됐는데도 1년 넘게 은폐해 논란을 빚었다. 결국 미국 정부로부터 1억 4,800만 달러(약 1,938억 원) 이상 배상금 지급 명령을 받았고, 대표가 교체되고 내부 통제 시스템도 전면 재정비해야 했다. 2019년 페이스북(현 메타)도 이용자 정보 유출 사건으로 미국 연방거래위원회(FTC)로부터 50억 달러라는 천문학적 벌금을 부과받았다.

잇따라 터지는 개인정보 유출 사태에서 보이는 기업들의 지배구조 문제가 심각하게 민낯을 드러내고 있다. 사고 발생 직후부터 고객에게 명확하고 신속한 정보를 제공하지 않는 행태가 반복된다. 피해 규모와 유출 경로에 대한 투명한 설명도 미흡하고 오히려 정보 유출 사실을 은폐하는 행태도 여전하다. 도덕적 불감증을 넘어 필수적인 정보보호 체계조차 갖추지 못한 '부실 관리'를 드러냈다는 점에서 총체적으로 위기관리에 큰 허점이 보인다.

이처럼 AI 시대에 접어들면서 알고리즘 책임, 개인정보 보호, 데이터 윤리 등 디지털 리스크가 기업의 존속을 위협하는 핵심 ESG 리스크로 부상했다. 금융과 통신 분야에서 정보 보안 사고는 나심 탈레브의 '블랙 스완'[8]처럼 예측하기 어렵지만 일단 발생하면 기업의 존립 자체를 흔들 수 있는 치명적 리스크이다. 글로벌 시장은 이미 정보보안과 데이터 윤리를 ESG 평가의 필수 항목으로 반영하고 있다. 유럽연합의 CSRD(기업 지속가능성 보고지침)와 ESRS(유럽 지속가능성 보고기준), 미국 증권거래위원회(SEC)의 중앙증권예탁기관 규정(CSDR) 등은 디지털 리스크에 대한 거버넌스 공시와 사고 대응 내용을 모두 적용하고 있다.

2. 가장 취약한 지점은 지배구조

우리나라 디지털 기업들은 그동안 ESG 평가에서 점수가 상대적으로 쉽게 나오는 환경(E) 분야에 주력했다. 그러다 보니 정작 인권과 삶을 개선하는 사회책임(S) 이슈와 이들을 설계하고 추동하고 견제하는 지배구조(G) 문제는 뒷전이었다.

평가기관마다 차이가 있지만 대체로 ESG 평가 요소에서 지배구조(G) 비중은 3분의 1에서 3분의 2에 달한다. 핵심 키워드는 '투명'과 '공정'이

---

8. 2007년 미국에서 출간돼 뉴욕타임스 등이 선정한 세계 베스트셀러로 화제를 모았다. 백조는 흰색이라는 일반적 논리를 깬 검은 백조 발견 이야기에서 착안한 저자는 전 세계 금융 위기의 진원지인 월스트리트의 허상을 통렬히 파헤쳤다. 검은 백조는 매우 개연성이 희박한 사건이며, 엄청난 충격을 동반한다.

다. 기업의 의사결정 구조가 잘 갖춰져 있는지, 이사회가 위험·기회 요인을 잘 찾아낼 수 있도록 역동적이고 효율적인지, 이해관계자 목소리를 잘 반영하는지, 경영진 보수 규정은 합리적인지, 윤리경영은 잘 실천하고 있는지를 포괄한다.

국내 디지털 기업들의 지배구조(G)를 보면 여전히 이 기준과는 동떨어져 있다. 대다수 기업이 창업자·특수관계인 중심의 지배구조, 미흡한 이사회 독립성, 불투명한 의사결정 구조를 갖고 있어 이해관계자(중소 파트너·이용자·소액주주) 보호가 취약하다.

특히 디지털 플랫폼 기업은 메신저, 모빌리티, 전자결제, 배달앱 등 국민 생활 전반에 적잖은 영향을 미치기 때문에 사회적 신뢰·시장 공정성·플랫폼 지속가능성을 담보하는 지배구조 구축이 꼭 필요하다.

ESG 지배구조의 실효성은 이사회 권한, 보상 연동, 내부통제, 외부 검증, 이해관계자 견제가 동시에 작동할 때 확보된다.

첫째, 개인정보 유출 시 즉시 보고토록 하고, 이에 대한 공시 절차를 의무화하는 등 ESG 공시 체계를 개선해야 한다. ESG 보고서 신뢰성을 높이기 위해 계량적 평가가 가능하도록 모든 사항을 수치화해야 한다. 둘째, 이사회 내에 ESG 전문가들과 다양한 분야의 인사들이 참여하는 지속가능성(ESG) 위원회를 상시 운영하고, 전원 사외이사 체제로 꾸려 독립성을 보

9. ESG위원회는 기업의 ESG 경영과 지배구조를 체계적으로 심의·의결하는 이사회 내 위원회로 사외이사 중심으로 구성되며, 사외이사 수가 위원 총수의 3분의 2 이상이어야 한다. ESG 전략 수립·목표 설정·성과 평가 권한을 가지며 연 4회 이상 정기적으로 회의를 개최한다.

장해야 한다. ESG 위원회[9]는 이사회가 ESG에 대해 결정하고 책임지게 만드는 엔진이다. 셋째, 디지털 기업이 이사회 내 보안·윤리위원회를 운영해 정보보안 전문성을 확보하고, 내부 통제를 강화하도록 해야 한다. 마지막으로 외부 감시를 강화하는 것이다. 개인정보보호위원회의 제재 권한을 실질화해야 하고, 시민단체·언론의 공익제보와 보호제도를 확대해야 한다.

ESG 평가를 의식해 많은 기업들이 ESG 위원회를 신설하고 있지만, 역할을 제대로 부여하지 않고 보여주기식에 그치는 경우가 많다. 위원회에 심의 기능만 있고, 실질적 의사결정 권한이 없어 정책 실효성이 떨어진다. ESG 지배구조의 핵심은 바로 ESG 관점의 경영의사결정 프로세스를 구축하는 데 있다. 디지털 기술이 만드는 미래가 지속 가능하려면, 그 기술을 다루는 기업의 지배구조부터 투명하고 책임 있어야 한다.

디지털·AI ESG 통합 실천 프레임워크

구분	핵심 가치 (Digital AI Focus)	주요 실천 과제 (Key Tasks)
환경 (E)	디지털 탄소 발자국 감축	– 데이터센터(IDC) 에너지 효율 최적화 – 알고리즘 효율화를 통한 'Green AI' 실현 – 디지털 기기의 자원 순환 및 폐기물 관리
사회 (S)	디지털 권리 및 포용 실현	– AID 디바이드 해소를 위한 접근성 강화 – 알고리즘 편향성 제거 및 공정성 확보 – 디지털 노동자(라벨러 등)의 인권 보호
거버넌스 (G)	디지털 신뢰 및 AI 윤리	– AI 윤리 가이드라인 수립 및 위원회 운영 – 설명 가능한 AI(XAI)를 통한 투명성 확보 – 프라이버시 보호(Privacy by Design) 강화

4절. "혼자가 아닌 함께" 협력 생태계의 힘

디지털 ESG는 혼자 할 수 없다. 뛰어난 기술을 가진 기업도, 강력한 규제를 만드는 정부도, 의식 있는 소비자도 각자 따로 움직여서는 디지털 ESG의 진짜 잠재력을 발휘할 수 없다. 디지털 ESG 전환은 이해관계자들 간 협력 생태계가 제대로 작동할 때만 가능하다.

디지털 ESG 생태계를 잘 조성한 모범국가는 노르웨이다. 노르웨이는 2019년부터 'One Digital Public Sector strategy'라는 국가 전략을 추진해왔다. 단순히 공공 서비스를 디지털화하는 것을 넘어, 중앙정부·지방자치단체·민간기업·시민단체가 함께 참여하는 협력 플랫폼을 구축했다. 특히 주목할 점은 노르웨이가 디지털 격차를 '기술의 문제'가 아니라 '법과 제도의 문제'로 접근했다는 것이다.

노르웨이는 ICT 솔루션의 보편적 설계를 의무화하고, 'Authority for Universal Design of ICT'라는 감독기관을 지정해 장애인·노년층 등 정보약자도 디지털 사회에 동등하게 참여할 수 있도록 제도적으로 보장했다. 민간 사업자들도 예외가 아니다. 공공과 민간 모두가 접근성 기준을 준수해야 했고, 이를 어기면 제재를 받았다.

정부가 비전과 제도를 만들고, 민간이 기술과 실행력을 제공하며, 시민사회가 감시와 견제를 담당하는 민관 협력 생태계. 노르웨이는 협력생태계가 유기적으로 작동하는 모습을 보여줬다.

이 과정에서 디지털 ESG의 궁극적 목적을 잃지 말아야 한다. 디지털 기술을 얼마나 효율적으로 접목할 것이냐가 아니라 우리 사회의 편익을 높이기 위해 기술을 어떻게 활용할 것인지에 초점을 둬야 한다. 지난 2025년 12월, 국회에서 열린 'AI소셜임팩트포럼' 출범식에서 신진우 KAIST 석좌교수는 포럼 공동대표로서 이렇게 말했다. "'AI를 어떻게 잘 만들 것인가'가 아니라, '우리는 어떤 사회를 향해 AI를 사용하려 하는가'라는 근본적 물음을 던져야 한다. AI는 기술의 문제가 아니라 가치와 방향의 문제, 사회적 합의의 대상이다."

디지털 ESG를 구현하는 주체는 결국 기업이다. 기업이 변하느냐 마느냐가 디지털 ESG 성패를 좌우한다. 한상만 성균관대 대학원장은 디지털 ESG의 진화 단계를 세 가지로 구분한다. 디지털 ESG 1.0은 기업이 ESG 지표를 측정하고 보고하는 데 디지털 기술을 활용하는 단계다. 2.0은 공급망 전체의 리스크 관리를 위해 협력사들과 시스템을 연결하는 단계다. 그리고 3.0은 생태계 전체가 동반성장하는 선순환 구조를 만드는 단계다. 지금 우리에게 필요한 것은 바로 이 3.0 단계로의 전환이다.

포스코의 실천 사례를 살펴보자. 포스코는 밸류체인 전체를 하나의 가상공간으로 만들어 포스코와 협력사를 연결하는 스마트화를 추진했다. 협력사들이 개별적으로 ESG 보고서를 작성하고 인증 받는 게 아니라, 포스코의 디지털 플랫폼에 연결되면 자동으로 데이터가 수집되고 분석되는 시스템이다.

이것은 2절에서 살펴본 월마트의 푸드 트러스트(Food Trust)와 같은 논리다. 월마트는 블록체인 기반 플랫폼으로 공급망 전체를 투명하게 만들었다. 망고 한 조각이 소비자 손에 닿기까지의 모든 과정(농장, 가공공장,

물류센터, 매장)이 블록체인에 기록됐다. 협력 농장의 노동 환경, 농약 사용량, 탄소배출까지 위변조가 불가능하게 공개됐다.

디지털 ESG 3.0의 핵심은 바로 "나 혼자 하는 ESG가 아닌 함께 하는 ESG"이다.

참고문헌

*세계은행그룹 한국사무소, 한국의 디지털 녹색화–한국의 ICT 부문 녹색화 사례 연구, 2022.02

*한국지능정보화진흥원(NIA), [Data Brief] 디지털분야의 탄소 배출과 대응 노력. 2024.5

*SPRi 소프트웨어정책연구소, SW기업의 ESG 경영 현황과 경영전략 수립, 2024.12

*녹색전환연구소, AI 시대, 데이터센터 환경 영향 관리방안 : 국내 기업의 현주소와 과제, 2025.08

*국회입법조사처, 김형진 정치행정조사실 행정안전팀 입법조사관. AI 혁신과 개인정보 보호, 공존의 해법– AI 개발 데이터 수요에 대응한 개인정보 보호법 개편 방안. 2025. 10

*한겨레경제사회연구원 HESG 워킹그룹, 〈사람 중심 ESG를 말한다〉. 2022

*김재필, 2021. 〈ESG 혁명이 온다〉. 한스미디어.

*김성희, 2024, 〈AI와 ESG 리더십〉. 커뮤니케이션북스.

*송민호·김원제, 〈디지털 포용〉. 한국학술정보(주).

*조신. 2021.〈넥스트 자본주의, ESG〉. 사회평론.

*민창욱. 2021. ESG투자와 행동주의, 택스넷 스페셜 리포트.

*김태영, 신현상, 김기현, 김경묵, 손영우 저 외 10명. 2023. 〈ESG시대의 지속가능경영 기업시민〉. 블랜비니사인.

*배종석, 문정빈, 이동섭, 김대수, 박찬수, 이재남, 김우찬, 한승수. 2021. 〈ESG시대의 사회적 가치와 지속가능경영〉. 클라우드나인.

*바츨라프 스밀. 2023. 〈세상은 실제로 어떻게 돌아가는가〉. 김영사

*박영숙·제롬 글렌. 2024. 〈세계미래보고서 2025–2035〉– 미래 10년의 모든 산업을 뒤흔들 기후비상사태. 교보문고

*배영임 경기연구원 연구위원, [경기연구원 연구보고서] 2022. 기술혁신 관점의 포용적 성장 정책 연구 : 디지털포용을 중심으로.

*서승진, [디지털포용과 ESG] 디지털포용과 ESG컨셉의 연결, 2024.12.2. 디지털포용뉴스

*이승주 중앙대 정치경제학부 교수, [기고] ESG와 세계정치경제질서: 기업, 국가, 글로벌 거버넌스, 2024.10.17. 르몽드디플로마티크 한국어판

*김병삼 한국딜로이트그룹 파트너, EU, CBAM 내년 본격 시행…기업별 대응 전략은 [ESG 키워드 포커스 ⑨], 2025.12.3. 한경ESG

*NGO저널·경실련 공동 [100대기업 ESG보고서 대해부–네이버] 온실가스 배출 ↑, 재생에너지 전환 '그닥'… 인권경영은 확대 노력

제13장

글로벌 AI 디바이드

: 기술 독점을 넘어 지능을 공유하다

조창원, 윤창수

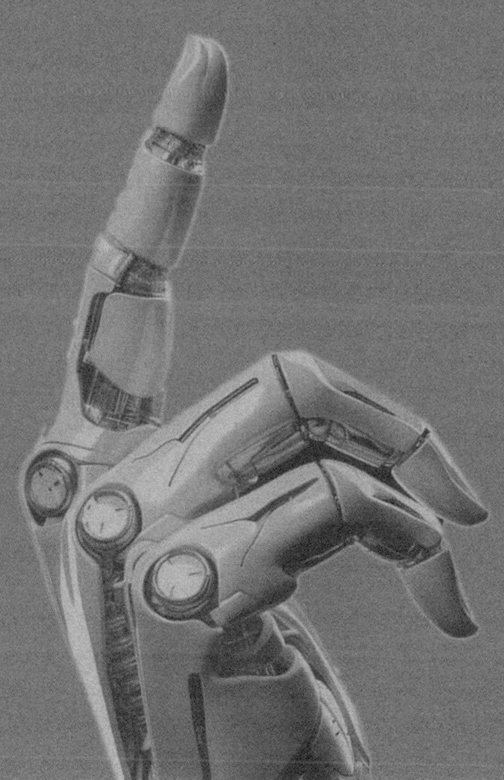

1절. 기술 장벽이 세운 새로운 국경선

1. 글로벌 디지털 디바이드에서 글로벌 AI 디바이드로

2025년 6월, 뉴욕타임즈(The New York Times)는 글로벌 AI 디바이드(The Global A.I. Divide)를 주제로 한 인터랙티브 기획기사를 통해 인공지능 시대의 새로운 불평등 지도를 제시했다. 보도에 따르면 전 세계에서 AI 전용 데이터센터를 보유한 국가는 약 32개국에 불과하며, 이들 대부분은 북반구에 집중되어 있다. 미국과 중국, 유럽 주요국들이 AI 연산 인프라를 장악한 반면, 아프리카와 남미의 다수 국가는 AI 인프라 전멸 지역으로 나타난다. 데이터센터는 AI를 최종적으로 가동케 하는 '컴퓨팅 파워'의 중요한 축이다. 컴퓨팅 파워가 있느냐 없느냐에 따라 국가별 AI 산업 경쟁력도 달라진다는 얘기다.[1] 이 기사가 주목받는 건, 국가별 AI산업 발전을 위한 각축전이 치열하던 시기에 보도되었다는 점 때문이다. AI 기술력에 따라 국가별 경제 양극화가 더욱 심화될 것이란 '글로벌 AI 디바이드'를 조명한 것이다.

'글로벌 AI 디바이드' 현상이 처음 생긴 건 아니다. 1990년대 후반부터 세계는 '정보의 바다'라는 이상을 꿈꿨다. 인터넷과 정보통신기술(ICT)의 확산은 인간을 국경 너머로 연결시키고, 지식과 시장의 경계를 허물 것으로 기대를 모았다. 그러나 기술의 확산은 인류 평등보다 선진국과 후진국 간 불균형을 더욱 키웠다.

---

1. The New York Times, "The Global A.I. Divide", 2025.6.23, https://www.nytimes.com/interactive/2025/06/23/technology/ai-computing-global-divide.html)

이 시점에 등장한 개념이 '글로벌 디지털 디바이드'이다. 이 개념은 국가내 개인이나 계층 간의 접근 차이를 가리키던 '디지털 디바이드' 개념을 넘어, 국가 간 정보주권과 기술역량의 격차를 가리키는 글로벌 단위로 확장된 것이다. 문상현(2005)은 정보통신기술 자원과 인프라가 국가별로 불균등하게 분포되면서, 선진국과 저개발국간 지배와 종속의 문제가 더욱 심화되는 관점에서 '글로벌 디지털 디바이드' 문제를 들여다봤다. 그의 논리에 따르면, 선진국이 높은 ICT 기술을 생산 통제하고 개발도상국은 그 기술을 소비하는 국가로 종속되는 글로벌 경제구조가 고착화된다.[2]

어쩌면 우리는 ICT가 주도했던 '글로벌 디지털 디바이드'에서 '글로벌 AI 디바이드' 시대로 넘어가는 문턱 앞에 있다고 볼 수 있다.

2. AI제국에서 벌어지는 승자독식

개인과 집단 사이에서 작동하던 AI 격차는 이제 국가 간 대항전으로 비화하고 있다. 미·중 AI 패권 경쟁이 격화하면서 '선진국 vs 신흥국' 구도가 선명해진다. 특히 미국의 주도의 빅테크가 글로벌 시장 패권을 장악할 태세다. 반도체와 AI를 장악하는 국가가 세계 패권을 거머쥔다는 경제안보 전략이 글로벌 외교판의 대세로 자리잡았다.

미국과 경쟁중인 중국의 전략도 촘촘하다. '제조업 2025'로 생산 기반을 다진 뒤 '일대일로'로 소비 시장을 확보했고, 이제는 디지털 전략을 펼치며 '디지털 실크로드'를 구축하고 있다. 오픈AI, 구글이 개발한 거대 언

---

2. 문상현. "글로벌 디지털 디바이드의 담론적 구성과 그 함의." 한국언론학보 49.6 (2005): 257–285.

어모델(LLM)이 북미·유럽·동북아(중국 제외) 지역 시장을 지배하는 반면, 중동·아프리카·동남아시아 등 신흥국에서는 중국 AI 스타트업들이 개발한 모델을 택하는 경우가 늘고 있다.[3]

이러한 경쟁 구도는 단순한 경제적 패권 다툼을 넘어선다. 미국의 싱크탱크인 랜드연구소(RAND)의 최근 보고서는 AI 경쟁이 안보 문제와 직결되어 있다고 강조한다. 냉전 시대 미국은 소련과 서로를 견제하는 균형 상태에만 머물지 않았다. 동맹국을 지키고 세계 영향력을 유지하기 위해 소련보다 한발 앞서가는 기술 우위로 상대방을 압도하는 전략을 취했다.

AI 시대 국가간 경쟁도 과거와 판박이로 닮았다. AI 안정성만 추구하다가 개발 시기를 놓치면 경쟁자에게 산업 주도권을 빼앗기고 만다는 불안감이 크다. 역사적으로 군축 협정은 힘의 우위가 확보된 뒤에야 가능하다고 판단한 것과 비슷하다. 미·소가 핵무기를 끝없이 늘린 후에야 억제의 필요성을 인정했던 것처럼, AI 협력도 우위를 확보한 뒤에야 현실화될 수 있다는 게 이 보고서의 핵심 내용이다.[4]

결국 AI 경쟁은 경제적 번영과 안보적 우위를 동시에 확보하려는 국가 생존의 문제가 되었다. '사피엔스'의 저자이자 이스라엘의 세계적 석학인 유발 하라리도 한국에서 가진 기자간담회에서 인간의 통제력을 넘어서는 AI의 위험성을 경고했다. 그는 글로벌 빅테크기업 대표들이 AI의 위험성

3. 오픈AI도 걱정하는 中 AI 굴기… 중동·동남아 장악해 美 견제(조선비즈)
4. 디지털포용뉴스 '인공지능 경쟁, 위기인가 기회인가'

을 우려하면서도 "인간 경쟁자들을 신뢰하지 못하겠다. 경쟁에서 지면 그들이 세상을 통치하게 될 것"이라며 불안해한다고 말한다. 이런 국가 간 대항전의 결과로 "AI에서 앞서는 국가가 군사·경제적으로 타국을 압도하면서 세계를 AI 제국화할 수 있다"고 예언했다.[5]

이러한 인식이 확산되면서 각국은 AI 개발 경쟁에 총력을 기울이고, 격차는 가속화된다. AI 포용과 윤리를 강조하는 목소리는 뒷전으로 밀리고, 국가 간 기술 격차는 더욱 심화된다.

AI 생태계를 구축하려면 막대한 컴퓨팅 자원, 고품질 데이터, 고급 인재를 필요로 한다. 이러한 자원은 소수의 선진국과 대형 기술 기업에 집중되어 있다. 미국과 중국이 AI 개발을 주도하고 있으며, 대부분의 개발도상국은 AI 기술의 소비자로 전락할 처지다.

기술력 격차는 '데이터 식민주의'를 낳는다. 글로벌 기술 기업들은 개발도상국의 사용자들로부터 방대한 양의 데이터를 수집하지만, 그 데이터를 활용하여 개발된 AI 시스템과 그로부터 창출되는 가치는 대부분 선진국으로 흐른다. 개발도상국은 자국민의 데이터가 활용되는 과정에 대한 통제권이 없으며, AI 발전의 혜택에서도 배제된다.

전 세계적으로 AI 인프라, 데이터 접근성, 기술 역량의 차이가 선진국과 개도국간 격차를 더욱 키우고, AI 시대의 혜택이 소수의 선진국과 엘리

---

5. 아시아경제 | https://www.asiae.co.kr/article/2025032013041950831

트 계층에 집중될 위험이 크다. 인공지능이 인류의 번영과 성장을 촉진할 무한한 가능성을 가진 도구로 여겨진다. 그 이면에는 국가 간 기술 격차와 경제적 불평등을 고착화시키는 문제가 도사리고 있다.

2절. 디지털 ODA : 글로벌 포용을 향한 진화

1. 왜 지금, 디지털 ODA인가

디지털 ODA는 개발도상국의 생산 소비, 공공 영역에 디지털 관련 인프라를 지원하는 국제개발협력 사업이다. 디지털 혁명의 성과를 선진국만 누릴 게 아니라 전 지구가 함께 공유한다는 취지를 살리려는 원조 활동이다. 기술·데이터·지식 자원을 개방과 상호 연결의 원리로 공유하는 글로벌 포용의 실천이다.

세계 2차 대전 이후 쑥대밭이 된 유럽을 재건하는 프로젝트가 해외 원조의 시발점이다. 이후 1961년 존 에프 케네디 대통령이 대외원조법을 제정하고, 미국 국제개발처(USAID)를 설립하면서 체계적인 국제 원조를 하게 됐다. 미국 이전에 국제 원조가 아예 없었던 것은 아니지만, 대기근이 발생하면 식량 지원을 하는 경우가 주류였다.

세계 최대 원조 국가인 미국도 인도주의적 차원에서만 도움을 제공하지는 않았다. 특히 1980~1990년대 소련과 대립하던 냉전 시기에는 국제 원조를 통해 반공 국가를 지원했다. 공산주의의 확대를 막는 주요 전략 가운데 하나가 ODA였던 셈이다.

냉전이 끝난 뒤 미국의 원조는 민주주의, 시장경제, 인권 중심으로 전환했지만, 2001년 9월 11일 알카에다의 뉴욕 세계무역센터 테러 사건으로 원조의 성격이 바뀐다. 미국 정부는 '테러와의 전쟁'에 집중하면서 ODA도 국가 안보 전략의 일부로 재편된다. 해외 원조는 테러 방지, 취약 국가 안정화, 중동 및 아프리카 지역 개발 사업을 주로 했다.

초기의 ODA는 개도국의 절대빈곤을 퇴치하기 위한 의식주 개선 사업에 큰 비중을 뒀다. 더불어 교육환경 개선과 질병퇴치 등 사회 인프라 확충에 집중했다.

2010년대를 기점으로 디지털 ODA라는 개념이 등장한다. 개도국의 ICT 관련 하드웨어 중심의 인프라 구축에 초점을 둔 사업을 ICT ODA라고 한다. 2020년 이후 디지털 전환을 계기로 시간과 공간의 제약을 뛰어넘는 사업으로 비약적인 발전을 하고 있다. 지금은 AI를 활용한 ODA 시대가 열리고 있다.

디지털 ODA는 국가간 격차를 극복하는 취지를 담고 있다는 점에서 '글로벌 디지털 디바이드'와 직결된다. 글로벌 디지털 디바이드 논의는 오랫동안 "누가 인터넷에 접속할 수 있는가"라는 질문에 머물러 있었다. 전기와 도로처럼 인터넷을 깔아주고, 컴퓨터와 스마트폰을 보급하면 선진국과 개발도상국간 격차는 자연스럽게 줄어들 거란 기대가 컸다. 그러나 코로나19 팬데믹을 거치며 이 가정법은 와르르 무너졌다. 접속은 가능하지만 학습은 이루어지지 않고, 기술은 도입되었지만 역량은 축적되지 않다. 디지털 전환이 가져온 결과는 계층간 부의 양극화를 넘어 선진국과 개도간 격차를 더욱 벌였다. AI의 확산은 이런 문제를 한층 더 날카롭게 만들 태세다.

이 지점에서 디지털 ODA는 단순한 국가간 개발협력으로 볼 게 아니라, 글로벌 디바이드에 대응하는 포용 전략의 핵심 축으로 주목된다.

2. 세 개의 우물 이야기 : 국제협력 기술의 변천

아프리카의 같은 마을에 오염된 식수원으로 고통을 겪는 주민들이 살고 있다. 이 마을에 선진국에서 해외 원조로 우물 선진화 지원을 결정한다. 미션은 '깨끗한 물'을 공급하는 것이다. 그러나 시기와 방식에 따라 결과는 다르다. 아래와 같은 가상 시나리오를 생각해보자.

#(가상 1)1990년대 "우물을 파다" : 한국의 원조기관이 마을에 도착했다. 엔지니어들이 지질을 조사하고, 중장비가 동원되어 깊은 우물을 팠다. 시멘트로 둘레를 보강하고 펌프를 설치했다. 준공식에서 마을 주민들은 환호했다.

기쁨도 잠시, 5년 후 펌프가 고장 났다. 부품을 구할 수 없었고, 수리할 기술자도 없었다. 마을 사람들은 다시 3km 떨어진 강으로 물을 길으러 갔다. 그동안 돈과 시간을 들인 우물은 폐허가 됐다.

#(가상 2)2010년대 "우물에 센서를 달다" : 기존 방식의 실패를 교훈 삼아 다시 마을을 찾았다. 그 동안 방치된 우물을 다시 수리하고, 펌프에 IoT 센서를 부착했다. 수질, 수위, 펌프 작동 상태가 실시간으로 모니터링되어 지역 보건소의 태블릿으로 전송됐다. 고장 징후가 감지되면 휴대전화 단문서비스(SMS)로 알림이 갔다.

의욕 있는 마을 청년 3명이 ICT 유지보수 교육을 받았다. 그들은 어려운 일이 있을 때 온라인으로 전문가와 화상으로 대화를 나누며 기본적인 수리를 스스로 해냈다.

하지만 예상치 못한 일이 벌어졌다. 건기가 되면 수위가 급격히 낮아졌고, 우기에는 빗물과 함께 지표면의 가축 분뇨, 생활 쓰레기 등 오염물질이 토양을 통해 지하수로 스며들면서 수질이 나빠졌다. 센서는 문제를 알려주는 기능만 할 뿐이다. 예방하거나 해결에는 역부족이다.

#(가상 3)2026년 "우물이 스스로 생각하다" : 이번에는 완전히 접근을 달리했다. 요즘 유행한다는 AI 시스템을 도입했다. AI가 5년간의 수위 데이터, 20년간의 기상 데이터, 주변 100개 마을의 지하수 데이터를 학습했다. 이런 누적 데이터를 토대로 AI 시스템은 앞으로 3개월 후의 가뭄을 예측하고, 마을에 물 사용 조절 권고를 보냈다.

수질 센서 데이터를 분석한 덕분에 어느 방목지에서 가축 배설물이 비가 올 때 섞여 유입되는지 그 패턴을 알아내 사전에 오염원에 대한 예방책을 마련했다.

이 마을 데이터는 인근 50개 마을과 공유되면서 통합 물관리 시스템으로 거듭났다. 이제 AI는 각 마을의 물 수요와 공급을 실시간으로 조정하며, 가뭄 시 물 수급을 원활히 할 수 있는 비상 시나리오를 가동할 수 있다.

이 세 우물의 이야기는 ODA의 근본적 변화를 상징한다. 우리는 ODA의 발전 단계를 전통적 ODA, ICT 기반 ODA, AI 기반 ODA 등 3단계로 구분할 수 있다. 각 단계는 기술 발전보다 원조의 철학 자체가 중요하다는 점을 시사한다.

전통적 ODA 시대에는 "무엇을 지어줄 것인가"가 핵심 질문이었다. 도로, 학교, 병원 등 눈에 보이는 물리적 인프라를 만드는 것이 성과로 여겨졌다. 이에 "우물이 없다"는 문제를 해결하기 위해 "우물을 만든다"라는 물리적 시설 건설로 접근했다. 우물의 사용과 관리에 문제가 발생할 거라고 생각도 못했다. 고장이 나면 외부 전문가에게 의존해야 했기에 지속가능성은 낮았다.

ICT 기반 ODA 시대에는 "어떻게 연결할 것인가"가 주된 질문이다. 정보 접근성, 디지털 격차 해소, 원격 교육 등 디지털과 ICT로 연결하는 네트워크 구축이 최대 과제다. 앞서 사례에서 "우물 관리가 안 된다"는 문제를 모니터링과 정보 전달로 풀어냈다. 문제가 발생하는 순간 실시간으로 알림을 보낼 수 있었고, 교육받은 현지 인력이 기본적인 문제를 해결할 수 있어 자립의 가능성이 생겼다.

AI 기반 ODA 시대에는 "어떻게 예측하고 맞춤형으로 대응할 것인가"에 초점을 둔다. 각 지역의 데이터를 학습하여 그 지역만의 솔루션을 찾고 문제 발생 전에 예방하며 수원국이 AI 역량을 스스로 갖추도록 돕는 게 새로운 원조의 목표다. 이에 오염수 문제를 접근할 때 "물 부족을 예측하고 예방"하는 데 사업의 목표를 뒀다. 데이터 학습을 통해 최적화된 솔루션을 제시하며, 문제가 발생하기 전에 사전 예방 조치를 취한다. 나아가 지원 범위는 한 마을을 넘어 지역 네트워크 전체로 확장되었고, 수원국은 AI를 동반자로 삼아 능동적으로 자립의 길을 걸었다.

시대별 ODA 변화와 특징 비교

구분	전통적 ODA	디지털 ODA	
		ICT 기반 ODA	AI 기반 ODA
지원 방식	물리적 물자·장비 공급, 유상/무상 차관	ICT 인프라·시스템·역량강화	데이터 기반 문제진단·맞춤형 솔루션
시간성	장기 프로젝트 순환 구조	중기 기술이전 중심	실시간 모니터링·예측 기반
효과 측정	물리적 완공 여부	ICT 접근성·보급률	정확한 문제 해결·속도 향상·지속가능성
핵심 가치	경제재건·기초 인프라	디지털 격차 해소	포용적이고 효율적인 문제 해결
수원국 역할	수동적 수혜자	기술 습득자	능동적 파트너, AI 역량 강화 주체

3. 기술 전수 넘어 개방과 공유로

우리는 책 앞 부분에서 AID 디바이드라는 개념을 소개한 바 있다. 지금 시대는 디지털과 AI가 혼재된 과도기에 있다. 마찬가지로 ODA 시장도 ICT 기반 ODA 시대가 활성화된 데 이어 최근 들어 AI를 도입한 ODA 시도가 잇따르고 있다. 그러나 과거 물리적 인프라와 ICT, AI를 따로 구분할 필요는 없다. 어차피 물리적 인프라에 ICT와 AI가 누적으로 쌓인 기술이 국제 개발협력의 기반이 되기 때문이다. 지금은 AI가 디지털 ODA의 성격 자체를 바꾸려는 전환기에 있다고 볼 수 있다.

실제로 글로벌 디지털 격차를 줄이려는 디지털 ODA는 최근 몇 년 사이 뚜렷한 방향 전환을 보이고 있다. 과거의 디지털 ODA가 인터넷망 구축이나 기기 보급, 기초적 디지털 교육과 같은 접근성 확대에 초점을 맞췄다면, 최근의 주요 국제 프로젝트들은 디지털과 AI를 글로벌 공공재로 어떻게 설계하고 확산할 것인가에 초점을 두고 있다.

이러한 변화의 대표적 사례로 UNDP의 Digital X와 Digital Public Goods(DPG) Initiative를 꼽을 수 있다. Digital X는 전자정부 시스템, 디지털 신분증, 보건·교육 플랫폼과 같은 핵심 디지털 인프라를 특정 국가에 맞춤형으로 '제공'하는 방식에 머물지 않는다. 오픈소스 기반의 공공재 형태로 개발해 여러 국가가 이를 복제하고 현지화할 수 있도록 지원한다. 디지털 ODA를 일회성 원조가 아니라, 재사용 가능하고 확장 가능한 글로벌 포용 인프라로 전환한 사례다. 기술 이전에 급급하지 않고 포용이 지속될 수 있는 개방 구조를 선택했다.

유럽연합(EU)의 Global Gateway 역시 디지털 ODA의 강점을 잘 보여준다. EU는 해저 케이블, 데이터 인프라, 전자정부, AI 역량 강화를 디지털 협력의 핵심 축으로 삼는다. 단순한 개발 원조가 아니라 글로벌 표준과 규칙을 형성하는 전략적 수단으로 활용하고 있다. 특히 Global Gateway의 디지털 부문은 중국의 디지털 실크로드에 대한 대항 모델로 설계되었다.

인도의 India Stack은 전통적인 ODA 프로젝트는 아니지만, 디지털 ODA 논의에서 빠지지 않고 언급된다. 인도는 디지털 신분증(Aadhaar), 통합 결제 시스템(UPI), 데이터 API와 같은 국가 플랫폼을 독점적으로 보호하기보다, 다른 개발도상국이 이를 참고하고 채택할 수 있도록 개방한다. 이 사례는 개방된 국가 디지털 플랫폼 자체가 다른 국가들의 개발협력 자산이 된다는 점에서 남남협력(South-South Cooperation) 차원의 디지털 ODA 가능성을 보여준다.

에스토니아의 e-Governance Academy 또한 주목할 만하다. 소규모 국가인 에스토니아는 대규모 자본 투자 없이도 전자정부 설계 경험과 운영 노하우를 중심으로 디지털 ODA를 구축해왔다. 이는 디지털 ODA가 반드시 거대 자금이 필요하다는 고정관념을 깨고 경험과 설계 역량 자체가 포용의 자산이 될 수 있다는 점을 보여준 사례다.

중요한 사실은 디지털 ODA 논의가 갈수록 AI를 중심으로 진화하고 있다는 점이다. UNESCO의 AI Commons 프로젝트나 UNDP의 AI for Development 프로그램은 AI 윤리, 공공부문 AI 활용, 데이터 편향 문제, AI 역량 강화 등을 핵심 의제로 다룬다.

기존의 ICT 기반의 ODA는 인터넷 보급률, 디지털 기기 접근성 등 물리적 인프라 중심으로 접근했다. 그러나 더 이상 접속이나 기기 보급의 문제에 머물 수 없다는 고민이 지역 현장에서 제기되고 있다.

AI는 대규모 데이터 분석과 자동화된 의사결정 및 실시간 예측 면에서 뛰어나다. 이런 기술적 장점을 잘 활용한다면 개발도상국이 직면한 보건, 교육, 농업, 재난관리 등 구조적 문제를 최적으로 해결할 도구가 될 것이다.

4. '100달러 노트북' 실패에서 얻는 교훈

디지털 ODA는 국가간 격차를 좁히는 수단이라는 점에서 외향적 포용의 축이다. 한 사회내 계층, 성별, 지역간 격차를 넘어 글로벌 차원으로 디지털 격차를 해소하려는 실천이다. 그러나 디지털 ODA도 포용과 배제라는 '양날의 검'과 같다.

코이카(2023)는 디지털 ODA 전환 과정에 나타나는 부작용을 놓치면 실패 확률이 높다며 몇 가지 주의점을 제시한다.[6]

첫째, 디지털 전환은 개도국내 불평등을 더욱 심화시킬 수 있다. 개발협력으로 개도국의 삶을 풍요롭게 만들 수 있지만, 사람마다 디지털에 접근하고 활용하는 격차가 발생하면 불평등이 더욱 심화될 뿐이다.

둘째, 개도국의 정치 환경에 따라 디지털 ODA는 인권 침해의 도구로 전락할 수 있다. 디지털과 AI는 빠른 연결성으로 자유로운 소통과 민주화에 기여하지만, 권위주의 국가일수록 인터넷 환경을 통제하고 검열해 인권 탄압에 악용될 수 있다.

셋째, 디지털과 AI가 지하 시장을 키우거나 부정 부패의 도구로 전락할 수 있다. 제도 금융이 덜 발달된 아프리카에서 모바일머니(화폐) 시스템은 소중한 금융 수단이다. 그러나 금융 이해력이 떨어지는 극빈층이 소득 창출이 아닌 소비 위주로 활용할 경우 오히려 금융 파산자로 내몰릴 수 있다. 불법무기 거래나 마약 거래 및 위조 화폐 등 사회적 혼란도 경계해야 할 부작용들이다.

---

6. 한국국제협력단(편집자). "포스트 코로나 시대, 한국형 더 나은 디지털 포용성 지수 개발과 적용 : 중앙아시아에 대한 ODA 전략 모색." 연구보고서 2023.– (2023): 1–219.

넷째, 해당 국가의 사회 문화적 환경을 충분히 고려해야 지속가능한 디지털 ODA를 뿌리내릴 수 있다. 그 사회에 필요한 서비스가 제공되어야 하는데, 선진국에서 성공한 모델을 그대로 전달했다간 낭패를 보고 만다. 가령, 경제협력개발기구(OECD)에 따르면 2025년 기준 약 80억 명의 세계 인구 가운데 인터넷에 접속할 수 없는 사람이 약 26억 명이다. 인터넷 기반이 어느 정도인지 현지의 사정을 면밀히 파악해 알맞은 ODA 전략을 짜야 한다.

개발 지역의 삶과 바닥정서를 모른 채 추진했다가 무참히 실패한 디지털 ODA는 한 둘이 아니다. 2005년 스위스에서 열린 세계경제포럼에서 담대한 발표에 세계가 열광했다. MIT 미디어랩이 "개발도상국 어린이들에게 노트북을 한 대씩 지급하자"는 'OLPC(One Laptop Per Child)' 운동을 선언했다. 빈곤한 국가에서 교육을 받지 못한 아이들이 부모처럼 빈곤의 악순환에 빠지지 않도록 돕자는 취지였다. 구체적으로 100 달러짜리 노트북을 2008년까지 무려 1억5000만대 공급한다는 구체안도 내놨다. 빈곤국 아이들에 저가 노트북을 한 대씩 나눠줘 인터넷으로 인생 역전을 시킨다는 발상은 감동과 희열 그 자체였다. 이베이, 구글 등 내로라하는 글로벌 기업들이 캠페인에 동참했다.

꿈은 원대했으나 결과는 실패였다. 2012년까지 200만대 보급에 그치고 가격도 100달러를 훌쩍 넘어갔다. 무엇보다 그나마 보급된 노트북이 교실에서 이용되지 않은 채 방치됐다. 디지털 기기에 적합한 교육과정은 준비되지 않고, 교사는 훈련되지 않아 역할을 못했다. 전력은 원활히 공급되지 않고 유지 보수도 정상적으로 되지 않아 노트북은 점점 쓸모 없어졌다. 이 프로젝트는 선의의 사업이 안이한 태도로 시작될 때 어떤 결과를 낳는지 보여준다. 좋은 노트북을 나눠주면 학생들이 스스로 공부할 것이란 생각이 큰 착오였다. 디지털 ODA에서 하드웨어 보급이 아닌 현지 환경을 반영한 디지털 생태계 구축이 성공의 열쇠다.

AI 시대에 추가로 더 예의주시할 부작용들도 있다. 송영민(2025)은 개발협력에 AI를 활용할 때 발생하는 도전과제로 다음과 같은 사항을 지적한다.

첫째, 알고리즘 편향성을 극복해야 한다. 데이터의 편향성이 심할 경우 특정 집단에 대한 차별이 심화될 우려가 크다.

둘째, AI 윤리를 강화해야 한다. 제도적 윤리적 기반이 취약한 국가에 AI가 도입될 때, 감시 기술로 남용돼 인권을 침해하거나 비생산적이거나 반사회적인 목적에 동원될 소지가 있어서다.

마지막으로, 기술의 종속화다. 선진국에서 일방적으로 기술을 이전하는 식의 협력이라면 외부의 기술 의존도만 높아질 뿐이다. 따라서 지속가능한 AI ODA가 해당 국가에 제대로 뿌리내리려면 정부,민간, 시민사회가 협력해 사업의 목표와 설계 운영을 함께 결정하는 공동 설계 모델을 도입해야 한다.[7]

페이스북의 무료 페이스북 공급을 둘러싼 논쟁에서 기술 종속 혹은 디지털 식민주의 논쟁이 벌어진 바 있다. 페이스북은 지난 2013년 "인터넷이 없는 사람들에게 무료로 인터넷을 제공하겠다"는 모토를 내걸었다. 이런 취지를 담아 낙후 지역에 인터넷을 무료로 제공하는 프로젝트를 가동하기 시작한다. 인도네시아, 필리핀 등 여러 개발도상국의 국가 이동통신사와 제휴를 맺고 웹사이트에 무료로 접속할 수 있는 '프리 베이직(Free Basics)' 서비스를 제공한다.

하지만 프리 베이직 프로젝트는 사업 모델이 공개되면서 큰 논란에 휩싸인다. 무료 인터넷이라고 해서 들여다봤더니 인터넷 전체가 아니라 페이스북이 선정한 일부 웹사이트만 무료로 접근하게 짜여졌던 것이다. '무료 인터넷'을 원했던 이용자들이 접한 건 '무료 페이스북'일 뿐이었다. 특히 페이스북이 허용한 정보만 소비할 수 있는 구조는 넷 중립성 침해 논란을 낳았다. 급기야 이 서비스를 도입하려던 인도에서 프리 베이직에 대한 강한 반발이 터져나왔다.

당시 페이스북이 진심으로 어려운 조건 아래에서 가능한 서비스를 고민했더라도 프리 베이직 프로젝트를 겨냥한 비난은 피할 수 없었다. 인터넷 비즈니스 세상에 공짜 밥은 없다는 사실이다. 처음엔 공짜로 인터넷 서비스를 즐길 수 있다. 그러나 나중에 비용을 지불할 수밖에 없는 후불제 구조가 인터넷 비즈니스의 속성임을 간과해선 안 된다.

<hr>

7. 송영민. (2025). 글로벌 협력과 AI: 국제개발협력에서의 포용적 활용 방안. KISDI Perspectives, June 2025(No. 4). 정보통신정책연구원.

3절. 관계적 포용으로의 전환 : 디지털 커먼즈의 가능성

지능의 양극화라는 거대한 절벽 앞에서 우리가 내놓을 수 있는 최후의 응답은 무엇인가. 기술 패권 전쟁에서 승리하는 것을 넘어 기술을 둘러싼 '관계의 구조' 자체를 바꾸는 일이다. 이에 기술의 소유권을 넘어, 데이터와 지능, 그리고 인프라를 인류 보편의 공유지로 만드는 '디지털·AI 커먼즈'를 상상하려는 노력이 시도되고 있다.

1. 일상 속에 파고든 커먼즈 위기와 회복

"평상 이용료 4만원 내셔야 들어갈 수 있습니다."

여름 피서철, 계곡을 찾은 가족들이 입구에 걸린 플래카드를 보고 의아해한다. 국유지인 계곡에 평상을 깔아놓고 입장료를 받는 것은 명백한 불법인데 돈을 내란다. 전국의 계곡에서 벌어지는 일이다. 소수의 상인이 공공자원을 물리적으로 점유하고 시민의 접근권을 차단하는 영업행태에 시민들은 분개한다. 그러면서도 울며 겨자 먹기식으로 돈을 내고 시설을 이용한다. 지방자치단체가 단속을 해도 해마다 되풀이되는 불법 영업행위가 매번 언론에 보도되지만 고쳐지지 않는다. 이런 일상적 자원 점유 문제는 단순한 불법 영업의 해프닝으로 넘길 일이 아니다. 공공자원의 소유와 이용을 둘러싼 '커먼즈의 위기'를 드러낸다.

공공 체육시설이 특정 동호회원들의 전유물이 되는 사례를 비판하는 기사도 심심치 않게 접할 수 있다. 배드민턴이나 테니스장에 다니는 동호회들도 할 말이 많다. 자신들이 시설을 관리하기 때문에 동호회 멤버들이 우선권을 가질 수 있다고 주장한다. 그러나 공공체육시설은 모두의 세금으로 만들어졌다. 모두의 공정한 접근이 막히고 특정 관리집단이 최대 수혜자가 된다는 점에서 일반인들은 부당함을 느낀다.

젠트리피케이션(Gentrification)은 낡고 임대료가 싼 동네가 점점 비싸지고 고급화되면서, 원래 살던 사람들이 더는 살기 어려워져 떠나게 되는 현상을 말한다. 서울의 홍대, 경리단길, 가로수길이 젠트리피케이션 홍역을 치른 대표적인 거리다. 오랫동안 터를 닦아온 원주민, 상인, 예술가들이 동네 활성화를 만든 주역들이다. 그런데 대형 자본이 유입되고 건물주가 임대료를 올리면서 상권을 만드는 데 기여한 원주민들이 떠밀려 나가는 문제가 반복되고 있다. 비물질적인 문화 자산을 만든 기여자들이 오히려 자리를 내놔야 한다니 주객전도가 아닐 수 없다.

기후 온난화 논쟁으로 공유자원에 대한 논쟁은 더욱 번지고 있다. 탄소를 배출하는 국가와 기업은 이를 통해 경제적 이익을 얻지만, 그 피해는 전 세계가 함께 떠안는다. 국제 협약으로 탄소 감축을 결의해도 강제성이 없다 보니 잘 지켜지지 않는다. 우리 나라가 감축해도 다른 나라가 배출하면 소용없는 일이다 보니, 국가와 기업들의 무임승차 행위가 벌어진다.

위의 사례들은 넓은 의미의 '커먼즈(Commons)' 논쟁에 대한 이야기다. '커먼즈' 용어는 우리 사회에서 낯설다. 커먼즈는 개인이 주변의 자연이나 사회 환경에서 생존에 필요한 최소한의 것들을 취할 수 있는 권리나 대상물을 말한다. 많은 사람들은 유사 용어로 '공유(Sharing)'나 공공재(Public goods)'를 떠올린다. 공유는 단순히 자원을 함께 사용하는 행위이고, 공공재는 국가가 책임지고 제공하는 사회적 자원이다. 반면 커먼즈는 공동체가 스스로 규칙을 정하고, 그 규칙에 따라 자원을 관리·유지하는 자율적 협력 구조다. 즉, 커먼즈는 제도나 소유의 형태가 아니라 관계의 구조다.

커먼즈가 우리 사회에 정착하기 힘든 결정적인 이유는 사유재산권과 대립 충돌하는 개념이기 때문이다. 현대 자본주의는 개인의 사유재산권을 기반으로 법적 관계가 정립돼 있다. 그런데 커먼즈를 인정하는 순간, 기존의 제도를 부정하는 것으로 간주한다.

커먼즈 논의를 보다 깊이 이해하기 위해 가장 고전적이면서도 영향력 있는 논쟁을 살펴보자.

"공유에 대한 불신을 이론으로 정립한 것이 '공유지의 비극' 논쟁이다. 토지와 같은 자원을 개인들이 자유롭게 공유하며 사용하게 두면 그 자원이 황폐화되고 만다는 내용이 공유지의 비극이다.

1968년 관련 논문을 쓴 개릿 하딘Garrett Hardin은 다음과 같은 상황을 설정한다. 누구든 사용 가능한 목초지가 있다고 치자. 그 동네에서 가축을 기르는 모든 목동들은 자신이 기르고 있는 가축을 최대한 많이 공유지에 풀어놓고 무럭무럭 자라게 하고 싶어 한다. 그러나 수용 능력이 한정된 공유지에서 너도 나도 가축을 풀어놓으면 목초가 황폐화되고 목동도 가축도 파멸을 맞게 될 것이라는 게 그의 주장이다. 하딘은 이러한 파국을 막기 위한 방법은 두 가지밖에 없다고 보았다. 특정 개인이 목초지를 소유케 함으로써 공유지 자체를 없애는 근원적인 방법과 국가가 개입해 강제적으로 목초지 관리를 맡는 방법이다. '공유지의 비극'은 인간들이란 자신의 이익을 극대 화하려는 이기적인 성향이 강하다는 점을 전제로 한다. 그의 주장은 공공주택이나 건강보험 등 여러 방면에 반대 논리로 활용된다.

그러나 엘리너 오스트롬Elinor Ostrom은 1990년에 발표한 『공유지의 비극을 넘어Governining the Commons』에서 하딘의 주장에 대한 대안론을 제시해 2009년 노벨 경제학상을 수상했다. 오스트롬은 주민자치조직이나 지역자치조직을 통해 이용자들이 협력적으로 공유지를 잘 관리할 수 있다고 반박한다. 그녀의 주장은 하딘의 주장과는 확실히 달랐다. 첫째, 하딘은 사유화 혹은 국가관리 방식을 주장한 반면 오스트롬은 이용자 주도의 자체 관리라는 제3의 선택지를 내놨다. 둘째, 하딘의 두 가지 관리 방안은 사실상 공유 폐기인 반면, 오스트롬은 관리방식을 통해 공유의 개념을 되살렸다.

하딘과 오스트롬의 생각 차이는 어디에서 비롯된 것일까? 사람을 바라보는 관점이다. 하딘은 목동들을 자신의 이익만 좇는 자들로 간주했다. 인간이 공동체 유지를 위해 소통과 협력에 나서는 자율 의지를 간과했다. 오스트롬은 공유재를 이용하는 사람들 관계의 힘에서 해결책을 찾았다. 공유지를 함께 쓰는 사람들 가운데 대표를 뽑아 사용 현황을 적극 감시하고 사용자들의 갈등을 조정하거나 구체적인 실행 규칙을 마련해 위반자에게 페널티를 부과하는 방안을 도출한 것이다."

- '토렴 사회를 꿈꾸며' 가운데

하딘과 오스트롬 논쟁에서 끄집어낼 수 있는 커먼즈 판단 기준점은 두 가지다. 첫째, 이해 관계자들의 참여와 협력이 중요하다. 모두의 소유 혹은 모두의 공동 사용보다 참여와 협력으로 관리하고 연결하려는 거버넌스가 커먼즈의 참 모습이다. 둘째, 커먼즈의 이익이 참여자에게 공정하게 돌아가는지 따져봐야 한다. 개인 참여자들의 노력에 힘입어 조성한 커먼즈 문화를 기업이 상업적으로 활용하려는 시도들 때문에 이익의 공정성 기준은 매우 중요한 판별요소로 작용한다.

2. 디지털·AI 커먼즈 부상과 공정이용 논쟁

산업 사회는 자원의 희소성(scarcity)을 기반으로 작동한다. 모든 자원이 한정된 희소성 탓에 경쟁과 독점이 불가피하다. 반면, 디지털은 복제와 확산이 가능하기에 새로운 자원 투입 없이도 무한 생산이 가능하다. 이에 디지털을 발판 삼아 '모자람의 시대'에서 '나눔의 시대'가 열린 것이란 기대를 낳았다.

그러면서 주목 받은 게 '디지털 커먼즈(Digital Commons)' 논의다. 물리적 자원(차, 집, 도구)이 디지털 네트워크로 연결되고 자원의 효율이 높아지며 낭비가 줄어드는 '착한 기술'의 상징으로 여겨졌다. 하지만 디지털 커먼즈 역시 '공유의 이상'과 '현실의 이익' 사이에서 부침을 겪고 있는 게 사실이다.

바로 공유 경제의 역설이다. 공유 경제란 개인이나 기업이 자동차, 집, 사무실, 지식, 시간 등 소유하고 있는 자원 가운데 남는 것을 플랫폼을 통해 다른 사람과 공유·거래함으로써 효용을 극대화하는 경제 모델이다. 남는 자원을 나눠 쓰니 친환경적이고 효율적이고 지속가능하다는 점에서 자본주의 한계를 메울 대안으로 기대를 모았다.

실제로 2008년~2012년, 우버·에어비앤비 같은 공유 경제 서비스가 등장했을 때, 새로운 디지털 커먼즈의 시대가 열렸다고 입을 모았다. 공유 경제는 개인이 가진 자원을 나눠 쓰고, 플랫폼을 통해 사람들을 연결하며, 기술로 유휴 자원을 효율적으로 활용한다. 특히 소유보다 이용, 경쟁보다 협력의 질서를 추구한다는 점에서 커먼즈의 속성이 반영된 것으로 봤다. 디지털 기술이 커먼즈의 이상인 "모두가 참여해 함께 쓰는 사회적 자원"을 실현할 것으로 믿었다.

그러나 공유경제 모델은 엄청난 비판에 직면한다. 우버의 차량, 에어비앤비의 숙소는 '공유'가 아니라 사유재산을 거래 가능한 상품으로 전환한 사례일 뿐이다. 기존의 렌탈 시장에 모바일 플랫폼이라는 껍데기를 씌운 것에 불과하다. 나아가 플랫폼 기업은 이용자와 공급자 사이의 중개자를 자처하면서 양측의 데이터를 소유하고 통제하는 권력자가 되었다. 이런 식으로 획득한 정보와 거래는 플랫폼 기업의 수익을 극대화하는 수단이 되었다. 참여자들이 스스로 규칙을 만들고 자원을 관리하며 이익을 나누는 커먼즈의 핵심 원리와 거리가 멀었다. 이를 두고 공유경제를 "커먼즈의 언어를 빌린 자본주의 모델"이라는 혹평이 쏟아졌다.

생성형 AI가 등장하면서 디지털 커먼즈에 이어 'AI 커먼즈' 용어가 등장한다. 방대한 데이터와 알고리즘, 연산력을 기반으로 자동적으로 지능을 생산 처리하는 시스템이 등장하면서 AI 커먼즈, 데이터 커먼즈, 지식 커먼즈, GPU 커먼즈 등의 용어들이 등장했다.

이 책에서는 AI와 관련된 여러 커먼즈류 용어들을 'AI 커먼즈'로 통합해 부르기로 한다. AI 커먼즈는 데이터, 알고리즘, 모델, 연산력 등 자원에 누구나 접근 가능하고 사용하며, 규칙과 관리에 개방되어야 한다는 점을 지향한다고 볼 수 있다. 아울러 AI 커먼즈 논쟁을 쉽게 이해하도록 소프트웨어와 하드웨어 관점에서 크게 두 가지로 나눠 살펴보려 한다. 전자는 데이터·지식 공유지이며, 후자는 기술·인프라 공유지이다.

데이터·지식 공유지 관련 상징적인 논쟁은 공정 이용(Fair Use)을 꼽을 수 있다. 공정 이용이란, 저작권자의 허락을 받지 않고도 일정한 조건을 맞추면 저작물을 공정하게 이용할 수 있도록 허용하는 제도이다. 거대 AI 모델은 무작위로 디지털 세상의 창작물들을 데이터로 삼아 새로운 창작물을 뚝딱 만들어낸다. 그러나 기존의 창작물들은 저작권 보호를 받는다. 이렇게 거대 AI 모델에 데이터 활용을 열어주면서도 기존 저작권자들을 보호하는 균형을 맞추기 위한 장치가 공정 이용이다. 공정 이용의 기본 원칙은 사회적으로 꼭 필요한 경우나 공정한 범위 안에서 예외적으로 기존 저작물을 쓸 수 있도록 허용하는 것이다.

그러나 '공정 이용'이라는 최소한의 허용선은 이내 거대 AI 기업과 기존 창작자들간 충돌을 빚는다. 챗GPT 등 생성형 AI가 등장하면서 AI 기업이 남의 지식과 정보를 공짜로 활용해 수익을 챙긴다는 게 논쟁의 핵심이다. 대형 AI 모델이 학습을 위해 전 세계의 글, 이미지, 음악을 거대한 데이터셋으로 가져가 활용한다. 데이터로 구성된 지식과 정보를 '커먼즈'로 보는 것이다. 그러나 수 많은 예술가와 기자, 작가들은 자신의 콘텐츠 창작을 위해 유무형의 노력과 자원을 투입하고, 그 대가를 얻을 수 없다. 나아가 다른 사람의 데이터를 끌어가 생성형 AI가 생산한 지식을 창작물이라고 주장하면 '지식 도둑'이 아니냐고 항의한다. 창작자들의 입장에서 보면 공정 이용은 커먼즈 정신과 정면 배치되는 셈이다.

반면, AI 학습 데이터 개방은 창작 생태계의 재순환을 촉진하는 순기능도 있다. 예전의 크리에이티브 커먼즈 운동은 창작자들이 자신의 작품을 어느 정도 선까지 사용해도 좋다는 자율적 허용을 하고 명시적 동의를 받아 작동했다. 하지만 현재 AI 생태계는 창작자의 의사와 상관없이 데이터를 흡수하고 이익을 사유화한다는 비판을 받는다.

그럼에도 지식의 개방은 피할 수 없는 시대적 대세다. 이에 오스트롬의 주장처럼 지식과 정보를 합리적으로 관리하는 해법들이 논의되고 있다. 대표적으로 AI 기업이 학습에 사용한 저작물로부터 수익을 얻을 경우 일정 비율을 기금으로 조성해 저작권자에게 배분하는 중재기관 설립 모델이 거론된다.

기술·인프라 공유지 관련해선, GPU 커먼즈를 예로 들 수 있다. AI의 시대는 데이터만으로 움직이지 않는다. AI를 돌리는 연산력(GPU)이 뒷받침되어야 한다. GPU 공급을 독점하다시피 하는 엔비디아 제품의 개당 가격은 수천 만원에 달한다. 거대 언어모델 하나를 학습시키려면 수천 개의 GPU가 필요하다는 점을 감안하면, 이런 비용을 감당할 주체는 글로벌 빅테크와 일부 선진국뿐이다. GPU를 확보한 기업이나 국가가 AI의 속도와 방향을 통제할 수 있다. GPU 디바이드 시대라 불러도 이상하지 않다.

이런 우려에서 나온 발상이 'GPU 커먼즈'라는 관점이다. 실행 방안으로 국가 주도의 GPU 공공 인프라를 구축하는 아이디어가 거론된다. 정부가 값비싼 GPU를 대량 구매해 GPU 플랫폼을 만들어 연구기관, 스타트업, 지방 중소기업 등이 고성능 연산 자원에 접근할 수 있도록 문을 열어주는 방식이다. 선진국과 후진국간 기술 격차를 좁히기 위해 글로벌 GPU 공유 방안도 논의된다. 국제기구나 다자간 협력체를 구성해 AI 기술력과 연산력이 낮은 저개발국에 연산 자원 공유 프로그램을 확대하는 방안이다. GPU 커먼즈 구상은 연산력 독점을 완화하고 기술의 접근성을 높이려는 시도로 평가된다.[8]

그러나 공공 GPU 인프라를 구축해도 전력·냉각·업그레이드 등 운영비용이 막대하다. 데이터·모델·전문 인력도 갖춰야 실질적 혁신으로 이어질 수 있다. 이처럼 단순히 접근권만 열어준다고 중소기업이나 저개발국에서 쉽게 사용하기 힘들다. 결국 GPU를 단순히 공유하는 것만으로 커먼즈가 될 수 없다는 얘기다.

결국 디지털과 AI 시대의 커먼즈의 핵심은 단순한 기술 개방과 접근이 아니라 참여와 협력에 기반한 '관계적 포용(relational inclusion)'에 있다. 관계적 포용은 데이터와 지식의 순환 구조를 공동체가 함께 설계하는 협력의 엔진이다.

---

8. 디지털포용뉴스, "GPU 기반 디지털 불평등 해소를 위한 정책 제안"(https://www.dginclu-sion.com/news/articleView.html?idxno=654)

이 책을 만든 사람들 (디지털 포용 언론인 포럼 소속)

조창원 | 사회와 조직을 연구하는 사람(경영학 박사). 관찰과 글쓰기 및 발표를 종합 훈련하는 무료 아카데미(글가온)를 운영하며 미래 세대와 소통 중이다. 본업은 저널리스트. 산업, 증권, 금융, 부동산, 법조, 정치 분야를 두루 취재했으며 청와대 출입, 베이징 특파원, 경제부장을 거쳐 현재 논설위원으로 활동 중이다. 지은 책들로 『토렴 사회를 꿈꾸며』 등 5권이 있다.

남미경 | 사회심리학에 관심이 많은 저널리스트. KBS를 퇴직하고 정치·사회 분야에서 시사평론가로 일해 왔다. 방송 패널과 유튜버 활동도 꾸준히 이어가고 있다. 그래서 사안을 분석하고 해설하는 것이 취미이자 일상이다. 지금은 일간지에 재직하며 글쓰기와 강의에 몰두하고 있다.

홍희경 | 현상의 이면과 제도 설계에 관심을 갖고 낡은 구조를 추적해왔다. 서울신문 논설위원으로 재직 중이다. 지은 책으로 60년대 설계된 제도가 독과점 산업구조로 굳어지는 과정을 그린 『노다지 주식회사』, 남는 교육재정을 성인 평생교육에 재배분하자는 제언을 담은 『세컨찬스』 등이 있다.

김대희 | 생각 중심엔 늘 사람이 많다. 청와대와 교육청 등 정치와 사회부를 많이 뛰었다. 현재 OBS에서 특검 이후를 취재 중이다. 기후위기와 신재생에너지도 들여다 보고 있다. 14살을 위한 대안교육과 '심야식당'을 버무린 약초꾼을 꿈꾼다. 『경제민주화 멘토 14인에게 묻다』에 공저자로 참여했다.

박지은 | 공영방송, 방송미디어통신위원회 등을 출입하며 미디어 현장에 대한 여러 기사를 쓰고 있다. 장애인 미디어 접근성에 관심을 두다 디지털·인공지능 분야로 넓혀 공부 중이다. 2019년 한국기자협회에 입사해 지금까지 기자협회보 기자로 일하고 있다.

이충재 | 청와대를 4번 출입한 '찐' 정치부 기자. 지금은 현장에서 벗어나 정치부장으로 앉아 있다. 누구나 이해할 수 있는 쉬운 글쓰기를 연구하다가 잠시 기자직을 내려놓고 UX라이터로 일했다. 은행과 공공기관, 기업이 디지털 공간에서 쓰는 글자들을 뜯어고쳤다. 'UX라이터 겸 기자'라는 전무후무 타이틀을 노리며 디지털포용 언론인 포럼에서 활동하고 있다.

김혜영ㅣ20년 넘게 현장을 누비며 시대와 사람의 이야기를 전해온 가톨릭평화방송 기자 겸 앵커. 〈열린세상 오늘 김혜영입니다〉, 〈김혜영의 뉴스공감〉 등 시사 프로그램과 대담을 진행하며 할 말을 하려고 노력했다. 사실에 충실하면서도 질문과 성찰이 남는 보도를 지향한다.

김아름ㅣ경제지 기자로 기업들을 취재하며 산업 발전의 현장을 지켜봤다. 자본의 실물→디지털 이동을 취재하다 디지털 자산 전환에 관심이 생겨 관련 연구를 시작했다. 지은책으로 『인재를 만드는 공간의 비밀』이 있다.

주진ㅣ함께 사는 세상·지속가능한 미래를 위한 제도와 공동체 의식에 관심을 갖고 취재해왔다. 경희대 언론대학원 석사 졸업, 서울대 환경대학원 ESG 전문가과정을 수료했다. 노무현·이명박·박근혜·문재인정부 청와대와 국회 등을 출입한 30년 경력 기자로 아주경제 정치사회부장을 거쳐 한스경제 정경부 부국장으로 재직중이다.

윤창수ㅣ서울대 지리교육과를 졸업하고 서울대 행정대학원 석사, 미국 조지아주립대(UGA) 방문학자 과정을 수료했다. 서울신문 베이징 특파원, 국제부장을 지냈으며 현재 전문기자로 일하고 있다. 지은 책으로 '나는 대한민국 최연소 공무원이다' 등이 있으며, '트렌드 차이나2020'에 공저자로 참여했다.

노희숙ㅣ아주대 평생교육 전공 교육학 박사이자 현장 중심의 디지털 기획자. DX 시대 학습과 시민 역량을 연구하며, 디지털 리터러시와 AI 교육을 중심으로 학교·공공·지역 현장에서 교육 프로그램을 기획·실행해왔다. 현재 서울AI재단에서 시민을 위한 AI 리터러시 확산에 힘쓰고 있다. 대학에서 강의하며 연구와 현장을 잇는 교육 모델을 탐색 중이다.